高校保密管理的实践与探索

高校保密协作组学术论文集（第二辑）

高校保密协作组◎编

金城出版社
GOLD WALL PRESS

图书在版编目（CIP）数据

高校保密管理的实践与探索：高校保密协作组学术论文集 / 高校保密协作组编 . -
北京：金城出版社有限公司，2023.9
ISBN 978-7-5155-2502-0

Ⅰ . ①高… Ⅱ . ①高… Ⅲ . ①高等学校－科研管理－保密－中国－文集 Ⅳ . ① G644-53

中国国家版本馆 CIP 数据核字（2023）第 157670 号

高校保密管理的实践与探索：高校保密协作组论文集（第二辑）

编　　者　高校保密协作组
策划编辑　冷江帆
责任编辑　雷燕青
责任校对　王　璐
责任印制　李仕杰
装帧设计　嘉海文化
开　　本　710 毫米 ×1000 毫米　1/16
印　　张　26.75
字　　数　488 千字
版　　次　2023 年 9 月第 1 版
印　　次　2023 年 9 月第 1 次印刷
印　　刷　北京市天河印刷厂
书　　号　ISBN 978-7-5155-2502-0
定　　价　88.00 元

出版发行　**金城出版社有限公司**　北京市朝阳区利泽东二路 3 号　邮编：100102
发 行 部　（010）84254364
编 辑 部　（010）64210080
总 编 室　（010）64228516
网　　址　http://www.jccb.com.cn
法律顾问　北京市植德律师事务所（**电话**）18911105819

高校保密管理的实践与探索

高校保密协作组论文集（第二辑）

编委会名单

序

习近平总书记在党的二十大报告中指出："提高防范化解重大风险能力，严密防范系统性安全风险，严厉打击敌对势力渗透、破坏、颠覆、分裂活动。"报告深刻阐明了新时代国家安全体系的目标任务等重大问题，对做好当前的保密工作具有十分重要的指导意义。高校保密协作组成立以来，成员高校之间加强交流沟通，共同认真学习领悟党中央和习近平总书记关于保密工作的决策部署及重要指示批示精神，不断提高政治站位，强化风险意识，着力夯基础、建制度、强举措、抓培训、严防范，切实提高高校保密工作水平。

《高校保密管理的实践与探索——高校保密协作组学术论文集（第二辑）》汇聚了协作组成员单位保密同人在日常保密管理工作中的思考、经验做法和相互交流过程中碰撞出的思想火花，每一篇文章都体现了高校保密工作者的真知灼见，是新形势下有关高校保密工作的又一理论和实践成果。

该书主要收录高校保密协作组三年（2019—2021）各成员单位关于保密工作的优秀学术研究成果，是各高校从事保密管理工作的一线工作者在对中央保密政策理论和精神深入理解和把握基础上，结合新形势下开展保密工作的实践探索形成的心得感悟和经验总结，既有理论层面的深入剖析研讨，又有实践层面的实操经验分享，为高校保密工作积累了一笔宝贵财富。

纵览全书收录的58篇保密工作研讨论文，主题涵盖高校保密工作的方方面面，文章着眼保密学科发展、注重问题导向、助力读者悟透原理、明晰解决问题的方法思路，语言流畅、逻辑严谨，都是经过字斟句酌的佳作。全书体现以下三个鲜明特点：一是内容契合当前保密发展趋势，理论和实践相统一，具有科学性。作为一本好的保密知识读物，必须做到理论和实践的统一。读者通过阅读该书，既可以丰富理论知识又可以学到实践经验，是此书编辑出版的出发点。该书收集的保密研讨论文深入浅出讲道理，注重用事实说话、用实践说话，引导读者对新形势下保密管理工作的本质内涵、趋势和态势进行深入思考，领悟其蕴含的深刻哲理，进一步指导保密管理工作实践。

二是选题源于高校保密实践，注重解决实际问题，具有实用性。选编论文不同于其他文章，有很强的实用性，尤其是对某一领域的研究论文，必须注重解决实际问题，才能称得上是好文章。全书内容围绕当前高校保密工作实际，以解决高校保密管理工作者当前关注、关切的问题为出发点，通过深入浅出的理论剖析和解决实际问题的方法共享，达到使读者阅读后眼前一亮、豁然开朗，形成解决高校保密管理难题新思路的目的。

三是行文遵循读者阅读理解习惯，便于阅读和理解，具有易读性。当前，人类已进入信息化、网络化时代，人们每天都要接触大量的信息，如果文章写得词句晦涩难懂，论述抽象深奥，势必会影响读者的阅读兴趣，也就达不到文章的写作目的。全书收录的文章，文风朴实、通俗易懂，很容易与作者产生共鸣，并从中汲取理论知识和实践经验。可以说，这是一本很接地气的保密知识读本，既可以作为刚到保密工作岗位的保密新人学习保密知识的科普读物，又可以作为有丰富保密管理经验的老保密的提高秘籍。衷心祝愿本书能够成为高校保密工作者的良师益友。

一人知识有限，众人智慧无穷。这本论文集，是高校保密工作者集体智慧的结晶，凝聚了高校保密工作者辛勤工作和潜心研究的点点心血，充分表明高校保密战线工作者人才济济，不乏热爱保密工作肯于钻研的有识之士，相信在这些保密管理英才的引领下，高校保密工作将取得更加辉煌的成绩，向全面实现高校保密治理体系现代化大步迈进！

高校保密协作组

2023 年 7 月

前 言

高校作为人才培养和科学研究的重要阵地，在国家安全体系建设中发挥的作用日益凸显，已成为境外间谍机构窃密的重要目标，高校师生更是成为境外间谍窃取情报的重要突破口。目前，越来越多的高校参与国家重要科研项目研发中，包括国家国防科研项目和一些具有国际影响力的重大科研项目，这些项目的信息一旦泄露，将会给国家安全和利益带来巨大影响和损失，因此高校保密工作重要性与紧迫性不断上升，已引起国家和上级主管部门的高度重视。尽快提高高校保密工作水平，不断完善保密治理体系，确保国家秘密安全已经成为高校保密工作者的历史使命。高校保密协作组的成立，为推动高校保密工作规范开展，不断提高保密工作水平发挥了重要作用。

协作组自 2016 年成立以来，不断吸收取得保密资质的高校加入，成员单位由成立之初的 70 所发展到现在的 109 所，先后组织了 4 届学术研讨会，充分发挥了高校间信息交流的平台作用。受疫情影响，协作组已两年没有组织学术研讨会，论文集的编辑出版工作也暂时搁置，为了便于高校协作组成员间互相交流学习，协作组将 2019—2021 年三年来各成员高校保密工作者撰写的获奖学术论文收集整理，编辑出版《高校保密管理的实践与探索——高校保密协作组学术论文集（第二辑）》。全书收录各高校保密工作者精心撰写的 58 篇学术研讨文章，围绕实现并推进高校保密治理体系现代化的共同目标，研究内容既有定密管理、人员管理等保密重难点问题探析，又有保密检查、保密宣传教育等具体工作方法经验介绍，涉及高校保密管理工作的方方面面。全书每篇文章都凝聚着一线保密工作者们对高校保密工作的深刻思考与宝贵经验，真正做到对保密工作各抒己见，分享经验毫无保留，分析问题毫不遮掩，可对各高校更好开展保密工作提供良好借鉴。

2023 年 9 月高校保密协作组年会将在大连召开，这次年会是疫情过后的首次年会，也是高校保密人的又一次大聚会。按照前三届学术研讨会的惯例，2023 年年会将继续组织开展专家讲座、专题交流等系列学术研讨活动。届时，各高校保密同人将再一次在协作组搭建的交流平台上进行学术交流和经验分享，势必会取得更加丰硕的成果。

未来，高校保密协作组将在往届学术研讨成功经验的基础上，进一步增加高校间交流的频次、创新交流的方式方法，探索形成常态化学术研讨交流机制，打造高校保密交流活动品牌，以交流促管理、以管理促提高，并多渠道将学术研讨交流取得的成果固化，让更多参与高校保密协作组的成员受益，同时也为国家保密事业与国防科研事业的发展做出高校应有的贡献！

本次论文结集出版工作，由于论文多、时间紧，纰漏之处在所难免，敬请读者批评指正！同时，衷心感谢大连理工大学王敏杰教授团队、李英顺教授团队、上海交通大学、西北工业大学、沈阳信安盟科技有限公司以及协作组成员单位有关老师等对本论文集出版的大力支持！

编者

2023 年 7 月

目录

CONTENTS

2019年
获奖论文

新形势下高校涉密学位论文管理工作的探究

钟欣芮　姜　林　张　赟　王智猛

（四川大学化学学院　四川省成都市　610065）

摘　要： 本文重点探究新形势下高校涉密学位论文的定密、撰写、送审等环节上的规范、统一制度化管理。规避研究生学位论文定密乱的问题，严控知悉范围，揭示了涉密学位论文定密、撰写、送审等环节管理中存在的隐患，并提出相关的建议和措施。在不泄露国家秘密的基础上，保证学位论文的整体质量，建立健全涉密学位论文相关保密工作的规章制度，增强制度的实用性和可操作性。

关键词： 涉密学位论文；管理；探究

0. 引言

高校学位论文，是指高校学生为申请学位而撰写的学术论文。学位论文，特别是硕士和博士学位论文一般要求选题新颖、论述系统以及反映本学科的最新发展趋势，具有较高的学术研究价值。其中一部分学位论文因涉及军工、新技术、商业秘密等原因不适合即时公开，这些学位论文可以被称为涉密学位论文。[1]

近年来，随着四川大学“双一流”学科建设的不断深入，科研创新能力不断提高，涉密学位论文有日渐增长的趋势。我们正在建设中的“一流学科”化学作为基础学科，与各学科交叉融合，与各学院、高校、科研机构和企业合作的科研项目的情况较为普遍，不可避免地会接触国家秘密、企业的商业秘密。部分硕士、博士生甚至直接参与了国家军工、高新技术等方面的重大课题，其学位论文可能会涉及这些课题中的重要信息或成果。与其他涉密人员相比，高校中参加涉密科研项目的研究生具有活动范围大、学术交

作者简介： 钟欣芮（1985—），女，主要研究方向：教务管理。E-mail：xinruizhong@scu.edu.cn

流面广、涉密周期短等特点，而涉密学位论文的管理环节较多，周期长，知悉范围较广，其学位论文的涉密情况就更为复杂。

国务院学位委员会、教育部和国家保密局近年出台《涉密研究生与涉密学位论文管理办法》[2]，意在加强涉密研究生与涉密学位论文的管理。然而，目前我国部分高校对涉密学位论文的重视不够，尚未形成系统的管理细则，具体管理也不甚规范，导致涉密学位论文在某些环节并未做到真正保密，这些都为高校知识产权问题埋下了隐患，可以说，完善高校涉密学位论文的管理是各高校在知识产权时代的必然选择。

1. 高校涉密学位论文管理的现状及存在的问题

1.1 涉密学位论文定密不清

定密工作是保密工作的基础和源头，做好涉密学位论文定密工作是保障国家安全和利益的基础。在实际工作中，学位论文由谁定密、如何定密、定密后如何保密，大家理解不一， 当前，学位论文定密较为混乱且极不严肃。这其中，既有该定不定的情况，也有不该定乱定的问题。整体而言，第二种情况较为严重。

目前，研究生论文完成后，须根据学校有关保密管理规定进行密级确定。涉密论文作者首先需要填写《涉密研究生学位论文密级申请表》，然后交给导师或项目负责人提出意见（定密与否、定密依据及拟确定密级），再由研究生培养单位、科研院（或社科处）、校保密办、研究生院审核确定。在这一过程中，虽然对该论文的密级进行了认定，但没有对其内容的相似性进行检测。作为涉密学位论文的接收存档单位，图书馆或档案馆都没有密级认定、审核权力，只能按照论文封面标明的密级进行分别管理，这样就无法从根本上避免涉密论文的流出；同时，涉密论文抄袭情况无人考证，也会导致某些学生为了逃避论文相似性检测而自行设置密级的情况，使学位论文的整体质量受到影响。

其次，根据调研中一些高校有关研究生参与涉密科研项目及论文定密相关事项的规定，可以看出，从工作流程简单化的原则考虑，从保密工作慎之又慎的要求考虑，以及从研究生学习、生活、活动范围及特点等方面考虑，学校都很谨慎地将研究生纳入涉密人员行列，因此其学位论文也应很谨慎地纳入涉密范围。目前，国内硕士研究生的学制是二至三年，博士研究生的学制是三至五年，且研究生入学后的第一年要进行课程学习，不参与具体的科研项目。[3] 这与高校其他涉密人员相比，参加涉密科研项目的研究生具有活动范围大、学术交流面广、涉密周期短等特点。从这点讲，研究生不适合列入涉密人员的范围，其从事的科研内容也只限于某些涉密课题分解后的部分内容。[4]因此，研究生论文究竟是否涉密，密级认定以及论文内容的抄袭情况都缺乏严谨的判定。

1.2 涉密学位论文的撰写、制作环节的保密管理不规范

由于涉密学位论文具有管理环节多、周期长、知悉范围较广等特点，所以我们要高度重视涉密学位论文各环节的保密管理工作。

在调研中，各高校在其制定涉密学位论文保密管理规定中均明确，涉密学位论文的撰写必须在涉密计算机上进行，制作要符合国家保密要求。但由于对论文的撰写、制作环节缺乏监管，致使规定成为一句空话。究其原因：

一是缺乏撰写涉密学位论文的设施环境。高校所承担涉密科研项目所用的涉密计算机一般是专机专用，且大部分用于项目有关工作，很难有空余时间供研究生撰写学位论文使用；此外，有关计算机往往集中管理，使用需要履行相应的手续，研究生没有条件使用涉密计算机从事学位论文的撰写。

二是难以利用互联网信息资源。当前，互联网成为研究生搜集、获取学术资源最为重要的一个途径。然而，使用涉密计算机撰写学位论文，无法从互联网上获取学术资源。因此，在现实中，许多研究生不得不在连接互联网的计算机上撰写涉密学位论文。

三是制作环节无法确保安全。大部分高校没有指定学位论文制作单位，主要靠研究生自行寻找制作单位，涉密学位论文的制作常在一些个体打印社、复印店里完成，存在较大的泄密隐患。

1.3 送审、答辩及学位评定环节保密管理不善

目前，各高校在涉密学位论文的送审、答辩及学位评定环节也存在较多的泄密隐患，根本原因在于该环节扩大了涉密学位论文的知悉范围，难保不出现泄密问题。具体而言，主要有以下两个方面的问题。

一是送审、答辩专家的选择缺乏明确的依据。虽然一些高校都明确规定，要与送审、答辩专家签订保密承诺书，但这并不能保证这些专家在承担送审、答辩工作时能够严格保守论文中涉及的国家秘密。

二是送审论文的保管环节存在盲区。高校一般都要求送审的涉密学位论文编号、登记，通过机要寄送或专人送达评审专家，审阅后原文要通过机要途径寄回或专人收回，但这难以保证有关论文在专家手中不被复制、扩散。

2. 高校涉密学位论文管理的规范与完善

2.1 加强涉密学位论文的定密管理

根据《涉密研究生与涉密学位论文管理办法》对研究生及其导师在学术研究中的保密责任作出规定，导师是第一责任人。因此，开展涉密内容研究前，需严格核查涉密论文指导教师是否经过涉密资格审查、涉密项目以及保密防护措施的撰写与制作场所是否防护到位。针对我们在科研和研究生学位论文方面的调研中发现的问题，特制定出具体的定密管理办法。

首先，明确涉密学位论文的范围：一类是涉密学位论文需依托高校、科研院所承担的涉密项目，另一类是依托委托培养单位的涉密项目。

其次，进一步严格定密的依据：定密学位论文需要提供定密的证明材料，经课题组负责人、研究生导师、所在院系、学校逐级审核确定密级和保密期限。

最后，严格核查涉密学位论文指导教师的相关资质：必须经过涉密资格审查、有能力承担涉密项目以及具有保密防护措施的撰写与制作场所。如若不具备上述条件，其指导的研究生将不能纳入涉密人员行列，其学位论文也应不纳入涉密范围。

另外，在撰写涉密学位论文时，要在开题报告中注明依托项目、项目来源、密级及保密期限，未注明的，论文中不得涉及国家秘密。开题时未经过密级确定和审查，在学位论文完成后不得进行定密。

在定密管理中，要尽量对涉密科研项目涉及的涉密内容进行分解，对能够进行降密或无密化处理的学位论文，应将其确定为基础性科学研究。同时，要明确论文选题不涉及国家秘密，如果只是涉及尚未公开的内部事项或企业商业秘密的，不能定为涉密学位论文。

通过以上管理办法的实施能有效地控制涉密研究生及其学位论文的数量和质量，在涉密学位论文无法查重的情况下，依托涉密项目的学位论文能尽量避免涉密论文抄袭及自行设置密级的问题。这种定密与审批的联动机制也能从根本上避免涉密论文的流出。

2.2 加强涉密学位论文的撰写、制作环节的保密管理

各“双一流”高校制定的涉密学位论文保密管理规定中明确指出，涉密学位论文的撰写必须在涉密计算机上进行，制作要符合保密要求。但我们在调研中发现，由于对论文的撰写、制作环节缺乏实施条件和相应的监管，致使规定难以落实。

加强涉密学位论文的撰写、制作环节的保密管理，关键在于加大提供保障性涉密操

作环境，对其相关涉密计算机、载体和密品定期核查管理。具体从以下环节抓起：

首先，严格核查拟撰写涉密论文的学生或其指导教师是否具备相关涉密学位论文的撰写环境：具有相关涉密计算机、涉密打印机和保密防护设施，保证涉密学位论文的撰写能在涉密计算机上进行，防止在连接互联网的计算机上操作。

其次，在涉密学位论文完成过程中，以涉密学位论文指导教师的课题组为单位，规定在其专门的场所中撰写和制作涉密学位论文，保证涉密学位论文在一个相对封闭的环境中完成，对其形成的相关文献、图片、实验原始数据等资料根据涉密情况，按照涉密载体和密品要求进行管理，并定期核查。

最后，制定明确的规章制度，严禁参加相关研究的研究生私自将此类资料带出实验室和办公室，禁止私自复制、摘抄、保存和销毁，禁止与无关人员谈论涉密学位论文相关内容。

另外，涉密学位论文的印制需以课题组为单位，到校级指定的保密场所完成。涉密学位论文须在封面右上角标明密级、保密期限和印制数量编号。涉密学位论文的印制必须编号、登记，在装订时，必须将相应的《研究生学位论文定密审批表》附在论文的后面。

2.3 加强送审、答辩及学位评定环节的保密管理

涉密学位论文由于不查重，故评审环节就显得尤为重要。在该环节扩大了涉密学位论文的知悉范围，难保不出现涉密问题。针对送审、答辩及学位评定环节的保密管理，需要从以下几个方面实施。

首先，对于涉密学位论文的外审，可建立涉密学位论文评审单位和专家名录库，规范对评审单位和专家的保密管理。要在学位论文送审评阅前，对论文评审专家进行严格遴选。评审专家必须具备涉密人员资格，在论文送审的同时应向评审专家发出保密提醒，并与其签订保密承诺书，明确保密义务、泄密后果及责任。

其次，对于涉密学位论文的内审，建立起涉密学位论文集中评审制度，本单位统一管理待评审的涉密学位论文，专家集中在符合保密管理要求的场所进行评审。

最后，建立专门送审制度。涉密学位论文送审必须编号、登记，并通过机要寄送或由专人送达给评审专家，审阅后的论文原件及其评审意见通过机要寄回或由专人收回。评审专家应当在符合保密要求的环境下对论文进行评审，不得摘抄、复制、扩散。

此外，在涉密学位论文答辩时，答辩场所应具备保密条件，答辩委员会成员以及出席答辩会的人员应具备涉密人员资格。

通过上述建立的评审专家库和专家集中评审制度，能有效地避免涉密学位论文无法查重的硬伤，以及在送审、答辩和学位评定环节存在的盲区，保证了学位论文的整体质量，及其论文在专家手中不被复制、扩散。

3. 结论

本文在积极调研化学相关的双一流高校其涉密学位论文的管理制度及情况，以及近期发生的学位论文泄密案件的基础上，从而找出涉密学位论文保密管理的关键点，并提出相应的管理措施。同时在本单位化学学院二级管理允许的基础上，进行实践并改进管理措施，保证了学位论文的整体质量。由于化学是基础学科，学术交流活动多，国内外考察、讲学频繁，发表论文和出版专著量大，具有更大的开放性，其中一些参与涉密项目的研究生同时也参与非密项目，故研究生涉密学位论文的管理工作显得尤为重要。

根据实践过程中反馈的情况，建立健全涉密学位论文相关保密工作的规章制度，增强制度的实用性和可操作性。同时，加强对老师学生的宣传力度，增强保密意识，普及保密知识和保密法规。

4. 致谢

本文是在《四川大学 2019 年度国家安全保密课题项目》的大力支持下完成的。

［参考文献］

［1］《高等学校保密知识手册》发行［J］. 安防科技，2010（4）：7-7.

［2］三部门发布办法加强涉密研究生与涉密学位论文管理［J］. 中国研究生，2017（1）：64-64.

［3］石敏，陈翌庆，许育东，王雷，苏海林. 全日制专业学位硕士研究生培养的思考［J］. 合肥工业大学学报：社会科学版，2011，25（6）：57-61.

［4］李伟国. 涉密学位论文为何出现在网上？（上）［J］. 保密工作，2015，0（8）：8-10.

军工高校涉密外聘人员管理探究

张 宇 张 颖

（哈尔滨工业大学保密处 黑龙江省哈尔滨市 150001）

摘 要：涉密人员管理是军工高校保密管理的重要组成部分，高校人员构成复杂，外聘人员是其中具有较强特殊性的典型代表。本文针对目前军工高校涉密人员管理特点，结合工作实际，对涉密外聘人员保密管理中存在的问题以及对策建议进行论述，以期通过制度和体系建设，明确管理责任和具体工作流程，提高涉密外聘人员管理的规范性，加强军工高校涉密人员管理的风险防范。

关键词：保密管理；涉密人员；外聘

0. 引言

“坚持总体国家安全观”是党的十九大对维护国家安全作出的重要战略部署，也是新时代坚持和发展中国特色社会主义的基本方略之一。保密工作是国家安全体系的重要组成部分，对于保证国家安全有着极为重要的意义和作用。近年来，涉密人员管理一直是党和国家高度重视的攻坚工作，涉密人员既是保密管理的主体又是保密管理工作的对象，因此建立涉密人员长效管理机制对于保密工作举足轻重。[1]涉密人员管理也是军工高校涉密单位日常保密管理工作的重要环节之一，对确保国家秘密安全以及涉密业务开展起到重要作用。随着劳动力市场和人事政策的变化，军工高校涉密人员也呈现多样化的特点，针对不同工作领域的涉密人员制定相应的管理制度和有效

作者简介：张宇（1981—），女，七级职员，主要研究方向：保密综合管理。E-mail：hitbmc@hit.edu.cn
张颖（1971—），男，处长，主要研究方向：保密综合管理、保密监督检查。

管理方法显得尤为重要。由于人事制度的改革以及高校管理的特殊性，人才派遣、劳务派遣、临时雇工等多种非编制内用人形式逐渐呈现，并因工作需要逐步进入涉密岗位，本文所讨论的外聘涉密人员主要指涉密单位、部门聘用的非在编人员进入涉密岗位的人员。

1. 军工高校涉密人员管理的特点及现状

近年来，随着军工高校涉密科研任务逐渐增多，基层涉密课题组不断增加，保密管理责任和要求不断提高，任务更加艰巨，从而使涉密人员以及保密管理队伍的需求也与日俱增。除了涉密教师之外，研究生、外聘人员、外协人员也逐渐进入涉密工作岗位，使涉密人员队伍呈现出多样化的发展状态，同时也增加了高校涉密人员管理的难度。[2]

在推行保密归口管理的过程中，由于涉密人员队伍的多样化和复杂性，涉密人员管理也呈现多部门化，分管不同类型人员的部门将保密管理规定融入人员管理的业务工作中，根据人员类型的不同特点采取相应的管理措施。对于流动性和复杂性较强的涉密外聘人员管理，存在一定的难度，如何将国家法律法规在涉密外聘人员管理中充分又灵活地执行，需要不断地探索和实践。

外聘涉密人员进入高校涉密岗位工作有其存在的必然性。首先，高校人事制度改革后，事业编制严格限制，一定程度上存在人员缺口，需要将人才派遣、劳务派遣、临时雇工等补充到一定岗位完成相应的工作；其次，基层涉密课题组尤其是大项目课题组的分工逐渐细化，工程复杂程度决定了用人的多样化需求，因此需要招聘工程师、技术员、质量管理员等多类人才充实到项目的科研团队中，参与涉密项目研究工作，而这些人员往往是高校原有人才结构和编制无法满足的，需要通过外聘雇用形式招聘。另外，基层涉密科研单位的保密管理人员往往是由涉密教师兼任，需要同时兼顾教学科研任务和保密管理工作，任务较为繁重，因此，规模较大的涉密科研单位往往倾向于外聘专门管理人员负责行政事务和日常保密工作。这些实际问题都是涉密外聘人员一定程度上存在的原因。

鉴于涉密外聘人员这种用工形式存在人员背景较为复杂、流动性强、人员素质差异性大等因素，研究制定针对涉密外聘人员的制度和措施具有重要的现实意义。

2. 高校涉密外聘人员管理中存在的问题

1.1 涉密外聘人员管理制度有待完善

外聘人员从招聘环节到工作稳定性以及离岗离职，都与高校编制内教职工的管理有所不同；从人员聘用上看，一般都会通过派遣公司来完成。传统的涉密人员管理制度不能全面覆盖外聘人员管理的各个方面，需要通过专门制度和管理体系建设来加强管控。

我国劳动合同法规定：劳务派遣只能在临时性、辅助性或者替代性的工作岗位上实施。也就是说，因为这些被派遣者的流动性非常大，所以在一定程度上会给用人单位带来一些风险。外聘人员一般都采用劳务派遣的形式，这就涉及用工单位、派遣公司和外聘人员三者之间的权责利的关系问题，尤其是涉密外聘人员管理责任的划分，对涉密单位规范管理、防范风险有着十分重要的意义。

劳务派遣中的“雇佣”和“使用”状态分离造成“两个雇主”对被派遣劳动者都具有一定程度的管理权。[3]通常情况下，用人单位与派遣公司签署劳务派遣协议，用人单位委托派遣公司招聘人员；外聘人员与派遣公司签订劳动合同，双方权责进行宏观的界定。这在一定程度上分离了用人单位与外聘人员之间权利和义务的界定，使得涉密工作的相关责任落实存在空缺。因此，在涉密外聘人员管理制度中，应明确各项工作的具体责任人，以及不同角色应担负的责任。特别是在涉密外聘人员知悉范围的划分、出入境证件及审批管理、保密教育培训、离职离岗以及脱密期管理这些容易产生分歧、又事关重要的环节，应加以明确要求。

1.2 涉密外聘人员的背景审查和脱密期管理问题

在工作实践中，外聘人员的上岗和离岗是工作的主要难点。外聘人员的特点之一是工作流动性较大，人员档案通常不由用人单位管理，因此全面掌握外聘人员的学习、工作经历存在一定困难。另外，由于没有长期工作相处的经历，也很难准确掌握外聘人员是否存在不适合进入涉密岗位的不良嗜好。正因为存在这些困难，更需要用人单位加强对外聘人员进入涉密岗位前的背景审查和考察，确保符合条件的人员进入涉密岗位。

涉密外聘人员管理中存在的另一个难点是，外聘人员聘用期结束后，用人单位如何有效进行脱密期管理的问题。这个问题来源于外聘人员工作流动性不确定，甚至有些外聘人员存在聘用结束后即待业等情况。这些特殊性，都增加了涉密外聘人员脱密期管理落实的难度。

3. 高校涉密外聘人员管理的对策建议

2.1 加强涉密外聘人员管理制度和管理体系建设

加强涉密外聘人员管理，应首先从制度建设开始。构建分工合理、责权一致、相互衔接、运转有序的涉密人员管理体制及运行机制，既是加强和改善涉密人员管理的现实需要，也是落实管理原则、完成管理任务、实现管理目标的重要制度保证。由于外聘人员的招聘、管理流程与在编人员的管理有很大区别，因此应该从外聘人员管理的全生命周期基础上，规划涉密人员的管理过程，形成制度，加以规范。

对外聘涉密人员实施工作过程全生命周期管理，从招聘环节开始，根据岗位设定制订招聘计划；在招聘工作中，做好政治审查与背景调查，把好入口关，必要时请国家安全机关或公安机关协助进行调查，确保外聘人员的可靠性；有些单位在外聘人员进入本单位之初，暂时不安排在涉密岗位上工作，从事非涉密工作一段时间，对其人品、性格、工作能力等各个方面进行充分考察后，再进入涉密岗位的做法是非常值得借鉴的。

另外，在外聘人员签署合同过程中，应做好派遣公司、用人单位、外聘人员三方的责权利分配。派遣公司应把好人员入口和出口关，使外聘人员的进出流程都具有规范性，这对于未来涉密外聘人员脱密期管理具有重要意义。作为涉密单位，对于自聘的外聘人员应在上岗之初明确其涉密岗位及国家秘密知悉范围，签署保密承诺书，并对其进行上岗保密教育培训，帮助其掌握必需的保密知识技能；雇用外聘人员的基层涉密单位负责人应熟知涉密人员管理规定，并承诺履行对涉密外聘人员的管理责任。

坚持以岗定人，尽量控制外聘人员参与涉密工作。如果确实存在工作需要，原则上涉密外聘人员应定为“一般”涉密人员，限制其接触机密级以上的国家秘密。涉密人员存在不能胜任涉密岗位或泄露国家秘密隐患的情形时，不得通过审查。如不具有中华人民共和国国籍或获得国（境）外永久居留权、长期居留许可，曾因严重违反保密规定被调离涉密岗位，有吸毒、赌博、酗酒等不良嗜好或违法犯罪行为等。做好外聘涉密人员管理全程跟踪。从岗位及职责设定、上岗审查、岗前保密教育培训、在岗管理、离岗审批、脱密期管理等环节进行全周期的闭环动态管理。

2.2 做好涉密外聘人员在岗管理和监督检查

涉密外聘人员的在岗管理应在涉密人员管理的大框架下进行，同时增强风险防范意识，提升风险把控能力。风险无处不在，用人单位要审时度势，密切关注外部环境的变化，结合自身的实际情况，及时识别可能面临的风险，并采取一定的措施。

做好涉密外聘人员的日常管理还需要保密工作机构与相关归口单位和用人部门的全力配合。做好涉密外聘人员管理的任务分解，将保密管理要求融入人员管理的业务环节中，明确责任和流程，对于全面防控风险有着重要作用。同时，不断加强外聘人员保密知识技能的教育培训，提高其保密工作素养；出国（境）报备和证照管理工作上严格执行相关政策的同时，注意行前保密教育和回访工作。保密工作机构应将涉密外聘人员的监督检查工作放在重要位置，建立专项检查机制，有针对性地防控风险，并对用人部门人员管理工作进行切实指导，对不适合涉密岗位工作的外聘人员采取调离岗位的措施等。

当前军工高校保密工作面临着诸多考验和挑战，保证涉密人员可靠、可信、可用、可控和可管是重要环节，加强涉密人员管理的规范性，对于提升高校保密工作水平和风险防范能力具有重要意义。

[参考文献]

[1] 刘益军，范曲，漆自名，等. 构建军工单位涉密人员管理长效机制的思考[J]. 办公室业务，2019，14：93-94.

[2] 李涛，庞国伟. 高校保密工作的核心：加强对涉密人员的科学规范化管理[J]. 改革与开放，2018，18：147-149.

[3] 朱蓓. 公共部门的劳务派遣用工风险评估研究[D]. 上海：上海交通大学，2015.

基于层级管理理论的高校保密组织模式发展探究

陈青萍　许存芝
（中山大学　广东省广州市　510275）

摘　要：随着各项保密法律法规、规章制度和保密标准的出台，保密工作不断向规范化、精准化推进，建立健全高校保密组织体系，是做好高校保密工作，推动高校保密工作转型升级的基本条件和基本保障。本文基于层级管理理论，对高校的保密组织模式进行分析，探究高校保密组织发展模式，为高校保密事业可持续发展提供参考。

关键词：层级管理理论；高校保密组织模式

0. 前言

保密工作是一项管理工作，需要专门的机构和人员开展，建立高校保密组织体系是做好保密工作、落实保密管理要求，构建保密管理体系的基本条件和基本保障。2012年，中央保密委员会印发了《关于进一步加强保密机构队伍建设有关事项的通知》，围绕规范机构设置、保密队伍建设与管理，就保密管理体制、机构名称、规格编制、内设机构、领导班子配备、负责人调整报告、工作报告、业务考评、人才规划、教育培训、日常管理等作出重要部署，明确了加强保密机构队伍建设的具体举措[1]。此后，保密机构队伍建设一直作为保密工作的重要内容推动。2018年中共中央保密委员会第二次全体会议和2019年全国保密工作会议均将建立健全保密组织机构，配齐配强专兼职保密干部作为重点工作推进，印发有关文件强化保密机构队伍建设顶层设计，为做好新形势下保密机构队伍建设工作提供了基本依据和遵循。

保密组织建设各种建设方式都还在实践摸索中，究竟什么样的保密组织建设模式符合各高校的实际，又有利于推动高校保密事业的可持续发展？目前仍未有定论。蒋柱武等

作者简介：陈青萍（1991—），女，助理研究员，研究方向：保密管理、信息管理、人力资源管理。
E-mail：52622786@qq.com

（2011）对军工保密与全校大保密合一、设置保密处，保密委员会下不设置专门保密工作机构两种组织模式进行了分析，结合 2006 年度的《武器装备科研生产单位保密资格评分标准》构建了高校国防科研生产保密组织机构与工作分解体系。李建长（2013）提出建设基础保密组织机构是保密管理长效机制建立的三大前提之一[2]。方涛（2014）利用层级管理理论构建了 DH 军工研究所的保密组织管理体系，将其分为决策层、管理层、操作层和执行层四个层级[3]。随着保密工作的规范化、精准化推进，有些保密组织模式已经不能满足当前保密工作的需要。如今未有对各种模式进行的综合分析研究，尚缺乏科学合理的建设模式指导，容易出现保密组织建设不到位、保密条件保障不足、国家秘密安全防控范围覆盖不到位，出现失泄密隐患或者保密组织队伍建设标准过高、学校负担过重、组织虚化、实际效益低下等不良后果。本文基于层级管理理论，对高校的保密组织模式进行对比分析，探究高校保密组织发展模式，为高校保密事业可持续发展提供参考。

1. 理论基础

层级管理是组织行为学中的一个概念，是一种提高生产效率和工作效能的管理手段和方法，包括“金字塔”组织模式和分权原则两个层次。“金字塔”组织模式主要分为直线式和直线职能式两种。直线式是指以最高行政首长为中心，以命令—服从为基本特征的统一指挥、逐级控制的上下级关系。直线职能式结构是在行政主管的领导下，按专业分工设置若干职能部门，由职能部门向下发布命令，基层组织既要听命于上级行政首长的指挥，又要服从上级职能部门的领导[3]。保密工作历来以保守国家秘密，维护国家安全和利益为根本目的，其管理规范中有大量的强制性义务规范，通过“应当”“必须”“不得”“禁止”等条款的保密法律法规、规章制度和保密标准，直接强行要求保密工作者作为或者不作为。作为保密工作的主体，保密组织建设更加强调管理中的自上而下，逐级控制，要求和指挥统一，各项保密要求层层落实；自下而上来说，层层相对独立而又逐级向上负责，把保密管理要求贯彻到具体的业务工作中，有利于调动职能单位和基层单位的积极性和参与性。

分权管理是层级管理理论的本质特征，强调以完整统一的指导思想、指导原则和实施方案为前提条件和基本依据，依据专业化分工基础进行分权管理。保密工作“业务工作谁主管，保密工作谁负责”的基本原则决定了保密管理的分权管理要求，直接表现为业务工作与保密要求相融合的归口管理原则。一般情况下，可以将高校保密组织机构划分为领导决策层、指导监督层、业务管理层、具体执行层，分别行使领导决策权、指导监督权、管理权和执行权。

2. 高校保密组织模式分析

当前的高校保密组织队伍建设通常以保密委员会和保密工作机构为基础，覆盖各业务管理单位，关键在于组织健全、人员到位、有据可依、责任落实，确保保密组织机构设置和干部队伍规模与保密工作面临的形势相适应，与承担的工作任务相适应。依据层级管理理论来划分，可以分为“直线式包办”模式、职能分管模式以及混合模式三大类。

2.1“直线式包办”模式

“直线式包办”模式是保密工作最早出现的模式，也是国家机关保密工作在高校开展的一种经典形式。具体指学校遵循“保密委员会—保密工作机构—基层涉密部门”单线逐级控制原则开展保密工作。在“直线式包办”模式下，高校建立校级保密委员会，作为“党管保密”的专门组织，全面指导协调学校的保密工作，贯彻执行中央和国家有关保密工作的方针政策、决策部署，根据业务主管单位（教育部、各级教育管理部门、科研管理部门）和属地保密行政管理部门关于保密工作的指示、决定和要求，制定符合学校实际的保密工作发展规划和年度保密工作计划，对学校各二级单位的保密工作进行调查研究和督查检查，审查审批保密管理有关事项，组织开展涉密人员管理、保密宣传教育、保密技术（含人防、物防、技防）防范等，查处发生的重大泄密事件等。保密委员会除了行使领导决策权、指导监督权外，还负有学校保密审查审批权，同属领导决策层、指导监督层和业务管理层。保密工作机构一般称保密办公室、保密处等，通常挂靠党委办公室或者党政办公室，或在党委办公室或者党政办公室内设置机要保密科，既有部分管理职能，也是一个执行机构，很少真正独立行使保密管理职能。“直线式包办”模式下的保密组织机构无法对其组织机构和管理层级一一对应，其保密组织管理体系模式如图 1。

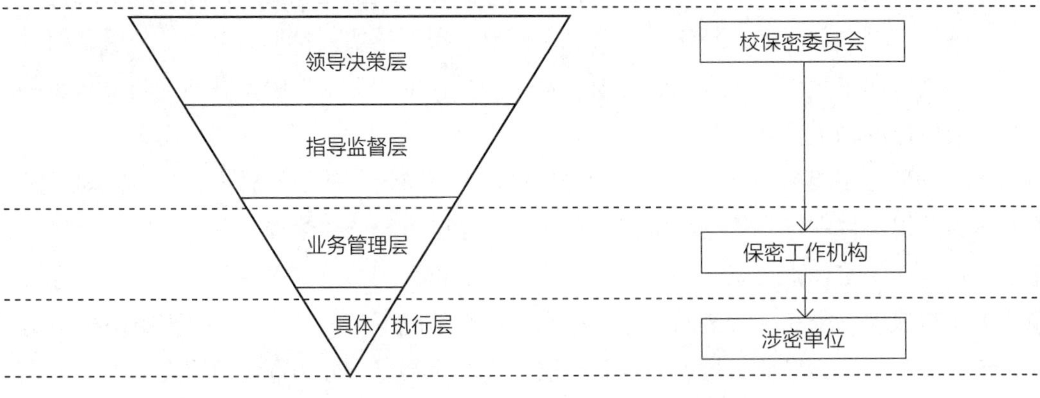

图 1 “直线式包办”保密组织管理体系模式

“直线式包办”模式下保密委员会实行成员单位负责制，主任一般由学校分管保密工作的校领导担任，委员一般包括主管业务经常或较多涉及国家秘密且密级程度较高的部门主要负责同志，如综合部门（党委办公室 / 党政办公室）、外事部门、科研部门、安全保卫部门等的负责同志；具有监督管理职能的部门（如纪检监察部门）负责同志；能够为开展保密工作提供人、财、物等资源保障的部门（如组织人事部门、财务部门、信息化管理及运维部门）负责同志等。其保密委员会成员组成及职责分工如表1。其中“必备”项是保密委员会的基本成员组成，“可选”项只做了部分列举，可根据各高校实际涉密情况及保密工作需要进行选择性设置。

表 1 “直线式包办”模式下的保密委员会成员组成及职责分工

保密委员会组成	职务	职责分工	备注
主任	校党委书记 / 校长 / 分管保密工作的校领导	全面领导学校的保密工作	必备
常务副主任	分管保密工作的校领导	分管全校保密工作	可选
副主任	分管保密 / 科研 / 信息的校领导	主管相应领域的保密工作	必备
主要委员	党办 / 党政办主要负责人	机要保密工作	必备
	保密工作机构主要负责人	保密工作机构全面工作	必备
	纪检监察保密主要负责人	纪检监察中的保密工作及对保密违法违规行为的问责	必备
	组织人事部门主要负责人	保密干部和涉密人员管理	必备
	财务部门主要负责人	涉密业务经费管理	必备
	安全保卫部门主要负责人	安全保卫保密工作	必备
	信息化管理及运维部门主要负责人	信息系统、信息设备和存储设备管理和运维保密工作	必备
	科研部门 / 国防科研管理部门主要负责人	科研 / 国防项目保密工作	可选
	外事部门主要负责人	对外交流保密工作	可选
	研究生管理部门主要负责人	研究生招生和管理保密工作	可选

这种模式的普遍存在形态是保密工作机构人、财、物均与所属职能部门共用，以机要保密工作，即党政文件（含机要文件）管理为主责，协助保密委员会制定保密制度、涉密人员管理以及其他综合管理事务；和定密工作办公室（或定密工作小组）合

署办公；与信息化管理及运维部门共同组成计算机安全保密管理办公室，开展涉密计算机和涉密办公自动化设备的保密管理与运维。其组织机构及职责分工如图 2。

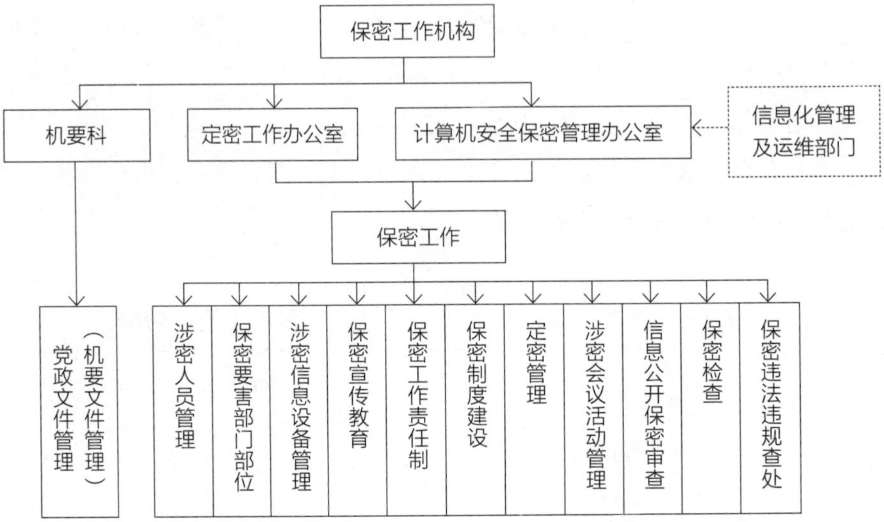

图 2 “直线式包办”模式下的保密工作机构及其职责分工

在具体实践中，保密组织机构一般都是校级层面，涉密部门、院系仅是根据涉密业务设置涉密岗位，配备涉密人员。保密工作由保密委和保密办包办的情况较为普遍。部分高校在建设有保密要害部门部位的二级单位建立保密工作领导小组，由涉密人员兼任保密员。只有极少数高校由于二级单位承办机要文件，而在二级单位内设置兼职保密员，一般由二级单位的文件管理员兼任。

2.2 职能分管模式

职能分管模式是“直线式包办”模式上发展形成的，一般存在于承担了一定体量的涉密科研项目，尤其是承担涉密国防科研项目的高校。由于科研项目管理有其业务性强的特点，其保密管理充分体现业务工作和保密工作的融合，一般由科学研究管理部门专门负责项目全过程管理的保密工作。职能分管模式继承了“包办”模式的基本特征和内涵，依然是校保密委员会领导全校保密工作，保密办（保密处或保密科）和科研管理单位或其内设部门共同作为保密工作机构，履行保密工作的指导、监督、检查和协调职能。其中保密办（保密处或保密科）负责学校教学、管理方面的保密工作，科研管理单位或其内设部门专门负责科研方面的保密工作，即分为“管理包办”和“科研包办”两大内容。

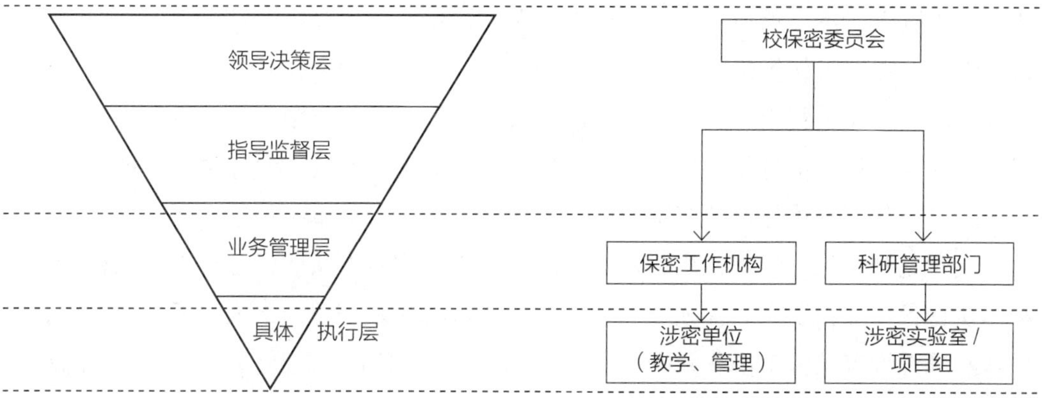

图 3　职能分管保密组织机构模式

在职能分管模式中，科研管理部门或者国防科研管理部门与保密工作机构地位几乎一致，也作为保密委员会必备成员单位之一，其主要负责人甚至可能成为保密委员会副主任。随着第三轮武器装备科研生产单位保密资格认定工作的推进，职能分管模式在承担涉密国防科研项目研究的高校已经开始消失，逐渐被混合模式取代。但在只承担非国防类涉密科研的高校中仍然存在。

2.3 混合模式

“直线式包办”模式和职能分管模式下，保密组织机构呈现“倒金字塔型”结构，保密组织机构以校级保密委员会和保密工作机构为主，委员会的领导作用以及保密工作机构的组织、协调、指导和监督检查职责难以发挥；保密工作队伍以保密委员会的领导人员为主，没有基层保密干部，仅靠极少数保密工作机构的专兼职保密干部落实，从力度和人力上均有所欠缺，往往会导致保密组织机构虚化，保密监管工作流于形式，保密管理连续性不强，无法保障各项保密管理要求执行到位，容易出现失泄密风险。这是制约学校保密工作全面转型升级和保密事业可持续发展的“短板”，已经引起了各高校的高度重视。尤其是在第三轮军工保密资格认定工作推动下，高校保密工作开始改变管理理念，不断强化“业务工作谁主管，保密工作谁负责”原则，开始细分管理层级，混合保密组织模式出现。

具体来说，混合模式是通过“金字塔”组织结构和分权归口管理原则，形成了直线指挥、分层授权、权责明确、标准统一的高校保密组织建设模式，以确保保密管理的有效性。在混合模式中，校保密委员会组成在原来基础上，增加业务归口管理单位的主要负责人，不再承担审批管理职责，而且强化集体决策权，发挥“党管保密”的领导作用；保密工作机构作为保密委员会的日常办事机构，独立行使保密管理职能，对全校保密工作进行指导、监督和检查；大部分审查审批权限下放到机要保密、人力资源、新闻宣传、信息化、外事、科研生产等业务主管部门。业务主管单位根据管理权限，归口负责本单位业务范围内的保密管理工作；二级单位一般以保密工作领导小组形式建立基层保密组织机构，根据实际工作需要配备专兼职保密干部（保密员），具体执行各项保密要求。为强化保密防范，还可将非涉密单位纳入保密组织体系，在非涉密单位设置保密工作联系人，重点落实保密宣传教育，提高保密意识和保密常识。其保密组织图如图 4。

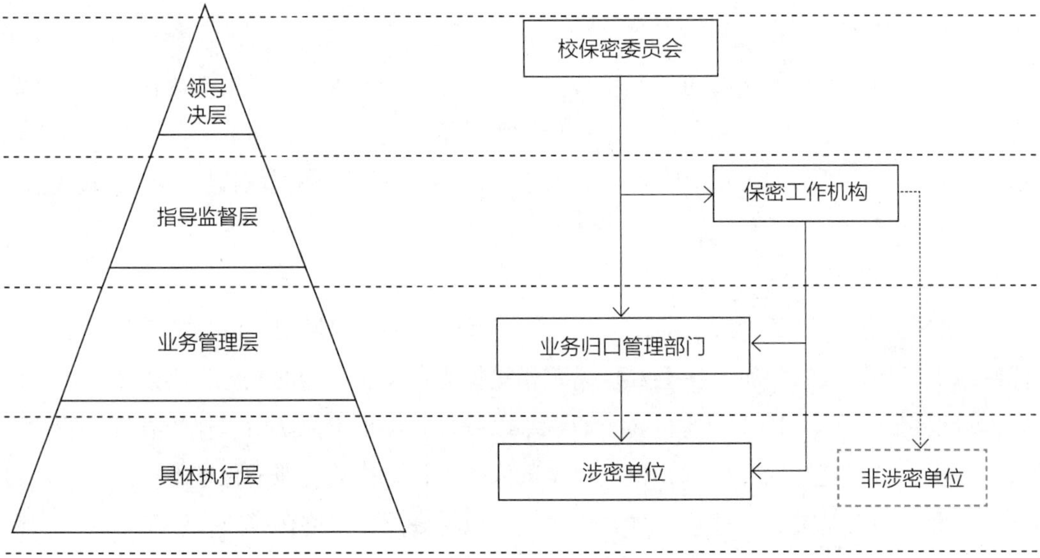

图 4　混合保密组织模式

混合模式中的业务归口管理部门接受保密委员会的领导和保密工作机构的指导，充分发挥其业务专长，将保密要求融合业务制度和业务工作流程中，有权在其业务范围内向基层涉密部门发布命令和下达指标。涉密部门既要接受学校保密委员会的领导和保密工作机构的指导、监督和检查，又要服从业务归口部门的管理。混合模式的主要业务归口管理单位及职责分工如表 2。

表 2　混合模式的主要业务归口管理单位及职责分工

业务归口管理单位	归口业务类别	主要职责分工	备注
党办 / 党政办	机要文件管理、涉密会议管理	组织制定并实施学校机要文件、涉密会议管理制度； 在学校授权范围内组织开展党政事务相关定密工作； 负责对涉密会议进行审批，审定涉密会议保密方案，对会议开展情况进行保密监督检查	必备
人事部门	涉密人员	组织制定并实施学校涉密人员管理制度； 负责涉密岗位确定、变更、撤销及涉密人员上岗、在岗、离岗全过程管理	必备
新闻宣传部门	新闻宣传出版和信息公开保密审查	组织制定新闻宣传出版和信息公开保密审查制度； 负责组织实施有关保密审查	必备
外事部门	涉外管理	组织制定对外保密管理制度； 负责涉密人员因公出国（境）、涉外活动、向国（境）外提供资料等的审批和管理工作； 负责落实涉外活动保密管理要求	必备
安全保卫部门	保密要害部门部位建设	组织制定保密要害部门部位建设制度； 负责保密要害部门部位安全技术防护建设和管理； 负责重要涉密会议活动、涉外活动的安全保卫工作等	必备
科研部门 / 国防科研管理部门	涉密科研项目管理、协作配套、外场实验管理	组织制定并实施学校科研项目、协作配套、外场实验保密管理制度； 组织开展学校科研项目有关的定密工作； 负责落实涉密科研项目全过程保密管理、协作配套、外场实验保密管理要求	可选 *
研究生管理部门	涉密研究生及涉密学位论文研究生自命题管理	组织制定涉密研究生及涉密学位论文制度； 负责研究生涉密学术论文全过程管理； 协助涉密研究管理； 负责研究生自命题保密管理	可选 *
信息化管理部门	信息化安全保密管理	组织制定信息系统、信息设备和存储设备安全保密管理体系文件； 负责信息化运维监督和安全保密检查； 负责信息化保密风险自评估，并监督整改落实	可选 *
信息化运维部门	信息化运维	组织制定信息系统、信息设备和存储设备管理和运维策略并组织开展运维工作； 负责落实学校信息系统、信息设备和存储设备的安全审计； 为保密违法违规提供技术支持	必备
档案管理部门	涉密档案	组织制定涉密档案管理制度； 负责涉密档案归档指导和档案利用	必备

注：该表根据高校科研保密管理体系建设中“归口管理与相关部处保密工作主要职责”[5]以及高校调研情况及工作经验整理而成，“备注”表示一般高校保密工作的业务归口情况，“*”表示一般高校可选，但军工保密资格高校必备。

在日常保密管理工作中，二级单位、院系才是各项保密要求的执行主体，基层保密组织建设是强化保密责任的有力保证，还是对学校保密工作机构管理的延伸和加强。二级涉密单位一般包括有涉密业务的职能部门，如涉密院系、涉密科研单位等，应当设立保密工作领导小组，负责统筹本单位保密工作，全面贯彻落实有关保密法律法规、规章制度和保密标准，学校保密委员会的决策、部署，研究解决本单位中存在的问题；组织制定本单位的保密管理规章制度，将保密管理要求融入业务工作制度中并组织实施；提供足够的保密工作需要的场地、设备支持；组织落实单位各项保密管理工作；定期组织开展保密自查检查，对检查出的问题进行整改；开展日常保密驾驭培训等。值得注意的是，保密工作的业务归口管理单位也是涉密部门，应当在做好归口管理的同时，按照涉密单位保密管理要求，建立基层保密组织，做好内部保密管理，防止“灯下黑”。

一般情况下，基层保密工作领导小组由单位主要负责人或分管保密工作的负责人担任组长，副组长可根据实际选择是否设置，具体负责文件、党务、人事、信息化等管理人员为组员，涉密科研单位和涉密院系的保密工作领导小组还应包括具体负责科研、教务的管理人员。为确保保密工作落实，基层涉密单位保密工作领导小组需至少设置一名兼职保密员，涉密科研单位和涉密院系一般由科研秘书兼任保密员，协助开展保密工作。涉及人员较多的课题组 / 项目组可以参照院系保密组织设立保密工作小组，细化落实保密管理要求。特别以大团队、大平台等跨院系甚至跨学校方式开展涉密科研项目研究的，基层保密组织应当设置在大团队、大平台的管理单位，由管理单位直接开展保密管理工作。相应的基层涉密单位保密工作领导小组构成详见表 3。

表 3　基层涉密单位保密工作领导小组构成

组 成	职务 / 岗位	主要职责	备注
组 长	二级单位主要负责人或分管保密工作的负责人	全面负责二级单位保密工作	必备
副组长	二级单位分管保密工作的负责人	协助组长履行保密管理职责	可选
组 员（至少配备 1 位保密员）	二级单位文件管理人员	二级单位机要文件及其他党政事务涉密文件资料管理	可选
	二级单位党务 / 人事管理人员	二级单位党务、人事保密审查	可选
	科研管理人员	二级单位涉密科研项目管理	可选
	二级单位计算机、网络、设备管理人员	二级单位信息系统、信息设备和存储设备保密管理	可选
	可根据工作实际适当增加		

注：该表根据高校科研保密管理体系建设中“基层保密工作领导小组构成”[6] 以及高校调研情况及工作经验整理而成。

3. 结论与展望

三种高校保密组织模式都是保密工作在高校历史发展中的产物，并不断趋于完整和具体化。在高校保密组织模式发展过程中，是一个逐步达到领导决策层强化、归口管理层完善、基层执行到位的过程。有三个方面的特点：一是不断强化保密委员会建设，其领导决策作用更加凸显，有利于实现对保密工作领导机构的转型升级，为保密工作做好顶层设计，为人、财、物保障提供支撑；二是强化归口管理，将保密管理职能由保密工作机构下放到各业务归口管理职能单位中，推动业务工作与保密管理融合发展；三是关键在基层，强化基层保密组织建设，实现保密管理延伸到基层，使得保密责任“纵向到底，横向到边”。但是，保密组织建设是一个动态发展过程，除了考虑其完整性外，还应综合考虑其他各种因素，如基层保密组织建设与承担涉密业务和涉密科研项目的体量是否匹配，建设成本是否可控和在可接受范围内等。高校保密组织建设的影响因素和评价问题等仍有待进一步研究。

4. 致谢

清华大学崔淑妮老师主编的《高等学校科研保密管理体系建设》一书对本人对高校保密组织建设认识有很大的帮助，文中也参考了业务归口管理单位职责分工和基层保密组织机构有关内容，特此对崔老师表示诚挚的感谢。

[参考文献]

[1] 本刊评论员. 大力加强新形势下保密机构队伍建设[J]. 保密工作，2012(8)：4-5，1.

[2] 李建长. 夯实基础 技管并重 联防联动：建立军工单位保密管理长效机制[J]. 保密科学技术，2013，(11)：28-33.

[3] 方涛. DH军工研究所保密管理体系研究[D]. 西安电子科技大学，2014 .

[4] 陈国平. 潮州市工商局实行层级管理的理论与实践[J]. 中国工商管理研究，2004(2)：59-63.

[5] 崔淑妮. 高等学校科研保密管理体系建设[M]. 北京：清华大学出版社，2019：27-29.

[6] 崔淑妮. 高等学校科研保密管理体系建设[M]. 北京：清华大学出版社，2019：23.

高校落实保密归口管理的难点问题及解决思路

张　岚　朱元良
（南开大学　天津市　300350）

摘　要：国家对保密工作高度重视，但是在具体工作中依然存在因归口管理而出现的重点和难点问题，本文将保密工作归口管理中存在的难点问题进行分析，探讨归口管理中出现“打太极”“踢皮球”等现象的根源，就如何划分保密工作的归口管理提供新的见解和思路。

关键词：高校；保密工作；归口管理；涉密责任

0. 引言

2016年，国家相继修订印发了《武器装备科研生产单位保密资格认定办法》（以下简称《办法》）和《武器装备科研生产单位保密资格标准》（以下简称《标准》），标志着第三轮军工保密资格认定工作正式全面启动。此轮颁布的《办法》和《标准》是国家保密局会同国家国防科技工业局、中央军委装备发展部经过广泛调研，按照行政许可和依法行政要求，调整理顺了军工保密资格认定工作机制后形成的，其中有关“归口管理”的内容是新增的重点要求。根据《标准》，归口管理是按照“业务工作谁主管，保密工作谁负责”的原则，将保密要求融入业务工作制度，使保密工作成为业务工作的重要组成部分，确保业务工作开展到哪里，保密要求就延伸到哪里，实现业务工作与保密工作融合发展。

《办法》和《标准》颁布至今已有三年时间，有关归口管理的要求在高校层面的落实情况并不十分理想，主要表现是各种的推诿、扯皮、拖延、逃避等现象。保密工

作者简介：张岚（1976—），女，主要研究方向：信息资源管理。

作机构的管理干部们一方面承受着组织保密资格认定的压力，确保各项工作按要求完成，另一方面又面临着各归口部门的“打太极”“踢皮球”行为，很多人身心疲惫，苦不堪言。

1. 归口管理工作存在问题的主要表现

根据“业务工作谁主管，保密工作谁负责”的原则，新《标准》中明确提出了“归口管理”这一要求，是为彻底解决保密工作与业务工作“两张皮”的现象，为长效保密管理打好基础。经过笔者在本校和兄弟院校的调研后发现，归口管理遇到阻碍的原因是归口部门对于保密工作的抵触，主要有以下几个方面的表现。

1.1 心理抵触

归口部门不认为保密工作是其业务范围内的工作，认为是保密工作机构的事。他们认为把保密工作责任归口到这里就是保密工作机构在推卸责任。

1.2 行为抵触

有些归口部门迫于国家标准和学校领导的压力，表面上接受了部分归口工作，但在实际工作中不投入力量研究保密实际工作，遇到问题就找保密工作机构，变相推卸保密管理职责，以“保密办说怎么做就怎么做”的态度和方式来处理问题，其实质就是消极怠工不作为，并不真正把保密工作环节嵌入业务流程。

1.3 脱离实际

有些归口部门接受了归口工作以后，把国家法律法规拿来就用，或简单制定一个表格就施行，完全不考虑已有的工作流程。有些工作，走完了业务流程之后又要回头重走一遍保密审批流程，形成了保密工作与业务工作“两张皮”，失去了归口管理的工作目标，其实质就是乱作为。

2. 归口管理推进难的深层次原因分析

经过分析，笔者认为出现上述各种问题有着深刻的原因，归根结底是对于保密工作不了解，对保密管理规律不清楚造成的深深误解。

2.1 保密工作与涉密工作的区别

保密工作与涉密工作不能简单画等号。很多归口部门负责人认为自己部门的工作不涉及国家秘密，因此就与保密工作无关，这其实就是混淆了保密工作与涉密工作的概念。

国家秘密的定义是“关系国家安全和利益，依照法定程序确定，在一定时间内只限一定范围的人员知悉的事项”。从定义可以看出，保密工作是围绕对涉密信息的保护而开展的专门性工作，核心内容是确保涉密信息在知悉范围内传递和使用，所以知悉范围内的人员就是涉密人员，直接接触涉密信息的工作就是涉密工作。而保障涉密内容在知悉范围内传递和使用是需要一整套的运行机制的，这套机制在运转过程中需要一些部门和人员参与运转和保障，这些运转和保障工作其实就是保密工作。这个过程可能直接接触涉密信息，也可能不接触，所以保密工作未必就是涉密工作。

比较明显的例子有宣传部门和外事部门。一般情况下，外宣和涉外的工作内容都是公开且不能涉密的，对外交流之前应有相应的审查审批流程来确定有关信息或活动是不涉密的。宣传和外事部门本身并不能确定有关内容是否涉密，但是应当设计出工作流程，来保证要提交发布或者对外交流的内容有人来审定是否涉密。所以，归口部门的责任其实是制定业务办理的规则，建立保障机制，而并不是直接接触涉密信息。如果流程科学、制度完备，那作为归口部门就不会承担直接的失泄密责任。

2.2 区别保密工作和业务的保密

做好本部门的保密工作和做好本部门分管的业务范围的保密工作是有很大区别的。本部门的保密工作主要涉及涉密载体、涉密设备、涉密人员等管理内容，工作范围仅限于部门内；而本部门分管的业务范围的保密工作是随着业务流程延伸到所有相关部门的。因此，归口部门实际承担双重的保密责任，而归口部门不愿意承担归口管理的保密责任，主要是因为没有认识到保密工作是随着业务进行延伸的，如果相关环节出现涉密内容，却缺少保密环节管控，那势必存在失泄密风险。

例如，某涉密项目在科研或计划部门立项后，业务工作会延伸到后续的采购、基建、财务等部门，只有在前期的立项阶段确定了项目涉密的内容，这样后期的采购、基建和财务等就知道在哪些环节要履行涉密的工作流程，哪些环节属于普通的工作流程。而不是采购一包复印纸或一套桌椅也要按照涉密工作对待。从这个例子就可以看出，科研或计划部门是定密工作的归口部门，资产管理、基建、财务等管理部门就是物资采购、基本建设、财务管理的归口管理部门，他们要分别制定出涉密的和普通的工作流程，根据上游科研或计划部门的定密情况采取不同的工作流程，以达到保障涉密信息在知悉范围内传递的工作目标。这些部门是规则的制定者和监督者，并不是涉密事项具体的执行者，具体的执行者应该是相应的涉密信息的知悉范围内的人员。

笔者认为，不能很好区分归口责任和涉密责任是归口工作难以推进的最主要的原因。这两个概念分清楚了，归口部门就会理解到，涉密业务与普通业务并不存在矛盾和冲突，涉密业务是以普通业务为基础的，保密工作责任是融于业务工作之中的，不可分离。

3. 有关保密工作机构的责任

很多保密工作机构的同行都被归口部门的领导问过这样的问题：保密工作如果都由归口部门做了，你们保密办还做什么？

按照《标准》规定，保密工作机构的基本职责主要是制定保密基本制度，监督指导各部门保密工作，确定和调整保密要害部门部位，组织开展保密检查，组织查处违反保密法律法规行为和泄密事件等。简单地说，就是事前指导、事中监督、事后检查。基于前面关于保密工作与涉密工作的认识，笔者认为指导、监督和检查并不能涵盖保密办工作的全部。如前文所述，保密工作的核心是涉密信息在知悉范围内传递，而保障信息传递需要有一整套工作机制，这一套工作机制构成了完整的保密工作体系，需要有一个部门负责总体协调各部门，使各部门的业务流在一套逻辑规则下流转，在同一个平台上运行。所以，笔者认为保密工作机构的最重要的工作是搭建工作体系，然后才是指导监督和检查。

高校应通过建立健全基本制度、二级制度、专项制度等制度体系，推动保密管理工作的顺利进行。应在高校保密责任（含归口管理责任）、定密工作、涉密人员、保密教育培训、国家秘密载体、密品、保密要害部门部位、信息系统、信息设备和存储设备、新闻宣传、涉密会议活动、涉外活动、保密监督检查、泄密事件报告和查处、考核与奖惩等方面涵盖保密管理的相关要求。

4. 推动归口管理的具体措施

4.1 加强顶层设计与指导，解决认识误区

目前，除取得保密资格的高校外，设立专门机构负责保密工作的为数不多，更谈不上设立专职保密工作人员。各级领导如果认识到“业务工作谁主管，保密工作谁负责”的基本要义在于业务流中实现对于涉密信息的保护的重要意义，理解了保密工作与涉密工作的内涵区别，就能比较容易地理清工作思路，确定自己的部门应该管什么，不该管什么。各部门业务流程划分清楚了，保密管控环节明确了，“打太极”“踢皮球”的行为就会大大减少，因为责任是清晰的，无论如何都打不走、踢不掉的。

4.2 归口部门要真正理清楚自己的业务及流程

要保护涉密信息在知悉范围内传递，必须首先要搞清楚部门业务中的涉密信息到底

有哪些，哪些人在哪些环节要接触到这些信息，然后根据实际业务流转情况制定相应的工作规则，这样才能真正保证涉密信息的安全。这个梳理过程其实就是确定涉密信息和知悉范围的过程，这个过程弄准了，保密工作的核心要素其实就已经抓住了。

以我校涉密人员归口管理工作中的出入境管理为例。因公出入境管理我校归口管理是国际交流处，中层干部因私出入境主要管理在组织部，而一般教师员工的出入境管理由人事处负责。于是涉密人员出入境实际上根据其类别属性、出入境的性质就决定了他所要接触的部门是哪里，而不是简单地归口在人事处一个部门。在具体业务流程设计时，这三个部门也并不是要完全独立设计一套涉密人员出入境的管理流程，而更科学的是在原本的出入境管理流程中，考虑清楚如果来办理业务的是涉密人员，整个业务流程要根据有关规定加入哪些管控环节，以实现涉密人员出入境的管理。

4.3 保密工作机构要深入指导归口部门建立规则

归口部门认真分析业务流程是前提，流程分析清楚之后，其中工作规则是否符合保密要求，保密工作机构要给出清晰明确的指导。进一步形成和深化责任体系，要细化岗位保密职责，明确领导岗位、管理岗位、科研岗位等不同岗位的不同职责，将保密工作贯穿于教学、科研、社会服务的各个方面，做到事事有人管，件件可追溯，将保密工作各项举措落到实处。

要确保各级领导理解归口管理的内涵的必要性，指导归口部门建立修订工作规则。各级负责人则是保密工作第一责任人，实行“一岗双责”。细化职责内容，签订保密责任书，明确各级负责人、涉密人员的保密工作内容，将具体工作落实到人。保密委员会应根据学校规模的大小和工作任务的轻重， 配备适当的工作人员。保密工作中的大事由保密委员会研究决定，专职保密干部主要负责处理全校日常保密工作及组织实施保密委员会布置的工作。专职保密干部不仅要熟练掌握保密工作的相关要求，要了解归口业务的基本规程，还要具备一定的组织协调能力。将保密归口工作细化到每个层级，做到级级知责任，层层抓落实，形成上下联动的保密工作责任体系。

5. 结论

做好保密归口工作对分清管理责任、进一步强化保密工作的落实有着重要的作用，我们在强化责任的同时还需要确保观念的转变。保密工作不仅仅是保密办公室的责任或者是相关负责保密工作的保密员的责任，需要各部门、各单位从上到下提升对保密工作的认识；以全局的观念提高对保密工作的认识和态度，以完备的制度构架划分保密工作的归口责任；以系统和整体的观念做好保密工作。面对当前严峻的保密工作形势，加强高校涉密人员的科学规范化管理，是一项长期重要的工作，是一项复杂而艰巨的任务，是一项全面的系统工程。本文期望提供一个规范保密归口管理工作的思路，让更多同行稍受启发，或可因此找到推进保密归口管理的切入点，从而有效、高效地做好保密工作，共同维护好国家秘密的安全。

[参考文献]

[1] 李涛，庞国伟. 高校保密工作的核心：加强对涉密人员的科学规范化管理 [J]. 改革与开放，2018，18：147-149.

[2] 张信军. 高校保密工作存在的问题与对策 [A]. 科教导刊，2016，29，9-10.

[3] 龚彩霞，胡庆松. 高校军工保密资格认定申请组织管理新模式探讨 [J]. 科技经济导刊，2019，27（24），193-194.

[4] 张栋华，李岩，于晓. 国防科研保密归口管理工作探析 [J]. 中国高校科技. 2018，5，28-29.

[5] 赵云. 浅述当前高校保密管理工作面临的形势 [J]，科教文汇，2017，8（下），123-124

[6] 陈芳，罗来庚. 新时期高校保密工作问题分析与对策 [A]. 现代经济信息，2017，13-15.

[7] 张继民，赵梦. 新形势下高校保密工作面临的问题及对策 [J]. 山东档案，2006，5，48-49.

探讨如何开展基于科研项目全生命周期管理的保密检查

戴晓洁
（西北工业大学　陕西省西安市　710072）

摘　要：针对科研项目的实施特点，科研项目管理可以分为征集指南、申请、立项、研制、外协、结题、成果申报七个重要环节。本文结合这七个重要环节中存在的问题，在参与涉密科研项目的高校内进行调研，分析调研数据，在大家关注度最高也是最容易产生问题的点上讨论如何开展针对性的保密检查，以查促教；探索重点环节通过保密管理、保密检查和保密教育联动的方式避免出现滞后管理；结合实际，制订项目档案清单，做到管理检查清。

关键词：科研项目；全生命周期管理；保密检查

0. 前言

高等院校作为国家高新技术研究的重要基地，所产生的科技成果涵盖各个领域的科学技术，一直以来是推动国防科研发展的重要力量。科研项目是高校参与军工科研的主要方式，2017 年修订的《武器装备科研生产单位保密资格认定办法》中，推进和落实归口管理和将保密管理融入业务制度是进一步推进保密常态化管理的重要抓手。结合保重点、保核心的原则，涉密科研项目的管理是重中之重。

针对科研项目的特点，科研项目管理可以分为征集指南、申请、立项、研制、外协、结题、成果申报七个重要环节，每个环节又包含若干子项，在认定标准中，没有专门提

作者简介：戴晓洁（1988—），女，西北工业大学保密处，主要研究方向：保密管理。
E-mail：daixiaojie@nwpu.edu.cn

出对涉密科研项目的管理要求，但在定密管理、人员管理、信息设备和存储设备管理、宣传报道、外场试验、涉密会议、载体管理等方面分别提出了具体要求，这些要求贯穿科研项目的全生命周期。

对于如何做好高校涉密科研项目管理，不同学者提出了多项管理办法，文[1]提出了高校涉密科研项目跟踪管理，将保密工作细化至项目过程中的每个关键点，按照项目周期的规律提出了相应的跟踪管理手段。文[2]基于记录手册，利用跟踪管理的思想，根据项目实施的时间节点，对人员、设备、活动等进行跟踪管理。文[3]探讨通过加强外部保障、建立交流机制、合理绩效考核和建立高效涉密科研文化四个方面入手建立高校涉密科研人员的激励机制，保障和鼓励更多的科研教师参与涉密项目。但学者们都未提出管理的监督管理问题，常规的保密检查主要是针对认定标准中的一项或者几项实施，或者是对基层管理部门的管理情况进行评估和考核，对于科研项目管理多采取抽查的方式，检查效果不明显。

高校科研管理部门履行对科研项目监管责任大多数采取事前提保密要求的方式，但具体实施过程中或者项目研制过程中的监管力度不够。形成保密管理部门和科研管理部门的联动模式，不仅有利于形成科研项目保密管理的 PDCA 环（见图 1），还能够进一步将保密检查落到实地，增大检查的效果，合理利用检查表格和保密检查方式，能达到保密教育落实到人的目的。本文依据科研项目七个重要环节存在问题调查问卷的结果，探索如何根据存在的问题构建合理的联动联查方式，探索如何进一步加强业务制度的可执行性。

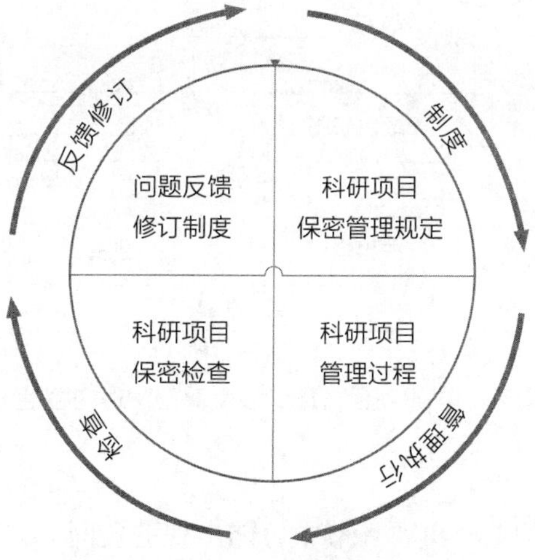

图 1　科研项目保密管理 PDCA 环

1. 高校科研项目保密管理问题分析

高校的四大职能是培养人才、科学研究、服务社会和文化传承。高校自身具有开放、合作特点，人员流动性很大，与政府、企业、国内外研究机构的合作交流很多。自改革开放以来国家对科技体制进行了许多改革，先后试行公开招标、科学基金、合同制等研究开发项目的课题化组织管理方式，并在“十五”时期确定了课题制的主导和主体地位[4]。科研项目管理可以分为征集指南、申请、立项、研制、外协、结题、成果申报七个重要环节，每个环节里涉及的保密管理内容各有侧重不同（如图 2）。例如人员管理，在征集指南和项目申请环节，主要涉及参与人员是否为涉密人员，非密人员履行什么手续后可以参与；在项目立项环节，主要为涉密人员等级是否要发生变化，对人员是否要进行专项教育和管理；在项目研制环节，会遇到参与人员发生变化、非密人员如何承担部分内容、涉密人员出国（境）管理和保密教育问题等；在项目外协环节对外协单位人员的保密要求等。

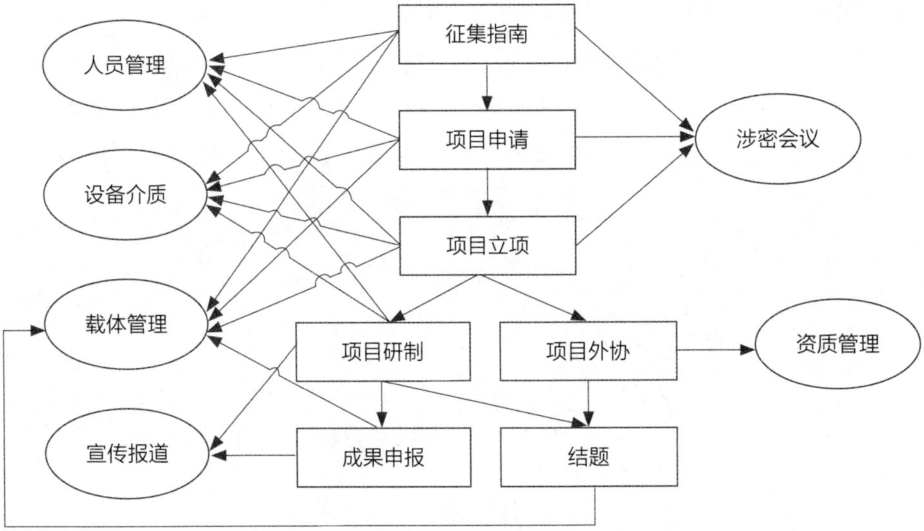

图 2　科研项目各环节涉及保密管理内容情况

本文结合科研项目的七个重要环节中可能出现的疑问，开展了一次调查问卷，共计 494 人参与调查，收到调查结果 69 份。其中以项目管理人员居多，具体情况如图 3 所示。

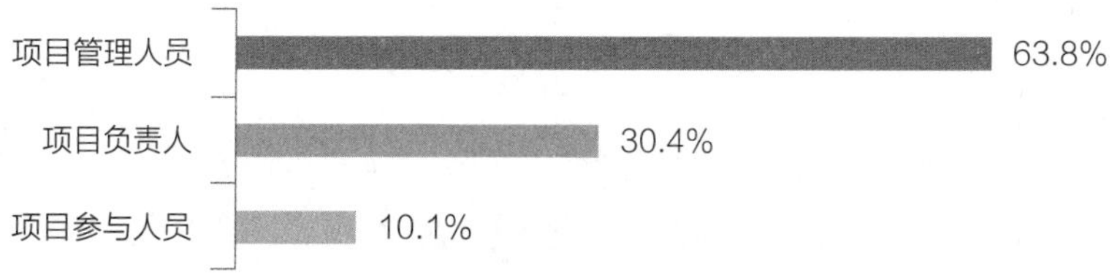

图 3　参与问卷调查人员分布情况

调查问题主要存在环节得到如图 4 所示的结果，可以看出申请阶段存在的问题最多，占 75.4%，实际工作中发现申请阶段存在问题 1：非密人员参与申请涉密项目；问题 2：目前有部分指南是要求申报教师自行确定密级；问题 3: 申请项目的环境要求和设备要求未明确；问题 4：申报项目是否能申报成功未知，等等。多种未确定因素导致大家对申请阶段的问题最多。其次为研究过程，占 50.7%，项目研制环节用时最长，期间涉及项目管理要求发生变化、人员发生变化等多种动态变化因素。第三为外协环节，占 40.6%，部分项目外协涉及重新确定密级、如何选择外协单位等内容。

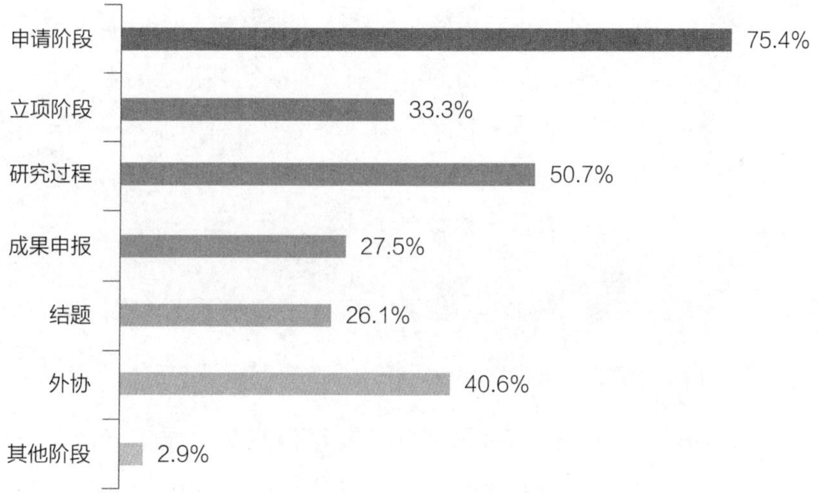

图 4　各个环节存在问题比例情况

综上可以看出，科研项目的整个生命周期的管理特点和存在问题是各不相同的，如何结合其特点，针对性地开展保密检查，不仅能够提高保密检查的效果，还有利于科研项目的管理，及时发现问题、解决问题。

2. 科研保密检查开展方式和预期效果

墨菲定律是20世纪40年代末美国的一名工程师爱德华·墨菲作出的著名论断，亦称莫非定律、莫非定理或摩菲定理。定律起源一次偶然发现，得出结论：如果做某项工作有多种方法，而其中有一种方法将导致事故，那么一定会有人按这种方法去做。或者说，事情如果有变坏的可能，不管这种可能性有多小，它总会发生。这就是墨菲定律[5]。依据墨菲定律的思维，本文在调研中列出了可能出现的问题，调查问卷可以看出哪几个问题关注度更高，更高关注度的问题是更容易出现问题的点，在这些点上将保密检查和科研管理结合起来可以预防风险。

2.1 审查前置

问卷显示在项目申请环节和外协环节，图5可以看出关于如何确定密级是项目申请环节大家关注度最高的问题，占62.3%，图6可以看出外协合同密级确定关注度为65.2%。定密工作是一项源头性工作，抓好定密工作对于做好保密工作是事半功倍的。科研项目管理部门和保密管理部门负责指导、规范定密工作，在科研项目管理过程中，可以采取审查前置的方式，在项目申请阶段引导申请人在项目申请文档中加入密级分解内容，尤其是可能出现的外协项目密级，取得甲方的认可，同时便于后续的管理。对于非密人员申请涉密项目，将人员身份的审查前置，确定其符合要求后申报涉密项目。对于外协密级的确定还可以前置到项目立项前，在立项材料中加入项目分解表，经定密责任人和管理部门审核后生效。对于明确要求不得分解的项目，科研管理部门在申请阶段对参与人员进行审查，非密人员严禁参与项目。

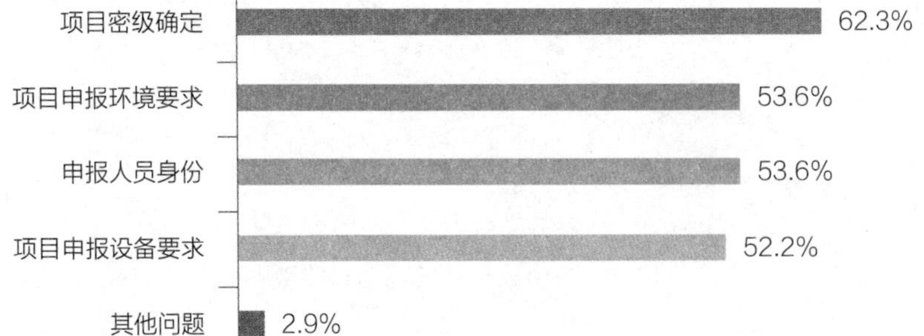

图5　项目申请环节存在的问题

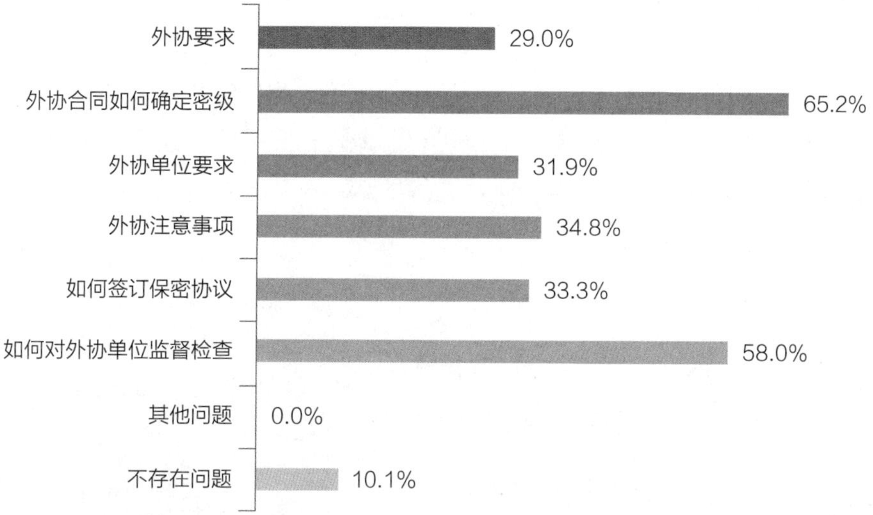

图 6　外协环节存在的问题

2.2 管查教联动

对于研制环节，图 7 可以看出问题主要集中在如何让学生参与项目、项目参与人员发生了变化和信息设备使用注意事项等。按照规定，人员和设备管理要求是由项目密级确定的，承担涉密科研项目就必须具备相应的工作环境等基础条件保障。在项目立项前加入保密检查，对参与人员身份、项目密级分解、承担课题设备等进行检查，条件具备的办理立项手续，不具备的整改完成后开始科研项目研制。明确项目密级后，学生需要知悉国家秘密的，确定为涉密学生进行管理，不需要的签订保密承诺书，参研人员和设备亦是如此，根据承担项目的内容来进行管理。合理设定立项前保密检查表，既可以在项目开展前对项目负责人和参与人员明确研制过程的保密管理要求（有特殊规定的进行保密教育），又可以督促人员和设备及时更新，防止出现因为部门联动不及时导致的管理滞后。

2.3 规范管理档案

规范涉密科研项目的管理从日常档案的管理做起，事项清才能载体清、设备清、项目清，一个项目档案混乱的情况下，参与人员也很难清晰明了地管理项目。很多高校采取项目手册方法管理档案，存在的问题是重复性太高，打印、刻录等审批表的内容需要重复填写多次，依据检查经验，设置统一的清单（如图 8 所示），每个事件结束后采用

“正”字计数，编号存档，既能让研究人员一目了然地知晓项目进展情况，又能便于检查人员开展检查工作。

综合图 6 和图 7 可以看出，如何监管外协单位和如何开展单位自查两项关注度也靠前，整理档案的过程也是开展自查的过程，梳理档案可以掌握项目的全生命周期情况，可以对照自查相关人员、设备变化情况，督促科研人员由“要我做”向“我会做”转变，最终实现“我要做”。

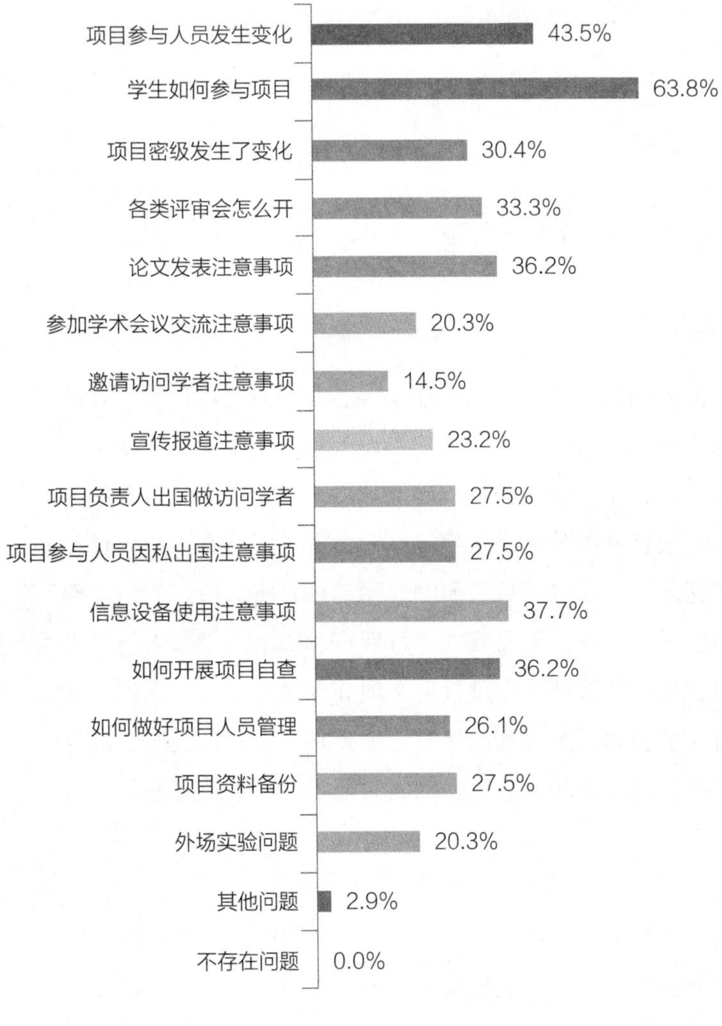

图 7　项目研制环节存在的问题

项目名称

项目参与人员

项目材料	发生次数和编号
1. 项目合同书	
2. 项目建议书	
3. 项目保密范围细目	
4. 项目分解定出审批表	
人员管理材料	
5. 项目保密责任书	
载体管理材料	
6. 打印、刻录输出受控单	
7. 信息导入审批表	
8. 载体移交单	
设备管理材料	
9. 设备确定申请表	
10，设备变更审批表	
11. 携带外出使用审批表	
其他管理材料	
12. 外协合同审批表	
13. 涉密会议审批表	

图 8　项目档案盒目录示例

3. 结语

本文探索了如何开展基于科研项目全生命周期管理的保密检查，既能协助管理部门做好科研项目，更重要的是在实际检查中不断加强学院和教师自身的保密知识水平，将风险前置、将检查前置，以查促教、以查促改，不断增强发现问题和解决问题的能力，最终实现引导和规范科研项目按照保密规定完成，确保国家秘密安全的目的。

[参考文献]

[1] 刘欢，陈玖明，贾炎，韩志兵. 高校涉密科研项目跟踪管理研究[J]. 信息安全与通信保密，2013(4)：p106-108.

[2] 韩志兵，陈玖明，刘欢，贾炎.基于记录手册的高校涉密项目管理 [J]. 信息安全与通信保密，2013(6)：p59-61.

[3] 周淑瑞，高宏. 基于内容型激励理论的高校涉密科研人员的激励机制探讨[J]. 保密科学技术，2018(4)：p50-53.

[4] 王延中.科研项目课题制的几个问题 [J]. 学术界，2007(4)：p51-64.

[5] 李珞山，邹江江.从墨菲定律看抵御执政风险[J]. 党建新论，2014(6)：p44-47.

安全保密日志 NEFP 关联性审计与分析

吕　顺　任　玲

（四川大学党委办公室　四川省成都市　610064）

摘　要： 信息安全保密审计是日常保密管理工作中的重要环节，科学高效开展信息安全审计，能够及时有效发现单位保密管理工作异常，提升单位保密技术安全防护，提高主动防御能力，降低安全风险隐患。本文阐述了信息安全审计的主要内容，对开展信息安全保密审计的数据关联规则进行了详细综述，结合一种 NEFP 信息安全审计数据关联规则算法模型，提出了一种基于 NEFP 的数据关联审计方法。通过对审计日志数据进行测试，本文基于 NEFP 的关联审计模型相比传统关联模型，可操作性好，运行时间快，可快速帮助单位发现审计日志数据异常，提高信息安全日志审计效率，从而有效增强单位安全保密防线。

关键词： 安全审计；关联规则；FP-Growth；NEFP

0. 引言

随着技术的发展，社会已进入大数据时代，在许多领域，每时每刻都源源不断产生大量不同类型的数据。在涉密信息系统领域，采用各种技术手段，全面侦测信息系统和信息设备中日志数据中现有和潜在的威胁，并预测涉密信息系统未来阶段主要面临的潜在窃密隐患，是保密安全审计的主要目的。做好涉密信息系统的安全保密审计，能为单位定位泄密事件的源头找到时间根源，回溯时间全过程，及时防范和发现信息系统违规违法活动提供有力支撑。

新的《武器装备科研生产单位保密资格标准》要求定期对信息系统、信息设备和

作者简介： 吕顺（1986—），男，四川大学党委办公室干部，主要研究方向：保密技术。
E-mail：1132272677@qq.com

基金项目： 四川大学社科研究项目（项目编号：skbm201902）资助。

存储设备进行审计，并对审计内容进行综合安全分析，形成审计报告。目前各单位都根据新标准的要求，制定并细化信息安全审计的具体内容和审计方法，但相关机构和人员依据这些标准和细则在开展信息系统的安全审计工作时，面对大量审计数据，只能通过人力逐一审查，无法建立有效审计模型，找到数据关联规则[1]。此外，绝大多数安全产品或是操作系统在审计方面均缺少关联性分析功能，只是简单地依据设定好的字段进行日志记录，特别是一些主机监控审计、网络监控审计等以审计功能为主的产品，其工作原理就是采集部署在终端的监控代理程序或是数据交换设备传感器召回的数据，无可靠模型实现智能化分析[2]。因此，探究审计数据间的关联规则，构建审计模型，实现智能化数据审计和规则关联，研究制定适合于本单位的安全保密审计方法具有实际的应用价值和现实意义。

1. 安全审计标准与安全审计的主要内容

国内各个安全标准对安全审计系统都有较为详细的要求，在《可信系统中理解审计指南》[3]中，对 TCSEC 的各安全等级（C2 级到 A1 级）审计机制的审计事件、审计内容和审计基础都提出了相应要求。其中 C2 级要求记录身份和认证机制的使用，用户空间中对象引入，对象删除，计算机操作员、系统管理员或系统安全管理员的行为，与安全相关的事件，打印输出的文件。

在国际通用准则[4]中，所有的安全功能被划分为 11 个类（Class），安全审计功能就是第一个功能类 FAU。每个类包含若干个家族（Family），FAU 功能类被分解成 6 个家族。安全审计类的 6 个家族功能，分别为安全审计自动响应（FAU ARP）、安全审计数据生成（FAU SAA）、安全审计分析（FAU SAA）、安全审计查看（FAU SAR）、安全审计事件选择（FAU SEL）和安全审计事件存储（FAU STG）。

GB17859-1999 标准[5]第五级“访问验证保护级”为该标准中的最高级，其安全审计要求涵盖了标准中其他各级指标对审计系统的要求。其计算机信息系统可信计算必须记录下述事件：使用身份鉴别机制，将客体引入用户地址空间（例如，打开文件、程序初始化），删除客体，操作员、系统管理员或系统安全管理员实施的动作，以及其他与系统安全有关的事件。对于每一事件，其审计记录包括事件发生的时间、用户、事件类型、事件是否成功等。

国际上，美国联邦准则（FC）对 TCSEC 做了补充和修改，制定了“组合的联邦标准”，对保护框架和安全目标做了定义，明确由用户提供出其系统安全保护需求的详细框架，产品厂商定义产品的安全功能、安全目标等。加拿大评价标准（CTCPEC）与ITSEC类似，将安全分为功能性需求和保证性需求两大部分。

在保密工作中，安全保密审计的主要内容是综合国际和国内相关标准形成而来，其内容主要包括信息系统、信息设备和存储设备的整体运行情况，涉密信息系统服务器，安全保密产品，设备接入和变更情况，应用系统和数据库，导入导出控制，涉密数据，移动存储设备，用户操作行为，三员操作行为，内部信息系统和设备，互联网计算机等，安全保密审计的主要内容如下图1所示。

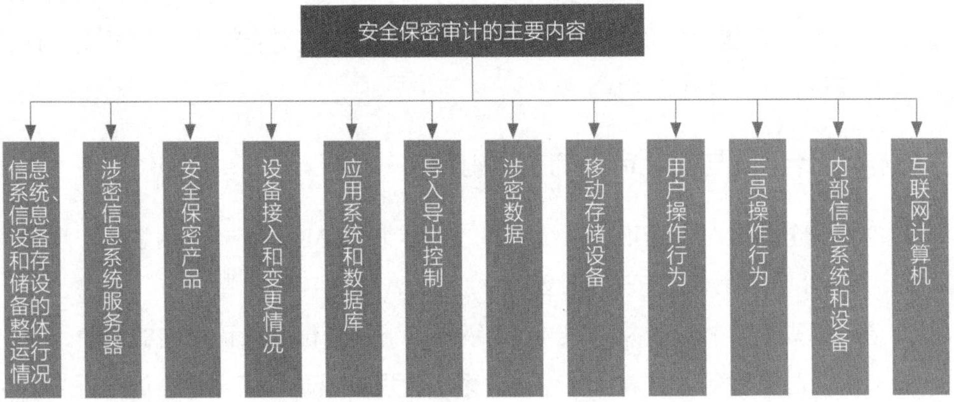

图1　安全保密审计的主要内容

针对安全审计的主要内容，单位在开展审计工作过程中，应根据实际情况调整，同时利用适合于本单位的数据关联模型，充分挖掘各个操作行为和数据模型的内在联系，从深层次探究本单位安全保密隐患，提升信息系统和信息设备安全防线。

2. 数据关联规则

近年来，随着大数据和人工智能等技术的飞速发展，关联性分析在数据挖掘、深度学习、模式识别及数据可视化等领域都有广泛的应用。关联规则的目的实际上就是在一个数据集中找出项与项之间的关系。在信息安全审计方面，审计人员可以从审计日志中挖掘出相互之间的关联性，从而实现对审计日志中多种不同事件、对象进行关联性分析，展现时间、对象之间的关系和规律，从而便于审计人员和管理人员快速综合判断出事件的危害程度，便于尽早发现安全事件、分析其形成的原因并及时处理。挖掘审计日志中的数据关联规则，并将其作为分析日志数据信息的一种手段，目前已对此方面开展了一系列研究，其主要研究内容为信息安全保密审计过程中最核心的数据挖掘与关联算法，它关系着信息系统和信息设备管理人员的日常操作是否合规，安全隐患风险的高低，以及审计最终结果能否符合当前单位整体信息安全运行的实际情况。

在这方面的研究中，张志强[6]等人对信息安全审计模型进行了分析，并提出了一种基于分布式的数据审计模型，主要由数据采集系统、控制服务器、用户控制等模块组成。刘喆[1]等人对审计日志的关联性分析方法进行了详细阐述，使用 FP-Growth 算法对审计日志进行分析及时发现审计日志异常。综合其研究内容，审计模型的关联规则方法主要集中在 Apriori 算法[8]、FP-Growth 算法[7]方面。

2.1 Apriori 算法

Apriori 算法是 Agrawal 1993 提出的，该算法使用频繁项集的先验知识，依据支持度—置信度框架，使用一种称作逐层搜索的迭代方法，其主要步骤分为两步：一是发现频繁；二是根据频繁集生成关联规则。其第一步是整个算法的关键，频繁集的下闭合性质是 Apriori 算法的基础，即任何一个频繁集的子集都是频繁的，而不频繁的超集是不频繁的。Apriori 算法采用宽度有限，需要反复生成候选项集，再扫描数据以得到候选项集的支持度，其代价主要是生成候选项集的 CPU 时间和扫描数据库需要的 I/O 时间。

2.2 FP-Growth 算法

相比 Apriori 算法，FP-Growth 算法是韩家炜等人在 2000 年提出的关联分析算法，该算法（Fp-Growth）是针对 Apriori；算法中需要产生大量候选项集提出的，是首先将数据库压缩成一棵频繁模式树（FP-tree），但是仍保留项的关联信息，这样会避免生成大量的候选项集。然后，在频繁模式树上挖掘频繁集。这种算法不会产生候选项集，采用增长频繁集的方法进行数据挖掘，只需要扫描两次事务集，第一次扫描事务集，以 NULL 根节点，然后基于根节点构建 FP-Tree 树。构建出 FP-tree 后，便得到了一个非常简洁的数据结构，之后的任务就是从这棵树中挖掘出所需要的频繁项集而不需要再访问数据库。该方法相比 Apriori 算法大大降低了搜索开销，比 Apriori 算法快一个数量级。

FP-Growth 算法开辟了有效挖掘频繁模式的新途径，它将发现长频繁模式的问题转换成递归地发现一些短频繁模式，从而大大降低了搜索开销，然而 FP-Growth 算法在每产生一个频繁模式时就要生成一个条件的 FP-tree，以至于在数据库规模和支持度阈值都很小的情况下，仍需动态地生成或释放以数十万计的条件 FP-tree，耗费了大量时间和空间。此外，FP-tree 和条件 Fp-tree 必须双向可遍历，从而就需要更大的内存空间来维护 FP-tree 和条件 FP-tree。随着信息化技术的全面提升，尤其是军工科研院所信息系统和网络规模的不断扩大、其复杂成都日益增高，待分析的审计日志数据量也随之激增，审计日志数据量可能达到PB级，FP-Growth算法需要消耗大量时间和空间，越来越难以满足当前审计日志分析技术的需求。

2.3 改进算法NEFP算法

本文为提高审计数据日志分析效率，对FP-Growth算法进行改进，设计并使用了一种关联规则改进算法NEFP。该算法在常用的日志审计分析算法FP-Growth算法的基础上，不生成FP-tree。NEFP算法与FP-Growth算法具有相似的结构，同样分为构建频繁模式树两个过程，但主要有三点不同：一是本文提出的改进算法NEFP对频繁1-项集按其支持技术递增顺序排序；二是子节点无头结点域值；三是NEFP在挖掘频繁模式时不生成条件模式基和条件FP-tree。

3. 基于NEFP的关联审计方法

3.1 信息安全审计工作流程

单位信息安全审计工作涉及多个主管部门，审计内容涵盖了非信息类审计（主要对涉密人员、涉密载体、涉密会议、涉外活动等异动情况的审计），同时还包括信息类的审计工作（主要对登录日志、系统日志、安全日志、应用程序日志、文件操作日志、网络访问日志、策略调整日志等日常情况的审计）。在审计工作中，要注意信息安全审计和信息安全风险评估的主要区别，信息安全风险评估是一个主动发现风险的过程，针对保密工作中的薄弱处制定风险控制措施，并降低风险，实现以最小的成本将失泄密风险控制在单位业务工作可以接受的水平，获取最大的信息安全防护，尽可能地保证国家秘密安全[4]。信息安全审计是一个客观过程，通过信息安全审计发现单位内部的安全隐患，防止内部窃密、泄密事件发生。

单位的信息安全审计工作，特别是高校在信息安全审计中，需要各保密工作归口管理部门和相关业务部门之间结合单位实际、对标审计事项、协同配合，才能够高质量完成审计工作，具体工作流程如图2所示。

单位信息安全审计工作自信息化管理部门定期发起，联动归口管理部门向单位运维部门提供信息安全审计制度和策略；安全审计人员在运维部门、信息化管理部门和归口管理部门的指导建议下，按照审计依据和策略进行保密安全审计，并定期向信息化部门提交安全审计报告；信息化管理部门针对安全保密审计报告提出的问题制定整改措施，完善修订信息系统安全保密制度和策略，完成整改；保密管理部门对审计整个过程中的各个环节应给予指导，保证保密安全审计的质量。

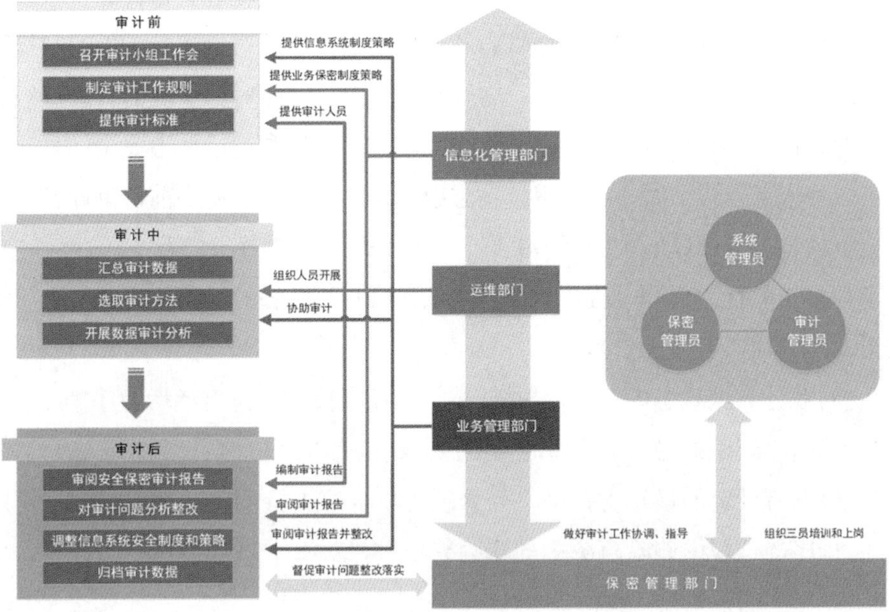

图 2　计算机安全审计工作流程

3.2 基于 NEFP 的关联审计方法

本文所使用的基于 NEFP 审计方法主要是针对涉密信息系统数据进行安全审计，具体审计流程如下图 3 所示。

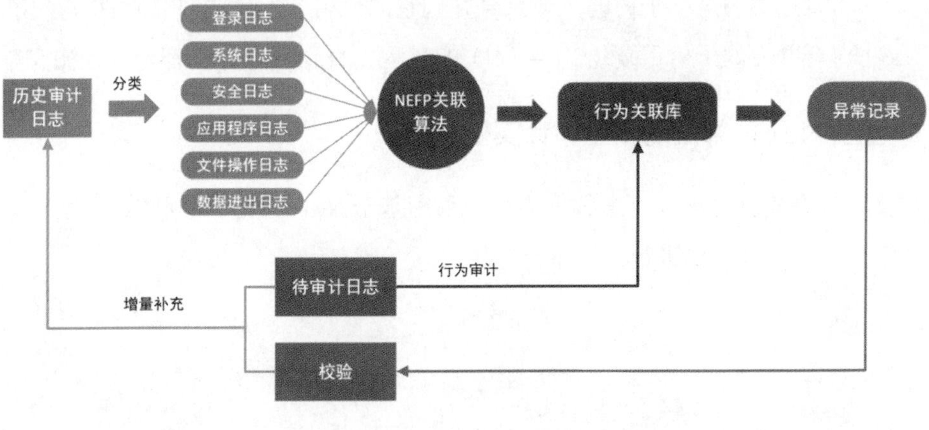

图 3　计算机安全审计工作流程

审计过程中，首先对待审计的历史审计日志进行分类，形成登录日志、系统日志、安全日志、应用程序日志、文件操作日志和数据进出日志，对上述分类后的数据日志使用 NEFP 关联算法，形成行为关联库。然后使用行为关联库对待审计的日志进行审计，形成正常的数据记录和异常记录。在实际过程中，部分异常记录并不完全都是违规，经校验（一般为人工方式）后，剔除审计日志中的异常的数据，将当前待审计日志增量补充进历史审计日志，形成下次的行为关联，以便后续审计使用。

在审计日志的行为关联过程中，所使用的 NEFP 的算法的主要改进之处在于构建频繁模式树，其过程如下：

（1）对审计数据日志进行首次扫描，对 1– 项集按其支持度递增顺序排序；

（2）构造频繁模式树，构建树的根节点，赋值为 NULL。再次扫描日志数据节点，根据所设定的最小支持度将频繁项的集合按支持度记数的递增顺序排序，在排序的过程中删除事务中的非频繁项，并对每个事务创建一个分支，最后构建出一棵频繁模式树。

（3）从所有子树中根节点在频繁 1– 项集中最靠前的子树开始，寻找该子树的频繁扩展项集，可通过该子树中各项出现的频度来判断该项是否是它的频繁扩展项。

（4）构造一棵只包括其子树及其频繁扩展项的新子树，如果新的子树只有一个分支，输出包含其子树的频繁项集；如果新的子树包含多个分支，则对该子树调用频繁模式树的挖掘过程。

（5）将以挖掘的这一子树的子节点合并到它的兄弟节点，同时删除这一子树。

（6）对合并后的子树重复（2）–（5）的过程，直到所有分支都全部挖掘完毕。

4. 基于 NEFP 算法的安全审计实例

本文以某高校日常审计日志数据为例，采用基于 NEFP 的关联规则，详细对某时间段内的信息安全审计工作进行开展审计分析。

表 1 原始历史审计日志

事件 ID	时间	用户名	MAC 地址	操作日志
1	7:06:24	Admin	94-C6-91-AA-A0-D1	登录系统
2	7:10:13	Admin	94-C6-91-AA-A0-D1	策略修订：访问策略配置文件
3	7:21:28	Admin	94-C6-91-AA-A0-D1	退出登录
4	7:22:10	Admin	DE-8B-28-09-25-40	登录系统
5	7:24:08	Admin	DE-8B-28-09-25-40	策略修订：访问策略配置文件
6	7:29:43	Admin	DE-8B-28-09-25-40	退出登录
7	7:31:24	张三	DC-8B-28-09-25-41	登录系统
8	8:03:13	张三	DC-8B-28-09-25-41	文档编辑："xx 技术报告 .doc"进行编辑
9	8:03:13	李四	DE-8B-28-09-25-40	登录系统
10	8:05:19	李四	DE-8B-28-09-25-40	文档编辑："xx 技术合同 .docx"编辑
11	9:12:20	李四	DE-8B-28-09-25-40	数据刻录：刻录"xx 技术合同 .docx"
12	9:15:05	李四	DE-8B-28-09-25-40	退出登录
13	10:45:21	张三	DC-8B-28-09-25-41	文档输出：打印"xx 技术报告 .doc"
14	11:03:09	张三	DC-8B-28-09-25-41	文档编辑："xx 技术报告 .doc"进行编辑
15	11:10:12	张三	DC-8B-28-09-25-41	文档输出：打印"xx 技术报告 .doc"
16	11:20:04	张三	DC-8B-28-09-25-41	退出系统
17	14:03:13	张三	DC-8B-28-09-25-41	登录系统
18	14:05:50	张三	DC-8B-28-09-25-41	文档编辑："xx 研究方案 .doc"进行编辑
19	14:30:06	Admin	94-C6-91-AA-A0-D1	登录系统
20	14:36:06	Admin	94-C6-91-AA-A0-D1	策略修订：访问策略配置文件
21	15:10:03	张三	DC-8B-28-09-25-41	数据刻录：刻录"xx 总体设计报告 .docx"
22	15:10:12	Admin	94-C6-91-AA-A0-D1	退出登录
23	16:45:21	张三	DC-8B-28-09-25-41	退出登录

对原始信息日志按时间片段划分，形成事务数据表形式，其中日志时间按 24 小时划分为 24 个时间数据片段，T1 表示从 0 点到 1 点的操作，T2 表示从 1 点到 2 点的操作；用户 Admin 为管理员，用 U1 表示，U2 表示张三，U3 表示李四。他们分别在不同的机器上进行操作，使用计算机的 MAC 地址加以区分，其中 A1 代表 MAC 地址为 94-C6-91-AA-A0-D1 的机器，A2 代表 MAC 地址为 DC-8B-28-09-25-41 的机器，A3 代表 MAC 地址为 DC-8B-28-09-25-41 的机器；操作日志使用 Q、L、E、O 分别代表登录系统、退出系统、编辑文档或策略、打印和输出操作。进行是事务化后的数据表形式如表 2 所示。

表 2　处理后的历史审计日志，事务数据表形式

事件 ID	时间	用户名	IP 地址	操作日志
T7	U1	A1	L	T7
T7	U1	A1	E	T7
T7	U1	A1	Q	T7
T7	U1	A3	L	T7
T7	U1	A3	E	T7
T7	U1	A3	Q	T7
T7	U2	A2	E	T7
T8	U2	A2	L	T8
T8	U3	A3	L	T8
T8	U3	A3	E	T8
T9	U3	A3	O	T9
T9	U3	A3	Q	T9
T10	U2	A2	O	T10
T11	U2	A2	E	T11
T11	U2	A2	O	T11
T11	U2	A2	Q	T11
T14	U2	A2	L	T14
T14	U2	A2	E	T14
T14	U1	A1	L	T14
T14	U1	A1	E	T14
T15	U2	A2	O	T15
T15	U1	A1	Q	T15
T16	U2	A2	Q	T16

利用本文中提出的基于 NEFP 的关联审计方法，对表 2 中的事务数据表进行关联性分析，设定最小支持度为 10%，则最小支持度计数为 $23 \times 10\%=2.3$，支持度取整后为 2，最后运行得到如表 3 所示的规则集结果。

表 3 挖掘后的规则集

规则集	支持度	规则集	支持度	规则集	支持度	规则集	支持度
[A1]	6	[E]	8	[U1，A1]	6	[U2，A2，O]	3
[A1，L]	2	[E，A1]	2	[U1，A1，L]	2	[U2，A2，Q]	2
[A1，Q]	2	[E，A3]	2	[U1，A1，Q]	2	[U2，A2，T11]	3
[A1，T14]	2	[E，T14]	2	[U1，A1，T14]	2	[U2，A2，T14]	2
[A2]	11	[E，T7]	4	[U1，A3]	2	[U2，A2，T7]	2
[A2，E]	4	[L]	5	[U1，E]	3	[U2，E]	4
[A2，E，T7]	2	[L，T14]	2	[U1，E，A1]	2	[U2，E，T7]	2
[A2，L]	2	[L，T8]	2	[U1，E，T7]	2	[U2，L]	2
[A2，O]	3	[O]	4	[U1，L]	2	[U2，O]	3
[A2，Q]	2	[Q]	6	[U1，Q]	3	[U2，Q]	2
[A2，T11]	3	[T11]	3	[U1，T14]	2	[U2，T11]	3
[A2，T14]	2	[T14]	4	[U1，T7]	5	[U2，T14]	2
[A2，T7]	2	[T15]	2	[U1，T7，A1]	3	[U2，T7]	2
[A3]	6	[T7]	7	[U1，T7，A3]	2	[U3]	4
[A3，Q]	2	[T7，A1]	3	[U1，T7，Q]	2	[U3，T8]	2
[A3，T8]	2	[T7，A3]	2	[U2]	11	[U3，T9]	2
[A3，T9]	2	[T7，Q]	2	[U2，A2]	11		
[A3，U3]	4	[T8]	3	[U2，A2，E]	4		
[A3，U3，T8]	2	[T9]	2	[U2，A2，E，T7]	2		
[A3，U3，T9]	2	[U1]	8	[U2，A2，L]	2		

根据表 3 中的关联规则集，重点关注用户行为、打印输出、支持度高的规则集，对上述事项进行筛选后，得到表 4 需要重点关注的关联规则。

表 4　筛选后的重要关联规则

规则集	支持度
[U1，A1]	6
[U1，A1，T14]	2
[U1，E]	3
[U1，E，T7]	2
[U1，T7，A1]	3
[U1，T7，Q]	2
[U2，A2]	11
[U2，A2，E]	4
[U2，A2，E，T7]	2
[U2，A2，O]	3
[U2，A2，T11]	3
[U2，A2，T14]	2
[U2，A2，T7]	2
[U2，E，T7]	2
[U2，O]	3
[U2，T11]	3
[U3，T8]	2
[U3，T9]	2

通过分析可知，管理员 Admin 经常在 MAC 地址为 94-C6-91-AA-A0-D1 的电脑上（规则［U1，A1］）进行策略修订工作，其修订的主要时间段为 7 点（规则［U1，E，T7］）和 14 点（规则［U1，A1，T14］）两个时间段；用户张三经常在 MAC 地址为 DC-8B-28-09-25-41 的电脑上（规则［U2，A2］）进行文档修订工作（［U2，A2，E］），主要时间段为 7 点（规则［U2，A2，E，T7］），同时经常在 7 点、11 点和 14 点使用计算机（规则［U2，A2，T7］、［U2，A2，T11］、［U2，A2，T14］），期间可能会进行文档打印或数据刻录操作（规则［U2，O］）；用户李四经常在 8–10 点的使用计算机（规则［U3，T8］、［U3，T9］）。

利用上述关联规则审计表 5 中的信息数据日志，可及时发现相关问题。

表 5　待审计日志

事件 ID	时间	用户名	MAC 地址	操作日志
1	22:12:03	Admin	DE-8B-28-09-25-40	登录系统
2	22:15:08	Admin	DE-8B-28-09-25-40	策略修订：访问策略配置文件
3	22:18:43	Admin	DE-8B-28-09-25-40	退出登录
4	8:33:13	张三	DC-8B-28-09-25-41	登录系统
5	9:45:21	张三	DC-8B-28-09-25-41	文档输出：打印"xx 技术报告 .doc"
6	10:20:04	张三	DC-8B-28-09-25-41	退出系统
7	18:04:13	李四	DC-8B-28-09-25-41	登录系统
8	19:22:20	李四	DC-8B-28-09-25-41	数据刻录：刻录"xx 技术合同 .docx"
9	19:15:05	李四	DC-8B-28-09-25-41	退出登录

经过审计，可知管理员 Admin（事件 1–3）和用户李四（事件 7–9）的操作不符合关联规则，管理员 Admin 执行策略修改时间不符合关联规则中的 7 点和 14 点，用户李四使用了张三的计算机，且不在常规时间开展数据输出工作，信息安全保密管理员和审计管理员在开展审计工作中，应注重对这两类行为进行标注，同时提请业务主管部门和保密管理部门开展审核，防止异常事件发生。

此外，本文提出的 NEFP 方法在日志审计过程中，其效率明显比传统的 FP-Growth 效果要好，如图 4 所示，该方法能够有效提高信息安全保密审计的工作效率，可比传统 FP-Growth 审计算法快一倍时间，加快了日志审计时间。

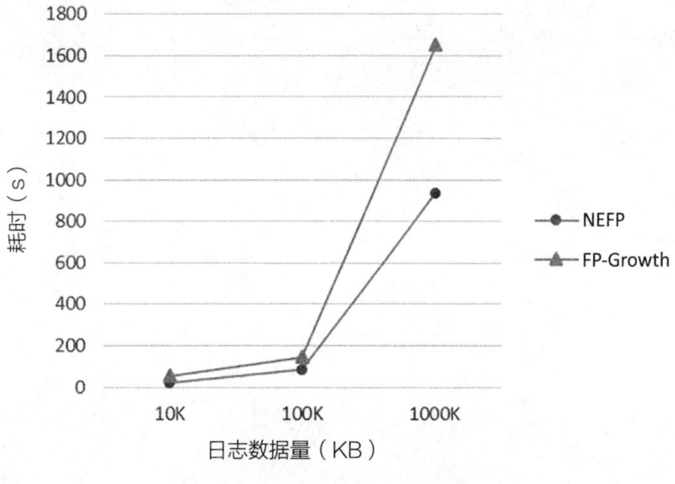

图 4　两种算法的时间效率对比图

5. 结语

本文从信息安全的审计内容、审计数据关联规则等方面进行了综合分析，重点对信息安全审计数据规则开展了详细综述。针对信息安全保密审计日常使用的 FP-Growth 算法进行分析，使用了一种基于改进的 NEFP 的关联日志分析算法并进行了实现。通过对实际日常数据日志的挖掘和分析，结果表明，该算法能够快速分析出审计数据日志的关联项，提高信息安全日志审计效率，可帮助单位发现对日常保密管理工作中的规律，及时掌握日常保密工作中的异常行为，有效增强单位安全保密防线。

[参考文献]

[1] 刘喆. 审计日志关联性分析方法研究概述[J]. 保密科学技术，2013(11)：34-42.

[2] 申志华，俞飞. 主机监控与审计系统架构分析与安全性探讨[J]. 保密科学技术，2015 (10)：10-13.

[3] Center N C S. A guide to understanding audit in trusted systems[R]. Technical Report NCSC-TG-001, National Computer Security Center, 1988.

[4] https://www.commoncriteriaportal.org/.

[5] 1999 G B. 计算机信息系统安全保护等级划分准则 [S][D].1999.

[6] 张志强. 信息安全审计模型的设计与实现[D]. 南京航空航天大学，2005.

[7] Han J, Kamber M. Data Mining: Concepts and Techniques, The Morgan Kaufinann Series in Data Management Systems, Jim Gray, Series Editor Morgan Kaufmann Publishers[J]. 2000.

[8] Agrawal R, Srikant R. Fast algorithms for mining association rules[C]//Proc. 20th int. conf. very large data bases, VLDB. 1994, 1215: 487-499.

高校计算机网络与信息安全保密风险评估

张　锦

（西北工业大学科学技术研究院　陕西省西安市　710072）

摘　要：计算机网络与信息安全保密是高校保密管理的一个重要环节，本文通过分析当前高校计算机网络与信息安全保密方面存在的安全风险，构建了计算机网络信息安全保密风险评估体系，提出了基于层次分析法的计算机网络与信息安全保密风险评估方法。通过对计算机网络与信息安全保密风险的科学、系统地评估，明确现状及主要风险，以针对性地采取有效的安全防范措施，实现对网络与信息安全控制和管理的指导作用。

关键词：网络与信息安全；保密技术与管理；风险评估；AHP

0. 引言

随着科技的迅猛发展，计算机与互联网已成为日常工作、学习、生活不可或缺的一部分，给人们生活带来了极大的便利，工作效率明显提高。与此同时，计算机网络与信息安全保密风险也随之而来，互联网已成为不法分子窃密和破坏信息的重要平台[1]。而高校作为国家培养人才、实施高精尖科研项目的重要平台，其网络与信息系统中存有大量教学、科研、重要实验数据以及管理方面的内部数据甚至涉密信息，因此国家对高校尤其是具有军工特色的高校及科研院所的保密工作要求也越来越高，计算机网络与信息安全作为保密工作的一个重要组成部分已经成为我们不可回避的问题。而计算机网络信息安全风险评估是实现信息系统安全运行的基础，本文通过建立计算机网络与信息安全保密风险评估体系，运用层次分析法实现对高校计算机网络与信息安全保密方面的量化评估，准确判断并识别保密安全风险。为预防、控制计算机网络与信息安全保密风险

作者简介：张锦（1993—），女，硕士研究生，西北工业大学科学技术研究院计算机安全管理员，主要研究方向：计算机网络与信息安全管理。

提供可靠、准确的依据，以降低内部数据或涉密信息泄露造成的损失。

1. 高校网络与信息安全保密风险分析

高校是科学研究和人才培养的重要场所，拥有大量前沿技术、研究成果和知识产权，又是开展国际交流与合作的重要窗口，信息技术迅速发展的今天，无论是学术研究还是交流活动大都依靠互联网来开展。特别是有军工特色的高校，更是有众多涉密信息需要处理。高校涉密信息安全不仅关乎学校的长远发展，更关乎国家安全和利益，因此在处理涉密信息时保密工作尤为重要。要杜绝涉密信息泄露带来的损失，我们首先要明确风险点在哪里，并针对风险逐一进行分析。根据实际工作情况，目前发现高校中存在的网络与信息安全保密风险有以下几个方面。

物理环境复杂，高校中涉密计算机、涉密存储介质没有专门的放置地点，放有涉密计算机的办公室中同时放有互联网计算机，虽然涉密计算机与互联网计算机保持安全距离并配备视频干扰仪，但这样仍存在安全隐患；门禁系统设置不及时，也有个别门禁系统可靠性差，导致无法正常启用；普通办公室安防措施不到位，监控报警系统达不到要求。

技术有待加强，目前涉密计算机在技术上仍存在一些风险，身份鉴别与访问控制方面，目前在用的涉密计算机开机时大都使用密码作为身份鉴别，生物特征识别技术还没有广泛应用；数据与信息加密等级较低；病毒查杀不及时不彻底；入侵监控力度较弱；专业技术人员缺乏等。

管理及制度松散，组织机构设置不够完善；人员管理方面，现如今高校提倡开放式办学，引进来，走出去，因此无法控制外来人员身份。除此之外，学校内部人员也比较复杂，有涉密人员、非密人员，校内工作人员遇到时间紧任务重的业务难免会操作不规范，除了教职工外还有校内最大的一个群体学生，学生这个群体更新快、流动量大，近年来媒体报道在校学生被境外组织策反的案例层出不穷就充分证明了这一点；在计算机网络与信息安全保密制度方面，大多高校针对其保密工作都制定了相关管理制度，但框架性的大方向制度居多，并没有深入工作细节，可操作性不强；设备管理方面，对计算机及其存储设备的管理还有有待加强，没有建立一套系统完整的设备追踪机制，因此很容易造成设备失控。

2. 基于层次分析法的计算机网络与信息安全保密风险的评估方法

计算机网络与信息安全保密风险评估是一项系统工程，具有广泛的非线性、时变性。目前较为成熟的评估方法有很多，比如基于专家经验的德尔菲法（Delphi

Technique，DT）、基于神经网络（Artificial Neural Networks，ANNs）的智能评估算法，多目标决策评价（Multiple Criteria Decision-making，MCDM）、模糊综合评价法（Fuzzy Comprehensive Evaluation，FCE）、层次分析法（Analytic Hierarchy Process，AHP）等[2-4]。

本文在构建计算机网络与信息安全保密风险评估指标体系的基础上，建立层次分析评估模型。层次分析法是一种定性与定量相结合的多目标决策分析方法，由美国运筹学专家 T.L.saaty 提出，其核心是建立层次化评估体系，将定性因素进行量化比较构造判断矩阵，规范化处理得到各自优先权重，进而为问题分析、控制与决策提供量化依据[5]。

2.1 建立层次化评估体系

层次分析法的首要步骤是通过对目标问题的系统性分解构造具有层次结构的评估指标体系[6]。笔者在分析高校计算机网络与信息安全保密风险的基础上，根据高校实际情况，构建了具有递阶层次的评估指标体系。该指标体系是对高校计算机网络与信息安全保密技术分析与评估的依据和标准，由表 1 所示的三个层次组成：（1）目标层：指评估决策问题的指定目标，具体指计算机网络与信息安全保密风险评估结果；（2）准则层：指支配决策目标的属性与准则，具体指物理环境、技术因素和管理及制度三方面；（3）指标层：指促使目标实现的措施，分别为设备安全、存储介质、门禁系统、监控报警系统、身份鉴别与访问控制、数据与信息加密、病毒查杀、入侵监控、专业技术人员缺乏、组织机构设置、人员管理等。

表 1　高校计算机网络与信息安全保密风险评估指标

目标层 A	准则层 B	指标层 C
高校计算机网络与信息安全保密风险评估	物理环境 B_1	设备安全 C_{11}
		存储介质 C_{12}
		门禁系统 C_{13}
		监控报警系统 C_{14}
	技术因素 B_2	身份鉴别与访问控制 C_{21}
		数据与信息加密 C_{22}
		病毒查杀 C_{23}
		入侵监控 C_{24}
		专业技术人员缺乏 C_{25}
	管理及制度 B_3	组织机构设置 C_{31}
		人员管理 C_{32}
		制度规范、全面、可操作性 C_{33}
		设备管理 C_{34}

2.2 构造判断矩阵

判断矩阵是同层元素之间在上层元素的约束下的重要性比较，本文采用九标度法[7]对评价指标的相对重要度进行比较，两两元素之间进行比较构成判断矩阵。其中重要程度打分由领域专家给出因素相对重要性的值 a_{ij}(1□a_{ij}□9)，a_{ij} 表示第 i 个元素相对于第 j 个元素的比较结果，且 $a_{ij}=1/a_{ji}$。表 2 为元素之间相对重要性的比例尺度规则表。

领域专家根据 1–9 元素相对重要性的比例尺度规则表给出各元素项的相对重要性值后，再利用比较结果构建反映元素相互之间重要程度的矩阵，如式 1–1 所示：

$$\Delta=(a_{ij})_{n\times n}=\begin{bmatrix}1 & a_{12} & a_{13} & \cdots & a_{1n}\\ a_{21} & 1 & a_{23} & \cdots & a_{2n}\\ a_{31} & a_{32} & 1 & \cdots & a_{3n}\\ \vdots & \vdots & \vdots & \ddots & \vdots\\ a_{n1} & a_{n2} & a_{n3} & \cdots & 1\end{bmatrix} \qquad \text{式 1–1}$$

表 2　元素相对重要性的比例尺度规则表

aij 的取值	解释说明
1	第 i 个元素与第 j 个元素对上层元素的影响程度相同
3	第 i 个元素比第 j 个元素对上层元素的影响程度稍大一些
5	第 i 个元素比第 j 个元素对上层元素的影响程度大
7	第 i 个元素比第 j 个元素对上层元素的影响程度更明显
9	第 i 个元素与第 j 个元素对上层元素的影响程度相比，第 i 个元素占绝对地位
2，4，6，8	第 i 个元素与第 j 个元素对上层元素的影响程度分别介于上述等级之间

2.3 计算权向量及一致性检验

2.3.1 计算权向量

层次分析法的计算核心是对判断矩阵的求解，根据预定的矩阵算法求出其最大特征根及特征向量。在上层某元素的约束下，通过矩阵运算得出本层中与其相关元素的安全风险权重。以构造 A–B 判断矩阵为例阐述权向量的计算方法，具体过程如表 3 所示。

表 3　权向量 W 的计算

A–B 判断矩阵	各行元素乘积 Qi	Qi 的 n 次方根	$\overline{W_i}$ 的正规化
$\begin{matrix} A & B_1 & B_2 & B_3 \\ B_1 & 1 & a_{12} & a_{13} \\ B_2 & a_{21} & 1 & a_{23} \\ B_3 & a_{31} & a_{32} & 1 \end{matrix}$	$Q_i=\prod_{j=1}^{n} a_{ij}$	$\overline{W_i}=\sqrt[n]{Q_i}$	$W_i=\overline{W_i}/\sum_{i=1}^{n}\overline{W_i}$

注：n 为 A–B 判断矩阵的阶数（n=3），aij 为判断矩阵的元素，Wi 为权向量的第 i 个元素。

2.3.2 一致性检验

对判断矩阵的一致性检验步骤如下：

（1）计算最大特征跟：$\lambda_{\max}=\sum_{i=1}^{n}\frac{(AW)_i}{nW_i}$ ；

（2）计算一致性指标：$CI=(\lambda_{\max}-n)/(n-1)$ ；

（3）查表确定相应随机一致性指标 RI（根据判断矩阵的阶数，查表得到平均随机一致性指标）；

（4）计算一致性比例 CR 并进行判断：$CR=\frac{CI}{RI}$ 。

当 $CR<0.1$ 时，可认为此判断矩阵的一致性是可接受的，否则，认为此判断矩阵的一致性要求不符合，此时需要对领域专家的打分结果进行调整，重新修正判断矩阵以满足一致性要求。

2.4 确定评价指标总排序权重

在确定准则层对于目标层以及指标层相对准则层的相对重要性权值后，通过加权平均，最终确定底层指标层相对于最高层目标层的总排序权重。

3. 应用案例

某校是一所参与涉密项目的工科类高等院校，其在日常科研管理、项目运行，对外交流活动中产生、存储、使用和管理了诸多内部数据和涉密信息，因此，识别和控制该校的计算机网络与信息安全保密风险十分必要，本文将上述保密风险评估理论应用于该校计算机保密风险评估以证明所提理论和方法的有效性。

（1）根据该校的实际情况，领域专家以表 1 中评价指标为依据，对相应元素的相对重要性进行打分，从而构造判断矩阵 A–B 如表 4 所示。

表 4　A–B 判断矩阵

A	B_1	B_2	B_3
B_1	1	1/3	1/2
B_2	3	1	2
B_3	2	1/2	1

（2）计算权向量

表 5　A–B 矩阵的权向量计算

A–B 判断矩阵				各行元素乘积 Qi	Qi 的 n 次方根	$\overline{W_i}$ 的正规化
A	*B1*	*B2*	*B3*			
B1	1	1/3	1/2	1/6	0.5503	0.1634
B2	3	1	2	6	1.8171	0.5396
B2	2	1/2	1	1	1	0.2970

从权向量计算表中得权向量 $W=(0.1634,0.5396,0.297)^T$

（3）一致性检验

最大特征跟 $\lambda_{\max}$ 计算：

已知，$A=\begin{bmatrix}1 & 1/3 & 1/2\\ 3 & 1 & 2\\ 2 & 1/2 & 1\end{bmatrix}$，$W=(0.1634,0.5396,0.297)^T$，最大特征跟为：

计算一致性指标：

$CI=\left(\lambda_{\max}-n\right)/\left(n-1\right)=(3.0124-3)/(3-1)=0.0062$

平均随机一致性指标 RI，n=3，根据表 6 可得 $RI=0.52$

计算一致性比例 CR:

$$CR = \frac{CI}{RI} = \frac{0.0062}{0.52} = 0.0119$$

表 6 平均随机一致性指标 RI

n	1	2	3	4	5	6	7	8
RI	0	0	0.58	0.89	1.12	1.26	1.36	1.41

由上述计算可得出 $CR = 0.0119 < 0.1$，故而认为此判断矩阵的一致性是可接受的。

同理，对判断矩阵 B1，B2，B3 进行权向量的计算和一致性检验，并计算 C 层指标相对 A 的最终权重，结果如表 6 所示。

表 7 评价指标权重计算结果

目标层 A	准则层 B	B/A 权重	指标层 C	C/B 权重	C/A 权重
高校计算机网络与信息安全保密风险评估	物理环境 B1	0.1634	设备安全 C11	0.4531	0.0740
			存储介质 C12	0.2616	0.0427
			门禁系统 C13	0.1671	0.0273
			监控报警系统 C14	0.1182	0.0193
	技术因素 B2	0.5396	身份鉴别与访问控制 C21	0.4226	0.2280
			数据与信息加密 C22	0.2571	0.1387
			病毒查杀 C23	0.0822	0.0444
			入侵监控 C24	0.1588	0.0857
			专业技术人员缺乏 C25	0.0792	0.0427
	管理及制度 B3	0.2970	组织机构设置 C31	0.3271	0.0971
			人员管理 C32	0.1634	0.0485
			制度规范、全面、可操作性 C33	0.3618	0.1075
			设备管理 C34	0.1477	0.0439

上述权重系数可为该校计算机网络与信息安全保密风险控制提供指导，指标权重越高说明其存在的保密风险越高，需要集中资源解决该风险点。从表中可看出在准则层中，

技术因素所占权重最大，是保密风险控制的主要方向。从最终权重系数计算结果可得，身份鉴别与访问控制、数据与信息加密、制度规范、全面、可操作性这三个指标的权重较高排前三位，是该校计算机网络与信息安全保密管理的重点工作。

4. 结论

高校计算机网络与信息安全保密风险评估是识别风险的基础，准确的评估结果可为后续改进工作提供有效、体系化的指导，从而降低因信息泄露引发的损失，确保高校计算机网络与信息安全可靠。本文构建了一套完整的基于 AHP 的高校计算机网络与信息安全保密风险评估方法，并成功应用于某高校计算机网络与信息安全保密风险评估，通过专家打分方式确定各级指标所占的权重比例，从而科学合理地得出综合评估结果。后续研究，可在上述评估方法的基础上，引入多属性模糊群决策理论，进一步减少单一评估者的主观性，从而使评估结果更加真实有效，为计算机网络与信息安全保密风险的改善提供更科学的依据。

[参考文献]

[1] 何文才，刘培鹤，董昊聪，等. 常见计算机窃密技术分析及安全防范措施［J］. 网络安全技术与应用，2012（10）：5-8.

[2] 苏志强，许磊，彭广州，等. 装配类小微的流水线价值流分析与精益改善研究［J］. 成组技术与生产现代化，2018，35（1）：50-57+61.

[3] 牛红惠，刘凌霞. 神经网络在信息安全风险评估中应用研究［J］. 计算机仿真，2011，28（6）：117-120.

[4] 李鹤田，刘云，何德全. 信息系统安全风险评估研究综述［J］. 中国安全科学学报，2006，16（1）：108-113.

[5] Saaty T L. Decision-making with the AHP: Why is the principal eigenvector necessary［J］. European Journal of Operational Research，2003，145（1）：85-91.

[6] 郭振民，胡学龙，姜会亮. 网络与信息系统安全性评估及其指标体系的研究［J］. 现代电子技术，2003（9）：9-11.

[7] 熊立，梁樑，王国华. 层次分析法中数字标度的选择与评价方法研究［J］. 系统工程理论与实践，2005（3）：72-79.

关于保密教育培训的思考与建议

许　波

（北京信息科技大学保密工作办公室　北京市　100192）

摘　要： 保密教育培训是保密管理工作的重要内容，但是一些机关单位的工作人员对保密教育培训存在一些认识误区，具体落实工作也存在偏差。本文以当前保密教育培训中的常见问题为切入点，通过培训组织者和接受培训者两个角度分析问题原因，最后提出工作建议。

关键词： 保密管理；教育培训；工作体系

0. 引言

保密培训是做好保密管理十分重要的基础工作。依照《中华人民共和国保守国家秘密法》[1]第七条和第三十六条要求，机关单位应当依法履行开展保密宣传教育的责任，依法落实涉密人员保密教育培训的要求。国家颁布的其他法规性文件对涉密人员每年应参加教育培训的学时数也作出了具体的规定。全国范围内开展军工保密资格认定[2-3]和自查自评工作以后，国内各机关单位，尤其是军工企事业单位更把保密教育培训作为一项日常工作常抓不懈。应该说，保密教育培训增强了广大涉密人员的保密意识，提高了保密技能，在很大程度上降低了失泄密事件的发生概率。现实工作中也存在一些保密教育培训流于形式的情况。笔者来自高等学校，是校内保密工作机构的具体负责人。通过调研学习和切身工作体会，笔者认为目前国内一些机关单位的工作人员对保密教育培训存在一些认识误区，具体落实工作也存在一些偏差。这些问题应该给予重视和解决，否则容易对从事保密相关工作人员造成思想上的混乱，进而出现行为上的偏差，最终危害国家安全和利益。

作者简介： 许波（1977—），女，助理研究员，主要研究方向：保密管理。E-mail：xbo@bistu.edu.cn

1. 保密教育培训中存在的常见问题

经过调研、交流以及自身的工作体会，我们发现目前保密教育培训主要存在三方面的问题。

1.1 保密教育培训失效

在工作中，保密教育培训失效的问题经常让我们感到困惑。明明在各种会议上反复强调的问题，实际落实环节依然会反复出现；在培训会上已经讲得明明白白的事，培训后会接到无数个电话咨询。在培训手册上写得清清楚楚的工作流程和处理方法，却在具体实施环节得不到有效落实。我们总结起来就是，保密教育培训常常会失效。

1.2 保密教育培训内容不接地气

在日常工作中我们还发现，教育培训与实际工作脱节的现象。这种情况不同程度地存在于各级各类单位组织的教育教训中。有的是为了教育而教育，为了培训而培训，教育培训内容陈旧，形式单一。有的搞形势教育还可以，一旦涉及具体工作中的具体问题就高高在上，大道理满天飞，在实际工作中根本无法落实。

1.3 保密教育培训走过场凑学时

一些机关单位在保密责任制规定中对本机关单位下属各部门提出了具体落实保密教育培训的要求[4]，并严格规定了组织教育培训要达到一定的学时数，参加教育培训也要达到一定的学时数。但实际上我们看到了大量存在的敷衍了事和形式主义。例如，我们曾在第三季度保密检查中发现，某二级单位组织的教育培训记录已经记载到年底。

2. 保密教育培训出现问题的原因分析

造成保密教育培训工作不深入的原因是多方面的，笔者认为最根本的原因是对保密工作的重要性认识不到位。这种情况既和国家的政治经济大环境有关，也和机关单位的文化生态小环境有关，还和个人具体的经历境界有关，限于笔者本身的视野、能力和水平，本文对提高保密工作重视程度这件事不做过多讨论，而仅从基层实际工作开展分析和探讨。

2.1 组织方的原因

2.1.1 对开展保密教育培训的目的认识不明确

保密教育培训的初衷是保障相关工作人员能够及时掌握、更新必需的保密工作技能，保持保密安全意识，从而在日常工作中能够熟练运用各种技能，确保不会主动或疏忽导致失泄密后果，进而确保国家秘密的绝对安全。简单地说，维护国家安全和利益是保密教育培训的根本目的和根本宗旨。如果教育培训的组织者认识不到这个高度和层次的话，在具体工作中就会出现“当一天和尚撞一天钟”的情况，领导或上级要求做就做一下，工作被动敷衍，就会发生凑材料、凑学时的情况。

2.1.2 对接受教育培训的主体和需求分析不够

例如，有的组织者为了“满足工作要求”，不论青红皂白，凡是涉密人员一律进行统一的教育培训。不管你是管理人员还是技术人员，无论你是领导还是员工，反正有一个共同的涉密人员身份。

而实际上保密工作涉及方方面面，工作内容千差万别，保密工作涉及的不仅仅是涉密人员，更有大量的工作是由非涉密人员完成的。而且，指望一次教育培训解决所有问题的也是不现实的。

2.1.3 组织者自身对保密工作学习不够，理解不深

组织者对保密工作认识存在误区，在组织教育培训过程中工作方向会产生方向性的偏差。如，上文所述的例子中，有相当多的人认为保密教育培训仅与涉密人员有关。表面看起来是保密教育培训的问题，其本质上是管理者对保密工作的内涵认识不清，导致保密工作责任分工不清，表现就是对保密教育与保密培训区别认识不清，工作没有方向，只能东拼西凑应付了事。

2.2 参加方的原因

一般情况下，接受保密教育培训的人员都承担着与保密工作相关的业务工作。如果没有经过认真的筹划与周密的安排，业务工作与保密工作很容易出现脱节。实际上，对于很多从事与保密相关工作的人员的心中都认为业务是业务，保密是保密，没有把保密工作当成业务工作的一部分。因此，平时不会投入太多精力来研究如何搞好业务中的保密工作，反而希望保密管理部门能够设计出完美的工作流程，让他们摆脱保密工作的束缚，全身心投入到业务工作中去。在现实工作中，这种将业务与保密工作对立起来的思想比较普遍。在这种思想的指导下，这类工作人员不仅参加教育培训会比较敷衍，落实其他保密工作要求也会有投机取巧的做法。

3. 做好保密教育培训的建议

3.1 理清工作的思路和工作主线

首先要弄清楚的是保密教育培训工作的指导思想。

我们做好保密工作的根本目的是保障国家秘密的安全，这是一切保密工作的出发点和落脚点，当然也是保密教育培训工作的出发点和落脚点。在此我们需要明确一下，

什么情况才算是保障了国家秘密的安全。保密法第二条规定，国家秘密是关系国家安全和利益，依照法定程序确定，在一定时间内只限一定范围的人员知悉的事项。从这个定义我们可以分析出来，保密工作的本质是一些特殊的信息让该知道的人知道，不该知道的人无法接触。用稍微专业一点的术语来描述就是“让涉密信息在知悉范围内流转”，这就是一切保护国家秘密工作的核心，保密教育培训工作也应该围绕这个工作思路来搞。

所以在开展保密教育培训之前，首先要弄清楚的几个方面的内容[5]：第一，要保护的涉密信息是什么；第二，涉密信息对应的知悉范围是什么；第三，确定信息的规则和保护信息流转的规则是什么；第四，规则运转过程中涉及的人员有哪些。经过分析之后，我们会发现，在保护信息流转的过程中会涉及两类人，一类是直接接触秘密事项的知悉范围内人员，另一类是维护规则运转，却不一定直接接触秘密事项的人员。这两类人虽然都从事着保密工作，但工作内涵却有很大的差别。保密教育培训应该首先把这两类人员区分出来，然后因人、因事、因岗施以不同的教育培训，进而让这些人在不同的工作岗位上落实教育培训的内容，最终达到确保“涉密信息在知悉范围内流转”的目标，保障国家秘密的安全，这是保密教育培训工作的主线。

3.2 完善教育培训工作体系

3.2.1 分清保密教育与保密培训之间的关系

通过研究分析，我们所说的保密教育培训包含教育和培训两部分内容。保密教育是保密宣传教育，而保密培训是保密业务培训或者是岗位培训。宣传教育主要目的是提高受教育者的保密意识，而保密培训侧重于提高受训人员的保密技能[6]。

按照保密法第三条和第七条规定，公民有保守国家秘密的义务，机关单位有开展保密教育的责任。因此，所有人都应当依法接受保密教育，但未必需要接受保密培训。上文提到的国家秘密知悉范围内的人员和相关岗位的工作人员，则必须接受保密培训，也要接受保密教育。

3.2.2 理清相关各个部门之间的责任和关系

通过之前的分析弄清楚保密工作的核心本质问题，也弄清了保密宣传教育和保密岗位培训之间的关系，做好保密教育培训工作思路就已经基本清楚。

保密工作机构作为机关单位主管保密工作的内设机构，应当承担做好保密宣传教育的责任；宣传部门应当提供必要的宣传教育媒体及平台；各业务部门应当按照保密工作机构的要求落实保密宣传教育工作。

人力资源部门作为机关单位主管员工培训的内设机构，应当承担组织人员培训的责任；业务部门应当理清内部的岗位的职责，确定部门涉及的涉密信息，划分不同涉密信息的知悉范围，制定出“涉密信息在知悉范围内流转”的规则，并将规则以岗位说明书等形式固定下来，传授给相关执行人员，这个传授过程就是培训，不掌握规则的人员是不能够上岗工作的。保密工作机构应当对业务部门制定的规则予以指导，对执行规则情况进行监督。

3.2.3 分级分类开展教育培训

分清部门间的责任和关系之后，逐步建立一支分门别类的比较专业化的保密教育培训师资队伍，实现可以因人、因岗、因时、因事开展有针对性的保密教育培训，做到先各取所需，然后各行其道，各司其责。

4. 结论

保密教育培训是保密工作中一项基础性、长期性的工作，应该遵循“按需施教、务求实效”的原则，将保密教育培训与业务工作相结合，广泛宣传与重点教育相结合，普适性与特殊性相结合[5]。组织者和教育培训团队要在开展保密教育培训的过程中饱含感情，让接受培训群体深切体会到保守国家秘密工作不仅仅是维护国家安全和利益，也是单位内部管理水平和管理能力的体现，更是对科研人员的保护、对干部自身的爱护，是与每个单位的发展和每个人的成长休戚相关的，只有不断提升大家对保密工作重要性的认识，才能让保密教育培训入脑、入心，并转化为实际行动，让保密意识和保密技能成为每个涉密人员和保密管理人员的岗位履职能力，真正发挥出保密教育培训工作的实际作用。

[参考文献]

[1] 《中华人民共和国保守国家秘密法》（2010年4月29日中华人民共和国主席令第28号公布）.

[2] 《武器装备科研生产单位保密资格认定办法》（国保发〔2016〕15号）.

[3] 《武器装备科研生产单位保密资格标准和评分标准》（国保发〔2016〕43号）.

[4] 《教育部、国家保密局关于加强高等学校保密管理工作的通知》（教办〔2009〕5号）.

[5] 崔淑妮.《高等学校科研保密管理体系建设》[M]. 北京：清华大学出版社，2019.

[6] 刘海云. 高校保密宣传教育工作有效途径探究[J]. 科技风，2018（15）：211-211.

加强高校保密宣传教育的思考

范哲意　郑　重
（北京理工大学保密办公室　北京市　100081）

摘　要：保密宣传教育是保密工作的一项基础性、长期性工作，是增强保密意识、提高保密技能的重要途径，做好新时代高校保密宣传教育，要开启新思路、探索新方法、适应新形势、应对新情况。一是，要把握保密宣传教育正确的方向和思路，推动保密宣传教育内容和形式创新。二是，要坚持分层分类，结合保密宣传教育对象和特点，开展有针对性的宣传教育工作。三是，要加强组织领导和工作考核，确保保密宣传教育落到实处。

关键词：保密管理；保密宣传教育；高校；保密工作

0. 引言

党的十九大提出中国特色社会主义进入了新时代，这是我国发展新的历史方位，是关于我国发展历史方位和中华民族伟大复兴历史进程的新论断。进入新时代，随着改革开放的不断深化，国家经济、科技发展势头迅猛，我国的国际影响力日益提高，我国也面临着更加错综复杂的安全保密形势。面对新形势新变化，高校作为高层次人才培养和高水平科学研究的前沿阵地，尤其是随着军民融合深度发展，高校承担越来越多、越来越重要的国防军工科研项目和尖端技术研究任务，保密工作面临着更加严峻的挑战。如何面对新形势、思考新举措，做好新时代高校保密宣传教育，是高校保密管理干部必须深入思考研究的重要课题。

保密宣传教育是高校保密工作的一项基础性、长期性工作，是增强保密意识、提高

作者简介：范哲意（1983—），男，助理研究员，主要研究方向：保密管理、视频图像智能分析、识别技术科研工作。
E-mail：funye@bit.edu.cn

保密技能的重要途径。加强保密宣传教育，持续提高广大师生的保密意识和保密技能，是做好高校保密工作的重要基础和有力抓手。做好新时代高校保密宣传教育，要开启新思路、探索新方法、适应新形势、应对新情况。一是，要把握保密宣传教育正确的方向和思路，推动保密宣传教育内容和形式创新。二是，要坚持分层分类，结合保密宣传教育对象和特点，开展有针对性的宣传教育工作。三是，要加强组织领导和工作考核，确保保密宣传教育落到实处。

1. 现状及问题

1.1 保密宣传教育的覆盖面不够广

高校一般把从事国防军工科研的涉密科研人员作为保密宣传教育的重点对象，经常组织开展保密教育培训，但是往往忽略对普通师生的保密法治宣传教育，一般只是在一些特定的日期，如《中华人民共和国保守国家秘密法》颁布实施纪念日前后，组织一些简单的诸如展板展示、发放宣传资料等活动，教育效果不佳[1][2]。高校师生的保密宣传教育应当有别于社会公众，尤其是高校学生已经成为高校科学研究的重要力量，做好这一群体的保密宣传教育对做好高校保密管理工作具有重要意义。2018 年下半年，中央电视台《新闻联播》和《焦点访谈》先后报道“2018- 雷霆”专项行动，国家安全机关先后破获百余起台湾间谍案件，台湾间谍情报机关瞄准我赴台青年学生群体，利用两岸扩大交流交往的有利条件，组织安插大批间谍情报人员在岛内高校活动，以各种掩护名义哄骗利诱我赴台学生，利用学生从事间谍情报活动，公开报道的案例给我们再次敲响警钟，对于高校学生的保密教育应该引起足够的重视[3]。高校师生群体对保密工作的重要性和保密形势的紧迫性认识不足，保密意识淡薄，保密知识匮乏，这就给了窃密活动可乘之机，给高校国防军工科研保密埋下极大隐患。

领导干部是保密宣传教育的重点之一，领导干部的保密意识够不够、保密工作责任心强不强、是否重视保密与单位保密工作的好坏直接相关。有些高校已经把保密教育纳入党委理论中心组学习和党校干部培训的内容，但是工作开展普遍不够深入，还有不少高校对于领导干部的保密宣传教育还没有充分开展起来，从而导致有些单位认为保密工作不是学校的中心工作，对保密工作重视程度不够，留下了“大意失荆州”的极大风险隐患。

1.2 保密宣传教育的水平和能力不够高

主要表现在保密宣传教育形式和内容不够丰富[4][5]。目前，保密宣传教育的开展形式通常包括讲座报告、展板展示、观看宣传片、参观展览、发放书刊等，在信息科技发展的今天，显得形式相对单一。保密宣传教育的内容不够丰富，针对性不够强，没有针对不同层次、不同类别的保密宣传教育对象设计相应的宣传教育内容，往往是“一刀切”的教育内容，尤其是符合高校师生特点的保密宣传教育资料素材非常欠缺，甚至有些宣传挂图、展板展示使用的素材都是直接照搬党政机关保密教育的内容，与师生日常学习、研究、生活关联程度不高。总体来看，目前保密宣传教育多数还属于传统的“灌输式”“展览式”老办法[1]，不利于激发师生学习保密知识和技能的积极性和主动性，导致很多时候保密宣传教育流于形式，实效性不强。

保密宣传教育师资和教材资源匮乏。保密宣传教育具有专业性强的特点，需要一支准确理解保密工作法规政策和深刻把握保密技术和标准的专业师资队伍，这方面的人才比较缺乏。目前高校保密宣传教育主要依靠保密管理部门的工作人员，而高校保密管理部门普遍存在人员编制少、工作任务重的特点，因而保密宣传教育师资力量缺口较大。此外，受限于保密工作的性质，保密宣传教育的教材资源相对匮乏，造成很多时候保密宣传教育没有新内容可用的尴尬局面。案例教育是最直观的保密宣传教育手段，但是不少泄密案例由于本身涉密等级较高，或知悉范围受限，不适合作为大规模宣传教育的素材。师资和教材资源的缺乏，已经成为制约保密宣传教育工作持续性的瓶颈。

1.3 高校师生接受保密宣传教育的主动意识不够强

高校涉密科研人员普遍存在重科研成果产出、轻保密学习的情况。由于工作繁忙、考核晋升导向和压力，很多涉密科研人员往往把重心放在业务工作上，而对保密工作“不重视、不学习、不执行”。“不重视”表现为存在侥幸心理、等靠心理、突击心理，“说起来重要，干起来次要，忙起来不要”。“不学习”表现在自以为是的心理、保密添麻烦的心理、保密学习浅尝辄止的心理。“不执行”表现为“写在纸上，贴在墙上，却不落实到行动上”。这些问题导致对保密工作的认识和重视程度不够，参与保密宣传教育的积极性不足，保密意识和保密技能学习提升的主动性不强，很多时候即使参加保密教育培训，也多是应付和被动灌输，真正主动学习很少。

对于普通师生，高校开放的、多元化的思想和价值取向、学习方式、生活方式、交往方式等，使得高校的保密宣传教育的任务更加艰巨。据调查统计[6]，普通公众中不少人对于什么是国家秘密、自身肩负的保密义务缺乏清晰的认知，保密意识和保密常识水平较低，面对窃密泄密行为缺乏警惕之心。而这些现象在高校普通师生身上也同样普遍存在，如何营造校园保密氛围，是高校保密宣传教育的重点任务之一。

2. 对策与建议

2.1 把握正确的方向和思路，推动内容和形式创新

要充分认识新形势下加强保密宣传教育的重要意义，把握保密宣传教育工作正确的方向和思路。加强保密宣传教育是落实积极防范工作方针的重要途径，是适应保密工作新形势、新任务的客观要求，是推动保密工作顺利开展的有力保障。进入新时代，保密工作面临的形势发生了深刻变化，但保密工作“维护党和国家秘密安全”的任务没有改变。保密宣传教育要坚持党的领导，确保保密宣传教育的正确方向，应当与学习宣传贯彻习近平新时代中国特色社会主义思想和党的十九大精神紧密结合，“既积极主动阐释好中国道路、中国特色，又有效维护我国政治安全和文化安全”[7]。做好保密宣传教育工作要不断创新工作思路，坚持分层分类、突出重点、兼顾普及，注重联系工作实际，积极拓展平台和手段，持续推动内容和形式创新，不断完善组织和考核机制，为保密宣传教育全面、协调、可持续发展提供保障。

保密宣传教育的主要内容要紧扣保密工作的新形势、新特点和新任务，找准保密工作和高校师生研究、学习和生活的结合点，围绕领导重视、师生关心、社会关注的热点问题，不断更新宣传教育内容。准确把握新形势下保密宣传教育的主要内容要注重四个结合，一是要把保密宣传教育同贯彻落实习近平总书记关于保密工作的重要指示批示精神和党中央决策部署紧密结合，阐释好党和国家保密工作方针政策；二是要把保密宣传教育与理想信念教育、革命传统教育、国家安全教育有机结合，提升做好新时代保密工作的责任感使命感；三是要把保密宣传教育与形势教育、法制教育、纪律教育、知识技能教育、先进榜样教育及警示教育有机结合，达到增强保密意识和技能的目的；四是要结合不同对象的实际需求，准确把握针对各类人员的保密宣传教育内容，尤其是要编制符合高校科研人员和大学生特点的宣传教育资料。

要通过不断创新形式、改进方法，增强保密宣传教育的实际效果。一是，要充分发掘和应用传统方法。在讲座报告、展板展示、观看宣传片、参观展览、发放书刊等基础上，拓展一些新的形式，做到通俗易懂、寓教于乐、师生喜闻乐见。例如，可以开展演讲、知识竞赛、征文活动、书画征集、文艺演出、微电影制作等多种形式的校园活动，充分利用校报、校园广播站、校园电视台等特色宣传平台，大力宣传保密法律法规，普及保密常识。二是，要紧跟信息时代的步伐，借助互联网、手机等新媒体平台快速、普及面广的特点，利用校园网、微信、微博、抖音等方式，打造保密宣传教育的新媒体平

台。例如“保密观”微信公众号经常更新一些保密宣传教育的信息，内容和形式都比较新颖，可以进行推广，高校保密管理部门也可以依托新媒体设立自己的微信公众号、开通微博，占领宣传阵地，广泛宣传保密常识，增强师生保密意识。三是，要“以案说法”用好案例教育，一个案例胜过十次说教，案例警示教育最能起到警醒和教育效果，要大力宣传一些已经公开的窃密泄密案件，或者对一些案件进行适当脱密处理以后在更大范围内传达通报。要充分利用本单位发现和查处的保密违规案例，将身边的人、身边的事变成生动深刻的保密宣传教育教材。通过警示教育，让广大师生充分认识泄密给个人前途、家庭幸福、学校发展和国家利益带来的危害，具有更强的震撼力、说服力和影响力。

2.2 坚持分层分类，开展有针对性的宣传教育

高校保密宣传教育的受众种类较多，包括领导干部、涉密人员、专兼职保密干部、参与涉密项目的学生、普通师生等，应当结合不同层次、不同类别对象的实际情况和特殊需要，有针对性地开展保密宣传教育。要做到点面结合[8]，重点抓好领导干部和涉密人员的保密教育培训，又兼顾广大师生的保密法治宣传普及，扩大保密宣传教育的覆盖面和影响力，使保守国家秘密成为师生的自觉行动。

领导干部知悉和接触国家秘密的数量多、范围广，是保密管理的“关键少数”，一些领导干部保密思想麻痹、保密意识淡薄、敌情意识不强，例如有的政治意识和责任意识不强，重业绩轻保密，认为保密可有可无，有的认为保密工作是保密管理部门的事，认为与自己无关，这些都将把保密工作置于危如累卵、险象环生的境地。应当通过党委理论中心组学习、保密委员会集中学习等形式，组织领导干部带头学习保密方针政策和法律法规，使领导干部认识到保密工作是一项重要的政治任务，带头学习、带头落实、做出表率。要把保密宣传教育纳入党校领导干部培训班课程，把保密教育培训与落实保密工作责任制结合起来，提高领导干部履行保密工作领导和管理职责的能力和水平，推动单位和领导干部切实承担起保密工作主体责任。

涉密人员是国家秘密的直接接触者，也是国家秘密的捍卫者。做好保密工作，归根结底核心在人，涉密人员能否履行保密职责和义务是能否做好保密工作的重要因素，应当根据涉密人员的岗位特点抓好上岗、在岗、离岗各环节的保密教育培训。涉密人员上岗必须经过保密培训，了解保密形势，系统学习掌握保密法律法规和保密知识技能，养成良好保密习惯，系好保密的第一粒扣子。上岗培训不能因为各种原因打折扣或先上岗后培训，否则将导致新上岗涉密人员不懂法、不知密，极易发生过失泄密、拱手送密的情况。在岗涉密人员要进行全员轮训，具备军工保密资格的高校，每人每年培训学时应

不低于保密资格认定标准要求，培训的重点是保密形势、保密责任、保密意识、保密法规制度、保密业务流程、防泄密和反窃密知识技能、典型案例警示等，切实提升履行保密责任和义务的意识和能力。涉密人员出国（境）应当开展行前提醒和教育，了解对外交流保密要求、出国（境）安全防范措施等。离岗离职涉密人员应当进行脱密期教育提醒，明确脱密期管理要求和保密责任。

专兼职保密干部在保密工作中发挥组织和骨干带头作用。要根据保密工作的新形势、新任务、新要求，建立健全保密干部岗位技能培训机制。要结合工作实践定期开展专项业务培训，普及保密新知识新技能，要重点突出保密责任教育，以及涉密人员、涉密载体、信息系统和存储设备、新闻宣传、涉密活动等方面管理技能学习，提升业务工作能力，全力打造一支素质高、能力强、业务精的保密干部队伍。

研究生群体是学校开展科研工作的重要力量之一，随着国家军民融合发展战略的推进，为高校的国防科研带来更大的发展机遇，研究生参与国防科研项目的现象越来越多，应当充分重视研究生的保密教育。参与国防科研的研究生分为两类，一类是直接参与涉密科研课题的研究生，另一类是参与涉密科研项目按规定程序分解出来的非涉密通用技术研究任务的研究生。直接参与涉密科研的研究生应当确定为涉密研究生纳入涉密人员管理，按照涉密人员的要求参加保密教育培训。参与涉密项目分解出来的非涉密任务的研究生，进入项目组之前应当进行保密教育培训并签订保密协议书，教育培训的重点包括保密法律法规、保密意识、保密常识、保密责任和义务等，内容要有针对性，要结合保密形势和国防科研项目的特点。

广大师生是国家安全和利益的共同维护者，是学校保密工作的保障，要结合普法教育和文化建设大力开展保密宣传教育。要结合全国普法活动，广泛开展保密法治宣传教育，使广大师生牢固树立保守国家秘密人人有责的法律意识，增强履行保守国家秘密义务的公民意识。习近平总书记强调，要更加注重以文化人以文育人，广泛开展文明校园创建，开展形式多样、健康向上、格调高雅的校园文化活动，广泛开展各类社会实践。高校校园文化是开展保密宣传教育的重要载体，要大力开展校园保密文化建设，编制符合高校师生特点的保密宣传教育资料，采取生动活泼、喜闻乐见的形式营造校园保密氛围。北京理工大学在保密文化建设方面进行了探索和实践，形成了特色鲜明的保密育人氛围和文化传统。例如，学校通过挖掘学校办学历史中的丰厚的红色基因、国防特色，大力开展校史红色文化和国防军工文化教育。学校通过组织师生参观校史馆和“国防科技历史成就展”，建设国防教育主题公园，办好“保密宣传周”“大学生国防教育月”“全民国家安全教育日”“网络安全宣传周”等品牌活动，引导师生传承延安根、筑牢军工魂、守住保密关、砥砺报国志、争做时代人。通过发挥保密精神文化的引领作用，“保密”已经成为北理工人的一种潜移默化的习惯，例如“上网不涉密、涉密不上网”被戏称为北理工第二校训在校内外和网络上广为流传，在师生中的普及程度不亚于公众对“开车不喝酒、喝酒不开车”的认识。文化内化于心、外化于行，先进的校园保密文化可以增强师生对保密的认同感、价值感和自觉性，引领师生统一思想、规范行为，自觉成为保密工作身体力行的践行者，共同筑牢保守国家秘密的坚固防线。

2.3 加强组织领导和工作考核，确保保密宣传教育落到实处

加强机制建设、强化组织领导，是增强保密宣传教育实效性的重要保障。高校应当把保密宣传教育作为保密工作的重要任务来抓，各级领导干部要充分重视，要建立组织完善、管理到位的工作机制，确保保密宣传教育落到实处，促进保密宣传教育常态化、规范化、制度化。根据“业务工作谁主管，保密工作谁负责”的原则，保密工作由多个业务归口管理部门协同开展，例如涉密人员管理由组织人事部门管，涉密科学研究由科研生产部门管、涉密信息设备由信息化部门管，新闻宣传由宣传部门管，对外交流合作由外事部门管，研究生归研究生院管，各归口管理部门要在保密管理部门的统一协调下主动承担保密宣传教育的职责，部门间要建立整体联动、积极配合的协调机制。高校应当建立“学校—学院—部门”两级保密宣传教育工作机制，在学校开展全校性保密宣传教育的基础上，结合本单位特点开展有针对性的宣传教育活动，实现师生保密宣传教育全覆盖。应当充分发挥考核奖惩的约束和激励作用，将保密宣传教育工作纳入单位和个人的年度考核，将保密宣传教育开展和参加情况作为学校保密先进集体和先进个人评选的重要指标。

要积极拓展保密宣传教育平台和手段，提升保密宣传教育的能力和水平。要加强保密宣传教育师资力量建设，培养一支理解国家保密法律法规要求、掌握现代保密科学技术标准的师资队伍。一方面，通过培养专兼职保密干部的素质和能力，使保密干部成为保密宣传教育的专家队伍。另一方面，充分利用高校教师教学经验丰富的天然优势，从国防科技专业领域、信息技术领域、思想政治教育领域挑选一批骨干教师作为保密宣传教育的师资力量来培养，在精通专业知识的基础上，加强对国家保密工作政策要求和标准的理解和把握，使这些专业教师成为保密宣传教育的生力军，可以起到事半功倍的效果。此外，高校保密宣传教育要积极拓展校外资源，实现校内外优势互补，例如可以充分利用其他大学国家保密学院的教学资源，国防科研项目合作单位或相关行业领域的专

家资源，各级保密行政管理部门、国防科工局军工保密资格审查认证中心的培训资源等，拓展保密宣传教育的阵地。

3. 结论

保密宣传教育是增强保密意识，学习保密技能，提高保密素质，加强保密能力建设的基础工程，是保密工作的重要基础。本文对如何加强高校保密宣传教育工作进行了探讨和思考，分析了高校保密宣传教育的现状及存在的问题，给出了新形势下加强高校保密宣传教育的对策和工作建议。

[参考文献]

[1] 毛亚荣，陈爱强. 新时代高校保密宣传教育如何发力[J]. 保密工作，2019(7)：54-55.
[2] 顾香玉，颜培玉，张冰. 谈高校保密宣传教育工作[J]. 教书育人(高教论坛)，2013 (9)：23-25.
[3] 新华网. "2018-雷霆" 专项行动破获百余起台湾间谍案[OL]. [2018-09-17]. http:// www.xinhuanet.com/2018-09/17/c_1123438425.htm.
[4] 靳晶. 浅析高校保密宣传教育工作的有效途径[J]. 现代企业文化，2018(26)：181.
[5] 刘海云. 高校保密宣传教育工作有效途径探究[J]. 科技风，2018(15)：223-224.
[6] 王姝. 公众对保密工作的认知调查[J]. 保密工作，2019(02)：55-57.
[7] 刘景松. 当前保密宣传教育存在的主要问题及对策[J]. 保密工作，2019(04)：52-53.
[8] 赵荣山. 加强新形势下保密宣传教育工作[A]. 国家保密局编写组. 学习贯彻保密法辅导读本[M]. 北京：金城出版社，2010：45-52.

“三全育人”视角下高校保密教育工作实施路径探究

刘连峰　谢红梅

（大连理工大学保密工作办公室　辽宁省大连市　116023）

摘　要：当前，国际国内形势不断发生深刻变化、信息技术发展日新月异，保密工作管理压力骤增，高校保密教育工作面临严峻挑战。加强高校保密教育工作，已经成为维护国家秘密安全的一项重要任务。本论文在“三全育人”视角下分析高校保密教育工作现状，明确高校保密教育工作的必要性，探索高校保密教育工作的实施路径，努力探索一个多渠道、全方位的保密教育体系，建立保密教育新模式，以期达到教育效果，力求营造“全员学保密、全员重保密”的氛围。

关键词：三全育人；高校保密教育工作；实施路径；探究

1. “三全育人”视角下对高校保密教育工作的新解读

中共中央、国务院在《关于加强和改进新形势下高校思想政治工作的意见》中提出，高校要坚持全员全过程全方位育人（以下简称“三全育人”），要把立德树人作为根本任务[1]。教育部办公厅也发布《关于开展“三全育人”综合改革试点工作的通知》，要求各高校在实践中积极构建“三全育人”机制，探索育人格局。“三全育人”形成了辅导员、党政人员、思政课教师、专业课教师等的互动，将思政课程与课程思政相结合，有利于充分调动全校教职工和有关部门的工作热情，使其相互配合，共同努力，形成“三全育人”的机制、体制，构建“大德育”的工作格局[2]。在新时期践行“三全育人”

作者简介：刘连峰（1971—），男，大连理工大学保密工作办公室主任，主要研究方向：系统经济分析与管理、区域科技创新与管理。E-mail：liulf@dlut.edu.cn

理念是对高校保密教育工作内涵的再指导、再定义、再充实与再升华。

“三全育人”其目标与核心是“育人”，强调将思想政治工作贯穿于“育人”过程中，培养出德智体美全面发展的社会主义建设者和接班人[3]。保密教育是构建“大德育”工作格局中的重要环节，是高校党建工作的有机组成部分，是新时期思想政治工作范畴内的一项重要教育内容，是事关直接维护国家安全和利益的重要思想政治工作[4]。

“三全育人”，首先是全员育人。要求全体教职工都要成为“教育者”“育人者”，守好一段渠，种好责任田，实现人人育人[5]。保密教育工作是一个系统工程，单靠学校保密管理部门的力量是远远不够的，需要积极寻求校内外多方力量的支持，努力构筑保密教育工作合力。其次，是全过程育人，从学生进入校门到攻读研究生，再到毕业，走上工作岗位，学业、事业与保密教育工作均是密不可分的，学习的政策文件，发表的文章，参加的学术会议，都和保密管理密交织联系，且保密法也要求中国公民要终生维护国家秘密与安全。所以，保密教育工作也应是全程化的，贯穿整个人才综合素养培养过程的始终。最后，是全方位育人，对保密教育工作而言就是要充分利用好各种教育载体提升师生的保密意识和保密技术水平，如通过新媒体手段、案例解读、实景演示等灵活方式激发师生学习兴趣，使保密教育入脑入心；通过理论学习、知识竞赛提高师生保密意识；通过专业培训提升师生保密水平。

2. 高校保密教育工作现存问题与建设必要性

2.1 高校保密教育工作现存主要问题

为适应新形势下国家安全的新要求，保密教育已开始从专业机构走向大学校园，但目前很多高校还没有充分认识到保密工作的重要性和迫切性，保密教育处于被动配合阶段，存在认识不到位、融入不到位、协调不到位的问题，表现为保密教育工作重视不够、保密教育受众面过窄和保密教育形式单一，造成保密教育实质效果不理想等现象长期存在[6]。

2.1.1 认识不到位，对保密教育工作重视不够

高校一贯重视科研和教学工作，而对保密教育工作缺乏足够的重视。很多高校甚至没有专门的保密教育机构，有的设立了专门机构，但一般处于弱势地位，人员得不到保障，管理规范性也不够。保密教育师资队伍也存在诸多问题，保密教育人员多数都是兼职，保密知识技能不专、不扎实，在一定程度上影响和制约着保密教育工作的力度和成效。

2.1.2 融入不到位，保密教育工作受众面窄

有些高校认为保密是一项敏感的工作，为避免不必要的麻烦，保密教育也应在小范围内进行，保密宣传教育只针对学校领导干部、保密工作人员及涉密人员，针对普通教师和学生的教育则受众面过窄，有些只对军工类相关专业的师生进行教育，而其他非军工类专业的师生几乎没有机会接触与保密知识相关的教育。一般非涉密人员，得到的保密教育机会极少，保密意识和安全防患意识较低，被引诱透露个人信息和证件的事件时有发生，导致个人财产损失，甚至被策反泄密的事件也时有发生。

2.1.3 协调不到位，保密教育工作模式手段单一

当前，有些高校开展保密教育，其形式仅局限于知识讲座、观看保密教育视频、举办保密知识竞赛宣传展示活动等传统模式，没有结合新时代新媒体的特点开展灵活的保密教育，师生主动学习的积极性不高，宣传教育效果欠佳。各相关部门之间协调配合不够，不能按岗、按需设置教育培训内容，缺少关注点、兴趣点，从而缺乏保密教育的针对性、有效性。

2.2 加强高校保密教育工作建设的必要性

高校保密教育工作是在践行“三全育人”构建高校“大德育”工作格局的建设进程中推进的，要做好高校保密教育工作，育人为主。随着高校保密教育工作面临形势的日益复杂严峻，被动泄密和无意识泄密事件呈逐年递增趋势，究其根本就是全员全过程全方位的保密教育执行不到位，没有较好地掌握住“三全育人”视角下保密教育工作的内在规律。现实工作中，存在着现阶段保密教育培训工作与高校实际业务或工作结合不紧密、事例不够生动等问题；存在着保密教育方式还不够灵活、高校涉密人员大多数都处于被动听和被灌输状态的现象；缺乏与新时期保密工作发展要求相匹配的科学化、系统化、高水平保密教育体制机制。综上所述，为践行新时期 “三全育人”理念，高校保密教育工作必须要解决好针对性不强、规范性较弱、效果不明显等遗留问题，加强探索保密教育长效机制体制建设，在全员全过程全方位等方面下功夫，切实抓紧抓好信息化条件下高校保密教育建设工作。

3. 高校保密教育工作实施路径探究

高校保密教育工作的目的就是有效地增强广大师生的保密意识和防患意识、提高保密技能、锻炼辨别能力和反间防谍能力。高校在推进全员全过程全方位保密教育育人进程中，必须做到“三全育人”理念融入，在思想上重视保密工作，把保密教育融入日常

教育管理中，在传统教育基础上，开展系列特色服务活动，坚持创新保密管理理念，探索一条适合高校保密工作发展的实施路径。

3.1 顶层谋划、落实责任，推进保密育人

高校应始终坚持贯彻“党管保密”的工作思路，充分发挥高校党委的统一领导以及学校保密委员会的统筹协调作用，落实保密教育进党委中心组学习，将保密工作纳入学校党委会、领导干部民主生活会和干部年度考核，加强顶层谋划，推进全校保密工作开展，确保保密教育实效；在二级单位层面，应充分强化党政领导干部保密工作责任制，签订年度保密工作责任状，确保党的保密工作方针政策贯彻落实，在基层党组织支持下，通过多种途径、方式与手段学保密，落实全员懂保密。

3.2 重心下移、锤炼队伍，夯实全员育人

3.2.1 以基层为辅，启动重心下移的保密互动管理模式

高校学部学院等基层单位作为涉密人员的直接管理单位，在开展涉密人员教育管理等方面相比学校保密管理机构具有得天独厚的优势。全国高校现正推进管理工作重心下移基层院系等工作，保密管理机构应顺势开展保密管理重心下移实践，由学校保密管理机构牵头，联合学校人事处、网信中心等相关职能部门成立调研组，深入学部学院开展“全覆盖”式调研，全面了解各学部学院保密教育管理情况，并针对不同学部学院的不同体量、不同领域、不同保密基础，协同学部学院制定量身打造的保密宣传教育计划、保密管理制度、保密管理流程，确保保密管理“接地气”“可执行”。

3.2.2 以培训交流为重，打造高素质基层保密管理队伍

高素质的基层保密管理队伍是做好高校保密工作的重要基础，学校坚持多措并举，不断提高基层保密管理队伍素质与水平。高校一方面可制定政策要求二级单位保密员在一个任期内必须接受国家保密培训机构举办的保密教育培训才可上岗，并将保密教育培训与党建活动相结合，与以支部共建活动为依托，以调研兄弟院校、重点军工科研单位与军工企业为外援，推动基层保密员迈出校门学保密；另一方面加强内部交流，在各个学部学院设立保密园地、投放保密书籍，并建立保密员学习交流微信群等平台，积极组织、鼓励基层保密员的横向交流互动，夯实三级保密管理基础。

3.3 闭环管理、教师为本，完善全过程育人

3.3.1 以闭环管理为重，构建全校载体集中管控中心

为减轻基层院系保密管理压力，更好地形成涉密科研闭环管理，解决涉密科研载体输出过于分散、失泄密隐患大；非涉密人员初次申报涉密科研项目无涉密计算机可用；

涉密便携计算机无集中管控场所等三大问题，高校保密管理机构应积极配合国防（先进）科学技术发展研究院等职能部门加快涉密载体集中输出管控中心建设步伐，强化涉密机制体制管理，在减少隐患形成闭环管理的同时，落实基层学部学院保密管理责任，进一步方便教师输出涉密载体。最终实现学校所有涉密载体“带着编码走天涯”，防止灯下黑。

3.3.2 以教师为本，推动菜单式保密管理

在承担国防科研任务的高校中，保密工作要为国防科研的顺利有序开展保驾护航，是一项重要的服务性、保障性工作。涉密科研教师不仅要有良好的保密意识，更要严格执行各项保密规章制度所规定的工作流程，许多老师面对众多的保密管理表格与保密管理规章制度从一开始便打了退堂鼓。高校应立足保守国家秘密，以涉密科研教师为本原则，切实为教师减负，探索构建涉密人员保密工作规范化清单，梳理整理二级单位负责人、项目负责人、保密员与计算机管理员、普通涉密人员等各类涉密人员保密工作清单，逐步实现保密工作条理化、流程化、规范化，力求推动菜单式保密管理。

3.4 服务重点、搭建平台，构建全方位育人

3.4.1 以关键少数为主，启动不定期跟进服务

涉密科研人员中的校领导、两院院士等高端人才不仅是科学技术领域的学术专家，同时对所在团队中科研人员能起到极好的示范带动作用，是涉密人员管理中的关键少数。保密要害部位处理、保管大量涉密载体，如若发生失泄密事件，会给国家安全和利益造成严重的损害，是相关涉密部门部位中的关键少数。针对以上两类保密管理目标，高校要紧抓关键少数，联合省市保密局技术专家及兄弟高校保密负责人，每年不定期开展高端人才及要害部位的上门服务性检查，严格整改落实，力求以点带面，推进全校保密工作有序开展。

3.4.2 以保密研究为重，打造保密理论研究新平台

学校持续加强保密研究学习，争创良好学习氛围，在理论方面，努力开展政策、制度研究，确保保密管理有法可依、有法必依；在实操方面，学习当前保密与窃密及保密检查的新技术和新知识、国际间保密与窃密的严峻形势，了解境外敌对势力进行情报窃密活动的规律、特点和手段，不断提高保密意识和工作水平。此外，高校要在校际保密工作中寻找最大公约数，进一步加强校际保密工作交流与学习，加大对校际保密协会、工作联盟的参与力度，探索打造高校保密管理经验交流和理论研究平台，夯实本单位保密理论知识的储备与学习。

保密教育是一项长期、艰巨的任务，不能成为口号式的“一阵风”，更要避免“一刀切”，

要切实在常态化、长效化上下功夫，求实效[7]。寓保密教育于高校文化，拓宽覆盖广度；融保密教育于历史传承，探索内涵深度；化保密教育于心于行，增强宣传实效。做到全员学保密，全过程懂保密，全方位贯彻保密要求，维护国家安全和利益。

[参考文献]

[1] 中共中央国务院. 关于加强和改进新形势下高校思想政治工作的意见[N]. 人民日报，2017-02-28(1).

[2] 刘瑞，周海亮. 以立德树人为根基的高校“三全育人”工作机制构建研究[J]. 学校党建与思想教育，2019(2)82-84.

[3] 王艳平. 高校“三全育人”的特征及其实施路径[J]. 实践研究，2019(9)：103-106.

[4] 郑秀英，张璇，杨栋强. “三全育人”理念下大学生就业指导工作探索[J]. 北京教育，2016(11)：57-59.

[5] 坚持党对教育事业的全面领导——论学习贯彻习近平总书记全国教育大会重要讲话[N]. 人民日报，2018-09-18.

[6] 江铃. 新形势下大学生保密教育有效途径研究[J]. 船舶职业教育，2019(5)：59-61.

[7] 徐娟，龙平. 高校保密宣传教育的路径探索，保密工作，2019(3)：55-56.

从定密和解密角度探析政务信息公开与保密

宋红梅　杨悦宾　郑小姣
（大连海事大学　辽宁省大连市　116026）

摘　要：依据2010年修订的《中华人民共和国保守国家秘密法》中关于国家秘密的确定、变更和解除相关条款，结合国家秘密确定和政务信息公开工作实际，本文从定密和解密角度探析了政务信息公开与保密的关系，提出了定密与解密、信息公开与保密应当遵循的原则以及在工作实践中应当注意的问题。

关键词：保密工作；定密；解密

0. 引言

2010年修订的《中华人民共和国保守国家秘密法》，进一步明确了信息公开与保密的关系，规定了新时期保密工作的宗旨是，既要确保国家秘密的安全，又要便利信息资源的合理利用。2019年修订的《中华人民共和国政府信息公开条例》，则要求依法对拟公开的事项进行保密审查，既要提高政务信息的透明度，又要确保国家秘密的安全。信息公开与保密相互依存的关系，要求我们在实际工作中，应当从定密和解密等源头性工作入手，正确处理好二者的关系，做到保放适度和合理合法。

1. 定密和解密是做好政务信息公开和保密的前提

谈信息公开不能不涉及保密，谈保密也不能不涉及信息公开。信息公开和保密是矛盾的统一体，能否处理好定密和解密的关系，直接影响政务信息公开与保密的效果。

作者简介：宋红梅（1967—），女，研究员，主要研究方向：保密工作管理。E-mail：songhongmei@dlmu.edu.cn

1.1 定密和解密与政务信息公开和保密的关系

保密是为了维护国家的安全和利益，信息公开则是促进民主政治和经济发展，二者是矛盾的统一体。从定密和解密的角度看，如果定密的范围越宽，需要保密的事项就越多，可以公开的信息就越少，可以公开的范围也就越窄，反之亦然。定密和解密的科学与否，直接影响着信息公开与保密的效果。因此，我们在工作实践中，应当处理好定密与解密的关系，做到该保密的要保住，该解密的要放开。

1.2 依法定密和解密是政务信息公开与保密的前提

依法定密是为了更好的保密，应严格按照保密事项范围和定密程序，来确定国家秘密事项的密级、保密期限和知悉范围，防止定密过宽或者秘密漏定；依法解密是为了更好的公开，哪些秘密应该解密，哪些信息可以公开，什么时间解密，什么时间公开，都要从维护国家安全和利益的高度，权衡利弊与得失做出选择，而不能片面地为了保密而定密或者为了公开而解密。总之，依法定密和解密问题，不仅是保密范畴无法回避的难题，也是信息公开领域亟待解决的课题。

1.3 定密与解密的合理合法和保放适度，是政务信息公开的保障

合理合法，决定了一个国家秘密事项应当保密多长时间、在什么范围内保密；或者决定一个已满保密期限的国家秘密事项是否可以公开、在什么范围内公开、如何公开等。这些都没有具体的法律规定，我们只能根据客观情况的变化，从是否有利于大局等客观因素综合考虑。保放适度，首先要明确保密是无条件、绝对的，公开是有条件、相对的。这就要求我们在实际工作中，应当做到保放结合，既要突出重点，确保国家核心秘密绝对安全，也要兼顾其他国家秘密的分级保护，适当放开对非核心国家秘密的限制。

2. 定密与解密现状阻碍了政务信息公开与保密的进程

长期以来，由于定密管理不规范和解密主体不明确等原因，造成了国家秘密定密范围过宽和解密渠道过窄的现状。在实际工作中，只有部分国家秘密经合法途径自然解密，而部分国家秘密因解密不力而“一定终身”，影响了政务信息公开的进程。

2.1 国家秘密定密与解密的现状

2.1.1 定密随意暗藏隐患

多年来，定密不准和定密随意现象很普遍。定密不准，该定密的没定密，导致该保密的国家秘密保不住，使国家秘密面临危险，有损于国家安全和利益；定密随意，则导致该公开的信息放不开，不仅增加了保密审查难度，妨碍了政务信息的充分利用，同时

也增加了庞大的保密成本，同样有损于国家安全和利益。由此可见，定密不准和定密随意无论对保守国家秘密还是推进政务公开，其负面影响都不可小觑。

2.1.2 解密不力弊端显现

由于解密不及时不规范，使得国家秘密越来越多，严重影响了信息资源的开发利用；与此同时，国家秘密非法解密或不当公开现象却比比皆是，如违规聘请临时人员管控国家秘密、擅自将涉密文件改头换面，随意删除国家秘密标识，甚至非法将密件上传网络等。凡此种种，导致的泄密事件屡见不鲜，值得我们警醒。因此，如果不从源头上处理好定密与解密的关系，不仅无益于保守国家秘密，也无益于推进政务信息公开。

2.1.3 国家秘密“一定终身”问题严重

纵观新中国成立以来我国的保密工作，国家秘密只定不解，似乎已经成为一种思维定式。“一定终身”，致使国家秘密越来越多，不仅增加了保密成本，浪费了保密资源，降低了保密效能，而且由于定密是源头性工作，定密过多、范围过宽、密级过高，直接导致了该保守的国家秘密保不住，该放开的政务信息放不开，不仅减弱了国家秘密的可控性、影响了国家秘密的严肃性，也阻碍了信息资源的合理利用。

2.2 政务信息公开与保密的现状

2.2.1 不愿公开和随意公开

从政务信息公开现状看，行政机关对政务信息公开一般持两种态度：顾虑重重和随心所欲。主要表现在：一是把掌握的政务信息作为一种特权，不肯公开；二是担心政务信息公开增加行政透明度，失职等行为会受到公众监督，不敢公开；三是担心政务信息公开后续问题多，增加工作量和影响行政效率，不愿意公开；四是利用信息资源谋取私利，害怕公开；五是为了公开而公开，敷衍了事，不负责任，随意公开。

2.2.2 缺乏法律保障无法公开

近年来，虽然我国在政务信息公开方面取得了长足进展，但在某些领域仍然存在着许多亟待解决的问题：一是行业信息公开立法不健全，现有法规比较零散，信息公开的原则、主体、内容、程序等不是很明确；二是保密范围修订不及时、保密范围偏宽，一些明显不属于国家秘密的信息仍然在保密，导致可以公开的信息范围较窄和内容层次较低；三是行政机关在执行具体保密事项时，随意扩大保密范围，把原本不是国家秘密的事项，擅自确定为国家秘密，间接导致了国家秘密底数不清，信息根本无法公开。

2.2.3 政务信息公开过程不透明

目前，我国政务信息公开处于起步阶段，由于缺乏法律依据和实践经验，信息公开不透明现象严重。从信息公开范围看，限制公开的范围宽，可以公开的范围窄，只有法律法规明确要求公开的才会公开，法律法规虽然未明确可以公开但是应该公开的，一般不会公开；从信息公开内容看，公开的一般都是决策结果而非决策过程；从信息公开层面看，公开的低层次和正面信息较多，高层次和负面信息少。由于公开过程缺乏透明度，远远不能满足公众知情权和监督权等民主权利的需要，严重影响了政务信息公开的进程。

3. 做好定密和解密是推进政务信息公开与保密的保障

现代社会，信息权益已成为公民权益的重要内容，与公众的切身利益密不可分。如何处理信息公开与保密的关系，已经成为社会关注的热点问题。而作为源头性工作，定密与解密给力与否，将直接影响政务信息公开与保密的效果。

3.1 树立正确的定密和解密理念

长期以来，行政机关重定密轻解密，并将保密视为原则，将公开视为例外，扭曲了信息公开与保密的关系，影响了政务信息公开的有序进行。为了使行政机关不受传统习惯作法的影响，避免其以各种借口扩大保密范围，有必要将政务信息公开的绝对性和保密例外的相对性作为原则确定下来，使行政机关重新认识信息公开与保密的关系，树立正确的定密与解密理念，改变固有的思维方式和工作方式。与此同时，行政机关应当对确定的国家秘密事项，开展有针对性的调查研究，探索解密实践中的共性问题，从而使解密工作制度化、经常化、规范化，为政务信息公开创造有利条件。

3.2 严格履行定密和解密审查制度

《中华人民共和国保守国家秘密法》要求对国家秘密实行动态管理，规范了定密和解密的审查程序，确立了定密和解密的审查制度。行政机关应按照法定权限和保密范围，正确履行定密程序和责任，采取对号入座的方式，确保所确定国家秘密事项及时准确。同时应对国家秘密实行动态管理，组织定期清理和审查审批，对在保密期限内不需要继续保密的，应当依法予以解密；对保密期限需要延长的，应重新组织确定保密期限。国家秘密恰当地定密和解密，直接关系国家秘密的安全和信息资源的合理利用，对推进政务信息公开与保密有着同等重要的意义。

3.3 加强定密和解密业务培训，发挥定密责任人作用

针对保密工作中存在的定密和解密问题，保密行政管理部门要做好指导工作，适时

组织定密和解密专题业务培训，并结合典型案例，重点讲解依法定密和解密的重要性、基本程序和工作技巧，并通过以案示法，增强行政机关和工作人员的保密管理责任意识。保密法确立的定密责任人制度，提高了定密的科学性和准确性，并将解密工作纳入了保密工作责任制，明确了对解密不力的定密责任人，将追究相关法律责任。这些举措，无疑有助于加快依法解密和推进政务信息公开的进程。

[参考文献]

[1] 崔晓东. 政府信息公开保密审查亟须完善定密制度和审查机制，保密工作，2018（11）：45-47.

[2] 刘延东. 国家秘密的解除与公开，保密科学技术，2015（6）：12-15.

“党管保密”在校院两级管理工作体系中的实现路径

范　明　魏　娜　孟宪婷

（北京工业大学保密办　北京市　100124）

摘　要： 习近平总书记关于保密工作的重要指示批示和党中央关于加强保密工作的决策部署都强调保密工作要坚持“党管保密”原则。2016 年《武器装备科研生产单位保密资格认定办法》颁布后，北京工业大学坚持“党管保密”“依法治密”，建立健全了校院两级保密管理工作体系，不断探索“党管保密”在校院两级工作中的实现路径。当然，高校管理层级的特点与适应军工单位保密管理的新标准对接还是有一定难度，在管理实践中也会出现一些问题，通过分析问题产生的原因，提出完善校院两级保密管理工作建议，以提升高校保密管理整体工作效能。

关键词： 保密管理；党管保密；校院两级管理

0. 引言

党中央关于加强保密工作的决策部署要求各级组织必须坚持“党管保密”，发挥做好保密工作的最大政治优势。北京工业大学于 2007 年首次取得军工二级保密资格，多年来将保密工作作为一项重大的政治任务。特别是 2016 年国家修订发布军工保密资格认定新标准之后，学校党委、保密委员会坚持“党管保密”“依法治密”原则，严格落

作者简介： 范　明（1975—），女，研究员，主要研究方向：高等教育管理。E-mail：fanming@bjut.edu.cn

魏　娜（1978—），女，助理研究员，主要研究方向：保密科技管理。E-mail：weina@bjut.edu.cn

孟宪婷（1986—），女，助理研究员，主要研究方向：保密业务管理。E-mail：mengxianting@bjut.edu.cn

基金项目： 北京工业大学 2019 年度党建和思想政治工作研究课题《“党管保密”在院级党组织中的实现途径和工作机制研究》（编号：302000522118）

实党的保密工作方针政策和决策部署，积极适应新时代对保密工作的新要求，不断建立健全保密管理工作体系，强化校院两级党组织安全保密主体责任，推动学校保密工作良性健康发展。同时，结合校院两级保密管理工作实际，也发现一些不足和问题，以提升工作效能为目的，相应提出工作建议。

1.“党管保密”在校院两级管理中的现实情况

1.1 强化职责使命，建立健全学校安全保密领导责任体系

在保密工作转型升级的新形势下，学校党委、保密委员会坚持和贯彻总体国家安全观，对“党管保密”工作作出一系列决策和安排。一是牢牢把握保密工作的政治属性。以习近平总书记关于保密工作的重要指示批示精神和党中央有关决策部署为指导，学校党委对保密工作重要事项、重点问题的研究解决和制度安排作出明确要求。学校党委负责对学校保密工作的全面领导，保密委员会主要负责组织审查审批学校保密工作重要事项和审定学校保密管理制度。二是明确保密责任层层抓落实。学校保密委员会实行“双主任”制，校党委书记和校长担任保密委员会主任，分管安全和保密工作的副校级领导担任保密委员会副主任；学校相关涉密部门党政负责人和涉密学院党委书记为保密委员会成员，签订保密工作责任书，每年向保密委员会述职述密，增强“党管保密”在学校保密责任体系中的威信力、领导力。三是政治考核与业务考核齐抓共管。学校将安全、保密、廉政等政治责任与部门业务职能相结合，共同纳入学校绩效管理体系，通过日常自查自评、专项检查、全面检查、年度绩效考核等多种检查和评价方式综合考察学校保密委员会各成员单位尽责履职情况，通过绩效管理改革进一步推动保密工作与业务工作相融合。

1.2 强调指导监督，适时调整学校保密管理机构性质和职能

党的十八大以来，党中央高度重视保密工作，作出了关于加强保密工作的一系列决策部署。为持续推进党中央决策部署落地见效，学校党委、保密委员会持续贯彻落实上级对保密工作的新理念、新要求。一是独立建制保密委员会办公室，明确机构性质与职能。2012 年，学校党委常委会议研究决定独立设置保密委员会办公室（以下简称“保密办”），正处级建制，负责对学校各单位保密工作进行管理、指导、监督、检查、考核，机构性质为行政管理部门。2015 年，学校党委常委会议研究决定，根据学校发展需要，保密办与科学技术发展院合署办公，重点加强军工科研保密管理。二是推进“大保密”工作理念，提高管理效能。2016 年党中央关于加强保密工作的决策部署，强调保密工

作首要就是坚持“党管保密”根本原则。随着党的十九大关于“总体国家安全观”的工作部署和要求，2017 年，学校党委常委会议研究决定对部分二级机构进行调整，保密办与学校党委办公室、校长办公室合署办公，机构建制不变，并成立联合党支部，进一步强化学校“大保密”工作理念。三是划归学校党委职能部门，加强党对保密工作的全面领导。2018 年，在学校管理文件中明确将保密办列入学校党委职能部门，强调了保密办作为落实学校党委、保密委员会工作要求的机构性质和职能。

1.3 细化两级管理，压实院级党组织保密工作主体责任

一是各涉密学院成立院级保密工作领导小组。小组成员主要包括学院党委书记、分管科研工作副院长和兼职保密干部，其中学院党委书记全面负责学院内部保密管理工作，协调落实“党管保密”工作要求，是所在学院涉密人员管理、新闻宣传保密审查等工作的第一责任人；分管科研工作副院长主要负责军工科研项目和涉密成果的管理、审查审批；兼职保密干部具体承办学院党政事项类和科研类保密管理工作。二是严格规范定密管理。学校定期组织定密责任人培训，加强源头管控，提高定密责任人的职业素养和技能水平。按照派生定密的工作原则，各涉密学院党委书记和涉密职能部门党政负责人作为指定定密责任人，负责审批审查所在学院和部门的派生定密事项，履行定密职责。三是建立校院两级保密检查长效机制。各涉密二级机构每季度开展一次保密自查自评，保密办每年至少开展一次全校性的保密专项检查、两次保密全面检查，校领导每年至少开展两次对所分管涉密部门和涉密学院的保密监督检查。

2. 校院两级保密管理体系建设的薄弱环节

2.1 保密管理干部流动性大，保密管理工作连续性弱

由于学校周期性开展机构改革、干部人事制度改革，校院两级机构人员岗位聘任、岗位调动频繁，保密管理干部人员流动也体现周期性特征，给涉密人员上岗前审查、培训和离岗脱密期管理带来一定难度。军工单位保密管理工作中的“5 年”认定周期、“2—3 年”复审周期、年度的专项检查、双随机检查、飞行检查等，需要保密管理专兼职人员队伍相对稳定。同时保密管理纸质化办公程度较高，重审批、重留痕、动态化的特点明显，对保密管理工作的连贯性要求更高。实际上，保密管理干部流动过于频繁，已经影响到保密工作指导、监督、检查工作的顺利开展。

2.2 学院学科布局分散，保密管理资源有限

目前，有的高校已经建立学院大部制管理模式，若干相近学科专业的学院组成学部；

有的高校仍然学院建制，机构数量较多，在保密管理资源有限的情况下，学院学科分布越分散，保密管理工作人员分散、项目管理分散、设备管理分散的管理难度越大，牵扯的管理主体责任覆盖面越大、风险隐患越多。另外，由于学院保密管理干部大多为兼职人员，相对于他们负责的学院其他业务来讲，对保密管理工作，即使保密管理干部时刻“心中有”，但未必能做到时刻“行动上也有”，容易存在保密管理工作不能按实际规范要求开展，甚至流于形式的现象。

2.3 涉密项目、涉密人员“小众化”，大部分高校保密业务“非主流”

与军工一级保密资格高校不同，据调查，军工二级保密资格高校涉密科研人员占全校教职工比例较低，涉密科研项目经费占学校科研经费总额比例也较低，无论从涉密项目，还是涉密人员的角度来看，在调研受访的高校中都不占主体地位，可以说大部分军工二级保密资格高校的保密业务属于“非主流”业务，但校院两级管理的主体责任风险依然不能降低，这就给保密管理机构的工作带来了挑战，同样要承担好监管责任。

2.4 对涉密项目负责人保密自查和培训的监督检查不到位

涉密项目负责人具有开展课题组自查和对课题组内涉密人员开展保密教育的职责。如果每位涉密项目负责人都能按照保密管理的要求履职尽责，则学院的保密管理责任也就真正实现了逐级落实。而现实情况是，部分涉密项目负责人重项目研究、轻保密管理，在履行课题组自查和教育培训方面还需要完善，这也对学院保密监督检查工作提出了更精细化的要求，防止科研一线保密行为违规和失泄密的风险。

3.“党管保密”在提升校院两级保密管理效能方面的对策建议

3.1 加强院级党委保密宣传和培训的主体责任，做到保密教育经常化

保密工作是一项政治性很强的工作，做好保密工作，必须从主体涉密人员抓起，加强对人的管理。开展涉密人员的保密宣传教育，要做到保密教育提醒经常化，使涉密人员自觉地将国家秘密安全与自身安全结合起来。院级党委要将保密宣传教育与党建工作有机融合，将教育培训纳入学院党委年度教育计划，并采取措施予以落实。一是要做到保密宣传教育与对党员教育同研究、同部署、同落实。根据学校保密管理年度重点工作，结合学院党建工作实际，在学院党委领导下，制订科学、合理的保密教育计划，指导学院保密宣传教育工作。二是做到保密宣传教育因岗因人制宜、分类教育。学院的涉密岗位既有涉密管理岗位，又有涉密科研岗位，涉密人员既有领导干部、科研涉密人员，又有保密管理干部，针对不同的岗位类型、人员类型有侧重的分类进行保密业务、保密技

术、保密规章制度的宣传教育，突出教育培训效果。三是做到保密教育多样化、经常化。保密宣传教育可采取集中学习、座谈交流的形式，可以实地参观，或者关注特定的微信公众号、观看小视频、考试答题、组织竞赛等形式，以涉密课题组或涉密项目负责人所在党支部为单位，采用涉密人员易于接受的形式，以达到保密宣传教育的效果。

3.2 充分发挥教师党支部作用，充实学院保密管理资源

教师党支部是教育、管理、监督和服务教师党员的基本单位，是把党的路线、方针、政策落实到高校基层的最小组织单元。在目前学院保密管理资源相对有限情况下，充分发挥教师党支部的作用，作为学院保密管理资源的有效补充，加强学院保密管理责任体系，以更好地落实学院“党管保密”工作。一是借助党支部“三会一课”、支部活动等，提高涉密人员保密意识。通过支部学习、支部活动，使党员经常受到党性教育、党的优良传统作风教育。二是将保密监督检查融入学院党建等各项业务工作。推动学院党建、教学、科研等各项业务与保密管理工作的融合，构建“学院党委—党支部—涉密项目负责人—涉密人员”四位一体的保密管理体系，在日常业务工作中完成保密监督检查各项工作。三是将对涉密人员个人保密工作考核纳入学院党员考核内容。将涉密人员保密管理工作完成情况列入党员个人考核内容，经党支部讨论后，考核结果与党员个人评优评先紧密联系，以此督促涉密人员履行保密职责。

3.3 加强学院保密自查，发现问题立查立改

加强保密自查是确保院级党委落实保密工作责任制、保密规章制度落地和发现潜在问题并加以整改的重要手段。学院保密业务主要是依托涉密科研项目开展的，学院的保密自查要抓住三条主线：一是做好对“项目”的监督检查。项目申报材料是否属于国家秘密、制作是不是符合保密规定，项目立项时是否明确界定了密级、保密期限和知悉范围并符合人员、设备、场地等要求，项目执行过程中密级文件保存、项目结题后材料的归档等，以项目为主线，一查到底。二是做好对“设备”的监督检查。涉密人员的非涉密设备是否登记学院台账、账实相符，是否正确粘贴标识和提示语，是否存在用非密设备存储涉密信息违规情况，通过检查发现是否有需要上账而未上账设备等。对涉密信息设备、存储设备，是否做到按规定保存、使用。出入保密要害部门部位是否做好登记、遵守要害部门部位的保密管理规定等。三是做好对“人员”的监督检查。人是特殊的涉密载体，要做到对涉密人员上岗、在岗、离岗的全流程管理，通过监督检查时与涉密人员谈话了解涉密人员对基本的保密知识、技能和要求的掌握情况，督促他们遵守保密法规制度，履行岗位保密职责。对“项目”“设备”“人员”监督检查中发现的问题，要

认真记录，分析问题产生的原因，提出整改措施，做到限期整改。

总之，新时代赋予保密工作新使命。高校保密工作不仅要坚持好传统、好经验、好做法，而且要积极研究新情况、解决新问题、采取新措施，始终牢牢把握保密工作的政治属性，不断完善校院两级“党管保密”工作体系，推动学校保密管理工作水平向科学化、规范化、精细化方向发展。

探秘与创造：秘密的新界定及保密研究的概念供给

王　皓　刘金山

（湖北大学保密办公室　湖北省武汉市　430062）

摘　要：本文简述了秘密及其概念对秘密和保密研究的重要意义。在检视《论秘密的定义》所存在的缺陷基础上，进一步探讨并界定了秘密概念内涵和本质，给出了其最新的十种分类及“信息梭形结构示意图”。为推进秘密和保密的基础研究，本文提出了保密概念供给和创造的四种策略或途径，并就便列举了一些笔者新造的保密概念、保密范畴以供保密界研究和选用。在秘密的本质追问和保密概念创造的过程中，本文着力给出并阐述了秘密及保密的各自三个层面定义，及最简要的定义：“秘密是指有意藏护的信息。”笔者顺此还提出保密的最简要定义：“保密就是有意藏护信息。”

关键词：信息科学；秘密概念；秘密定义；秘密本质；秘密研究；保密定义；概念供给与创造

0. 引言

作为保密研究的基本概念，秘密和保密这两个范畴在理论界虽有一些探索，但其研究状况和成果仍不乐观。为促进“秘密”概念研究发展及保密研究的概念供给与创造，现将我们研习所得的新拙见简述如下，以抛砖引玉并就教于方家。

作者简介：王　皓（1967—），男，副教授，主要研究方向：保密研究，政治学、管理学、教育学。

E-mail：kokoochina@163.com

刘金山（1979—），男，主要研究方向：保密研究，后勤管理。

注：本文曾以同一标题及主要内容，2016 年初稿、2018 年修改、2019 年 6 月定稿，分获 2019 年“保密伴我行，护航新时代”保密宣传教育作品征集评选活动中共湖北省委机要和保密局、中共中央保密办和国家保密局理论研究类二等奖、三等奖，据初略统计全国只有极少高校获此类奖项。笔者本次同标题发表，做了些微的内容修改。

1. 秘密及其概念的意义和地位

关于秘密及其概念的意义和地位，有些专家学者做过精彩阐述，尤以所谓的“逻辑起点说”“核心客体说”和“自主权利说”等观点较具代表性：中山大学韦景竹、曹树金等学者认为“秘密是保密学研究对象的逻辑起点”[1]，解放军保密专家刘怀彦、巨乃岐从保密哲学视角提出“秘密是保密认识的核心客体”[2]的见解，湖北大学王皓推出“秘密是信息主体自闭式保护的自主权利”的判断[3]，等。这些都表明：“秘密”这一范畴是秘密研究和保密研究的初始概念、核心概念和关键概念，是秘密研究和保密研究中最简单、最基本、最抽象的范畴，贯穿于秘密和保密之研究发展的全过程；秘密及其范畴，在保密实践和保密理论领域具有基础性、底层性、前提性和史与论起点之符合性。

但迄今为止，关于“秘密”概念研究，理论界尚未取得基本共识。这种连最基本的保密范畴研究都存在歧异性、滞后性，毋庸赘言，由此牵累到保密其他的基本理论问题探讨之深化，从而将对整个保密理论和保密实践发展产生了较为不利的影响。

2. 我们关于“秘密”概念的最新认识和界定

关于“秘密”概念界定及其分歧，《论秘密的定义》[4]（以下简称“《定义》”或“该文”，《定义》作者简称“作者”）一文曾经专门做过粗浅的梳理、分类和探讨。《定义》文尾指出：“综上所述，我在此就‘秘密’进一步给出这样的定义：秘密是指个人或群体有意隐藏、不可外传的信息，它标志着个人或群体在信息领域对外实施自我封闭式保护的自主权利。就其本质而言，秘密是基于安全和利益需要仅限个人或群体内部共享、拒绝外界分享的信息。”在此作者认为，其中“秘密是指个人或群体有意隐藏、不可外传的信息”，是对美国著名应用伦理学家博科（Sissela Bok）关于“秘密是有意隐藏的东西”这一观点的明确化。

探索创新不止，理论之树常青。我们知道，概念是人脑对客观事物本质的反映；概念都有内涵和外延，即其涵义和适用范围；概念的内涵和外延具有反比关系，即一个概念的内涵越多，外延就越小，反之亦然。范畴是反映客观事物本质联系的思维形式，是各个知识领域中的基本概念。范畴既是以往认识成果的小结，又是进一步深化认识的阶梯。任何一门学科都是由其特有的一系列概念、范畴为骨架而构成的知识体系。概念、范畴体系在该门学科体系中占据中心地位，是该门学科成立的基本理论标志。概念、范畴随着社会历史和人类认识的发展而变化。“秘密”范畴也是这样。

经过继续思考、深入探索，我们对《定义》曾提出的关于“秘密”定义和本质的观点仍然不甚满意，认为这个观点需要在补充、完善之后予以进一步归纳和提炼。

2.1 关于作者“秘密”定义存在的缺陷及其补正

现在我们认为，作者关于“秘密是指个人或群体有意隐藏、不可外传的信息”的观点，在其相关内涵与外延上均存在缺陷，有待补充、完善：

一是“秘密”概念的属概念（即居于“秘密”这一“种概念”之上一级且能统摄“秘密”概念的那个概念）究竟是什么？

——究竟是那个内涵模糊不清的“东西”，还是所称之的“信息”，或者是被称作诸如“事项或/和信息”等其他的什么呢？

——而作者在《定义》关于“秘密是指个人或群体有意隐藏、不可外传的信息”的观点里，显然，是把“秘密”概念其所属上一级的属概念定为“信息”，或者说将“秘密”定位于“信息”的。

我们设想：第一，如果“信息”概念能够涵括被“有意隐藏”的那个“东西”，也能够涵括被“有意隐藏”的诸如“事项或/和信息”等其他的什么，那么，这里所剩问题的关键就在于如何理解和界定“信息”概念。第二，如果发现有人定义的“信息”概念不仅较为合理好用，而且恰好能满足涵括以上提及的所有东西的这一条件，那么这里所剩问题的解决就会好办多了。

令人欣慰的是中国工业和信息化部原副部长杨学山同志所定义的“信息”，较能满足我们所设想的可涵括以上提及的所有东西的这一条件。因此，除了作者在《定义》所述的论据及推理论证以外，本文将杨学山同志所定义的“信息”及其简要论述新引过来，并将其作为本文现在进行补充论证的材料。

杨学山在其公开出版的《论信息》中指出：“区分信息的形与义是认识信息及信息发生发展规律的关键。”他在《论信息》中所定义的“信息”，“就是所有客观存在的含义”。“信息由载体、外壳、含义三要素构成”；“信息的载体和外壳是形，含义是义。承载信息的光、声、电、纸张、核苷酸、神经元是形，文字、语言、图表、概念是外壳，核苷酸、神经元、非生物主体存储处理的外壳既是载体又是外壳。载体和外壳都是形，而可以为认知主体利用的含义才是义。”他还讲到，在这里，物理空间、生命空间和信息空间都是客观存在的。如此定义的信息没有质量、没有能量、没有固定形态，如此定义的信息必须依托载体与/或外壳存在，如此定义的信息可以在不同的形态间转换，如此定义的信息借助不同的载体与/或外壳逐步走向自主发展，最终成为独立的自我发展的与物理空间、生命空间并列的信息空间。如此定义的信息以自在态、自有态和记录态三种模式存在，可以解释几乎所有今天在使用的信息概念。信息由载体、外壳、含义三要素构成；含义可以在这三种形态中不断转换；含义本身不受时空和物理定律、生命定律的约束，跨越时空和物质、能量、生命，实现非连续的连续进化，这是信息区别于物质、能量、生命的三个最重要的特殊性，是信息的一系列特殊属性产生的根源，也是认识信息、理解信息的入门钥匙。[5]

由上从引述杨学山同志“信息”定义可见：“信息就是所有客观存在的含义”。“信息由载体、外壳、含义三要素构成”；“信息的载体和外壳是形，含义是义。”这里的“义”是指“可以为认知主体利用的含义才是义”。如此定义的信息必须依托载体与/或外壳存在；并借助不同的载体与/或外壳逐步走向自主发展，最终成为独立的自我发展的与物理空间、生命空间并列的信息空间。杨学山同志对信息如此富有见地，并这般宏阔地定义的“信息”，这就帮助人们较为彻底地解决了这样一个问题，即：人们因担忧信息的形与义二者的分离或组合，进而怕相对应地导致“秘密”概念的上一级属概念所指称的对象有所遗漏或有所重复；换句话说，就是：按照杨学山关于信息的观点，“信息”这一概念只要一谈及，那它就必将毫无遗漏地涵盖了信息的形与义，即：既包含有“信息的形”——承载信息的载体与/或外壳，又同时包含有“信息的义”——为认知主体利用的含义。信息的形与义二者同时并存、相互支撑、不可分割。大家如能采信杨学山关于信息的观点，这将意味着：理论界今后将可能不再出现本文第二部分所介绍过的“秘密”概念界定上发生过的那种混乱状况，可能无需担忧“秘密”概念定位再一次迎来大的分歧了。

因此，我们愿采纳杨学山同志的“信息”定义，并将其用于我们对“秘密”概念的上一级属概念——“信息”此时进行的界定之中。我们在秘密概念定义所涉及的“信息”，即主要所采用的杨学山如此定义的“信息”，其外延涵盖信息的形与义（即：既包含有“信息的形”——承载信息的载体与/或外壳，又同时包含有“信息的义”——为认知主体利用的含义。信息的形与义二者同时并存、相互支撑、不可分割）。就此，笔者认为，这就较为彻底地解决了“‘秘密’概念的属概念是什么——究竟是那个内涵模糊不清的‘东西’，还是所称之的‘信息’，或者是被称作诸如‘事项或/和信息’等其他的什么”的问题了。

二是“秘密”概念的主要内涵概括、界定不周全、有缺项。虽然，这个定义突出了

“秘密”概念里的核心内涵——“隐藏”（或“藏匿”），但缺乏另一主要内涵——“守护”（即“守卫和保护”之意）。

这是因为：通过对秘密运动及秘密的保守行为过程考察，我们发现：秘密之所以成为秘密、秘密安全的基石构筑，居于首位且必要的重大举措或行动方式定然是隐藏或藏匿。人们首先想到：秘密藏得越深就越安全，越隐蔽（或掩蔽）对秘密安全越有利。不过，在秘密逐渐对外扩散、不幸由隐形到显影的渐次显露过程中，“隐藏”这一具体行为方式越来越不中用了，这时不得不启用或强化“守护”这一具体安全保障方式了。例如：国家统考试卷运输环节的保密，往往首先是隐藏运卷的往返时间、司机和押运人、往返行车路线、车辆品牌及数量等信息，力求秘而不宣，做到神不知鬼不觉；不过，假如不幸泄露以上的部分乃至全部重要信息，那么这时只得改用或强化“守护”这一具体安全保障方式了。以上这种情形也可理解为：处于具有安全保障中的秘密，其安全保障方式在第一阶段以藏匿或隐藏为主、守护为辅，在第二阶段以守护为主、隐藏为辅。那么，更复杂的秘密之安全保障方式，想必更是“隐藏”和“守护”这两个具体行动方式或以上两个阶段的反复交替进行吧。

我们还发现：“隐藏”和“守护”这两种具体的行动方式融合得愈细愈密愈深，以致协同有效、无影无痕，那么，秘密的安全必将愈加有利、愈有保障。

正是在这样的情形之下，为了简洁而准确地描述“隐藏”和“守护”这两种具体的行动方式融合这一现象，我们将“藏头护尾”（原指书法的用笔笔力强劲、现指怕把真相全暴露出来）这一联合式词语移植过来，并予以改造、减缩，创造出一个新的中文词“藏护”（或其近义词“藏守”。在此的“藏护”“藏守”连同现行汉语词典收录的“隐护”“保藏”这两个词，共有四个词在此意义上同义。这四个词鉴于各自均对“隐藏”和“守护”这两个词意兼而有之，因此在保密研究中均可互换、通用），其对应的英文词似是 preserve，或 cover（抑或其他单词，尚待考证）。

因此，秘密的安全保障方式应是“隐藏”和“守护”这两种具体的行动方式之反复交替进行及其融合，或者是以上两个阶段的反复交替进行。

此外，秘密当然要求保密者不可外传、且存在着泄露的可能性，但也有遭到窃密者主动侵窃的可能。因此，“秘密”概念中“不可外传”这一词组难以明确涵括“侵窃”这一内涵，如求周全则需另觅新词，希望这个新词能将“侵窃”概念的内涵给吸纳进来。为了便于描述“泄露”和“侵窃”这两个行为组合的情形，我们不妨新创一个词语——“窃泄”。“窃泄”一词具体包含秘密的窃取、泄露和不当公开等不当情形。因而，在这里可将“不可外传”改为“不可（被）窃泄”或“（以）免遭窃泄”。

三是对“秘密”概念的内涵有所界定，而没有对这个概念的外延给出我们必要的划定。

根据不同标准，秘密可做出不同划定或分类。如：国家保密局教材：“在现代意义上，根据涉及内容不同，秘密可分为国家秘密、工作秘密、商业秘密和个人隐私四类。”[6]

我们在此试做如下几种划分：

第一，按秘密主体所属的物理实体世界、人类精神状态世界和人类精神产物世界这一宏观分类（英国科学史家波普尔宇宙三分法），秘密可分为自然秘密（也称自然奥秘）、人类隐性秘密和人类显性秘密。

第二，按秘密是否原创来分，秘密可分为原始型秘密和派生型秘密。

第三，按秘密的产权性质划分，秘密可分为公有秘密、私有秘密和无主秘密。

第四，按秘密是否归属于群体来分，秘密可分为群体（含国家、政党、社团、企事业单位、家庭等各类群体）秘密和个人秘密，或者称组织（含正式组织和非正式组织）秘密和个人秘密。

第五，按秘密是否有营利性划分，秘密可分为营利型秘密和非营利型秘密。

第六，按秘密所处国（境）内外状况来划分，秘密可分为国（境）内秘密和国（境）外秘密；

第七，按秘密的归属者之间关系性质来分，秘密可分为我方秘密、友方秘密和敌方秘密。

第八，按秘密的体质温度差别来分，秘密可分为热性秘密、温性秘密和冷性秘密。

第九，按密战的规模层次来分，秘密可分为战略型秘密、战役型秘密和策略型秘密。

第十，根据秘密窃泄后危害等级（指以一旦窃泄后可能造成的损害程度为标准所划分的等级）或秘密的压力（简称“密压”，它自物理学的压力移植而来）大小，秘密可分为“绝密级秘密”（简称“绝秘密”）、“机密级秘密”（简称“机秘密”）、“秘密级秘密”（为便于区分，它可称为“普密级秘密”，简称“普秘密”）、“内部敏感信息”（或“受控非密信息”，简称“内敏信息”）四类，亦可对应这四类、相应由高级到低级依次分为“第一级秘密”（简称“一级密”）、“第二级秘密”（简称“二级密”）、“第三级秘密”（简称“三级密”）、“第四级秘密”（简称“四级密”），或者其他类似的相应划分法（参见下图）。这种划分法由高到低，看上去有些类似现行综合管理类公务员中“调研员”或“主任科员”职级所分的四个等级（详见中办印发的《公务员职务与职级并行规定》）。

根据是否主动公开、公开范围大小及与外界接触或与外部信息完全融合程度等，公开信息可依次分为“被动公开信息”“主动公开信息”“外部信息”三类。

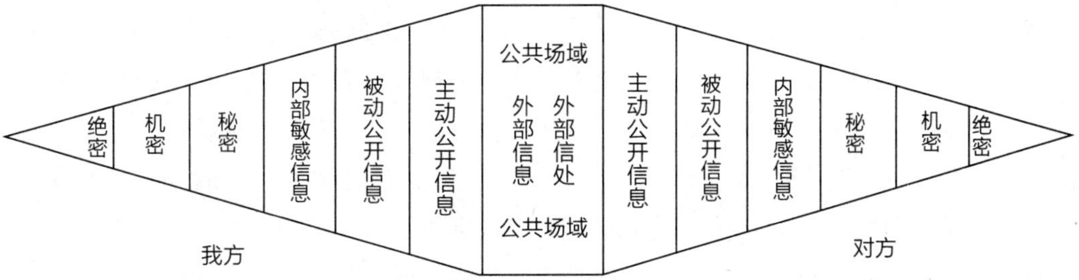

图 1　信息梭形结构示意图

注 1：绝密级秘密、机密级秘密和秘密级秘密因本图中无法作清晰完整的表述和标注，只得予以减略并分别以绝密、机密和秘密作示意性标注。

注 2：单位或组织自身产生的信息：包括受控信息和公开信息。

受控信息包含受控涉密信息和受控非密信息。

受控涉密信息指绝密级秘密、机密级秘密和秘密级秘密。

受控非密信息指内部敏感信息。

公开信息包括被动公开信息和主动公开信息。单位或组织的公开信息，若加上单位或组织以外的外部信息，即为广义的公开信息。

2.2 对于作者此前“秘密”定义的最新完善

基于以上阐述、补充，在此，我们简而言之，秘密是指有意藏护（隐护）以免危害自身的信息；最简言之，秘密是指有意藏护（隐护）的信息。这一定义较深刻地揭示了秘密的本质。这里，“藏护”与“隐护”通用，凡有“藏护”均可以“隐护”互换，反之亦然，下同。

我们对“秘密”概念所做的这一新概括、新抽象，同美国著名应用伦理学家博科（Sissela Bok）的“秘密是有意隐藏的东西”观点相比，似应更清晰明确一些，也更周延合理一些，这样更有利于适应当今信息化网络化智能化时代的新现实和新要求。

同样基于以上阐述和补充，笔者从广义、中义、狭义三个层面来详实地发展、完善作者以前的“秘密”定义：

广义层面上，①秘密是指自然界或人类为防止窃泄而有意藏护（隐护）以免危害自身的信息。这里，自然界被拟人化使用了。②秘密是指一旦窃泄可能对自然界或人类自身构成危害的信息，此定义明面上不见“藏护”一词，但实际蕴含藏护（隐护）之意。

这里，广义层面上的①与②等价、可互换使用；作为秘密主体之一的人类包含个人和各类群体；秘密既包含有人类社会的秘密，又包含有自然奥秘。我们认为，自然界藏护自然奥秘，这一说法可被视作是人类对自然界的拟人化表达。我们很难设想，如果没有人类这一智慧最为发达的认知主体，还能否谈得上所谓自然奥秘这样的问题了。

中义层面上，①秘密是指认知主体为防止窃泄而有意藏护以免危害自身的信息。②秘密是指一旦窃泄可能对认知主体自身构成危害的信息。这里，中义层面上的①与②等价、可互换使用。这里秘密主体指的是认知主体（或信息主体），它包括人类（含个人和群体）及某些高智商的灵长类动物等。

狭义层面上，①秘密是指个人或群体为防止窃泄而有意藏护以免危害自身的信息。②秘密是指一旦窃泄可能对人类个体或群体构成危害的信息。这里，狭义层面上的①与②等价、可互换使用。这里，秘密主体专指人类个体及由其构成的组织乃至更大的人群社会，包含个人和家庭、社团、政党、国家、国际组织等正式性或非正式性组织型群体。

由秘密概念三个层面的定义，可相应地对保密概念做出三个层面的定义，即：

广义层面上，①保密是指自然界或人类为防止窃泄而有意藏护信息以免危害自身的行为（活动）。②保密是指特定信息一旦窃泄可能对自然界或人类构成危害而予以有意藏护的行为（活动）。

中义层面上，①保密是指认知主体为防止窃泄而有意藏护信息以免危害自身的行为（活动）。②保密是指特定信息一旦窃泄可能对认知主体自身构成危害而予以有意藏护的行为（活动）。这里，①与②等价、可互换使用。

狭义层面上，①保密是指人类个体或群体为防止窃泄而有意藏护信息以免危害自身的行为（活动）。②保密是指特定信息一旦被窃泄可能对人类个体或群体构成危害而予以有意藏护的行为（活动）。这里，狭义层面上的①与②等价、可互换使用。

无论哪个层面看，均可简化定义，即：保密是指有意藏护信息的行为（活动）；最简化定义即为：保密就是有意藏护信息，这比通常讲的“保密就是保守秘密”更科学。

3. 关于保密研究的概念供给与创造

大家欣喜地看到，作为一门与管理、法学、信息、计算机等学科密切关联的交叉型学科，保密学科或保密研究正日益蓬勃地发展着，涌现出一批又一批颇具理论或实践价值的研究成果。有些学者认为，虽然“保密学理论体系和专门方法逐步形成，为建立保密学科理论体系奠定了坚实的基础。”不过，当前的保密理论体系中的主要组成部分仍然来源于管理学、法学、密码学、情报学和信息技术等领域，“如何根据保密工作的需求，将这些内容有机融合，形成丰满而完整的保密学科理论体系，仍然需要高端保密人才不断努力和完善。”[7]

细心的保密研究同仁更从中国保密学科学术建设或保密研究现状与难题精心分析来看，不难发现到：中国保密学科学术建设或更宏阔的保密研究过去以至当下，虽然从工作研究为主转向到工作研究与学术研究逐步并重，但其关注的重点在于通过梳理事实、总结经验、多学科和跨学科研究等方式进行理论创新、方法创新，而对概念的关注、提炼、生成、发展和全面深入地予以保密学概念体系乃至原理规律等方面的总体研究却很少，概念问题已经、正在且还将有被后置或被忽视的倾向。除了存在概念混乱、不清不准、似是而非、不够聚焦等问题以外，其中突出存在的概念供给短缺问题（即“概念短缺”之困），已然阻碍着现实的保密理论创新、方法创新和实践创新。

概念既是基本的思维方式，又是思维活动的结果和产物，同时还是思维活动借以进行的单元。表达概念的语言形式是词或词组。理论建构和方法创新，以至知识的生产和传播，都离不开概念的供给、支撑、牵引或保障。“概念，在此意义上，实际上是构建人类知识大厦的基石。”[8]中国保密学科学术建设或保密研究正面临着急需大量概念有效供给却又非常缺乏必要保障的窘境，因此要提高概念生产和供给的有效性，实现持续有序的概念供给和创新，中国保密学或保密研究就应有恰当的概念创造路径和策略。在此，我们受周平有关研究的启发[9]，提出了适应中国保密学或保密研究的概念供给和创造的四种策略（或途径）。

一是从中国传统文化和现当代文化中梳理、提炼或新创出既有价值又很实用的保密概念。中国传统文化博大精深，蕴涵着丰富的保密案例、保密经验和保密智慧。因此，只要立足当今现实，以科学的“扬弃”方式和批判借鉴的态度进行梳理改造，就可新近获得一批有价值的保密概念。

略举数例：笔者从书法艺术的“藏头护尾”笔法中，提炼出“藏护”这一新词，其意蕴与保密较为契合。还有“隐护”一词，它就比“隐藏”的内涵多了“守护”“庇护”“掩护”之意。例：明朝唐顺之《弟妇王氏墓志铭》：“且又为之隐护不使人知。”又例：清朝黄六鸿《福惠全书・刑名・缉捕》：“但盗贼潜住他方，必有彼处匪人及捕役物色之受贿通情，则代为隐护。”因此“藏护”“隐护”可很好利用起来。

又如，“侵窃”意为“侵占窃据”“侵吞窃取”，比“窃取”内涵更丰富，非常契合秘密被侵占、侵吞、窃据、窃取等具体情形，也可被有效使用起来。

保密智谋，系笔者在学界已有的“保密智慧”“保密谋略”这两个概念基础上提出的新合成的概念。

保密规矩，它包含保密道德、法律、纪律、标准、操作规范、惯例和优良传统等。这也是笔者提出的新概念。

保密素质，它是指人类社会个体或群体在诸如保密意识、保密知识、保密能力、保密文化和保密规矩（道德、法纪、标准、规范、惯例和优良传统）及通过以上因素综合作用获得的保密认识、保密智谋和保密实效等方面体现出来的基本素质。这是笔者给出的新定义。

二是从中国保密实践、经验和干部群众创造中提炼出保密新概念。新中国建立以来，一直持续发展，当下正处于全面和平崛起关键时期。在这一过程中形成的丰富的保密现象、保密事实和保密经验教训，为保密学或保密研究新概念的形成提供了丰富的原材料，而从中概括、提炼出新的概念，应是保密学或保密研究之概念供给的主要途径。实际上，今天我们使用的许多概念，如“信息保密”“网络保密”“定密细目”“信息公开”“村务公开”“点题公开”（此系当下中国农村村务被动公开的最新形式之一）、“保密规定”“保密要点”（简称为“密点”）“保密智慧”“保密谋略”“保密规律”“保密观念”“保密法纪”“保密纪律”“保密法律”“保密哲学”“保密经济学”“保密文化学”“保密管理学”“保密心理学”“保密思维学”等，都是通过这些方式已经或即将构建起来的。

本文已讲过“窃泄”这一新词的创造思路。笔者还新造出“密压”“秘密空间圈层结构”“信息梭形结构（它反映信息公开与信息保密及其态势）”“有效保密”“无效保密”“保密规矩”“保密素质”“保密智谋”“保密思维”等，都可成为有利于推动保密研究的新概念。

三是从决策性文件中析出保密学术概念。中国政治活动中最终形成的重大政治决策，既有广泛的民意基础，又有强大的学术支撑，具有相当的学术含量。因而决策性文件中提出或使用到一些保密概念，通过必要的界定和论证就能成为保密学术性概念。在当代中国政治活动中，政府部门的决策性文件一直是概念供给的重要渠道。如，中央和国家各机关使用的对本部门保密或所牵头、主管的主要活动的称谓或提法，诸如“科学技术保密”“军工保密”“新闻出版保密”“通讯保密”“考试保密”等，以及“保放结合”

“攻防兼备”“涉密人员”“保密法律法规”“保密纪律”“保密检查”“涉密敏感信息”等概念的生成和提炼。

四是通过移植—嫁接的途径创造出保密新概念。从过去以至当今经济全球化、政治多极化、社会信息化发展和中国改革开放及对外文化学术交流与合作，为保密学或保密研究从外部引入概念提供了必要性和可能性。如，我国“原始定密”“派生定密”“定密责任人”“保密审查”等概念，往往由诸如美国等国家的“原始定密权”“原始定密官”等定密制度和涉密人员“安全审查”制度中演化而来。

如，“露点 / 露点温度 Td”，本为气象学概念，是指“在空气中水汽含量不变，保持气压一定的情况下，使空气冷却达到饱和时的温度称露点温度，简称露点，单位用℃或℉表示。”在此，可将“露点”移植到保密研究中来，意为秘密的公开、公示要点，或显露、披露要点，可称为秘密显露要点、秘密披露要点或信息披露要点，简称露点，可以与保密要点（简称密点）结成对子，以便人们保密审查及其后的解密和信息公开选用。

[参考文献]

[1] 韦景竹，曹树金. 浅论保密学的形成和 研究对象（下）[J]. 保密科学技术，2011（8）：51.

[2] 刘怀彦，巨乃岐. 保密哲学[M]. 北京：金城出版社，2014.

[3] 王皓. 该论文收录在《高校科研保密管理的实践与探索——高校科研保密协作组学术论文集（第一辑）》第287-294页，西北工业大学出版社，2019（11）.

[4] 王长喜. 秘密的危机与保密的挑战[M]. 北京：金城出版社，2012.

[5] 杨学山：《科学揭示信息定义和发展规律》，《中国信息安全》，2016年第4期；杨学山：《论信息丨北大CIO班十周年》，CIO时代网2015-12-01.

[6] 国家保密局培训教材编写组. 保密工作概论[M]. 北京：金城出版社，2013.

[7] 高迪，马春光. 保密学科专业建设现状和展望[J]. 保密科学技术，2012（12）：41-45.

[8] 安德鲁·海伍德：《政治学核心概念》[M]，北京：中国人民大学出版社，2014.

[9] 转引自：爱思想（http://www.aisixiang.com），栏目：天益学术 > 政治学 > 政治学科建设与动态，本文链接：http://www.aisixiang.com/data/112140.html . 文章来源：《江汉论坛》，2017（11）：5-11.

基于类跳频通信原理的涉密信息去关联技术研究

张　岚　刘　波
（南开大学　天津市　300350）

摘　要：信息技术的发展为我们带来海量数据的同时也对信息安全造成了威胁。涉密信息的保护对国家安全、国际形势尤为重要。目前，我国法律也对涉密信息保护提出了更高要求。本文将跳频通信的思想用在涉密信息存储上，借助卷积神经网络完成涉密信息特征提取，使用类跳频映射网络完成特征图层重组和转换，实现涉密信息去关联化存储；进一步地，在读取过程中，借助逆跳频映射网络读取非敏感图形信息完成特征图层重建，再实现涉密信息复原。本方案成本低、可行性高，大大增加了涉密信息破译难度，为涉密信息安全存储提供了有力保护屏障。

关键词：涉密信息系统；专用介质；卷积神经网络；特征提取

0. 引言

随着国家经济、军事实力等方面的高速发展，对保密工作的认识也在不断加强。陆续出台和修订的法律法规对保密工作提出了更高要求[1]。当前现代化战争中，信息战已成为未来作战中不可避免的作战样式之一，信息保密比过去任何时代都更为重要，同时也对信息的安全性、保密性、可靠性、时效性提出了更严格的挑战与要求[2]。依据《中华人民共和国保守国家秘密法》，结合涉密部门实际需求，围绕保密管理活动，其中“涉密信息安全集中管控”是具有挑战性的问题，特别是“信息加密传输”部分。因为涉密信息通过系统平台在内部或内部网络中流转，如果使用明文传输则存在一定安全隐患，

作者简介：张岚（1976—），女，副研究员，主要研究方向：信息资源管理。E-mail：zhanglan@nankai.edu.cn

在传输过程中需要对涉密的敏感数据进行加密传输，保证系统信息流转的安全性。现代密码学所采用的加密通常是利用数学算法的复杂度来增加破译的困难程度。如果破译者希望得到信息的内容，就需要先破译得到“钥匙”。而超级计算机的出现，再复杂的“钥匙”都有可能最终被破译[3]。2017 年 1 月 18 日，“墨子号”量子科学实验卫星完成的量子密钥分发实验克服了经典加密技术的安全隐患，为“绝对保密”带来曙光[4]。但目前量子通信网络还在部署中，人们对其认识和理解还很有限，短时间我们期待发展一些更高效可靠的保密传输技术。

跳频通信（Frequency hopping communication）是频率跳变扩展频谱通信的简称。简而言之，跳频技术就是通过二进制伪随机码控制传输信息的频率使其在一个较宽的频谱中跳变传输的通信方式，除频谱宽外，该通信方式还使信号具有优良的隐蔽性等性能以及码分多址（CDMA），多径分离等灵活的特性[5]。其中跳频通信作为最常见的扩频方式之一，自 20 世纪 60 年代起，跳频技术就在世界各国进行了广泛的理论与应用研究，80 年代后，以跳频通信为理论依据的通信设施在军事战场中已取代了大部分传统无线通信设施。除扩频通信的优点外，因为频率跳变，伪随机码调频等特性使其即使被截获也难以获得信息，从而获得了高的保密性。

跳频技术的核心点在接收端的同步伪随机码过程，可以使不同频率通道的信号有效合并，保证了信息在信道传输时的保密性。在本文中我们借助这一思想对涉密信息进行去关联化存储，一方面，对非知情者而言，隐蔽的涉密信息将以其他非敏感图形方式存储不会引起过度关注；另一方面，即使得知相关涉密载体包含涉密信息，其提取过程并非普通的解码过程，而是首先需要对涉密载体中非关联信息进行重组，再进行解码，以上两个过程大大增加了破译复杂度，对涉密信息存储具有较大意义。

1. 基于类跳频通信原理的涉密信息去关联存储方案

1.1 调频通信的特点

跳频通信具有保密性高、抗干扰能力强、抗衰弱、多径能力。其结构原理框图如图 1 所示。

主要由伪随机码发生器，频率合成器构成，其中该系统发射端通过将频谱分成多个信道从而形成一个频道集，伪随机码生成器生成伪随机码的控制频率合成器将主载波与副载波进行混频，从而选择频道集中某一信道进行通信，接收端通过同步算法生成同步伪随机码获得信息。

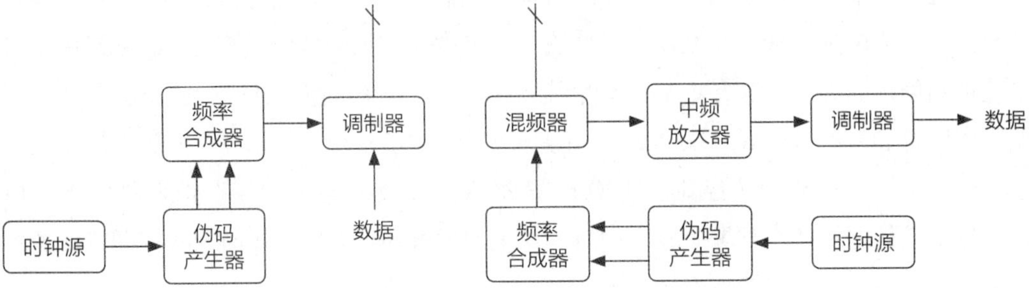

图 1　跳频系统原理框图

如图 2 所示，普通的微波通信往往工作在单一频率下，在信道传输时，信息易截获，且存在抗衰落能力低下等问题。跳频通信时，信号在几个频点跳动，当接收端无法同步跳频信道时，普通扫频方案几乎无法截获到可用信号，因此信息传输具有较高保密性。基于该思想我们提出了一种类跳频通信原理的涉密信息去关联方案用于涉密信息存储，主要分为两步：第一，涉密信息去关联存储。最常用的信息记录方式就是文字，以文字为例，如果文字映射对象为字母或字符，这是普通编码过程，而这里我们借助卷积神经网络（Convolutional Neural Network，CNN）[6]将信息特征提取、存储并进一步再次组合成非敏感图形存储。第二，涉密信息重建读取。这一步需要将非敏感图形进行单元逆映射和重组，最后实现涉密信息重现。

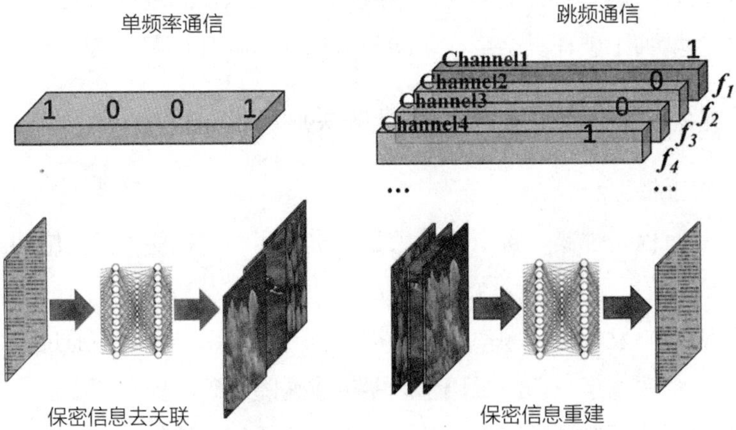

图 2　单频通信、跳频通信以及基于类跳频通信原理的涉密信息去关联存储方案

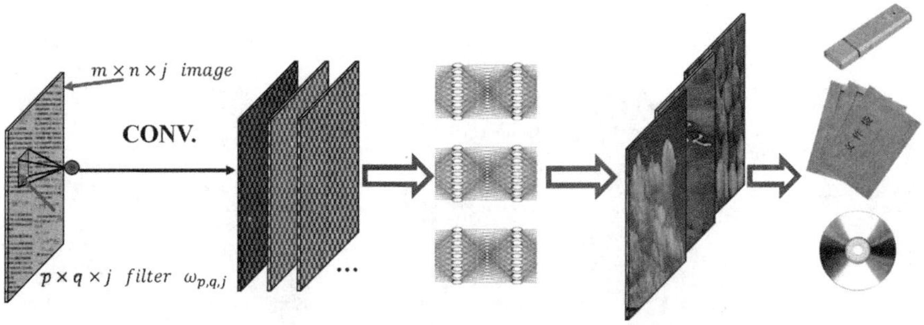

图 3 涉密信息去关联存储方案

1.2 方案涉及的关键技术

如图 3 所示是涉密信息去关联存储的方案，以一页文字类型尺寸为 $m\times n\times j$ 图纸为例，首先是信息提取过程，对纯文字的提取可以借助已成熟的文字类识别算法[7]，而如果文件是图文并茂的信息，单纯的文字识别会造成一定信息的丢失，而 CNN 是一种前馈神经网络，它的人工神经元可以响应一部分覆盖范围内的周围单元，对于大型图像处理有出色表现。它包括卷积层（convolutional layer）和池化层（pooling layer），因此在以图像为主的信息读取方面表现出高效性，并随着卷积层数增加甚至可以完成文字的提取，因此可以考虑同时使用文字识别算法和 CNN 实现特征提取。这里以 CNN 为例，$p\times q\times j$ 的 filter 对输入层做运算最终得到涉密信息所有特征。接着，类似于跳频通信原理，借助 CNN 网络将特征信息去关联化映射至另一信息库，该信息库可以是非敏感图形或者是无关联文字，之后用于存储。其中类跳频映射中 CNN 网络承担了密匙的角色，由于特征信息单元数量巨大，映射关系也会复杂，并且可以在计算资源充分的情况下，人为控制映射复杂度从而改变破译的难易程度。

如图 4，下一步是涉密信息重建读取的过程。由于光盘、磁盘已经记录了非敏感图形各个单元数据，因此不需要再次对图片做卷积运算，借助类跳频逆映射得到原涉密信息的特征图层，再对特征图层矢量叠加组合得到涉密信息。这里需要指出的是，在涉密信息去关联存储过程中的类跳频映射需要关注其可逆操作的可行性，因为正逆映射涉及的计算过程和资源并不对称，一些正映射的逆映射可能会出现无解或者算法不收敛的情况。

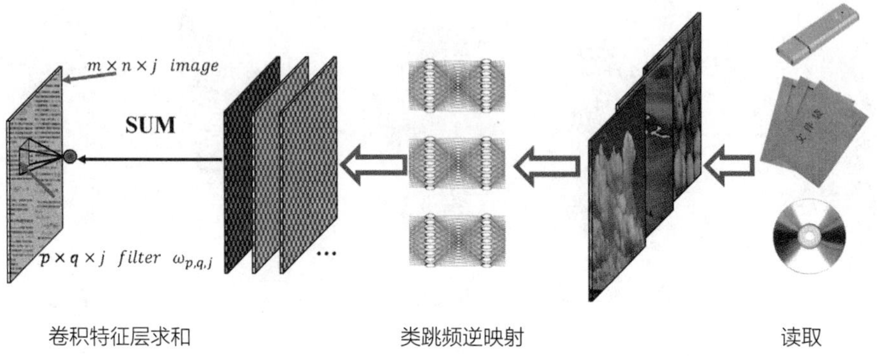

图 4　涉密信息重建读取

2. 误差和风险讨论

上述基于类跳频通信原理的涉密信息去关联存储方案可以有效地将涉密信息去关联化并以非敏感图形形式存储大大降低了破译概率，这里需要对该方案存在的不足和未来应用面对的风险进行阐述。在涉密信息去关联存储过程中，需要考虑卷积精度，为了有效获得涉密信息特征，CNN 网络需要增加特征图的层数，但计算量也随之增加，这在一定程度上增加了成本。另一方面，如果特征图层数不够，将不足以获得涉密信息全部特征，特别是涉及文字类信息，有一定概率丢失一些高阶特征，过多的特征丢失将导致该项技术应用范围受限。类跳频映射过程，需要依据计算资源设置合理复杂程度的映射网络，复杂映射可以有效将特征图去关联以非涉密图形存放并增大破译难度。由于其间难免有信息元丢失或由于映射造成的误码，均会导致存储信息的缺失和误码。在涉密信息重建读取过程中，类跳频逆映射过程中会由于映射层数增多造成信息丢失和可能巨额计算资源消耗，这些都会影响最终涉密信息的重建。

就本方案而言，未来需要开展的研究主要涉及以下几点：1.CNN 对涉密信息特征的高效获取，主要涉及文字和图形特征的提取；2. 类跳频映射网络高效、可靠划分；3. 信息容错编码；4. 逆类跳频映射网络算法；5. 小型化 CPU 存储读取装置。随着人工智能技术发展，优化算法相关的问题都会被很好解决，该基于类跳频通信原理的涉密信息去关联存储方案将在涉密信息存储方面具有深远意义。

3. 结论

跳频通信突出的保密性引起了广泛的研究。本文我们提出了一种基于类跳频通信原理的涉密信息去关联存储方案。核心思想是将跳频分集发射的思想用于涉密信息存储上，将高关联度的涉密信息转化为非敏感性的图形存储。具体做法是，首先借助 CNN 网络实现涉密信息特征提取，使用类跳频映射网络完成特征图层重组和转换，实现了涉密信息去关联化存储；读取过程中，借助逆跳频映射网络读取非敏感图形信息完成特征图层重建，再实现涉密信息复原。另外，我们讨论了此方案的误差和风险，主要涉及 CNN 特征提取和类跳频映射网络相关的算法优化。本方案将为涉密信息保护提供有力解决方案。

[参考文献]

[1] 陈义. 计算机网络安全中的信息保密技术[J]. 电子技术与软件工程，2019(03)：178.
CHEN Y. Information security technology in computer network security [J]. Electronic Technology & Software Engineering, 2019(03): 178. (in Chinese)

[2] 李明. 信息战中的信息保密[J]. 现代军事，1999(8)：34.
LI MING. Information confidentiality in information war [J] Conmilit 1999(8): 34. (in Chinese)

[3] 倪晓慧，李迎春，刘建韬，赵龙帅. 信息安全与加密技术[J]. 电子世界，2019(17)：145.
NI XIAOHUI, LI YINGCHUN, LIU JIANTAO, ZHAO LONGSHUAI. Information security and encryption technology [J]. Electronics World, 2019(17): 145. (in Chinese)

[4] Sun Q C, Mao Y L, et al. Quantum teleportation with independent sources and prior entanglement distribution over a network [J]. Nature Photonics, 2016, 10(10): 671.

[5] 李晓峰，周宁，周亮等. 通信原理[M]. 北京：清华大学出版社，2014.
LI XIAOFENG, ZHOU NING, ZHOU LIANG. Principles of communication [M]. Beijing: Tsinghua University Press, 2014. (in Chinese)

[6] 周飞燕，金林鹏，董军. 卷积神经网络研究综述[J]. 计算机学报，2017, 40(06)：1229-1251.
ZHOU FEIYAN, JIN LINPENG, DONG JUN. A review of convolutional neural networks [J]. Journal of computer science, 2017, 40 (06): 1229-1251. (in Chinese)

[7] 苗琦龙，栾新. 基于遗传算法和BP网络的文字识别方法[J]. 计算机应用，2005(S1)：330-332.
MIAO QILONG, LUAN XIN. Character recognition method based on genetic algorithm and BP network [J]. Computer application, 2005 (S1): 330-332. (in Chinese)

浅谈新时代高校保密文化建设

何清达
（重庆大学保密委员会办公室　重庆市　400044）

摘　要：保密文化是指在全部人类社会实践基础上创造的保密意识、价值观念和保密物质技术基础的总和，是保密工作的精神与灵魂。它包括保密制度、保密传统、保密环境、保密精神追求，以及与保密相关的信息安全技术等。保密文化作为高校保密工作的“软实力”，是影响高校保密管理工作的决定性因素，是高校国防军工科研保密管理的重要抓手。本文立足大数据和人工智能等信息技术的飞速发展对高校保密工作带来的严峻挑战和考验及国家周边安全需求等，从高校在军民融合战略背景下的历史使命出发，深入挖掘和建设好高校保密文化，正确理解保密文化，改变对保密文化认识上的偏差，打造特色保密文化，对高校国防军工项目研究和人才培养具有重要的作用。

关键词：新时代；高校；保密文化建设

0. 引言

“国虽大，好战必亡，天下虽平，忘战必危。”当前，随着我国经济、政治、国防工业等综合国力的逐渐强大，引起了西方国家的高度关注和恐慌。此外，“修昔底德陷阱”“中等收入陷阱”“塔西佗陷阱”等三大陷阱的误导，对意识形态工作、国家安全与发展、国防军工科研保密管理等工作带来了严峻挑战。

“思想不牢，地动山摇。”面对纷繁复杂的国际国内安全形势，做好新形势下高校保密管理工作的关键在人，重点在“育人”。因此，深入挖掘和建设高校保密文化，增

作者简介：何清达（1986 —），男，助理研究员（中），主要研究方向：马克思主义基本原理及思想政治教育，保密管理。
E-mail：529415788@qq.com

强高校师生员工的家国情怀、忧患意识和国防意识，增强保密意识，筑牢保密防线，是新时代高校保密管理工作的迫切需要。各高校应结合实际，努力探索和建设适合自身发展、适合保密工作开展的保密文化，以文化人、以文育人、以文化心，把保密的外在要求转化为师生员工的内在需求，把保密的硬性规定转变为高校师生的行动自觉，使广大师生员工从“被保密”到“要保密”的转变，进一步提升高校全体师生员工，尤其是涉密人员的保密意识，为国家的安全与发展提供重要保障，不断提高高校保密工作的管理水平。同时，要积极响应国家军民融合战略需求，投身国防军工科研和人才培养，为党育人，为国育才，为实现“两个一百年”奋斗目标、实现中华民族伟大复兴的中国梦而接续奋斗。

1. 保密文化建设在高校保密工作中的地位和作用

保密文化建设事关保密事业的发展，事关国家安全与稳定，事关国家发展与繁荣，具有提高涉密人员保密意识，培养广大公民家国情怀和爱国主义精神的重要作用。

1.1 保密文化建设是维护国家重要领域安全的战略需要

文化阵地的争夺本质上是价值观念之间的争夺，也是人心之争和意识形态之争。保密文化的影响力首先是对保密价值观念的影响，而价值观念既是一种精神体现，也是一种骨气和底气，正所谓“一时之强弱在力，千古之胜负在理”。进入新时代，要保障国家安全和利益，就必须建设好高校保密文化，构建好完备的保密文化体系，下好先手棋，打好主动仗，引领保密工作健康有序的发展，变被动应战为主动出击，维护好军事、科技、文化等国家重点领域的安全，打好价值观念和意识形态阵地争夺这场硬仗。

1.2 保密文化建设是新时代高校软实力的重要组成部分

保密文化是与社会经济、政治体制相互交融、相互渗透的一种保密工作软实力，是社会主义文化的补充，是保密工作的精神支柱。随着信息技术的发展和科学技术的进步，保密工作的性质、任务、标准和要求均发生了重大变化。窃密、泄密与保密的斗争更加激烈，手段更加先进，形势更加复杂。此外，敌对势力对我方重要人员的策反力度也越来越大，谍影重重。高校在适应形势发展变化的同时，需要把做好人的思想动员工作放在首位，暨要把保密文化建设提升到更高层面，让保密文化引领保密实践，深化保密内涵，筑牢保密防线，这是时代的需要，也是高校国防军工科研环境的需要。通过建设丰富多彩的保密文化形式，对全体师生员工进行保密教育与引导，增强覆盖面和吸引力，扩大影响力大，对增强广大师生安全保密意识，维护高校国防科研发展和国家安全利益具有重要意义。

1.3 保密文化建设是高校保密思想防线建设的铸魂工程

保密文化作为高校师生思想政治教育的重要内容和补充，引领广大师生树立正确的保密价值观，增强忧患意识和安全意识。苏联的解体不仅仅是军备竞赛而导致的经济问题，也是以美国为首的敌对势力实施价值输出的结果。从古至今，无论是政权，还是群体和个体的瓦解往往都是从思想上开始的，思想防线一旦被攻破，其他防线就很难坚守，这就是不战而屈人之兵。因此，加强高校保密文化建设，抓好保密文化传承与发展，把握保密工作主动权，将信念的力量、思想的力量、道德的力量和意志的力量转化为保密实践的行为自觉，使全体师生潜移默化地受到感染和熏陶，从中受到教育和启发[1]，这是当前的一项重要工作，对建设社会主义理论价值体系具有重要地位。

2. 高校保密文化建设存在的主要问题

2.1 理解存在偏差

长期以来，我们对高校保密文化的理解和认识往往只停留在表层，把保密宣传教育月的工作认为是保密文化建设，未能从深层次和本质上认清保密文化建设的重要意义，存在一些片面的甚至错误的认识。一是把保密文化建设等同于保密宣传教育，把保密文化建设所采取的方法、途径和资源利用等同于保密宣传教育的手段。表面上看它与宣传教育的目的、要求没有区别，只是把保密宣传教育视同保密文化建设，而没有认识到保密文化除了宣传教育外，保密文化还应该包括保密规章制度、保密传统、保密环境与氛围、保密技术手段及设施等内容。实际上，保密文化建设是一种更为全面更深层次的保密教育，保密文化建设包含保密宣传教育，贯穿于保密工作始终，影响保密工作全局。二是缩小了保密文化的功能和作用。保密文化建设无论是对经济社会发展还是针对国家安全、政治稳定都具有不可或缺的作用，是保密事业的生命力，也是国家的精神动力和综合国力的体现。

近几年，随着保密文化建设的不断加强，保密工作收效明显，各行各业的各类申报材料，出版社或重要刊物论文发表等都加强了保密审查审批，其功能不再是针对具体保密问题提出解决方法，其效益和价值更是基础性的、长远的、潜移默化的，这是保密价值体系的成效，也是国家重要战略的需求。

2.2 建设存在“时差”

一是跟不上形势发展。由于高校对保密文化的认识不足、重视不够，导致保密文化建设滞后于保密实践和保密形势的发展需要。当前，严峻的保密形势客观上要求我们必须加强保密文化建设，筑牢保密防线，规范保密管理，引导师生员工做到“不敢泄密”“不能泄密”和“不想泄密”。而目前，高校保密工作存在的诸多问题及不安全因素，足以说明保密文化建设在教育、管理、法制等方面还有很大空间，需要下一番功夫才能抓好落实。二是滞后于保密实践。保密文化建设作为保密实践的经验总结，依靠并来源于保密实践，最终在实践中得到验证和发展。而高校保密文化研究滞后于保密实践，对于实践中遇到的保密问题，无法及时从理论或政策上给出解答与指导，一定程度上影响了保密工作的正常发展[2]。

2.3 重视明显不够

目前，高校对保密文化建设的重视明显不足，特别是人力、物力和财力的投入不够。人力方面，高校从事保密管理的人员大都是非保密专业的人员，甚至没有信息安全相关专业技术作为支撑，缺乏基本的专业素养，对保密工作的历史背景、发展前景和水平等了解得不够系统，工作水平得不到质的保障。同时，很多二级单位保密员都是兼职，工作量大，有的甚至是临聘人员，难以保证工作时间，难以对其进行纪律约束，也很难完成繁重的工作任务。物力方面，目前，单位领导对待保密文化建设尚未形成建设和发展的意识，致使保密文化长期处在没有开发和未挖掘的状态。财力方面，保密文化建设的投入没有专项经费保障，往往只有任务式拨款，只是在保密宣传教育月等专项活动投入一部分，甚至经费都是来源于保密工作经费，没有长远规划和制度保证，更没有明确的文化建设方案和要求，使保密文化建设受到较大影响。

3. 如何加强高校保密文化建设

3.1 转变思想观念，不断强化保密文化理念

高校要建设保密工作文化，首要问题是要转变师生怕麻烦的侥幸心理，要将保密就是保自己，保密就是保安全、保发展的思想融入师生日常保密教育提醒，把保密的外在要求转变师生员工的内在需要；把保密的硬性规定转变为师生员工的自觉行动。一要及时更新观念。保密文化建设是一项整体性、长期性、动态发展的系统工程，必须统筹谋划，整体推进，持之以恒。要把保密文化建设的着力点放在“化人”和“育人”上，以文化人、以文育人、以文化事[3]，提高全体师生明辨是非、认清敌我的能力，增强师生员工保密意识。二要搞好渗透结合。要在价值引领、常态化教育、全员全过程育人上使实劲，发挥保密文化育人的综合效能，做到保密工作开展到哪里，保密文化就能在哪里落地生根，充分发挥保密文化在保密管理工作中的价值和作用。三要强化职责意识。

高校党委要把保密文化建设作为保密工作中的重点内容来抓，引导广大师生员工积极参与各类安全保密活动，树立保密理念，树牢保密意识，提高保密技能，营造保密文化共创、保密成果共享的良好局面。

3.2 发挥高校优势，努力建设高校保密文化体系

发挥课堂主渠道，充分利用高校思想政治课程、军事理论课程（中国国防）、形势与政策课程、新生安全教育等课堂优势，从保密与国防历史、哲学、国家安全、社会发展等方面深入阐释保密工作的重要性，详细解读国家周边安全的严峻形势，社会主义现代化建设与实现中华民族伟大复兴的中国梦的时代需要、发展需要，不空喊口号，不能庸俗化。努力构建高校师生的保密文化体系，形成浓厚的保密文化氛围，让师生员工耳濡目染、潜移默化、入脑入心。

一要加强学习教育。要贴近师生员工的实际需求，组织开展喜闻乐见、形式多样的保密文化活动。如：保密专题讲座，保密书法、征文评比竞赛，印发高校保密宣传手册，制作橱窗展板、师生保密手抄报评比、讲述身边保密故事等，引导大家想保密、讲保密、会保密。二要营造文化氛围。注重在各类场所注入保密文化的元素，如：定期在学校醒目的LED播放保密宣传视频、标语，在办公场所制作宣传展板，在重要位置设置标识牌，开通高校保密办网站和保密咨询热线，发送节假日保密提醒短信等，营造浓厚的安全保密文化氛围。三要拓宽文化渠道。在人员覆盖面上，积极把保密文化活动的对象延伸到普通师生员工，甚至延伸到涉密人员家属子女，使他们知保密、受教育、会保密。在宣传手段上拓展。结合高校传统，在重要节假日前夕播放保密露天电影，广泛营造“密”的环境、落实“保”的措施。四要加强队伍建设。申请教育培训专项经费，采取走出去与请进来相结合，加强高校保密专兼职干部队伍的培训，让专兼职保密干部有偿为所在单位涉密人员授课。五要争取属地支持。校地共建保密教育实训平台，或者在高校相对集中的区域共建保密教育实训平台（如：武汉大学实训平台），通过直观的、多维立体式的教育展示，增强保密宣传教育的实效，弥补传统保密宣传教育的不足。

3.3 拓展保密内涵，建立高校保密文化长效机制

保密文化建设要立足保密实践、依靠保密实践，要从长远和全局高度去统筹谋划，也要因势而化，因时而新，并以此突出保密文化建设时代特征和实用价值。一是要做好保密文化的固化、继承与创新。高校是文化和人才的聚集地，在高校保密工作发展史上，保密文化有着特殊的作用和地位，蕴含着丰富多彩的保密历史，形成了丰富的保密文化传统。新时代，保密文化既要继承和发扬优良传统，又要适应环境和形势的发展变化，

要勇于开拓创新，突出时代的特点和精神。二是要借鉴和吸纳国内重点保密单位优秀保密文化的成果。国内某些重点单位在保密文化建设方面方法手段很是值得借鉴，经验较为丰富，我们要认真学习、借鉴和总结[4]。把握国内外保密文化发展的一般规律，积极探索符合新形势下高校保密工作需要的文化建设。三是进一步激发保密文化建设者的主观能动性。保密工作者是保密文化建设的主体力量，是开展各项保密活动的直接组织者、参与者，我们要进一步激发他们参与保密文化建设的积极性、主动性和创造性，发挥好保密工作的主体作用，并为高校保密文化建设创造有利条件，使保密文化建设健康快速发展，形成具有中国特色的高校保密工作文化。

4. 结论

保密事业要客观、科学的发展，就不能没有自己的专业文化。我们要立足保密实践需要，认真总结和探索具有时代特征的保密文化，学懂、弄通保密文化的基本概念，构建好新时代高校保密文化理论体系，明确保密文化建设的原则、内容和目标，及时发展和丰富保密文化，提高高校保密管理工作的规范化、科学化水平，为推动保密事业科学发展提供理论指导、精神支柱，为新形势下高校保密管理工作的开展提供有力支撑，保证国家秘密的安全和社会发展的利益。

[参考文献]

[1] 曹品军. 加强军队保密文化建设的几点思考 [J]. 保密科学技术，2015(8)：20-22.

[2] 宋海龙等. 当前我军保密文化建设存在的主要问题 [J]. 保密工作，2011(11)：44-46.

[3] 刘怀彦. 文化的力量 [J]. 保密工作，2011(6)：52-54.

[4] 满宁. 保密事业需要保密文化支撑——访国家保密局有关部门负责人 [J]. 保密工作，2012(3)：21-22.

高校军工涉密科研项目保密管理难点与对策探讨

李 俊
（西安交通大学 电子与信息学部　陕西省 西安市　710049）

摘　要：随着国家科技发展的需要，高校作为科研单位承担了越来越多的国防科研任务，成为国防科研的重要力量。相对于军工科研院所，高校是一个环境开放、提倡学术创新、思想自由的科研单位，必须在完成国防科研任务的同时做好保密管理工作，保障国家秘密安全。本文在分析高校特点、涉密项目现状、涉密科研项目全过程保密管理的措施基础上，提出了应对保密管理难点的对策探讨。

关键词：科研项目全过程；保密管理；涉密人员；高校

0. 引言

随着深化体制改革的继续开展，武器装备科研生产管理体制和运行体制中自成体系的状况逐渐改变。目前，高校作为科研主体单位开始进入武器装备科研领域。面对新形势，高校发挥自身科研优势，走出去拓宽科研项目的申报渠道，在做好保密管理的前提下，承担军工科研涉密项目，为国防科技工业的发展贡献力量。基于高校自身的固有特点，在承担军工科研项目方面既有长处也有不足，本文分析了高校在保密管理方面普遍存在的难点，并且结合自身在保密管理岗位实际的工作体会，提出应对措施，供大家探讨。

1. 高校承担涉密项目现状

在国家战略方针的指导下，高校广泛开展军工科研项目宣传，积极与科研院所、军工集团公司深入合作交流，承担了越来越多的国防科研项目，包括国防 973 计划、

作者简介：李俊（1981—），女，主要研究方向：保密管理。E-mail：lijun2013@xjtu.edu.cn

军口 863 计划、军委装备发展部、军委科技委、各军兵种、军工集团公司等各领域涉密科研项目。

1.1 高校参与国防科研项目的方式

军口和民口科研合作的基本方式可以概括为两种，一种是“军转民”，军事领域的需求、技术，在地方建设和发展中投入使用的情况。另一种是“民参军”，地方科研机构（高校、科研院所）、企业参与军事领域预研项目、主持申报项目以及合作申报项目的情况。高校参与军工领域最常见的方式为第二种“民参军”。当高校申请到军工项目之后，可以独立完成合同上的全部任务，也可以把部分科研任务分发给外部协作单位完成。

1.2 更好地发挥高校科研优势

1.2.1 高等院校专业体系设置科学齐全

高校的仪器设备和国际先进水平接轨，移动网络密集，教师的研究方向涵盖面广泛，便于快速组织科研力量，集中攻破难点，适合进行重大的综合性课题和跨学科交叉的科学研究[1]。高校历经几十年甚至上百年的科研工作，积累了大量的科技成果，诸如各类科研获奖、高水平论文、发明专利等。

1.2.2 优秀人才培养的基地

高等院校的办学特点是开放、创新、独特，培养了大量能独立思考、有渊博知识、有广阔视野，有科研能力的本科生和研究生。在导师的指导下，进入科研基地进行科学研究，自主创新能力较强。

1.2.3 各类科研基地发挥优势

理工科高校涉及电子信息、先进材料、人工智能、机械、能源动力、生物医学、数理化基础、管理学、法学等重点学科方向，拥有国家级、省部级、校级重点实验室和工程研究中心，配置有先进的实验设备，便于整合各类资源，集中攻破难题。

1.2.4 高校学术交流繁荣，利于科技创新

学术交流是促进科学技术发展的重要活动，对科技创新提供了重要的源泉和灵感[2]。高校学术氛围浓厚，国内外学术交流频繁，每年举办的讲座、会议、论坛等学术活动举不胜举。通过学术交流和探讨，开拓国际视野，碰撞灵感火花，不同学科、行业在实际合作前期就已经建立了联系，增进了互相了解，为开展更加广泛更加深入的合作奠定了坚实的基础，形成了天然的优势。

综合分析，面对复杂、快速变化的国防军工项目需求，高校在科研方面具备独特的优势，高校军民融合协同创新发展为推动我国科技进步做出了巨大的贡献。

2. 高校涉密项目全过程保密管理的现状

在军民融合国家战略的部署下，高校积极与国家上级机关沟通交流，不仅承担的国防军工项目越来越多，也参与到国家有关武器装备发展规划论证体系、规划指南当中，获得了越来越多的机会和资源。

但是鉴于高校自身的特点，高校承担军工项目有优势也有劣势，随之带来的对涉密项目保密管理的难点也很明显。首先，相对军工科研机构而言，高校是一个思想开放、氛围自由、交流频繁、网络环境普及、信息化程度较高的场所，有些高校的校区甚至没有围墙。其次，高校既要完成日常对本科生、研究生的教学活动，有教师及研究生要完成民用的、公开的与大量非密单位合作的课题，又有部分教师及研究生承担涉密国防军工项目。对于涉密项目保密管理要求的“在一定封闭空间的、与外界交流较少、设有保密安全网络体系、人员流动性较小、保密意识深入人心”的保密工作环境，仍有很大差距。由于这些先天因素的存在，成为高校保密管理工作的挑战，也对高校保密管理工作提出了更高的要求。

高校对涉密项目的保密管理主要体现在以下两个方面。

2.1 高校对涉密人员的管理

对涉密人员的保密管理是保密工作的重要内容，涉密人员管理是否规范、是否有效直接决定了国家秘密是否安全。

随着越来越多的军工项目面向高校开放，越来越多的教师参与到涉密项目中来。高校科研团队的主力军在于优秀博硕士研究生的科研力量，因此越来越多的学生加入参研人员的队伍里。高校对涉密人员的管理一般分为两类：有保密资格的教师、参与研究涉密项目的学生。有保密资格的教师大多是高校正式在编人员，对这类涉密人员进行保密教育、培训管理相对容易些。但是学生是一个思想活跃、行为活动自由的群体，保密意识淡薄，对保密法规制度不了解，在日常工作中有不规范的行为，甚至无意间造成泄密，如何对参与涉密项目的学生进行行之有效的管理是高校保密工作的一个难点。

保密教育的形式单一化。高校保密教育方式主要以会议培训为主，内容大多是保密法律法规、单位规章制度及保密资格认定标准，培训内容大同小异，互动性少，难以激发教师和学生的参与兴趣。没有针对不同涉密岗位，如领导岗、科研岗、管理岗、参研学生等角色设置不同的培训内容。还有一种教育方式就是保密知识测试答题，试卷设置没有按照岗位区分，每类人员答的题目都一样，难以达到针对性教育的目的。

从高校师生普遍来看，全体教师、学生的保密意识比较淡薄、保密常识比较缺乏，甚至教师涉密人员保密意识和保密常识的“两识”程度也不高。因此在高校大环境中营造保密文化，进行全员保密安全宣传，在涉密项目的全过程中对涉密人员、参研人员的教育、分类培训、分类管理非常重要。

2.2 涉密项目全过程保密管理的内涵与措施

军工项目的全过程保密管理是以涉密科研项目为管理对象，以项目申请阶段、项目立项阶段、项目实施阶段和项目验收结题四个阶段为时间节点进行的保密管理活动。

2.2.1 项目申请阶段

教师通过查阅上级机关发布的有关项目指南，基于自己的研究方向，向上级机关提交项目意向书、申请书。在这个阶段，可能接触到涉密文件、电子文档等涉密载体。经过上级机关对申请书的评审，通过后即可立项。在项目申请阶段，项目申请人要签订《涉密科研项目申请阶段保密承诺书》。

2.2.2 项目立项阶段

项目管理部门根据合同、意向书等开展项目立项，并进行项目定密申报审批。在申报项目密级时，项目申报部门应对项目的子项目或分系统进行分解，同时申报子项目或分系统的密级。项目密级审批后，相关部门在科研生产的运行中，严格按照相应密级落实管理要求开展工作[3]。项目在学校立项后，项目负责人必须办理涉密人员资格审查，项目的参研人员与负责人签订保密协议。项目负责人可根据实际情况，将部分子任务分包给有资质的外单位进行协同完成，与外协单位签订合同进行立项。如果是涉密子任务，一定要审核外单位的保密资质是否符合要求。

2.2.3 项目实施阶段

涉密项目的核心团队成员必须是涉密人员。项目负责人是涉密项目的第一负责人，与项目团队成员签订《涉密项目保密承诺书》，明确保密责任和要求，并对项目团队成员定期进行保密教育提醒。项目实施过程中，输入、输出的涉密文件必须严格按照保密工作流程办理，遵守“涉密不上网，上网不涉密”的保密红线。

2.2.4 项目结题验收阶段

涉密项目结题验收时，涉密科研项目组负责人应按照档案管理部门规定对相关文件资料进行归档，形成完整的项目文件资料库。项目团队成员应对涉密项目产生的电子文件资料、涉密载体进行清理删除。项目的成果验收、申报奖项、申请专利、论文、展览等应严格履行保密审查、审批手续。

要做好涉密项目的保密管理工作，需要项目组全体人员在项目管理的各个阶段严格遵守保密制度，按照保密流程办理。学院、学校保密管理部门协同联动，做好有效的监督管理，将涉密项目管理与保密管理深度融合，在涉密项目全过程中同步开展保密管理。

3. 关于对涉密项目保密管理有关问题的思考

笔者在高校负责军工科研项目保密管理工作。结合在实际科研管理工作中遇到的难点问题，对高校涉密科研项目保密管理工作总结出以下几方面的建议，供大家探讨。

3.1 人员的保密意识要加强

根据《中华人民共和国保守国家秘密法》的规定，每位公民都有保守国家秘密的义务。高校在对人员进行保密宣传及教育的时候，要明确“大保密”的概念。即使是非密人员若有机会接触涉密文件，造成泄密事件，也应依其造成后果承担相应的法律责任。对涉密人员设立健全的保密管理和保密教育制度等长效机制，要在项目管理的每个时间节点，涉密载体的生成、传递、流转、保存、销毁等环节对涉密人员进行保密教育。

高校应对涉密项目负责人进行提醒强调，项目负责人是涉密项目的第一责任人，负责对参与项目的全体人员，包括博硕士研究生进行保密教育和培训。根据教育部《关于进一步加强高校国防科技保密管理的意见》及《关于开展2019年高校国防科技保密管理专项检查的通知》等文件，高校涉密科研项目参研人员保密管理是高校国防科技保密工作的重要环节，也是高校保密管理工作的难点之一。学校出台《关于加强我校涉密科研项目参研人员保密管理有关工作的通知》，要求项目负责人对参研人员加强保密教育，签订《涉密科研项目参研人员保密资格审查及保密协议书》，履行保密责任和义务。

3.1.1 保密教育、保密培训的形式多样化

高校的保密教育、保密培训的形式比较单一，大多是以会议、报告的形式开展，内容大多以保密法律法规及相关制度为主，难以引起培训对象的兴趣。建议多用播放保密警示教育纪录片、讲解分析案例、参观兄弟院校保密教育基地、实地感受保密工作环境等方式，让受训者有身临其境的切身感受，从而容易关联到实际工作中。关于涉密项目管理过程的保密知识和技能培训，可以用录播视频的形式，细致地讲解各个阶段的注意事项。

3.1.2 分类化的保密教育培训

高校保密教育培训内容应该因涉密岗的分类不同而不同，有侧重点地对领导岗、定密岗、科研项目管理人员、涉密科研人员、新增涉密科研人员、项目组非涉密人员以及

参研学生分别进行培训教育。对科研活动过程进行分类，可根据项目定密分解、经费预算报告、涉密风险、发表论文、申请国防专利、申报科技成果等科研活动设计系列培训课程，体现培训活动的教育警示性、广泛性、普遍性和常态化。

3.1.3 保密教育的时间节点

初次加入涉密人员队伍时，应对涉密人员加强保密教育，发放保密宣传册，组织观看保密教育影片；涉密人员及参研人员因公出国（境）前，进行行前教育，告知涉密人员防策反、防盘查等方法；回国（境）后填写回访调查的表格。每年对涉密人员及参研人员进行一至两次保密安全培训，进行保密知识答卷，并进行记录。

3.2 完善保密管理制度，各环节狠抓落实

在笔者实际工作中，针对遇到的问题有以下几点体会。

3.2.1 要建立健全涉密项目保密管理的各项规章制度，细化办理保密业务的流程，保密流程要涵盖涉密项目全过程管理的每个阶段。例如，项目前期申请、立项阶段的保密管理、项目中期实施研究阶段、中期检查阶段的保密管理、项目后期结题验收阶段的保密管理，以及每个阶段的相关涉密环节。例如，立项阶段的定密审批制度、项目组使用的涉密机、非涉密机的申请和要求。项目实施研究阶段，涉密载体的生成、移交、保管、销毁等环节的保密要求，编制让科研人员易懂、易记、易掌握的保密手册、保密管理办法和办事指南等学习资料。

3.2.2 对于承担重大、重点涉密项目的课题组，配备兼职保密员。学校、学院保密管理人员负责对课题组保密员进行培训，帮助其掌握保密管理基本知识，负责协助项目负责人落实各项保密工作，确保项目组涉密工作按照保密流程办理完成。

3.2.3 规范化、细化定密工作[4]。随着涉密项目的数量的增加，提高定密的规范化程度，有利于识别保密工作的要点，确保能够对科研过程产生的涉密事项进行科学化管理。如何区分“涉密”和“公开”事项，如何区分“涉密”项目的具体密级，包括密点、密级、知悉范围、保密期限等要点，需要学校保密管理委员会对学院定密负责人、保密管理员进行相应的培训和指导。

3.2.4 开展经常性的保密检查，实行有效监督。保密自查、保密检查是日常发现和消除不安全因素、加强保密防范措施的重要手段。通过对涉密载体的跟踪管理流程、涉密计算机、非密计算机等保密要素的自查和检查，及时发现问题，讨论整改方案，建立问题、整改台账，以便日后跟踪管理。通过保密检查，不仅了解了单位保密工作中存在的问题和隐患，以便加强制度建立、执行和落实，而且督促涉密人员提高保密意识，规范保密行为，养成保密习惯，在日后的工作中防微杜渐。

3.2.5 加强涉密科研项目结题验收阶段的保密管理。一是对涉密项目资料的归档管理。在项目结题之后，仍有涉密材料保留在个人手里，没有及时交由学校、学院进行归档，并按照涉密文件资料进行统一管理，给泄密造成隐患。二是对涉密人员的脱密管理。课题结束后，涉密人员如果没有其他涉密项目，应进行脱密管理，减少国家秘密知悉范围。三是对科研成果的保密管理。对于基于涉密项目申报的国防专利、科研奖项、学位论文等科技成果，要明确申报流程，严格按照保密流程进行管理。

3.2.6 推进涉密项目保密管理的信息化、数字化[5]。在全球网络信息化迅速发展的环境下，高校应借鉴军工科研院所开展日常保密管理工作中的做法，利用信息技术来实现保密管理工作的信息化、数字化。借助计算机及管理程序，建立保密管理信息数据库，形成内部局域管理网络。逐步在高校涉密载体信息化、载体管理数字化、工作流程可视化等方面有所推进，便于查询、统计及分析，提高工作效率，促进保密管理高效化、信息化。

4. 结论

涉密科研项目保密管理是高校保密管理工作的重点，如何建立健全长效的涉密科研项目保密管理规章制度、如何将制度与项目管理深度融合、如何应对项目实施过程中遇到的新情况，更好地为高校科研工作服务，是高校需要不断探索研究、适应调整的重要问题。本文分析了高校承担涉密科研项目的优势和难点，针对涉密项目全过程保密管理工作的各个阶段提出建议，并对加强高校涉密人员、参研人员等全员保密管理教育培训的方式方法给出意见，目的是希望高校在国家军民融合大背景下，在确保国家秘密安全的前提下，发挥高校科研创新优势，更多承担涉密科研项目，为国家国防建设事业做出更大贡献。

[参考文献]

[1] 刘欢，陈玖明，贾炎等. 高校涉密科研项目跟踪管理研究，信息安全与通信保密[J]，2013(4)：106-108.

[2] 王昭钧. 高校参与军民融合发展的优势、难点与路径，理论探索[J]，2019(3)：54-55.

[3] 张先俊. 浅谈做好涉密项目保密管理，中小企业管理与科技[J]，2017(16)：26-27.

[4] 林卓玲. 基于项目过程的高校国防科研保密工作管理研究，科技管理[J]，2014(12)：22-25.

[5] 任明强. 我国国防科技保密体系及对高校科研保密工作的启示，首届高校科研保密学术研讨会论文集[A]，2016：21-26.

高校科研项目定密与密级分解问题研讨

黄　涛
（西北工业大学科学技术研究院　陕西省西安市　710072）

摘　要：定密工作是保密管理工作的前提和基础，是涉密科研项目人员管理、国家秘密载体管理和信息设备管理的重要依据。高校作为开放办学的环境，随着信息化、国际化高速发展，各类信息公开的要求越来越高，与外界沟通也越来越广，如何依法定密、准确定密，切实履行职责，做到不高定、不乱定、不漏定，从基层岗位管理者角度出发，阐述了科研项目定密与密级分解的困境和建议，这样才能做到既保障国家秘密的安全，同时又便利信息资源合理利用。

关键词：高校；科研项目；定密工作研究

0. 引言

定密工作是保密管理工作的前提和基础，是涉密科研项目人员管理、国家秘密载体管理和信息设备管理的重要依据。高校如何依据相关法律法规准确界定国家秘密的密级和保密期限，既是保密管理工作的重点内容，也是科研项目实施过程中不易把握的难点。特别是高校作为开放办学的环境，随着信息化、国际化高速发展的今天，各类信息公开的要求越来越高，与外界沟通也越来越广，首先要依法定密、准确定密，切实履行职责，做到不高定、不乱定、不漏定，这样才能做到既保障国家秘密的安全，同时又便利信息资源合理利用。

高校大部分保密工作都是围绕基础研究和高技术演示验证项目实施进行，而这些科

作者简介：黄涛（1965—），男，汉族，西北工业大学科学技术研究院，助理研究员／六级职员，从事涉密科研项目保密管理工作 10 多年。E-mail：gfy@nwpu.edu.cn

研项目具有原创性、前瞻性和引领性等特点，特别《中华人民共和国保守国家秘密法》（以下简称保密法）颁布以来，国家保密局出台了《国家秘密定密管理暂行规定》（以下简称《暂行规定》），国防科工局下发了《国家秘密事项范围规定》《国家秘密事项一览表》，对各相关单位定密工作发挥了很大的指导作用。但是，有关定密条款大多属于政策性，宏观性的表述，领域宽泛，界限模糊，在针对科研项目定密管理方面还存在许多与实际工作不相适应的情况，指导性、操作性不强。

1. 高校科研项目定密存在的主要问题

1.1 项目领域广泛，定密依据较少

涉密科研项目的定密，是指高校依据法律规定的定密权限、定密依据和定密程序，将学校在承担涉密科研生产任务过程中产生的关系国家安全和利益，在一定时间内只限一定范围内人员知悉的事项确定为国家秘密，以及产生和管理的国家秘密进行变更和解密的活动。保密法第十三条规定："确定国家秘密的密级，应当遵守定密权限。中央国家机关、省级机关及其授权的机关、单位可以确定绝密级、机密级和秘密级国家秘密；设区的市、自治州一级的机关及其授权的机关、单位可以确定机密级和秘密级国家秘密。具体的定密权限、授权范围由国家保密行政管理部门规定。"

根据上述法律规定，高校不属于国家行政机关的范畴，有的高校因承担国防科研任务的需要，已获得了国家国防科工局的定密授权，但有的项目渠道并未获得国家主管行政部门定密授权，比如：军口、工业和信息化部、科学技术部等项目，而且可参照的定密事项较少，在此情况下，项目承研归口部门或定密责任人只能"看着葫芦画瓢"为了避免承担漏定、低定的责任，在无法准确甄别、界定某事项是否属于国家秘密、定什么秘密等级时，必然会选择"宁高勿低""宁宽勿窄""宁多勿少"的定密"原则"。

1.2 项目密点不明确，密级分解难操作

上级部门在涉密科研项目立项或下过任务书及签订合同时，一般都将涉密科研项目整体确定为国家秘密，并不告知项目承担单位该项目真正密点和范围。项目承担单位只能将整个项目内容确定为国家秘密，未按照项目的组成或研制全生命周期进行密级分解。保密法第十八条规定："国家秘密的密级、保密期限和知悉范围，应当根据情况变化及时变更。国家秘密的密级、保密期限和知悉范围的变更，由原定密机关、单位决定，也可以由其上级机关决定。"那么，项目分解定密是机关、单位自己产生的国家秘密事项，还是对国家秘密密级、保密期限和知悉范围的变更呢？项目分解定密的审批权由谁决定，

保密法规没有具体的规定。有一些保密认定专家认为：项目分解定密后，应当由原定密单位进行确认。然而原定密单位认为分解后信息是由承制单位自己产生的，并不了解这些信息，没法进行确认。因此，项目分解定密进入了死循环，导致项目研制过程中的分解定密出现各种各样的问题。

1.3 规章执行不严，督查整改不到位

保密法第十二条规定："机关、单位负责人及其指定的人员为定密责任人，负责本机关、本单位的国家秘密确定、变更和解除工作。机关、单位确定、变更和解除本机关、本单位的国家秘密，应当由承办人提出具体意见，经定密责任人审核批准。"《中华人民共和国保密法实施条例》第九条规定："机关、单位负责人为本机关、本单位的定密责任人，根据工作需要，可以指定其他人员为定密责任人。专门负责定密的工作人员应当接受定密培训，熟悉定密职责和保密事项范围，掌握定密程序和方法。"

从目前高校科研项目保密管理工作中发现，有的单位定密责任人岗位调整较快，新领导未持证上岗，不知道如何按照制度要求确定密级，尤其是科研项目的定密承办人（包含项目负责人或业务主管）未系统参加定密培训，对项目"保密事项范围"和"定密程序"等基础知识掌握不全面；有的定密责任人对项目管理过程中日常监督检查不到位，对于指南查阅、项目申报中的国家秘密载体、涉密信息设备和涉密会议等保密管理制度执行不严格；有的未指定专人负责本项目的保密设备、涉密载体的使用、保管、移交、销毁等环节的监管，未按照全生命周期管理的要求，从项目论证、申报、合同订立、研制、专利申报、验收、成果鉴定、报奖和归档等环节进行严格审批；对外交流、宣传和论文发表等方面保密审查不严格；有的高校保密管理部门抽查时，只检查到二级学院，未深入落地到课题组现场，监管上有"灯下黑"的问题。

1.4 定密专业化培训有待加强

《暂行规定》第十六条规定："机关、单位定密责任人和承办人应当接受定密培训，熟悉定密职责和保密事项范围，掌握定密程序和方法。"从目前科研工作中发现，一些定密责任人对定密相关法规不熟悉、不了解本单位所涉及的保密事项范围，不清楚本单位定密工作流程，不知道如何按照制度要求确定密级。尤其是科研一线的项目负责人或业务主管掌握定密基础知识不够，参加上级组织的培训受名额、地点和工作任务的制约，培训机会较少；基层单位组织，受师资和所掌握的培训内容有限，很难解读基层科研项目定密分解中遇到的各种困惑，且保密资格认定时，专家又不认定为具备参加过培训的资格，因此，科研项目定密培训处于两难的困境。

2. 当前定密现状对高校科研工作的影响

2.1 现行定密机制制约了高校“科研育人”作用的发挥

高校肩负着人才培养、科学研究、社会服务、文化传承创新、国际交流合作的重要使命。科研育人是高校在新形势下响应党和国家号召，将科教相融合，使人才培养紧跟国家创新发展主题、更具时代意义的新型育人理念与育人模式。首先是按照当前定密机制的要求，不少单位为了避免承担责任或者出于其他原因，一般都将涉密科研项目整体确定为国家秘密。如果这样，就限定了科研育人的范围。其次是在科研项目立项后，承担单位无法根据科研项目的研制阶段、研制内容、任务区分及参研学生等实际情况进行密级分解，就无法引导更多学生进入科学殿堂，参与科学研究，开发学生的学术兴趣，陶冶科研的价值趋向，培养学生的创新思维能力和创造力。因此，“一刀切”的定密方法，既不符合科研项目研制的规律，又在一定程度上影响了科研育人对于学生多领域科研能力的培养。

2.2 现行定密机制限制了高校与科研单位深层次的交流合作

高校是基础性、原创性学术成果转化的发源地，其在我国科技和经济发展中的引擎作用尤为突出。与其他军工生产企业不同，高校的各个学科门类齐全，点多面广，加之交叉学科出现，人员复杂，开放性、流动性大，每个学科点都可能涉及各领域的关键技术。依据现有定密机制，对于承担的高技术项目，研发过程中产生的所有成果也一般确定为与原科研项目相同的密级和保密期限。这就使得最新的科研成果无法公开发表、学术交流无法进行、国际会议无法参加、科研人员出国受到限制等。长此以往，影响校企、校地科技合作和国内外学术交流及成果转化，必然导致一些学科点封闭，制约国防特色学科的持续发展。

2.3 现行定密机制降低了高校科研工作效率

从现阶段看，目前高校所确定的国家秘密范围呈现金字塔形状，基层科研部门往往处于金字塔的塔基，需要保守的国家秘密密级较低，但是数量较多。对于这些国家秘密，必须按照相关法律规定的要求严格保密，很难做到“最小化”的原则。那么，对于承担涉密项目的高校，要完成项目必须依托相关学院、课题组和项目负责人、科研人员以及研究生，在专兼职保密人员和保密设备配备上按要求必须健全，有“大而全或小而全”的现象；在项目执行过程中，涉密人员范围广，科研环境相对分散，加之科研人员和学生的流动性比较大，这些因素使得学校的保密工作量呈几何倍数增加，任务艰巨，保密成本过高，这势必影响高校正常的科研管理效率和经费预算成本。

3. 加强高校科研项目定密管理的建议

3.1 完善制度体系

高校应当根据保密法及其实施条例等法规，制定本校涉密科研项目定密与密级分解的相关实施办法。第一，建议按照项目总体、分系统、子系统、组件、器件组成部分进行分解。一般来说，如果下达项目的密级是机密级，那么项目总体的密级也是机密级，而分系统、子系统有可能是机密、秘密、内部三个级别中的一个，组件、器件也是如此。如果某一分系统或子系统采用的是现有的通用系统，是公开的，那么该分系统或子系统就可以定为内部；同时，有些器件或组件不涉及技术指标、用途的，有可能是通用货架产品，可定为公开。第二，建议按照项目生命周期进行分解。对于型号系统研制来说，一般分为概念阶段、 方案阶段、初样阶段、正样阶段、定型阶段等几个阶段。在不同的时间阶段，密级有所不同。比如在初样阶段的某一器件或组件在当时属于国际领先水平，因此被确定为关键组件或器件，定为机密级，但到了定型阶段，该器件或组件已经不具有领先性，在社会上也已经公开应用，那么在定型阶段，就没有必要将该组件或器件继续定为机密级，只要不涉及应用背景也可以定为内部或公开。第三，项目合同（任务书）中未明确密级的，原则上执行主合同密级。特殊条件下，确需分解定密，又无法取得甲方书面同意的，应当从严控制。一般由项目负责人提出申请，项目执行单位定密责任人审批、学校级科研归口管理部门复核、保密管理部门审核后按分解后密级执行。特别要从严把控降密分解和非密分解后的子项目外协，以确保科研项目研制过程中国家秘密的安全可控。

3.2 规范定密流程

做好涉密科研项目定密工作，是落实保密法规在基层一线科研单位的具体体现，也是高校做好保密管理工作重要基础,必须建立适合自身实际的定密流程,包括申请、确定、变更、解除等各个阶段的定密。首先既要不折不扣地落实国家保密法规制度，又要结合实际、具体问题具体分析，同时，要细化和落实各个环节的责任部门和责任人。其次是按照“业务工作谁主管，保密工作谁负责”的原则，逐级落实责任制。申请人有提出拟定密级的责任，定密责任人承担审批的责任，当需要变更、解除时，科研归口管理部门要提出变更、解除的依据和复核意见，保密管理部门要加强定密前的指导，监督各方责任落实。第三当出现不明确定密事项时，项目承担单位应向项目主管部门或者合同甲方提出变更或解密申请，项目主管部门或者合同甲方应当及时准确给予答复，并承担相应的责任。通过保密工作自查自评和保密管理部门监督检查、定密工作小组会议研究讨论等渠道，及时发现定密工作中存在的问题，纠正错定、漏定、高定、低定等错误行为。

3.3 压实定密责任

高校要根据保密法规和定密授权，认真履行法定定密责任人和指定定密责任人的定密责任，做好单位的国家秘密事项的确定、变更和解除工作。如果是密级较高、专业性较强的秘密事项可以提请学校定密小组负责确定。目前，高校的定密责任人制度还处于起步阶段，对相关人员的选择和考核还没有规范的程序。第一，建议明确指定定密责任人的基本任用条件和审查标准，明确定密责任人工作职责，除了要对其进行严格的涉密人员资格审查外，还应要求其必须具备相关业务素质，并同时参加专业机构组织的相关培训，并取得证书，做到持证上岗。第二，对“定密权限不当、定密依据不当、定密程序不当、定密内容不当、国家秘密标志不当”的五种行为，及时进行核查处理。第三，单位或部门未依法履行定密管理职责，导致定密工作不能正常进行的，应当给予通报批评；造成严重后果的，应当依法追究直接负责的主管人员和其他直接责任人员的责任。

3.4 专业化定密培训

定密培训是一项专业性、政策性极强的工作，在不同的行业、领域，国家安全和利益有不同的内涵。通常来说，属于国家秘密的事项往往是一个行业、领域最核心、最关键的业务内容。特别是承担国防科研生产任务越来越重的高校，原来国家秘密定密的范围和密点发生了较大的变化，有的是前瞻性、引领性的项目，有的是探索性、创新性型项目，有的是交叉学科联合申报项目，项目密点的界定属于新领域，上级定密培训机构不一定掌握这么专业和全面。因此，提出如下建议：一是下放定密培训权，由具有一级保密资格单位或由设有国家保密学院的高校承担。目前，参加上级组织的定密培训由于受培训时间、指标及专业的限制，基层一线人员无法离岗培训，建议由高校保密管理部门负责培训，考核合格后持证上岗，上级在组织保密资格现场审核时予以认可。二是突出专业领域内容，以定密承办人（项目负责人、业务主管）和定密责任人为重点，聘请各行业、各领域专家对保密事项范围及细目编制进行讲解，只有了解项目专业技术先进性和研究领域核心的重要程度，才能对项目定密或密级分解做出正确的审核和批准。

4. 结论

科研项目定密与密级分解，对于承担涉密项目的高校是既紧迫又需要勇敢面对的一项工作，虽然国家法规层面没有具体操作规定，但高校作为保密工作的责任主体单位，应当结合科研项目研制的实际，创新研究，勇于探索，不断促进保密工作与业务工作相融合，做到依法定密、科学定密、规范定密。

[参考文献]

[1] 《中华人民共和国保守国家秘密法》相关内容.

[2] 《中华人民共和国保守国家秘密法实施条例》相关内容.

[3] 崔淑妮. 高等学校科研保密管理体系建设[M]. 北京: 清华大学出版社，2019: 66-76.

[4] 任雪勇. 缪琦，陆文勇，戴中兴，科研院所高技术项目定密工作探索 [J]. 科技创新与生产力，2015(4).

[5] 安尔华. 浅谈定密责任人制度[J]. 保密科学技术，2010(11): 31-34.

保密干部开展继续教育的几点建议

孙　斌　张校毓
（大连大学　辽宁省大连市　116622）

摘　要：对保密干部开展继续教育，是新形势下全面提升保密干部管理能力和业务水平的有效途径，是全力打造忠诚可靠的保密干部队伍重要保障。本文从应对深刻变化的国内外安全形势和日益繁重的保密工作任务；适应新形势下网络与信息化快速发展；强化保密干部队伍建设、解决队伍老化和人员流动频繁等方面强调了保密干部开展继续教育的重要意义；全面分析了目前依托各级保密行政管理部门、国家保密学院及其他方式开展保密干部继续教育存在的主要问题；基于以上分析，并结合工作实际，提出了设置全国统一的保密干部继续教育培训标准；发挥各自优势，建立专兼职相结合的保密师资队伍；根据职业生涯不同阶段，科学合理设置继续教育教学内容；进一步优化保密干部继续教育方式方法等优化保密干部继续教育的改进措施。

关键词：保密干部；继续教育；队伍建设

0. 引言

继续教育，通常是对大学毕业后在职的专业技术人员和管理人员的再教育，主旨是提高受教育者的思想道德水准、改善智能结构，增强受教育者的专业能力，特别是开发受教育者潜在的创造力，全面提高受教育者的整体素质，以适应并促进科技、经济、社会的协调发展[1]。对保密干部开展继续教育，是新形势下全面提升保密干部管理能力和业务水平的有效途径，是全力打造忠诚可靠的保密干部队伍重要保障。

作者简介：孙斌（1968—），女，主要研究方向：保密管理。E-mail：bmb@dlu.edu.cn

1. 保密干部开展继续教育的重要意义

1.1 是积极应对深刻变化的国内外安全形势和日益繁重的保密工作任务的迫切需要

当前，国家安全内涵和外延比历史上任何时候都要丰富，时空领域比历史上任何时候都要宽广，内外因素比历史上任何时候都要尖锐复杂：一方面，境外情报机构加紧对我国实施“陆、海、空、天、网”全方位、立体式、多维度信息监控和情报窃取，对我国主权、安全、发展利益构成严重威胁；另一方面，在改革开放与和平建设环境中，我们有些同志安而忘危、存而忘亡，保密意识缺乏，敌情观念淡化，结果有密难保、有密不保。面对严峻复杂的保密工作形势和日益繁重的保密工作任务，保密干部素质和能力的高低是影响保密工作效果至关重要的一环。我们在日常检查中发现，保密干部作为保密工作的中坚力量，对一个单位保密工作开展的好坏具有直接影响。如果一个学院保密干部具有较高的政治站位，较强的业务水平和较好的管理能力，那么这个学院的保密工作往往开展得比较好，既能够积极争取到领导对保密工作的理解和支持，也能够及时做好对涉密人员的监管和宣教，有效解决好涉保密意识淡薄、保密责任懈怠、保密管理缺位等问题，切实维护好党和国家秘密的安全。而要想使保密干部愿干、能干、会干保密工作的有效途径就是对其经常性开展继续教育，以总体国家安全观为统领，不断提高政治站位，与时俱进地强化风险意识和底线思维，以如履薄冰的谨慎态度、居安思危的忧患意识，准确把握境内外敌对势力窃密、渗透、策反的新特点、新动向，立足国家安全和利益的大局，查不足、补短板、强弱项，努力消除各类泄密风险和隐患，切实做好新形势下保密工作。

1.2 是新形势下适应网络与信息化快速发展的迫切需要

在信息化时代，网络安全更多体现为国家的一种战略安全。尤其是发生在 2013 年的“棱镜门”事件，让各国都看到了网络与信息安全的重要性，保密工作的主战场已经发生转换，以前那种只要管好纸介质涉密载体不出问题的保密管理模式已经不适用了。新形势下，网络已经成为泄密的主渠道、重灾区。我们曾做过一组统计，当前网络失泄密行为占到失泄密行为总数的 90% 以上，问题主要集中在涉密光盘在互联网计算机上进行处理、直接利用互联网计算机存储制发涉密文件资料和通过互联网电子邮箱、微信微博等新媒体传输、转发涉密信息等方面，这些都对国家安全和利益造成很大潜在威胁。保密干部如果想要做好信息化条件下的保密工作，必须首先自己要先学习和掌握涉及网络安全相关的保密工作技能，而且这方面的知识技能迭代的速度是非常快的，要想下好先手棋、打好主动仗，就必须常学常新、常学常用，从这个角度开讲，我们也必须经常性地对保密干部开展继续教育。

1.3 是强化保密干部队伍建设，解决队伍老化和人员流动频繁等问题的迫切需要

保密干部是推动保密事业发展的先锋队、生力军，是做好保密工作的智慧之源、力量之源。目前，很多单位的保密干部身上出现两种极端现象，一种是领导信任，用起来顺手，从事保密工作十几年甚至几十年的老保密；另一种是刚刚参加工作，先放在保密干部岗位锻炼一下，一年左右即被调到其他岗位的新保密。对于老保密来说，从事保密工作时间长，经验比较丰富，但部分存在保密工作理念滞后、知识结构老化的问题，要定期对其进行继续教育进行充电；对于新保密来说，从事保密工作时间比较短，往往刚摸到一点门道就被调换到其他岗位，如果不对新接任的保密干部开展继续教育，工作就存在断档问题。因此，要确保新时代保密事业实现新突破、新发展的基本要求，就必须通过开展继续教育培养保密干部敢于担当的品质情怀，练就保密干部善于担当的本领能力，打造更多高素质专业化人才。

2. 当前保密干部开展继续教育存在的主要问题

当前，保密干部继续教育工作主要依托各级保密行政管理部门、国家保密学院等载体开展，实际中仍存在一些问题。

2.1 依托保密行政管理部门开展继续教育存在的主要问题

通过保密行政管理部门对保密干部开展继续教育，是当前开展继续的重要途径之一，以我所在的大连市为例，市国家保密局每年都会举办全市保密干部培训班，对近 3 年未进行培训的保密干部进行培训，从国家安全形势、保密法律法规、三大管理、保密检查等方面着手，不断提升全市保密干部的保密意识和工作技能，收到了良好的效果。但工作中发现，依托保密行政管理部门培训存在师资力量比较薄弱的问题，授课人员多为保密行政管理部门工作人员，他们实战经验比较丰富，但培训的理论性系统性不够，培训内容广度、深度和前瞻性不足，而且目前机构改革大环境下，保密行政管理部门本身存在人员紧张、工作任务量大的实际问题，有多大精力去组织开展继续教育也是一个很现实性的问题。

2.2 依托国家保密学院开展继续教育存在的主要问题

2008 年以来，国家保密局在全国相继成立了 11 所国家保密学院暨培训分基地和 1 所省保密学院。这些学院基地依托各类重点大学的优势学科，在培养保密专业人才的同时，也为在职保密干部和涉密人员的素质提升提供了新的平台和途径[2]。保密学院在保密干部继续教育中具有雄厚的学科基础，拥有素质水平高、专业水平强的充足师资力

量，这些都是保密行政管理部门开展保密干部继续教育所无法比拟的。但实际中我们也发现，由于授课高校教师大多侧重理论教育与研究，因此存在缺乏实际案例教学和实践操作层面教学的问题。

2.3 依托其他方式开展继续教育存在的主要问题

实际中，保密干部还可以通过在线学习、党校培训等方式开展继续教育，在线学习的优势很明显，可以随时随地进行，不受时间和空间限制，内容可以反复学，但劣势也很突出，主要是考验学习者的自我驱动性，对学习者的学习能力和自我约束能力较高，学习交互性和协作性也存在欠缺。党校目前是领导干部开展保密教育的主阵地，对提升各级领导干部的保密意识和保密技能的提升起到了积极作用，但在保密干部继续教育方面作用没有得到充分发挥，一方面是缺乏专业教授保密工作的师资力量；另一方面是党校培训的性质决定了班次设置方面很难就保密工作这一项设置相关班次。因此，这两种方式目前都不具备成为保密干部继续教育主渠道的条件。

3. 保密干部开展继续教育的几点建议

基于保密干部开展继续教育重要意义和当前保密干部开展继续教育存在主要问题的分析，重点从四方面对保密干部继续教育提出建议。

3.1 设置全国统一的保密干部继续教育培训标准

全国统一继续教育培训标准，不仅能够为教学计划和教学内容提供规范参考，更能引导部对工作所需知识、技能进行自查自省，及时制定、调整自我发展规划。因此，建议由国家保密局牵头与保密学院等相关部门联合设置全国统一的保密干部继续教育培训标准，对培训指导思想、培训对象、培训课程、培训模式、培训保障、培训考核评估等作出明确要求，确保保密干部继续教育工作规范化、制度化、长效化。

3.2 发挥各自优势，建立专兼职相结合的保密师资队伍

建设一支具有理论功底深厚，实践经验丰富，熟悉保密法律法规和掌握保密检查技术的师资队伍，是开展好保密干部继续教育的必要条件。通过对现有保密干部继续教育模式的分析，建议建立由保密学院专业教师、保密行政管理部门工作人员和优秀保密干部兼职组成的保密师资队伍，依托保密学院、保密行政管理部门组织的培训班开展继续教育，充分发挥好三种师资力量的各自优势。分专题进行讲解，保密学院专业教师侧重从保密工作形势政策、保密法律法规、保密科学技术等理论性、学术性、研讨性层面进行讲解；保密行政管理部门侧重从保密日常管理、保密检查实务、失泄密案例分析等实际操作层面进行讲解；优秀保密干部侧重从自身经验、现场观摩角度进行讲解。而且三

类教师要经常性开展集体备课和教学研讨，增强学习交流，科学设置授课内容，防止出现授课内容重复和断档现象，确保继续教学的效果。

3.3 根据职业生涯不同阶段，科学合理设置继续教育教学内容

教育教学内容的设置是否科学、合理是确保保密干部继续教育的效果的关键要素。建议针对不同层次、不同类型的保密干部因材施教，合理安排教学内容。特别是根据保密干部职业生涯的不同阶段，有针对性进行开展继续教育。比如，对新任职的保密干部侧重保密基本知识技能培训；对从事要晋升保密岗位领导职务的侧重保密管理实务的培训；对从事专业工作的保密干部侧重专项知识和技能培训；对在职在岗的保密干部定期进行集中轮训，贯彻落实党中央关于保密工作最新的决策部署，提升素质能力。同时，要根据短期、中期、长期三种不同类型的班次，在单元设置和专题选择上突出继续教育的针对性和实效性。

3.4 进一步优化继续教育方式方法

教育方式方法是否得当，是关乎保密教育质量的重要举措。建议在传统教育方式方法的基础上，进一步优化继续教育方式方法，不断拓展保密干部继续教育的开放性、灵活性、互动性、自主性和适应性。一是改变以往单纯由教师单项输入的教育方式，增加启发式教学、研讨式教学和模拟式教学，增强教师与学员的互动，增加学员之间的交流。二是在做好课堂教学的同时，采取参观、调研等方式走出去，学习先进地区先进单位的典型经验做法。三是加大保密实践操作课程比重，对保密干部开展继续教育的最终目标是学以致用，指导实践工作。比如，可采取集中轮训的方式，集中一段时间参与保密行政管理部门实际工作中，尤其是作为检查组一员参与保密检查当中，对提升工作能力帮助很大。

4. 结语

对保密干部开展继续教育是一项系统性工程，需要各级保密行政管理部门、保密学院以及各机关单位密切配合和共同努力，才能取得满意的教育效果，培养出一支信念过硬、政治过硬、责任过硬、能力过硬、作风过硬的保密干部队伍。

[参考文献]

[1] 李晓琳. 我国继续教育政策演变及发展趋势[J]. 社会科学管理与评论，2005(03)：64-71.

[2] 李良俊. 提升国家保密学院继续教育质量的思考[J]. 保密工作情况，2018(05)：41-42.

关于进一步强化新时代高校保密工作责任制落实的几点思考

张建平

（重庆大学保密委员会办公室　重庆市　400044）

摘　要：保密责任是保密工作落实到位的关键，实行保密工作责任制是做好保密工作的重要制度保障，也是我国保密管理体制的一大鲜明特征。高校保密工作贯穿教学、科研、管理全过程，是党和国家保密工作的重要组成部分。高校全面落实保密工作责任制既是政治责任，也是发展需要。本文对高校保密工作责任制内容进行了系统梳理，并在全面分析了当前高校保密工作责任制落实的现状的基础上，通过对存在问题根源的深入剖析，提出进一步强化高校保密工作责任制落实的对策建议。

关键词：高等学校；保密工作责任制；保密监督保障

0. 引言

党的十八大以来，以习近平同志为核心的党中央提出了一系列治国理政的新理念、新思想、新战略，其中，强化责任、狠抓落实是反复强调的重要内容。实行保密工作责任制是做好保密工作的重要制度保障，也是我国保密管理体制的一大鲜明特征。保密法第三条规定，“一切国家机关、武装力量、政党、社会团体、企业事业单位和公民都有保守国家秘密的义务”；第七条规定，“机关、单位应当实行保密工作责任制，健全保密管理制度，完善保密防范措施，开展保密宣传教育，加强保密检查”。同时，保密法第四十七条至第五十一条，还分别对违反保密法律法规的机关、单位及其责任人和有关

作者简介：张建平（1980—），女，助理研究员，主要研究方向：保密管理。E-mail：jianping@cqu.edu.cn

领导、保密管理部门工作人员的处理作出了明确规定。这些规定，强化了保密工作责任制，加大了追责问责力度[1]。

高校在全面建成小康社会、实现中华民族伟大复兴的中国梦进程中，担负着人才培养、科学研究、社会服务和文化传承等重要而特殊的职责使命，掌握知悉大量国家秘密事项，涉密程度较深、涉密范围较广。高校保密工作贯穿教学、科研、管理全过程，是党和国家保密工作的重要组成部分，直接关系国家安全和利益，影响学校改革发展稳定。对高校而言，做好保密工作既是政治责任，也是发展需要。新形势下，各高校必须紧紧围绕贯彻落实习近平总书记关于保密工作重要指示批示精神和党中央关于保密工作的决策部署这条主线，提高政治站位，强化使命担当，深刻认识和把握保密工作面临的新形势新任务，牵住责任制这个“牛鼻子”，着力完善保密管理体制机制，扎实做好保密宣传教育、监督指导、检查考核等各方面工作，推动学校保密工作更加平衡、更高质量发展。

1. 高校保密工作责任制的主要内容

1.1 高校保密工作责任制的概念

高校保密工作责任制是结合学校保密工作实际，根据各部门、各岗位的工作性质和业务特点，依法依规界定其保密职责及相应权力，并按照事先确立的工作标准进行考核奖惩而建立起来的一项保密制度。高校实行保密工作责任制，体现了“党管保密”的政治优势，有利于加强保密工作组织领导，为做好保密工作提供坚强有力的组织保证；有利于明确各部门和岗位工作人员的保密工作职责，广泛调动各方面积极性，为做好保密工作提供行为规范和制度保证；有利于建立健全严格的保密工作责任考核制度和责任追究制度，形成一级抓一级、层层抓落实的保密工作格局，确保各项保密工作任务真正落到实处[2]。

1.2 高校保密工作责任制的内涵

高校保密工作责任制包含的内容较多，按照责任主体划分，主要包括领导干部保密工作责任制、保密组织机构保密工作责任制、二级单位保密工作责任制和工作人员保密工作责任制。

1.2.1 领导干部保密工作责任制

领导干部对保密工作负有领导责任，是保密工作顺利开展的重要保证，在保密工作责任制中，领导干部保密工作责任制居于核心位置。按照“一岗双责”的要求，领导干部不仅要对所在岗位承担的具体业务工作负责，还要对职责范围内的保密工作承担管理责任。根据相关规定，领导干部既要以身作则，模范遵守保密法律法规，通过学习掌握保密知识技能，认真履行好自身保密义务；又要切实担负起对保密工作的领导和管理职责。其中，主要领导要担负起全面领导保密工作的责任，分管领导要担负起具体组织领导保密工作的责任，其他领导要担负起分管工作范围内的保密工作责任，做到业务工作管到哪里，保密工作也管到哪里。同时，领导干部还要自觉接受保密监督、检查和考核，严格管理亲属子女和身边工作人员，不断提高履行保密领导责任的能力和水平。

1.2.2 保密组织机构保密工作责任制

高校保密组织机构是指学校成立的保密委员会和设置的保密办（处），保密组织机构作为学校保密工作的领导机构和专门从事保密管理工作的职能部门，是学校开展保密工作的基本保障。其中，保密委员会应当依法履行以下主要工作职责：贯彻落实党和国家保密工作方针政策、法律法规；研究部署保密工作；组织审定保密制度；审查审批保密工作重要事项；组织检查保密工作开展情况；组织查处失泄密案件等。保密办（处）应当在保密委员会的领导下，组织、协调、指导和监督检查学校保密工作落实情况，依法组织开展保密宣传教育，推动保密工作与业务工作相互融合发展。

1.2.3 二级单位保密工作责任制

当前，高校组织机构普遍采用直线职能制模式，机构设置主要分为教学科研机构和管理服务机构两大类。其中，管理服务机构中的各归口管理部门和涉密教学科研机构是二级单位保密工作责任制的重要组成部分。各归口管理部门要在学校保密委员会和保密办（处）的指导下，结合业务工作实际，在做好本单位日常保密管理工作的同时，归口负责业务范围内的学校相关保密和业务工作制度制定，并将保密要求融入业务工作制度，确保涉密业务开展到哪里，保密要求就延伸到哪里。各涉密教学科研机构是学校基层保密工作的责任主体，主要负责管理本单位保密工作，应当在学校保密委员会领导和保密办（处）及各归口管理部门的指导下，明确本单位工作人员岗位保密职责， 提出贯彻落实学校各项保密工作部署的具体意见和措施，成立保密工作领导小组或明确保密工作负责人，组织开展保密教育培训和监督检查，将保密工作情况纳入考核体系，切实解决保密工作中存在的突出问题，为本单位保密工作顺利开展提供充足的条件保障。

1.2.4 工作人员保密工作责任制

保密工作人人有责，保守国家秘密是每个公民的应尽义务，也是全体教职员工的共同责任。教职员工对本岗位的保密工作负责是确保保密工作落到实处的重要保证。其中，在涉密岗位工作的涉密人员，作为保密管理的重点对象，是教职员工保密工作责任制的主体。虽然学校不同部门、不同岗位的涉密人员承担的保密责任不同，但都应当严格履行具有共性要求的保密责任。如接受涉密资格审查和保密教育培训，签订保密承诺书，遵守保密法规制度，掌握保密知识、技能和要求，采取防范措施落实保密要求，接受保密监督检查和考核，制止和报告违法违规行为，承担违规和泄密的党纪政务责任或刑事责任等。此外，在一些特殊重要涉密岗位工作的涉密人员，如定密责任人、机要秘书、保密要害部门部位负责人及工作人员、计算机“三员”，除了应当履行上述共性保密责任外，还应承担相应的专门保密工作责任。

2. 高校保密工作责任制落实情况的现状分析

2.1 保密工作责任制落实的总体情况

近年来，各高校针对当前保密工作面临的严峻形势和紧迫任务，以总体国家安全观为统领，从维护国家安全的高度，在落实保密工作责任制方面采取了一系列有效措施，取得了较好工作成效。比如，通过建立保密工作责任制和保密监督检查、考核与奖惩等方面的基本保密制度，明确保密组织机构、归口管理部门、领导及有关人员等的保密责任，规范监督考核机制和责任追究方式，层层组织签订保密工作责任书，为保密工作责任制落实提供制度保障。通过坚持领导班子带头、领导干部示范，将领导干部履行保密工作责任制情况作为学校党建工作考核指标之一，纳入领导班子和领导干部综合考核评价内容，不断强化保密工作领导责任。按照“业务工作谁主管，保密工作谁负责”的原则，积极推进保密归口管理，逐步建立了符合实际的保密管理责任体系，多数二级单位和保密管理部门能按要求认真履行保密工作主体责任和监管责任。

2.2 保密工作责任制落实中存在的主要问题

虽然各高校在规范和加强日常保密管理、推进保密工作责任制责任方面取得了一定成效，初步形成了党委统一领导、一级抓一级、层层抓落实的保密工作格局，为确保国家秘密安全、服务学校事业发展提供了有力支撑和保障。但当前高校保密工作责任制落实仍然存在一些普遍问题和薄弱环节，主要表现在：一些人员包括有的领导干部和涉密人员，保密思想麻痹、敌情观念不强、保密意识淡薄，保密纪律松弛，保密知识匮乏，重业务轻保密的现象仍然存在；个别二级单位包括有的归口管理部门和涉密单位，履行保密管理主体责任不到位，不认真贯彻落实学校保密工作部署，日常保密管理松懈，保密防范措施落实不到位，组织开展保密教育培训不深入，保密自查自评流于形式，对定密管理、涉密人员管理、涉密载体管理、信息设备和存储设备管理、宣传报道管理等方面需要履行保密审查审批事项的审核把关不严。此外，学校保密工作组织机构也存在履行保密监管责任不到位的情形，保密委员会对全校保密工作的统筹、领导作用发挥不充分，保密办（处）对学校各单位保密工作开展的组织协调和监督指导不够，开展保密检查考核不扎实，督促问题整改不深入不彻底。

2.3 保密工作责任制落实不到位的原因分析

笔者根据调研座谈和走访交流发现，造成上述保密工作责任制落实不到位的深层次原因可归纳为以下三方面[3]。

2.3.1 思想认识不到位

个别单位和人员，特别是部分领导干部和涉密人员，对保密工作的重视程度还远远不够，没有将保守党和国家的秘密作为一项政治任务和政治纪律，没有从维护国家安全的政治高度和服务学校改革发展的全局视野，去认真谋划推进保密工作。在保密纪律要求面前，要么敬而远之，要么漠然视之，对自身工作与保密工作的关系问题认识不清，保密工作与己无关的思想在一定程度上还广泛存在。校园保密文化氛围不浓厚，保密责任意识没有深入人心，教职员工对学校保密事业的发展思路认识不清，对实行保密工作责任制的认知亟待提高。思想上的懈怠势必造成保密责任意识的欠缺，从而导致在保密工作责任制落实方面大打折扣。

2.3.2 保密责任制度体系不健全

目前，多数高校在制度层面上对各类责任主体应当承担的保密工作职责进行了比较详细的规定，并制定了保密工作考核与奖惩办法，但对保密责任的规定缺乏对其本身业务工作职责和岗位工作内容进行分析，权责不够明晰，导致相关单位和岗位工作人员对自身应当承担的保密工作职责了解不充分、工作目标不明确。同时，保密奖惩方面的实体性责任制内容比较欠缺，责任制的程序性规定相对薄弱，这就造成了对表彰奖励的规定不能有效落实，对责任制的追究存在困难[4]。

2.3.3 保密监管考核机制不完善

在高校保密监管工作中，多重视查制度、听汇报、看档案等表面工作，没有经常到基层岗位进行深入调研，对保密制度的实际执行情况缺乏真正了解，保密监管事实上没有触及问题的要害和根源。同时，高校现有保密工作队伍力量相对薄弱，尤其缺乏专业的保密技术人员，保密监管采取的技术防范手段相对滞后，对于涉及的保密技术问题难以发现。此外，保密责任落实情况的考核内容设置缺乏科学性，考核工作机制不够规范，致使基层单位和涉密人员采取敷衍塞责、应付了事的态度，久而久之便形成了忽视保密工作、懈怠保密责任的不良状况。

3. 强化高校保密工作责任制落实的对策建议

3.1 增强责任意识，为强化保密工作责任制落实筑牢思想防线

责任意识是影响保密工作责任制落实的重要因素，是高校保密工作良性发展的重要保障，必须高度重视。要解决这一问题，切实增强保密责任意识，营造人人知保密、懂保密、善保密的良好氛围，必须进一步加大保密宣传教育工作力度，在干部职工保密意识和保密常识上下功夫。要组织开展多层次、多维度、全覆盖的保密宣传教育，深入普及保密常识，强化干部职工对学校保密工作的思想认同，教育引导干部职工切实增强忧患意识，树立底线思维，牢牢把握保密工作的政治方向，自觉担负做好保密工作的政治责任，深刻认识新形势下高校保密工作的新特点新趋势新任务，充分了解做好保密工作与个人前途、家庭幸福、学校发展和国家安全之间的关系问题，打造内外于心、外化于行的保密文化。要坚持守土有责、守土负责和守土尽责，在全校上下牢固树立“保密工作人人有责”的思想，把保密工作作为履职尽责的一项重要内容，将保密工作与业务工作深度融合，大力营造学习贯彻总体国家安全观、重视和加强保密工作的良好氛围，不断提升干部职工特别是领导干部和涉密人员的保密责任意识和防范能力。

3.2 坚持制度创新，为强化保密工作责任制落实探索新路径

建立健全完善的保密责任制度是保密工作责任制落实的基础。保密责任制由责任分工制度、责任考核制度和责任奖惩制度构成，只有对保密责任相关制度做出详细规定，明确各部门、各岗位工作内容和责任分工，采取考核措施，严格责任追究，才能确保保密工作责任制的有效落实。

3.2.1 健全责任分工制度

围绕部门责任和岗位责任这两条主线，进一步明确各级领导干部、保密工作组织、二级单位、教职员工的保密工作职责，细化分工，做到目标明确、任务清晰、责任到人。一要抓住领导干部这个关键少数，按照相关规定，坚持保密工作“一岗双责”，强化各级领导干部对保密工作的领导职责，明确主要领导、分管保密工作的领导和其他领导的保密工作责任，形成完善的保密工作领导责任制。二要按照“业务工作谁主管，保密工作谁负责”的原则，进一步明确各职能部门特别是主要归口管理部门的保密工作职责，明确职能交叉中的保密工作职责分工，促进保密工作与业务工作融合发展，形成部门齐

抓共管、各负其责的良好局面。三要进一步强化岗位责任，通过对学校保密工作内容进行全面摸排梳理，科学确定涉密岗位，制定保密工作责任清单，逐级逐岗建立健全覆盖各部门和所有人员的保密工作岗位责任制，形成全员、全过程、全方位的保密责任体系，层层落实保密管理主体责任。

3.2.2 规范责任考核制度

保密工作责任制的考核，主要是考查责任主体履行保密职责、发挥职能作用的具体情况。因此，保密责任考核制度应该明确谁来考核、考核什么和怎么考核的问题。在考核主体方面，要按照干部管理权限和业务指导关系进行，建议由上级部门和学校保密管理部门、组织人事部门、纪检监察部门组成。如对学校领导干部保密责任的考核，应由上级部门和学校组织人事部门、纪检监察部门负责；对二级单位、中层领导干部和涉密人员保密责任的考核，应由学校保密工作机构、组织人事部门和纪检监察部门组织实施，报学校保密委员会审定。在考核内容方面，要针对不同的考核对象和所承担的保密责任，科学制定考核目录、考核要点和评价标准，实行“一票否决”制。在考核形式方面，要采取平时考核和年终考核、定量和定性相结合的方式，年终保密工作考核可与学校年度考核、干部考核同步进行，将保密工作履职情况纳入绩效考核考评体系。

3.2.3 严明责任奖惩制度

奖惩制度是保密工作责任制的核心内容之一，科学严明的奖惩制度有利于规范考核结果运用，调动单位和个人的保密工作积极性，从而推进保密责任落实到位。保密责任奖惩制度要坚持“奖惩结合，有功必奖，有过必罚”的原则，要按照国家有关法律法规，根据保密职责分工情况，以领导干部、涉密单位和涉密人员为重点，分门别类地细化不同责任主体的保密奖励处罚情形；要结合单位和个人履行保密责任制和目标任务完成情况的实际情况，对如何奖励和如何处罚做出更加详细具体的规定，同时与单位和个人的经济利益、发展前途紧密挂钩，为强化保密责任落实提供刚性约束和有力支持。

3.3 完善监管机制，为强化保密工作责任制落实保驾护航

优化完善保密监管机制，大力加强保密监督检查，通过建立健全一级抓一级、层层抓落实的保密监管体系，能够掌握保密工作责任制落实的真实情况，以便发现问题，及时采取整改措施，进一步规范工作行为，不断促使保密工作责任制落实落地落细。

3.3.1 创新自查自评工作模式

开展保密自查自评工作是国家保密局部署的一项重要工作任务，也是促进保密工作部署和保密工作责任落实的有效抓手。高校应当从学校和二级单位两个层面，不断改进

自查自评工作，彻底解决敷衍了事，甚至弄虚作假的问题。一要改变二级单位自查自评方式。建议由二级单位依据自评标准进行自评打分的方式，调整为由二级单位根据保密工作职责和年度保密工作任务逐项填报履职情况和任务完成情况。二要加强校级层面的审查把关。保密办（处）要会同组织人事、纪检监察和保密归口管理部门，对各单位报送的自查自评材料通过现场抽查和电话核实等方式进行认真审查，确保自查自评材料真实有效，为考核奖惩提供科学依据。

3.3.2 构建多方监督工作体系

在监督体系构建方面，一要强化学校党委及其保密委员会对保密工作的统一领导和监督。学校党委要坚持“党管保密”的原则，注重加强对保密工作的政治、思想和组织领导，可将保密工作纳入巡视工作视野，重点对二级党委和领导干部贯彻落实保密工作责任制情况进行巡视督查，充分发挥巡视利剑作用。保密委员会要加强调查研究，带领保密工作机构认真履行监督检查职责。二要依靠上级部门和保密行政管理部门开展自上而下的监督。从工作关系上看，上级部门对学校保密工作负领导职责，保密行政管理部门对学校保密工作负指导职责，高校应主动加强与上级部门和保密行政管理部门的联系，充分借助自上而下的监督方式推进保密工作责任制落实。三要主动接受社会公众特别是来自涉密项目或工程任务甲方的监督。总之，通过学校党委、上级部门和保密行政管理部门及其他方面的监督，多方联动、形成合力，一定能大力推动保密工作责任制落实。

3.3.3 健全保密工作通报机制

实行保密工作通报，有利于解决保密工作思想不重视、责任不落实的问题。高校要建立健全保密工作通报约谈机制，对检查发现的各类问题在印发整改通知书、提出整改要求的基础上，在一定范围内及时印发“工作通报”或“督查通报”。为发挥好保密工作通报的教育引导和警醒作用，保密工作机构在印发通报之前，一定要对通报内容进行严格把关，确保实事求是、公正客观，一定要主动与被通报的单位进行充分沟通，使其认清问题、消除误解、心服口服。同时，要保持通报的常态化、制度化和规范化，督促保密工作责任主体真正做到思想不放松、工作不懈怠。

3.3.4 严格保密奖惩机制

保密监管的严肃性、权威性很大程度上体现在保密奖惩，特别是对泄密案件和严重违法违规行为的查处工作中。首先要坚持奖励制度。对于认真履行保密工作责任制成绩突出的单位和个人，除了通过保密工作专项表彰奖励外，还要在年终先进评选、绩效分配上予以体现，在个人职务晋升、职称评比等方面予以考虑，充分调动做好保密工作的积极性和创造性。其次要严格责任追究。对于保密工作责任不落实，违反保密法律法规和规章制度情节严重或者造成严重后果的责任人和有关领导人员，应该依法依规追究党纪政务责任甚至是刑事责任，真正将保密纪律打造成日常工作的高压线，将履职尽责作为促进学校保密工作再上新台阶的助推器。

4. 结论

综上，落实保密工作责任制的根本在于思想认识，核心在于监督制约。新时代高校保密工作面临的保密范围、窃密对象、窃密手段都随着信息技术的日新月异发生着很大的变化，其地位更加突出、任务更加繁重。因此，必须不断深化对保密工作责任制本质内涵和重大意义的认识，坚持问题导向和目标导向，加快构建与学校发展相适应的保密工作责任体系和监督机制，切实筑牢思想防线，着力提升应对和化解风险的能力，真正担负起新时代高校保密工作的重大责任和神圣使命。

[参考文献]

[1] 国家保密局. 中华人民共和国保守国家秘密法[M]. 北京: 法律出版社: 北京, 2014.

[2] 国家保密局编写组. 学习贯彻保密法辅助读本[M]. 北京: 金城出版社, 2014.

[3] 国家保密局编写组. 中华人民共和国保守国家秘密法实施条例解读[M]. 北京: 金城出版社, 2014.

[4] 葛子贵. 完善保密工作责任制的几个问题[J]. 保密科学技术, 2016(03): 62-63.

论大数据时代高校信息公开与新闻宣传的保密审查

李坊静[1] 马 彬[2]
（1. 同济大学军工保密委员会办公室 上海市 200092；
2. 同济大学先进技术研究院 上海市 200092）

摘 要：大数据时代的到来以及《中华人民共和国政府信息公开条例》和《高等学校信息公开办法》的施行，使得信息公开、新闻宣传已经成为高校自我宣传、回应公众知情权、服务社会和接受监督的新常态，但从近几年的相关失泄密案件可以看出，此种新常态给高校保密工作带来了前所未有的挑战。本文旨在探究在大数据时代背景下，如何正确处理高校信息公开、新闻宣传与保守国家秘密、维护国家安全的关系，提出大数据时代高校信息公开与新闻宣传过程中保障国家秘密安全的策略。本文从高校信息公开与新闻宣传的内涵及外延入手，探析高校信息公开与新闻宣传的保密审查工作中的问题及成因，从而有针对性地对高校信息公开与新闻宣传的保密审查提出合理化的建议和措施。

关键词：高校信息公开与新闻宣传；保密审查；大数据时代

0. 引言

长期以来，从公开的新闻报道中搜集情报是世界各国情报机构一种公开、合法、有效的手段。美国、俄罗斯等国情报官员曾公开表示，从新闻报道渠道获取的情报占整个情报获取的很大部分。近几年的相关失泄密案件也证实，新闻宣传、论文的公开和发表，往往容易成为获取我国情报、国家秘密的重要方式，新闻宣传、论文发表是我国泄密事件的高发领域。

大数据时代，信息已成为国家基础性、战略性资源，各国纷纷将大数据上升到国家

作者简介：李坊静（1986—），女，主要研究方向：保密管理和宪法与行政法学。
E-mail：fangjinglee@tongji.edu.cn。

战略层面。2015 年，《中共中央关于制定国民经济和社会发展第十三个五年规划的建议》首次把“推进数据资源开放共享”上升为“国家大数据战略”的组成部分。2016 年，《国家信息化发展战略纲要》明确提出“构建统一规范、互联互通、安全可控的国家数据开放体系”，将安全可控作为国家信息公开顶层设计制度的三大基本要求之一。2017 年 12 月，习近平总书记在中共中央政治局就实施国家大数据战略进行第二次集体学习时再次强调，实施国家大数据战略，要加强政企合作、多方参与，加快信息资源整合与开放共享，同时要切实保障“国家数据安全”[1]。

可见，大数据时代的到来，不断推进着数据的公开、信息的共享，随之而来的新媒体形式也给予新闻宣传更多样化的渠道和更广泛的受众，但此种开放性也给获取我国情报、国家秘密提供了更多更大的可能性，给我们的国家安全带来了前所未有的挑战，给保密工作带来了前有未有的压力。在享受大数据给我们带来的便利，满足高校自我宣传需求和公众知情权的同时，正确处理高校信息公开、新闻宣传与保守国家秘密、维护国家安全的关系，就变得尤为重要，建立安全可控的国家数据开放体系，切实保障“国家数据安全”变成我们亟待解决的严峻课题。

1. 高校信息公开与新闻宣传的内涵及外延

在大数据时代，要做好高校信息公开与新闻宣传的保密审查，首先必须知道保密审查的对象是什么，知道高校信息公开与新闻宣传的内涵及外延，才能知道我们要保密审查的范围，才能更好地做好保密审查工作。

1.1 信息公开

2010 年 9 月 1 日起施行的《高等学校信息公开办法》第二条规定，高等学校在开展办学活动和提供社会公共服务过程中产生、制作、获取的以一定形式记录、保存的信息，应当按照有关法律法规和本办法的规定公开。

第七条以列举的方式规定，高等学校应当主动公开以下信息：（一）学校名称、办学地点、办学性质、办学宗旨、办学层次、办学规模，内部管理体制、机构设置、学校领导等基本情况；（二）学校章程以及学校制定的各项规章制度；（三）学校发展规划和年度工作计划；（四）各层次、类型学历教育招生、考试与录取规定，学籍管理、学位评定办法，学生申诉途径与处理程序，毕业生就业指导与服务情况等；（五）学科与专业设置，重点学科建设情况，课程与教学计划，实验室、仪器设备配置与图书藏量，教学与科研成果评选，国家组织的教学评估结果等；（六）学生奖学金、助学金、学费减免、助学贷款与勤工俭学的申请与管理规定等；（七）教师和其他专业技术人员数量、专业技术职务等级，岗位设置管理与聘用办法，教师争议解决办法等；（八）收费的项目、依据、标准与投诉方式；（九）财务、资产与财务管理制度，学校经费来源、年度经费预算决算方案，财政性资金、受捐赠财产的使用与管理情况，仪器设备、图书、药品等物资设备采购和重大基建工程的招投标；（十）自然灾害等突发事件的应急处理预案、处置情况，涉及学校的重大事件的调查和处理情况；（十一）对外交流与中外合作办学情况，外籍教师与留学生的管理制度；（十二）法律、法规和规章规定需要公开的其他事项。

可见，以上范围内的十二项即为高校信息公开保密审查的对象。

1.2 新闻宣传

根据相关规定，涉及武器装备科研生产事项的宣传报道、展览、发表著作和论文等，应当经单位业务主管部门保密审查；需报上级主管部门审批的，应当履行报批手续。涉及涉密武器装备科研生产事项的参观、采访，应当按照规定履行审批程序，提出保密要求。注释指出，宣传报道、展览、产品宣传介绍彩页、公开发表著作和论文等事项，承办单位和个人担负保密审查的主体责任。展品包括实物、模型、展板、宣传画册、音像等。

从以上条文可以看出，新闻宣传中需要保密审查的对象有涉及武器装备科研生产事项的宣传报道、展览、产品宣传介绍彩页、公开发表著作和论文等事项，涉及涉密武器装备科研生产事项的参观、采访，实物、模型、展板、宣传画册、音像等展品。

综上，保密审查主要是依据国家保密法律法规和保密事项范围对拟公开发布和新闻宣传的信息是否涉及国家秘密进行审查，也包括依据相关法律法规对是否涉及工作秘密、商业秘密和个人隐私等进行甄别鉴定，以确认拟发布的信息是否可以公开[2]。

2. 高校信息公开与新闻宣传的保密审查工作中的问题及成因

2.1 信息技术飞跃变革，信息安全面临全新挑战

随着大数据时代的到来，现代信息技术的广泛普及，自媒体的便捷使用，信息的存储、处理、传输和公开方式发生了巨大的变革。不仅实时产生的场景化特征明显的“热信息”被大量关注和搜集，如即时的位置状态、交易和浏览行为等，信息聚合与意外关联还使得较长时间之前的状态信息，即用于备份、灾难恢复、存档等的“冷信息”被持续激活和挖掘，通过有效叠加与精确应用，在很大程度上可能会给国家安全造成巨大威胁[1]。

2.2 思想认识不够，保密意识不当

在日常的信息公开与新闻宣传工作中，部分工作人员由于保密意识的欠缺，撰写对外报送信息时，为了表明文章的创新性和单位的科研生产成果，喜欢对技术背景、技术指标、方法途径、流程图，以及一些新方法、新材料、新结构、新工艺等方面内容加以详细的描述[3]，很容易将涉密信息传播至公共网络，互联网已经成为是失泄密的重灾区。

还有部分工作人员没有正确处理高校信息公开、新闻宣传与保守国家秘密的关系，认为“公开就无密可保”“重保密、轻公开”，还有人认为民众知道太多的信息不利于高校的管理，或担心公开不当导致失职遭受惩罚而不敢公开和宣传，或将信息作为特权利用信息不对称为小部分群体谋取利益而不愿意公开和宣传，从而以国家秘密、工作秘密为由拒绝公开应当公开的信息，或不及时公开应当公开的信息，导致出现了“保密过度”和“公开过度”的极端现象。

2.3 责任划分不够明晰，归口管理没有落实到位

高校的信息复杂、种类繁多，信息发布平台多样化，而且部分高校的信息公开机构和新闻宣传机构职能设置不完善，多个部门都在信息公开和新闻宣传业务上拥有管理权，没有明确的领导分管，没有明确的部门负责，各部门缺乏有效的沟通协调，信息公开、新闻宣传业务工作与保密审查“两张皮”现象仍然存在。

还有部分负责保密审查的工作人员，自身缺乏对保密审查工作的责任心，或因人力配备不足，需要兼顾其他工作，或因保密知识储备不够等原因，致使保密审查归口管理工作执行不到位。

2.4 定密解密不够科学，敏感信息边界模糊

多年来，保密一直存在着这样的怪圈：如果将非国家秘密定为国家秘密，定密责任人没有法律责任；如果国家秘密没有及时定密，则是严重的失职。这就造成定密责任人“宁滥勿缺”的定密思维，他们宁可将不是国家秘密的信息定为国家秘密，也不愿轻易公开可以公开的信息[4]。

信息公开和新闻宣传的保密审查对定密工作有很强的依赖性。尽管保密法及其实施条例对定密制定规范，明确提出了定密责任人制度，但现在大部分高校的定密、解密工作还不够科学，离执行到位还有不小的差距[5]。定密标准滞后、范围宽泛、内容笼统、操作性不强等问题普遍存在；定密权限和定密责任人制度还有许多技术问题有待解决，基层定密处于等待状态；定密工作监督考核和纠错机制还没有统一规范。解密制度还不够健全。解密规范、风险评估和综合研判等机制还不健全，导致被动解密多，主动解密少。

敏感信息边界模糊，处于法律法规调整的真空地带。敏感信息是信息公开中涉及量最大的一类信息，而这类信息恰恰属于法律调整规范中最薄弱的部分。目前，这类信息已被境外情报机构关注，如何规范时不我待[6]。

2.5 审查流程不严谨，审查机制不完善

高校现行保密审查制度中规定凡需要对外报送的信息，仅需提交纸质形式的送审信息，但随着近年来信息交流手段的不断提升，以电子版的形式接收信息，已经成为现今信息接收单位的通用做法。一些撰稿人在对一些用于对外报送的涉密文章、信息进行脱密处理时，对其中本应需要清除或修改的敏感图片、表格，仅仅采取简单删除或使用其他图片在原有信息上方进行覆盖的形式处理，而这种形式其实并未起到真正的脱密作用，但以这种形式所生成的纸质文档，在交由各级审查时，审查者依照现有制度方式仅进行纸质形式的审查，是根本无法审查出这份文件其实是含有敏感甚至涉密信息的，这就会使审查工作失去意义，而撰稿人将这种形式的文章以电子版对外进行报送时，往往就会产生严重失泄密隐患[3]。而且，由于未建立内部远程传输网络、未设置专门内部计算机、在互联网计算机或服务器上直接审查等原因，导致一些拟公开信息在报送、审查以及上网发布流转过程中已存在泄密隐患[6]。

现行保密审查制度规定的审查流程多为接受所在部门领导、信息公开和新闻宣传审查人及定密责任人三级审查，但日常工作中，因为缺少业务主管部门的介入，审查人由于自身专业和业务领域的局限，并不能对需审查信息进行切实有效的保密审查。并且，由于法律法规规范的宽泛性，在实际工作中，工作人员只知道一般审查程序，并不了解保密审查的方法，更加不了解特殊情况具体应当如何处理。

此外，监管和救济机制也还不够完善。现行法律法规等相关规章制度中关于监督机制和评议制度给予的是指导性意见，过于宽泛，没有建立全过程监管机制的可操作性规定，救济机制也仅有《高等学校信息公开办法》规定的举报一项措施。在信息公开前的申请、审批及信息发布以及后续跟踪处理环节缺少规制，没有建立信息公开前风险评估，对于信息公开可能带来的质疑，引起的连锁反应没有预警措施，也没有建立针对网络传播危机的应对方案[7]。

3. 高校信息公开与新闻宣传的保密审查合理化的建议和措施

3.1 加大硬件投入，有效运用技术手段

高校应加大计算机硬件设施的投入和有效信息技术的运用，确保学校网络信息安全。

通过安装正版的杀毒软件、设置详细的防火墙，安装入侵检测系统等措施建立校园网络病毒防御体系；通过数据加密，数字签名、身份认证、引入第三方公钥基础结构等先进信息技术，加强网络信息安全保障[8]。同时，要做到与时俱进地更新技术检查手段，加大技术检查力度，提高失泄密事件的发现能力。

3.2 正确处理关系，开展针对教育，提高保密意识

高校信息公开、新闻宣传和保密并非是完全对立的，我们应当辩证地对待信息公开、新闻宣传与保密的关系。《中华人民共和国保守国家秘密法》第四条明确规定，保密工作实行积极防范、突出重点、依法管理的方针，既确保国家秘密安全，又便利信息资源合理利用。可见，我们要牢固树立“保放结合” 的理念，做到“二者并重，宽严有理，收放有力，互动有方”。在信息公开过程中，不能以牺牲国家秘密为代价，强行推行信息公开，也不能以保守国家秘密为借口不公开或不及时公开，公开是有条件的公开，保密是适时、适度、合理的。在具体工作中要坚持四项原则，即“公开为原则、保密是例外”原则，权衡利弊原则，适时、适度、合理原则和突出重点、兼顾一般的原则。尤其是对一些不明确、难以把握的信息，要注重权衡利弊[5]。

而且，我们要开展有针对性的保密教育培训，提高高校师生和涉密人员的安全保密意识。在师生的教育培训中强化国内外信息安全有关法律法规的学习，增强师生信息安全法律意识。主要学习新修改的《中华人民共和国保守国家秘密法》《高等学校信息公开办法》《高等教育法》和《教育部办公厅关于开展高校信息公开工作专项监督检查的通知》等相关法律法规，不断增强信息公开与信息安全保障意识[8]。在涉密人员入岗前保密教育和每年 15 学时保密教育培训中，加入具体业务中所涉及的敏感信息和密源点的学习，让涉密人员能够充分了解自身岗位接触到的敏感信息乃至涉密信息，加入信息公开、新闻宣传所涉及的相关保密法律、法规和保密知识，提高涉密人员的保密意识和对涉密信息的脱密处理能力[3]。

3.3 加强归口管理，明晰保密责任

高校应该按照“业务工作谁主管，保密工作谁负责”原则，根据实际业务情况，明确规定不同种类信息公开、新闻宣传的管理机构同时也是此种类业务保密审查的归口管理部门。归口管理部门要梳理本部门的相关业务制度，切实结合自己的业务工作，将保密管理要求融入业务制度和业务流程，制定具有可操作性且符合保密要求的业务制度。归口部门要做好保密审查工作并留存记录，整理归档为本部门的保密工作分档案。

此外，还要建立信息公开、新闻宣传保密审查领导责任制，明晰归口部门的保密管

理责任，配备既懂业务又懂保密的专门人员负责[7]。领导要增强政治意识、责任意识，不仅要管业务，也要管保密，实现信息公开、新闻宣传业务工作与保密审查一岗双责，这样才有利于信息公开、新闻宣传与保密的统筹协调。归口部门要把保密审查作为一项重要职责，切实做好保密审查工作。负责实施审查的专门人员要通过培训，要熟悉掌握信息公开范围、新闻宣传流程等相关内容，熟悉掌握保密工作方针政策和保密法律法规、保密事项范围等有关规定要求，熟悉掌握商业秘密、个人隐私等相关知识，熟悉掌握保密审查的依据、内容和程序，保障具有保密审查工作的能力素质。同时，要制定符合国家法律法规的责任制度文件，以利于责任考核及追责的开展。

3.4 规范定密解密，厘清敏感信息边界

规范定密，妥善解密，为信息公开、新闻宣传保密审查提供有力保障。鉴于当前定密工作的现状，要着力抓好定密授权、定密责任人、定密监督、国家秘密事项一览表等制度的建立和完善，着重解决定密随意、定密不当、定密失职、定密责任追究不力等问题，从根本上改善信息公开、新闻宣传保密审查无依无据、无所适从现状，提高保密审查效率。同时，着力完善密级变更、解密机制，需要变更密级的要及时变更，调整保密期限和知悉范围，不需要保密的要及时解密，重点建立健全定期解密公开审核制度、应急解密公开审核制度、应申请解密公开审核制度、解密公开后果评估制度、解密公开综合研判决策制度和解密不当责任追究制度等，突出解密的时效性和准确性[6]。保密行政管理部门还要定期开展定密乱象专项治理，将定密工作情况纳入保密检查范围，及时督促纠正存在的问题。对在案件查处、密级鉴定工作中发现的和机关单位或个人反映的定密不当问题，也要及时予以纠正和核查处理。

厘清敏感信息边界，填补敏感信息规制真空地带问题。随着定密解密的规范化，可以解决一部分的敏感信息划界问题，能够确定属于涉密信息的按照涉密信息处理，能够确定为可公开信息的，按公开信息处理。对于不能确定边界的敏感信息，要按照四项原则具体问题具体分析。

3.5 严格审查程序，完善审查机制

高校要严格审查，把牢信息公开、新闻宣传的“安全阀”。要严格执行“先审查、后公开”和“一事一审”的规定。保密审查程序可以分为 3 个程序：一是一般审查程序。即先由承办人自审，然后承办人所在部门领导审查，然后由申请事项隶属业务部门确认，再由定密责任人判断是否涉密，最后由信息公开和新闻宣传的归口管理部门形成最终审批意见，保密审查的过程和结论应当有文字记载，由归口部门存档备查。二是不明确事

项审查程序。对拟公开和宣传的信息是否涉及国家秘密不明确的事项，应当报分管归口部门的学校领导审批，仍然不能确定的，由归口部门报有确定权限的保密行政管理部门确定；涉及业务工作的，要听取业务主管部门意见。对是否属于商业秘密或者个人隐私不能确定的，应当报有关主管部门确定。遇有可能涉及国家安全、公共安全、经济安全和社会稳定的重大拟公开事项，要与有关部门协调会商。三是特殊情况处理程序。高校内各级组织原则上只能公开和宣传自身产生或者收集的信息并负有保密审查的义务，如拟公开和宣传上级或者同级其他机关尚未公开的信息，应经信息产生机关审查批准，未经批准不得擅自公开。因工作需要，上级主管机关在进行保密审查后，可以公开和宣传下级机关尚未公开的信息[4]。对已解密的不属于本机关、本单位产生的国家秘密事项，需要公开的，应经原定密机关、单位同意；对于仍在保密期限内的国家秘密信息，需要公开的和宣传的，应当首先由原定密机关、单位或其上级机关依法解密。对保密期限届满的国家秘密，需要公开的，仍应进行保密审查[2]。

同时我们还要注意，不仅要对信息进行审查，信息公开的目录也是保密审查的对象。应当要求送审人以信息公开和新闻宣传相对应的形式和介质送审相关材料，使审查部门、审查人能够针对不同的信息类型进行相关审查。我们要合理运用各种保密审查方法，通过列举法、脱密法、鉴别法等保密审查方法对是否涉密和能否公开和宣传做出准确判断[7]。高校要建立信息公开和新闻宣传登记制度，以便宏观把握信息公开和新闻宣传的情况。

完善审查机制，加强监管、应急处理补救机制和定期风险评估制度。一是高校的自我监督。高校的保密工作机构要发挥指导、监督、协调、检查功能。一旦发现未经保密审查而公开的信息涉及不应该公开的内容，或者因保密审查把关不严而将不应该公开的信息公开，应当及时启动应急处理补救机制，同时报告同级保密行政管理部门，并积极配合查处。高校要建立定期风险评估制度。定时测评和不定期检查相结合以确保信息安全。二是保密行政管理部门监督。保密行政管理部门应当积极指导、督促高校建立健全保密审查制度，开展保密审查培训，对保密审查制度执行情况定期进行检查，对信息公开发生的泄密事件组织查处。三是公民、法人或其他组织的社会监督。公民、法人或者其他组织认为高校保密审查不当，不依法履行高校信息公开义务的，可以向上级行政机关、监察机关或者政府信息公开工作主管部门举报，收到举报的机关应当予以调查处理；公民、法人或者其他组织认为高校在信息公开和新闻宣传工作中的具体行政行为侵犯其合法权益的，可以依法申请行政复议或者提起行政诉讼[4]。四是司法监督。各级监察机关、各级人民法院对高校实施司法监督。对违反法律规定，构成犯罪的，依法追究刑事责任[5]。

4. 结论

目前，我国高校的信息公开、新闻宣传和保密管理正处于发展的关键时期，信息公开与新闻宣传中的保密问题还有很多方面需要改进和完善。只有切实改进和完善这些方面，高校的信息公开和新闻宣传工作才能安全地向前发展。

[参考文献]

[1] 黄道丽. 大数据战略下政府信息公开与保密法律体系的完善[J]. 保密工作，2018(04)：49-50.

[2] 杨立涛. 专题十三：政府信息公开保密审查的要求[J]. 保密科学技术，2016(07)：64-65.

[3] 刘静，丁文博，李金树. 公开发布信息中保密审查管理的改进[J]. 保密科学技术，2018(05)：59-61.

[4] 崔晓东. 政府信息公开保密审查亟须完善定密制度和审查机制[J]. 保密工作，2018(11)：45-47.

[5] 桑洪敏. 论公开与保密的关系[J]. 宁波通讯，2014(21)：71-72.

[6] 昆明市保密局. 关于信息公开保密审查制度的调查与思考[J]. 保密工作，2015(03)：48-49.

[7] 王广，高祺，顾曦华，等. 浅谈供电企业信息公开与保密管理工作[A]. 浙江省电力学会、上海市电机工程学会、江苏省电机工程学会、浙江省电机动力学会. 浙江省电力学会2013年度优秀论文集[C]. 浙江省电力学会、上海市电机工程学会、江苏省电机工程学会、浙江省电机动力学会：浙江省电力学会，2013：4.

[8] 王延明，许宁. 高校信息公开与信息安全保障策略研究[J]. 情报科学，2015(06)：71-75.

新时期高校对外宣传报道保密管理的几点思考

齐 茹 李亚琼
（南开大学保密办公室 天津市 300000）

摘 要：本文从高校保密工作特点着手，对高校对外宣传报道和信息发布的内涵和意义进行分析，根据高校保密工作特点，指出宣传报道和信息发布保密管理中存在的问题，从管理学角度，结合工作实际提出解决建议。

关键词：新时期；宣传报道；高校；保密审查

0. 引言

随着计算机网络和现代通信技术的兴起，信息化、网络化已经成为当今时代的重要特征。网络传播等各种途径越来越便捷，我们在享受信息时代便利的同时，信息安全也受到威胁。在新的时代背景下，网络安全与政治安全、经济安全、文化安全、社会安全、军事安全等领域相互交融、相互影响，已成为我国面临的最复杂、最现实、最严峻的网络安全问题之一。当今世界国与国的竞争日益激烈，信息化条件下保密与窃密日趋复杂，如何维护信息安全，确保国家秘密安全，为社会进步与经济发展创造良好环境已成为政府机关、企事业单位的重要任务。高校肩负着培养人才、科学研究、服务社会的重任，是各领域顶尖人才的汇聚地，是国家开展人文科学、社会科学以及自然科学研究的重要场所。部分高校承担着重大敏感的科研项目、高精尖技术以及治国理政等方针政策的研究工作，研究背景和内容不同程度的涉及国家秘密。另外，高校保密工作还包括国家教育考试、科学研究、国际交流与合作、组织人事、安全稳定、意识形态等诸多方面，直接关系校园安全稳定，影响着高校教学科研有序开展。

作者简介：齐 茹（1969—），女，助理研究员，主要研究方向：保密管理。E-mail：qiru@nankai.edu.cn
李亚琼（1987—），女，助理研究员，主要研究方向：保密管理。

近年来，互联网等新兴媒体的快速发展，对外宣传报道以及信息发布的保密管理难度越来越大，国内外新闻报道、信息发布因管控不严，造成失泄密事件屡有发生，给国家造成重大损失。高校保密工作是国家保密工作的重要组成部分，做好新时期的新闻宣传和信息发布保密管理工作，是高校保密工作的重要课题和责任。

1. 新时期对外宣传报道、信息发布与高校保密工作分析

1.1 对外宣传报道保密管理内涵及必要性

对外宣传报道包括互联网站、微信、微博、公众号、自媒体、报刊、宣传册、展览展示及其他媒体信息发布等。对外宣传报道涉及内容广、信息量大、传播快、反应敏捷，一旦造成失泄密，无法挽回。宣传报道保密工作就是防止国家秘密被当作新闻素材被报道出去，以确保国家秘密安全。国家保密局原局长沈鸿英在接受记者采访时曾提到：据抽样调查，新闻报道中泄密属于记者写稿或擅自改编秘密文件资料予以刊发的约占 50%，属于业务部门干部撰写的稿件由于未经审核而泄密的约占 40% ，业务部门审核不慎而造成泄密的约占 10%。[1]

高校自身社会属性有别于国家行政机关、企事业单位，其对外宣传报道和信息发布内容还包括学术交流、科研信息、意识形态等方面内容，从一定意义上与国家社会发展、科技进步、社会稳定的敏感内容相关联，因此严格按照相关法律法规及条例对发布信息及时、有效进行保密管理，具有深远的意义。

1.2 新时期对外宣传报道与信息保密的关系

《新闻出版保密规定》指出：“新闻出版的保密工作，坚持贯彻既保守国家秘密，又有利于新闻出版工作正常进行的方针。”新闻传播是一个由发布者（信息源）与传播者（媒体）互动的过程，两者相互促进，又相互制约。协调得好，是良性互动，协调得不好，便是恶性互动。

对外宣传报道、信息发布和信息保密二者之间存在着矛盾。《中华人民共和国政府信息公开条例》（以下简称《信息公开条例》）规定：“依法确定为国家秘密的政府信息， 法律、行政法规禁止公开的政府信息，以及公开后可能危及国家安全、公共安全、经济安全、社会稳定的政府信息，不予公开”；“涉及商业秘密、个人隐私等公开会对第三方合法权益造成损害的政府信息，行政机关不得公开。”一方面对外宣传报道对高校树立良好的社会形象至关重要，另一方面以公开为原则的对外信息发布

也会使国家秘密、商业秘密和个人隐私等一些不宜公开的信息面临泄密的风险。高校的对外宣传直接关系着学校对外开放的速度和程度，高校宣传部门在不泄露国家秘密和敏感信息的前提下，利用网络传媒宣传的确可以提高学校国内乃至国际知名度。特别是对科研成果的宣传，可以增强学校与国内外各界的技术和经济等多方面合作与交流，对学校发展起到积极推动作用。

2. 高校对外宣传报道、信息发布保密管理存在的问题

2.1 宣传报道及信息发布相关人员保密意识淡薄，保密专业知识匮乏

高校师生员工对于保密工作的认知，主要表现为“高校无密可保”和“只要保住党政文件就万事大吉”两种思想，并一度占据主导地位。[2]我国的保密审查主要依靠行政机关工作人员凭借专业知识，依据保密法及其实施条例、《新闻出版保密规定》等法律条文的定义和规定判断信息是否涉密，各地方制定的标准不一，工作人员专业水平参差不齐，存在着主观随意性。高校新闻报道采编人员普遍业务能力强，但保密管理专业知识了解、掌握严重不足，保密意识淡薄。在对外宣传报道、信息发布和采访活动中因信息发布过详、抢发消息和披露内容内外不分等原因造成直接泄密。此外，因信息发布审查人员欠缺保密管理知识和技能，在保密审查中很难做到有密必保。

2.2 保密审查制度流于形式，难以实施

2.2.1 国家秘密的范围宽泛，审查标准难以把握

保密法第二条只原则和宽泛地赋予了国家秘密的内涵：“国家秘密是关系国家安全和利益，依照法定程序确定，在一定时间内只限一定范围的人员知悉的事项。”第九条列举了国家秘密的基本范围，将社会生活的各个方面均纳入国家保密对象的范畴。因此保密审查过程中标准确定困难。

2.2.2 信息公开法律法规依据有待完善，不能满足新时期保密要求

国家信息公开和新闻宣传报道主要依据《中华人民共和国保守国家秘密法》(2010)、《信息公开条例》(2019)、《新闻出版保密规定》(1992)以及其他地方性政策法规。信息公开中保密审查的基本对象是国家秘密。对单项的保密审查制度来说，目的是审查即将公开的信息是否符合法律标准，是否涉及国家秘密。而保密法和《信息公开条例》内容宽泛，对行业内的保密审查具有指导意义，但缺少执行标准。《新闻出版保密规定》为 1992 年制定，多年来未重新修订，已很难适应新时期保密工作要求。

2.3 高校行政管理体系，限制保密管理有效开展

高校管理有别于国家机关和企业单位，具有复杂性，管理层级多，管理对象流动性大的特点。高校行政职能相对分散，条块交叉管理明显。张啸川（2007）认为："现代高校一身几任，教育机关、企业、服务部门混合集成，活动范围极其广阔，管理工作涉及社会各方面，其管理活动多样性、广泛性，决定了高校保密工作的综合性特点；高校管理对象多层次、人员集中、流动性大，年龄结构和知识结构差异较大，以及各种大型集会和校内外集体活动多、各类信息传播扩散快等特点，决定了高校保密工作的复杂性；高校所承担的科研项目几乎囊括了当今世界所有前沿科学领域，涉密人员广，涉密级别高，决定了高校保密工作的重要性。"[3]因此，高校对外宣传报道和信息发布保密管理相对复杂和困难，保密审查机制难以落到实处，切实推行。

2.4 涉密人员自媒体保密管理缺位

自媒体时代是指以个人传播为主，以现代化、电子化手段，向不特定的大多数或者特定的单个人传递规范性及非规范性信息的媒介时代。自媒体凭借其交互性、自主性的特征，使新闻自由度显著提高。

自媒体时代，每一个账号就像一个媒体，在发布过程中不受时间、地点的限制，可以实现即时性发布，作为新闻的接受者同样也可以成为自媒体新闻的传播者。自媒体新闻的发布非常方便快捷，具有非常强的时效性，加之互联网的特点，社交网络新闻传播速度快，能够很快引起社会舆论的关注。此外，自媒体新闻传播还有着非常广阔的社会覆盖面，自媒体平台的开放性，促使社会个体可以自由参与。源于不同阶层、不同职业领域的人都可以随时成为新闻传播者和评论者。正是由于自媒体的即时性强、自由度高、传播速度快、开放性大的特点，因此，信息发布随意性强，监管难度大，成为保密管理的盲区。能接触到国家秘密和敏感信息的社会个体，特别是涉密人员通过自媒体将高价值信息、涉密信息或者工作秘密和敏感信息发布到互联网，极易造成失泄密事件的发生。这些泄密行为绝大多数是通过不正确的方式传递或者出于炫耀心理造成的。因此，对涉密人员自媒体的保密监管亟待加强。

3. 对策思考

3.1 强化保密责任，完善与实际工作相适应的保密审查机制

高校在实际工作中普遍建立了对外宣传报道、学术交流，以及信息发布的保密审查机制，对于确保党和国家秘密安全发挥了重要作用。但也要看到高校保密审查机制与实

际工作不相适应的问题还不同程度的存在，严重影响了保密审查工作的有效开展。

3.1.1 规范保密审查程序

宣传报道和信息发布保密审查程序要与公文运转程度相结合，明确信息是否涉密，对外宣传报道和信息发布保密审查要严格遵守纪律“业务谁主管，保密谁负责”的大原则，还要坚持“先审后发、先审后用”“自审与送审相结合”“一般审查与重点审查相结合”的原则，实现保密审查的筛选、控制、保护功能。保密审查过程和结论应当有文字记载、存档备查。不明确事项的审查，应该报有确定权限的保密行政管理部门确定，涉及业务工作的听取业务主管部门意见。

3.1.2 严格落实保密审查责任

要确保保密审查工作有效落实，关键是确保保密审查责任落实。一是要有领导分管，切实加强领导、落实责任。要建立保密审查领导责任制，分管领导要增加政治意识、责任意识、切实做好信息发布与保密的统筹协调。二是要有部门负责，强化审查责任。保密管理部门要充分发挥指导、协调、监督作用。三是要层层落实到人。通过教育培训，使保密审查人熟悉掌握对外宣传报道和信息发布的工作方针、政策和法律法规，以及保密事项范围等，切实提高责任人保密审查的能力素质。

3.2 加强对“把关人”保密教育及业务培训，严守保密底线

1947 年，美国心理学家、传播学奠基人之一的库尔特·卢因提出“把关人”理论（The Gatekeeper Theory）。“把关人”即大众传播媒介内部的工作人员，大众媒体传播的一切信息，都要经过这些工作人员的过滤和筛选，才能同公众见面，所以他们便是信息传播“把关人”。[4]高校对外信息发布和学术交流的保密归口在宣传部门，高校的“把关人”包含校、院两级，应该加强对此类人员以及采编人员的保密法律法规、保密知识的教育培训，要求其必须严格履行保密责任、定期接受保密教育，必须从党和国家安全和利益的高度认识保密工作的重要性、必要性和紧迫性，提升其保密意识，强调保密审查审核机制，使其熟悉掌握相关保密条例和要求，杜绝失泄密事件发生。

3.3 细化不公开信息范围，明确划分涉密与非密及敏感词，确定保密审查清单

《信息公开条例》详细列举不公开信息的范围不是扩大了不公开信息的范围，而是进一步明确了公开与不公开的界限，有助于保密行政管理部门依法履行职责。高校宣传部门要会同保密行政管理部门、业务部门，通过详细列举不公开信息的范围反向界定应公开信息范围，落实保密审查机制。

3.4 强化归口管理，推进高校保密工作协同化管理

协同论是系统科学理念的一个重要分支，以多学科的研究为基础，其基本内容主要包括三个方面：协同效应，伺服原理和自组织原理。战略管理之父安索夫在《公司战略》一书中认为在企业管理中只有两种或两种以上要素的有机结合，就可以获得超出它们单纯相加的效果，也就是 1+1>2 的效果。高校保密工作与高校的其他业务工作紧密相连，渗透在各项业务的各方面和全过程。高校保密管理是学校管理的重要组成部分，当今高校要稳定发展，就要运用学校内部各个部门都独立系统的特点，同时又具备相对完整的组织管理架构和各种资源，从系统的整体性来开展保密审查工作。在集中化的管理模式越来越难以满足信息化时代高校保密管理工作需求的情况下，从系统整体性角度出发，在系统战略管理的层面实现各子系统的科学有序协同。[5]

对外宣传报道和信息发布保密管理，首先，在领导层面获得理解、重视和支持，高校领导充分意识到保密工作的重要地位，以身作则推进保密工作，学校的各项保密工作的落实就会有事半功倍的效果。其次，充分发挥各个管理要素的优势实现整体优势。第三，建立资源共享协同机制，建立符合保密要求的、安全的网络平台，为保密资源共享搭建信息平台，实现资源的共享利用，协同推进高校保密管理工作进程。

3.5 及时定密、解密，建立健全信息管理动态调整机制

对外宣传报道和信息发布有赖于信息的及时定密和解密。所谓动态调整是指信息的属性不是一成不变的，而是随着社会形势的发展、法律法规的修改完善面变化的，一些过去认为不应当公开或不予公开的信息，有可能调整为可以公开或者对不特定公众公开。《信息公开条例》中规定，要求行政机关定期对本行政机关不予公开的政府信息进行评估审查，对因情势变化可以公开的应当公开。目前高校在定密、解密上还不规范，要加强定密和解密工作的及时跟进和落实，为顺利开展保密审查工作提供保证。

3.6 强化激励机制，加大惩处力度

据不完全调查，高校对外宣传报道和信息发布存在落实不到位的情况，因此不经审批发布泄露国家机密和敏感信息的现象时有发生。保密审查工作要加强相关责任部门、责任人自查，以及保密行政管理部门的监督检查，对出现失泄密和违反规定的责任人，出现一起查处一起。对严格执行相关审批程序的部门和个人要及时给予表彰和鼓励，使宣传报道和信息发布的保密审查成为日常工作，以确保高校信息安全。

4. 结论

党的十八大以来，以习近平同志为核心的党中央提出了网络强国的战略思想，是我们做好网络保密管理的思想指引和根本遵循。高校对外宣传报道和信息发布存在着诸多问题，要根据高校自身特点，从完善保密体系建设、责任落实、提高管理机制上做出调整，以确保国家秘密安全。

［参与文献］

［1］张大为. 保密法与新闻报道——国家保密局局长沈鸿英答记者问［J］. 中国记者,1989(05)：11.

［2］党蓉. 高校保密管理存在的问题及对策［J］. 中国高校科技,2014(Z1)：26-28.

［3］张啸川. 基于辅助决策的高校保密管理系统应用研究［D］. 西北工业大学，2007.

［4］徐琛，齐琪. 提高信息把关能力杜绝新闻出版泄密［J］. 保密工作,2018(02)：44-45.

［5］洪小康. 高校保密工作协同化管理研究［D］. 华侨大学，2017.

新时代高校保密宣传教育有效途径探索

靳　晶　席彩云
（武汉大学保密委员会办公室　湖北省武汉市　430072）

摘　要：本文分析了高校保密宣传教育存在的问题，并试图从文化引领、阵地建设、“互联网 +”思维运用和部门协同等方面，对新时代高校保密宣传教育的有效途径进行探索。

关键词：高校；保密；宣传教育；有效途径

0. 引言

新时代保密工作面临着严峻复杂的国际国内形势，其极端重要性进一步凸显。高校因其承担科学研究、人才培养、社会服务等重要任务，加之涉密人员众多、涉密事项多样、科研场所分散、校园环境和文化开放、国际科研合作交流频繁等特点，其保密工作面临更大困难和挑战。

做好保密工作最关键的因素是“人”。要做好新时代高校保密工作，归根结底是要“管住人、管好人”。只有学校师生共同牢固树立保密观念，切实做到严格自律，才能真正减少失泄密的风险和隐患。面对新时代保密宣传教育的新要求和新任务，探索保密宣传教育的有效途径是当前的一项重要课题。

1. 高校保密宣传教育存在的问题

1.1 对保密宣传教育的重视不够、保障不足

2015 年，中共中央办公厅、国务院办公厅印发了《关于进一步加强和改进新形

作者简介：靳晶（1987—），女，武汉大学党委保密委办公室主任秘书，主要研究方向：保密管理。
E-mail：jinjing-727@whu.edu.cn.

势下高校宣传思想工作的意见》，强调做好高校宣传思想工作，加强高校意识形态阵地建设，是一项战略工程、固本工程、铸魂工程。“此后，高校对意识形态方面的宣传教育工作重视程度明显提高，但保密意识作为意识形态内容之一，仍然没有得到足够的重视。[1]”

保密工作是一项服务保障性工作，而不是高校的中心工作，因此高校中对保密工作不重视的情况仍然存在。在保密宣传教育工作上，一些部门和单位实际上是“说起来重要、忙起来不要”，在人力、经费、设备等方面保障力度不足，严重影响了实际工作的开展，制约了保密宣传教育的效果。在高校中，对于保密工作比较了解和熟悉的人群占少数，甚至许多师生对于“保密”较为陌生，依旧存在着“无密可保”“有密难保”“谈密色变”等思想。而且，从全国高校范围来看，这种情况还比较普遍。

1.2 保密宣传教育的手段缺失、实效不佳

高校保密宣传教育的方式主要有：发放保密宣传资料、组织播放保密宣传教育片、开设保密展览、举办专题保密报告会等，形式上并未有很大创新，特别是没有充分发挥新媒体的作用。对传统宣传渠道和方式的依赖造成宣传形式较为单一，方法陈旧，缺乏吸引力。

目前，高校保密宣传教育的实效性不足。保密宣传教育缺乏整体的统筹规划与系统的教材，也很难根据对象的类别和层次来实施分类分层次的教育。教育内容时效性不突出，存在新瓶装旧酒的现象，无法很好地体现时代特点和要求，对于真正提高培训对象的保密观念和业务能力作用较为有限。

2. 新时代高校保密宣传教育的有效途径

进入新时代，在总体国家安全观的背景下，保密工作的重要性进一步凸显。我国也在大力推动将保密教育纳入国民教育体系，保密知识的全面普及势在必行。面对高校保密宣传教育存在的问题和困境，我们必须开拓新思路，探索新办法，采取新举措来推进保密宣传教育深入开展，从而实现新突破，取得新成效。

2.1 注重文化引领——大力营造浓厚的保密文化氛围

习近平总书记强调，要更加注重以文化人、以文育人，广泛开展文明校园创建，开展形式多样、健康向上、格调高雅的校园文化活动。因此，从保密文化建设入手，以保密文化引领高校保密宣传教育，通过多形式、多载体来充分发挥文化润物细无声的作用是一条可探索的路径。笔者所在高校近期举办的“不忘初心，牢记使命，保密伴我行”

保密宣传教育周系列活动正是这一路径的具体实践。

我校保密宣传教育周活动包含丰富的内容：邀请校领导出席保密宣传周开幕仪式，通过仪式感增强了工作的使命感和荣誉感；利用网站、校园宣传栏、户外电子显示屏滚动播放保密宣传警示语，在全校范围内营造了“时时有保密提醒、处处有保密要求”的浓厚氛围；在师生集中的场所放置了图文并茂、生动形象的宣传展板；向师生发放保密宣传资料，并现场提供保密咨询服务；将保密宣传动画融入学校每周电影放映中，生动的故事发人深省；举办保密知识竞赛，报名火爆、角逐激烈；开展“我与保密”征文活动，投稿踊跃，反响热烈。

与此同时，许多单位、部门都以宣传周为契机，不仅积极完成“规定动作”，还开展了配套活动，如组织职工进行保密专题学习培训、集体观看保密警示片、赴保密实训平台接受培训，等等，推动了保密宣传教育的深入开展。

从反馈来看，此次保密宣传教育周系列实践较为成功。我们的体会是，通过某个时间段在学校全面铺开丰富多彩、喜闻乐见的保密宣传教育活动，营造浓厚的保密文化氛围，能让“保密”成为当前热点，使师生对“保密”持续聚焦、热情高涨，形成“争先恐后、百舸争流”的氛围，从而在潜移默化中使保密观念入脑入心。

2.2 巩固传统阵地——举办“高质量、高标准、高水平”的保密讲座

保密讲座一直以来是保密教育培训的主要形式之一。新时代背景下，我们应在牢牢把握这个阵地的基础上，以“高质量、高标准、高水平”为目标，提升保密讲座的吸引力和实效性。

首先，根据培训对象的类别、特点和需求，将保密讲座计划作为整体保密教育培训计划的有机部分，既确保符合每一次培训学员的迫切需求，也要使整体计划具备关联性、连续性、系统性，从而使培训具备实用性和可操作性，而且从长期来看能促进培训学员的保密知识体系日益完整、相关能力逐步增强。

其次，邀请业务水平高、演讲能力强的保密领域专家学者。从上级部门、国家保密学院、高校科研保密协作组等挖掘和扩大保密培训的专家资源。学员曾经反应，“一位兼具过硬保密业务水平、优秀演讲能力和深厚保密情怀的专家，其授课效果远胜过多次平淡普通的保密宣传”。一次高水平的保密讲座能促使学员自觉形成强烈的情感认同和一致的价值取向，其教育效果不言而喻。

最后，建立反馈机制和动态调整机制。为促进保密讲座质量不断提高，应及时组织培训学员进行效果评价，设置讲座内容、授课人的业务能力和表现力、学习收获、组织

工作等关键指标，进行综合分析研判。应以“品牌意识”精心策划和组织好每一次保密讲座，努力提升学员的满意度和获得感。

2.3 引入时代理念——以“互联网 +”的模式拓展保密宣传教育的渠道

信息化时代的高速发展推进了互联网与各个传统行业的融合，“互联网 +”的模式也丰富和拓宽了保密宣传教育途径。江西省在网络上开展了“学保密法”专场竞赛活动，经各地区各单位通过该专题网页、QQ、微信、微博扩大辐射范围后，参加人数达百万，掀起了学保密法的热潮；长沙市保密局开展了网络保密展览，通过在《长沙晚报》“掌上长沙”App 进行展示，线上观展人数已超过 20 万；贵阳市保密局既积极推广并学习“保密观”微信公众号，又开通了“微筑密”微信公众号，同时还将精心编制的保密知识试题纳入了市“两学一做”学习教育云平台“在线学习”答题内容，有效地扩大了保密宣传教育的覆盖面[2]；广西贺州市保密局打造了集政策普及、知识普及、培训考试等功能于一体的“贺州保密”App，受到广泛欢迎[3]……

“互联网 + 保密宣传教育”的思维是做好新时代下保密宣传教育工作的有效途径。高校应充分发挥网络、微信等新媒体平台在保密宣传教育上的重要作用，通过设置保密网上知识培训平台、开设保密微信公众号、创建保密工作专门的 App 等多种形式，以更加便捷、丰富、可视的新形象，让“保密”贴近师生的需求，增强覆盖面和渗透力。

2.4 强化部门协同——形成良好的联动效应和强大合力

做好高校保密宣传教育工作，既要充分发挥保密工作机构自身的主观能动性，也要善借外力外脑，强化与相关单位特别是与保密归口管理部门的协调配合，在巩固既有阵地的基础上借用相关阵地，推动“融入式”保密宣传教育，形成做好保密宣传教育的强大合力[4]。

保密工作机构应加强与人事部门、科研部门的联动，在做好每年对保密领导干部、涉密人员的常规教育培训外，还要瞄准重点人群，把握关键节点，如共同抓好对新入职员工、拟承担涉密项目的科研教师的保密知识普及，防患于未然，切实减少失泄密隐患。

在面向学生的保密宣传教育工作上，高校保密工作机构应与学工部、研工部、武装部等加强协同，通过思政课、党课、国防教育课等，把保密教育与理想信念教育、革命传统教育、国家安全教育等有机结合[5]，通过无形熏陶和有形引导，使保密观念能逐步融入学生的思想，使其在日常生活中树牢保密意识、形成保密习惯。

3. 结语

新时代对高校保密宣传教育工作赋予了新使命、提出了新要求、树立了新目标。我们要把握时代脉络，肩负时代重任，整合资源，创新思维，努力深化保密宣传教育实践，不断探索保密宣传教育的有效途径，为切实筑牢高校师生保密思想防线、助推高校安全保密环境建设而不断奋进。

[参考文献]

[1] 毛亚荣，陈爱强. 新时代高校保密宣传教育如何发力[J]. 保密工作，2019(07)：54-55.
[2] 殷翎翊，姜文敏，雷宏. 当"互联网+"遇上保密宣教[J]. 保密工作，2019(02)：39-41.
[3] 广西贺州：保密App，再创宣教新舞台[J]. 保密工作，2019(04)：27.
[4] 本刊评论员. 全面提升保密宣传教育能力[J]. 保密工作，2019(06)：4.
[5] 凝心聚力，持续深化保密宣传教育工作[J]. 保密工作，2018(10)：12-14.

高校定密工作若干问题浅析

倪勇军

（上海交通大学保密办公室　上海市　200240）

摘　要：本文将高校定密工作的发展划分为三个阶段，指出当前高校正普遍面临由第二阶段向第三阶段的转变，并对其中需要解决的关键环节如定密权申请、归口部门确定、指定定密责任人确定、国家秘密范围细目制订及定密监督管理等进行了探讨和分析，并提出了相应的解决方案和思路。

关键词：保密管理；定密；高校；制度建设

0. 引言

高校定密工作的发展可以划分为三个阶段：第一阶段为只标密不定密，定密工作既无法定流程，也无对国家秘密信息的本质分析，称为以标代定阶段；第二阶段初步建立了规范化的定密流程和体系，进入形式定密阶段，此阶段的定密工作对国家秘密信息的本质分析仍然缺乏科学有效的手段和依据；第三阶段对国家秘密信息有了比较科学、准确的认识和界定，定密责任人对定密流程及国家秘密信息均能准确把控，形成科学定密阶段。目前，大部分高校的定密工作已经完成或正在进入第二阶段，对于如何迈入第三阶段，仍然存在不少困难和疑点；针对此现状，笔者根据多年的基层保密工作经验，对高校定密工作中的若干问题进行了初步探讨。

作者简介：倪勇军（1971—），男，上海交通大学保密办，主任科员。主要研究方向：保密管理及其信息化。

E-mail：nyj88@sjtu.edu.cn。

1. 定密权的申请

高校开展定密工作，应当向有法定定密权限的国家机关申请相应定密授权；未经定密授权的高校，无权开展国家秘密事项原始定密工作。密权法定，法定可授，非法定不可授。根据《国家秘密定密管理暂行规定》（以下简称《暂行规定》）第七条和第四十四条第一款的定义，国务院及其组成部门（含教育部）具有秘密、机密、绝密级国家秘密的法定定密权，可以接受定密授权申请并进行定密授权；《暂行规定》第七条和第四十四条第二、三款规定，省及部分地市政府也具备法定定密权，但该法定定密权范围仅限于地方人民政府本身，对照第一款显然不包括地方政府组成部门如政府办公厅、教育厅、局等地方教育管理机构等。因此，除另有规定，教育部是各高校在教育行业内受理定密权申请和授予定密权的唯一合法政府机关。另外，根据归属管理原则，地方性高校除向教育部申请定密授权外，也可以向有管辖权的地方人民政府申请定密授权。

从现有法律法规看，保密法第十三条规定，国家保密行政管理部门制定具体的定密权限、授权范围的管理办法，国家保密局在2014年颁布的《暂行规定》第七条规定，有定密权的机关可以在主管业务工作范围内或本行政区域内做出相应密级定密授权的决定。显然，《暂行规定》没有对定密授权进行行业领域范围限制，仅对定密权的授予对象进行了限制，与国家秘密及其范围按行业领域分工制订不同，因此各级定密授权机构做出的定密授权决定，可以进行行业领域限制，也可以不进行行业领域限制。各高校可根据实际需要向有法定定密权的机构提出有或无行业领域限制的定密授权申请。高校常见的定密领域范围有科研事项、党政管理事项（含教育考试事项）等。同时，笔者也建议教育部向各级地方性教育管理机构进行主动定密授权。

据有关规定，各类单位包括中科院、高校等申请定密授权最后均需报国家国防科技工业局审批，笔者认为值得商榷，建议改为备案，定密审批权和授予权应该在相关有法定定密权的业务主管部门，且定密授权范围不应受行业领域限制；如果有法定定密权的国家机关需要对其自身产生但不主管的其他行业领域的事项进行定密，都需要向其他业务主管国家机关交叉申请授权，不符合保密法的立法精神，实际工作中也难以操作。

2. 定密归口部门的确定

各高校保密办公室作为保密委员会下设办事机构，负责指导、监督和检查学校的定密工作，不是定密工作的归口管理部门。笔者认为，高校定密归口部门的主要职能包括组织编制学校国家秘密事项范围细目、向法定定密责任人提出指定定密责任人人选及其定密权范围的授予、变更及撤销的建议，代表法定定密责任人对指定定密责任人履行定密职责情况进行统一管理和考核，对学校定密工作中的具体事项进行备案、汇总、统计和分析，协调相关部门对本校产生的国家秘密进行变更、解除等。鉴于高校需要定密的事项以科研事项和党政综合事项（含教育考试）两类为主，其中科研事项需定密的内容多为技术秘密及其应用，常表现为项目研究合同；党政事项虽然比较宽泛，但多为涉及社会政治安全稳定的信息，且多数形成公文，两类事项的定密对专业能力和政治敏锐性要求截然不同，因此，在高校中可以对定密工作设置两个管理部门分别归口管理：科研管理部门和党政综合管理部门[1]。

3. 指定定密责任人确定

我国现有的定密制度，赋予定密责任人对国家秘密确认、变更及解除的最终权力，代表国家对涉及国家安全和利益的事项进行认定和裁决，责任及其重大。定密责任人定密工作能力的高低，直接影响定密质量，从而影响国家安全和利益，因此，指定定密责任人，应以能整体提升单位定密质量为首要考虑。因为法律上对国家秘密的界定过于宽泛、模糊，导致定密工作实际上成为一项主观性非常强的工作。尽管中保委、国家保密行政管理机关、各行业主管行政机关等制定了各种定密工作规则以使定密工作客观化，但同样的信息，因为定密责任人在经验、知识、素质、意识、信息认知程度和分析（定密）方法掌握上的差异，难免会产生不同的结果[2]。定密工作主体差异的普遍性与定密工作对象的一致性需求之间的矛盾，唯有通过缩小定密主体之间的差异来解决。因此，指定定密责任人的原则就可以转化为选择同样拥有丰富的定密经验、足够的专业素养、相近的意识形态、能熟练掌握定密方法技能的人。对于高校来说，能满足后面三点的人不难选择，所以，笔者认为，高校指定定密责任人的原则，就可简化为使其能拥有丰富的定密经验。各高校除分管党政工作和科研工作的校领导应该指定为定密责任人外，是否还要指定其他定密责任人，应当视定密数量和频率而定。定密归口部门确定指定定密责任人岗位或建议指定定密责任人人选时，应充分预估其可能的定密数量和频率，参照《暂行规定》中申请定密权的单位年均产生国家秘密事项 6 件以上的要求，笔者建议高校指定定密责任人或岗位时也应该年均处理 6 件（含派生定密）以上为宜。由于高校管理岗位流动性大，定密责任人积累定密经验很不容易，因此笔者建议在高校机关职能部处实行定密责任人实习制度，以确保合格定密责任人的储备人选和经验积累。科研岗位的定密责任人，也可以在其被授权定密的学科领域内，提出实习定密责任人人选。实习定密责任人在承办人之后、定密责任人之前完全模拟定密责任人职责审查相关事项，但不具备法律效力。当然，也可以在衡量指定定密责任人人选时，将其曾经承办具体定密事项的工作经历和经验做为重要参考依据。

4. 国家秘密事项范围细目的确定

国家秘密事项范围，由国家保密行政管理机构会同各行业主管机关共同制订，是所有机关单位确定国家秘密的原始依据。高校定密工作归口管理部门，应当会同保密办公室，组织相关涉密业务部门人员组成定密工作小组，充分研究本校业务工作中可能产生的国家秘密事项，形成清单，并逐一对照 90 多个保密事项范围找出归属条目，抽取相应条目汇总形成本校可能的国家秘密事项范围，再对该国家秘密事项范围结合学校实际情况进一步细化分解，最终形成学校国家秘密事项范围细目，提请法定定密责任人审批后，传达至定密责任人和承办人，作为本校开展定密工作的具体依据。国家秘密事项范围细目，是单位结合自身业务特点对国家秘密事项范围所表述信息的进一步细分，细分条目所涵盖的内容可以小于相应国家秘密事项范围条目涵盖的内容，但不能超出。单位国家秘密事项范围细目，在本质上仍然是一种信息分类表，不同于单位国家秘密事项一览表；单位国家秘密事项一览表是单位确定和管理的国家秘密具体事项的汇总表。定密责任人原则上应当对照本单位国家秘密事项范围细目“对号入座”确定国家秘密；无法“对号入座”的，工作急迫也可直接依据保密事项范围进行定密，但应及时提请归口管理部门修订本单位国家秘密事项范围细目。

5. 定密监督管理

法定定密责任人对本单位的全部定密工作负总责。实际工作中，高校对指定定密责任人定密工作的监督由定密归口部门和保密办公室共同进行。定密监督主要内容包括是否存在越权定密、定密不准、定密程序不规范、密级标志不规范以及不及时变更和解除国家秘密等[3]。定密监督按监督工作介入的时间节点分为实时监督和回溯监督。实时监督是在制度设计上列入保密事项审查审批流程的监督，是当前形势下提升高校定密工作质量的重要环节。定密工作归口部门通过定密备案制度进行实时监督，保密办公室通过将审查定密工作做为前置审查要件（如需要开具各类密级证明文件）等方式对定密工作进行实时监督。实时监督通常以形式审查为主，但如发现存在上述定密监督主要内容中的情形，也应该及时督促相关定密责任人进行整改，从而在定密个案上确保定密质量。回溯监督是通过定期对定密工作结果进行统计、分析、研究和检查，发现学校定密工作中存在的共性问题，为学校定密制度和流程的改进、定密责任人培训内容设计、定密责任人调整、学校国家秘密事项范围细目调整等提供重要依据，从而在定密制度体系设计上整体提升学校定密质量。学校应当根据本校定密工作发展的实际情况，科学合理规划定密监督体系。笔者认为，学校整体定密质量越高，甚至进入定密发展第三阶段的，在监督体系设计上可以越简化；反之，则应该越全面、细致。

6. 结束语

定密工作是保密工作中最基础、最根本、最核心的工作，是涵盖定密权、定密责任、保密事项范围、定密流程和定密监督等一系列事项的工作[4]。这项工作虽然如此重要，却又是长期被忽视的一项工作，对比高校甚或更大范围，定密工作发展进入到第三阶段的单位凤毛麟角；又因为保密工作的特殊性，使得此项工作的交流学习远不如其他科学领域的交流顺畅广泛。因此，笔者在此对定密工作关键环节的若干问题提出了一些粗浅的见解，以期专家同行指正。

[参考文献]

[1] 崔淑妮. 高等学校科研保密管理体系建设[M]. 北京：清华大学出版社，2019：27.
[2] 高金虎. 张魁著,情报分析方法论[M]. 北京：金城出版社，2017：26.
[3] 国家保密局编写组. 国家秘密定密工作指导手册[M]. 北京：金城出版社，2014：99.
[4] 宋建军著. 定密工作知识读本[M]. 北京：金城出版社，2019：5.

新标准下高校涉密载体管理问题与对策

孙菲菲
（河北省燕山大学国防科学技术学院　河北省　066004）

摘　要：2016 年，自从新修订办法及标准颁布以来，新一轮军工保密资格认定工作全面启动。涉密载体管理的认定分值为 45 分，在保密资格认定总分值中的比重是 9%。虽然从整体分值比重看涉密载体管理部分所占比重较小，但不可忽略的是，涉密载体管理的认定一旦一项失分，其他项也是牵连项，往往该部分全部扣分，更重要的是涉密载体管理涉及国家安全和利益，关系到学校的重要工作和科学研究，其重要性不言而喻。因此，梳理涉密载体管理的认定标准及注意事项事关重要。

关键词：新标准；涉密载体管理认定；载体生命周期

0. 引言

我国最早的关于国家秘密载体保密管理的规定是 2001 年 1 月 1 日由中共中央、国务院颁布的《中共中央保密委员会办公室、国家保密局关于国家秘密载体保密管理的规定》。该项规定是根据《中华人民共和国保守国家秘密法》及其实施办法制定，自《规定》颁布以来，加强了国家秘密载体的保密管理，确保了国家秘密的安全。

从历年收集的纸介质文件材料来看，高校保管的涉密载体主要有涉密上级来文、本校制发的涉密文件和本单位自己掌握的内部资料，这些文件涉及高校在教学、科研、管理过程中形成与办理的涉及国家和学校秘密的文件，除了具有一般文件的凭证作用和参考价值外，还关系到国家安全和利益，关系到学校的重要工作和科学研究，其重要性不

作者简介：孙菲菲（1988—），女，主要研究方向：科研管理。E-mail：1114943597@qq.com

言而喻。那么在新标准下高校涉密载体管理如何认定，如何完善与提升高校涉密载体的管理水平，成为高校管理者必须面对的问题。

1. 军工保密资格认定新标准的颁布

2016 年，国家保密局会同国家国防科技工业局、中央军委装备发展部修订印发了《武器装备科研生产单位保密资格认定办法》（国保发〔2016〕15 号）和《武器装备科研生产单位保密资格评分标准》。新的《办法》和《标准》在保密管理——涉密载体管理部分有了新的要求和评分认定准则。下面对国家涉密载体管理以及认定标准进行详细解析。

2. 当前涉密载体管理的问题

2.1. 涉密载体种类多、不集中

按照《武器装备科研生产单位保密资格标准》，国家秘密载体是指记载国家秘密信息的纸介质、磁介质和光盘等各类物品。其中，磁介质包括优盘、硬盘等。按照国防科技工业八项集中管理要求，磁介质和光盘等一般都采用集中或相对集中管理，安全风险较低。纸介质则相对复杂，根据其用途，主要有蓝图纸、过程文件、红头文件、档案文件等。每一类均有不同的管理要求，其生命周期长短也不尽一致，且使用部门和人员相对分散。蓝图纸、档案文件保管于档案管理部门，红头文件主要由机要部门负责管理，相对集中。涉密载体管理的难点在于纸质过程文件，过程文件数量多、流转快、保存分散、生命周期短，是涉密载体管理的重要关注点。

2.2. 外来涉密载体未引起充分重视

涉密载体按照来源分为外来涉密载体和本单位产生载体。外来涉密载体即不是本单位产生的涉密载体，是通过机要传递或涉密人员在交流协作（会议等非正式渠道）接收的载体。机要渠道是正式的涉密载体传递渠道，通过机要渠道传递的涉密载体专人管理受控。而接收自非正式渠道的涉密载体，比较隐蔽，来源复杂，是涉密载体管理的难点，需要引起军工企业和保密工作机构充分关注。外来涉密载体难于管理，一是非机要渠道接收之后，如果涉密人员不主动申报，单位和组织就不知道载体的存在。对于不存在的东西，管理就无从谈起。二是传递渠道也不统一。越来越多的民营资本进入军工生产领域，这部分企业虽然也获得了相应的军工生产保密资格，但有些企业没有专门的保密管理部门、保密管理体系不完善、没有涉密载体和公文传递的机要渠道。在协作交流中发

生涉密载体传递时只能通过面对面的方式交接，在没有专门保密工作机构和完善的保密管理体系情况下，有可能导致涉密载体失控。

2.3. 缺乏有效的管理信息系统

对于固定资产，多数企业有完善的资产管理信息系统，对资产的全生命周期进行管控，并有专人管理。由于各种原因，涉密载体管理则相对落后，目前高校的涉密载体管理还处于表格管理阶段。采用表格管理缺点明显：如无法及时更新、记录容易修改、无法实时反映涉密载体的状态，管理的好坏与表格管理人员息息相关等。尤其是对过程文件数量多、流转快的特点，仍没有有效的管理系统。

2.4. 保密工作机构缺乏监管手段

涉密载体的磁介质部分由于实施集中管理，保密工作机构易于监管。而涉密过程文件因数量多、流转快、保存分散，保密工作机构难以全方位监管。在实际工作中，保密工作机构往往只能采取抽查的方式对涉密过程文件的状态进行跟踪。发现问题则通知责任部门整改，举一反三，管理上相对被动。没有有效的管理系统也是导致保密工作机构缺乏监管手段的原因之一。

3. 加强涉密载体管理的对策

3.1. 建立涉密载体管理台账

涉密载体管理的关键点是确保载体受控、可追溯，载体台账是涉密载体管理的基础。涉密载体台账一般有三种类型：留存台账、流转台账、销毁台账。留存台账体现了涉密人员个人经管涉密载体的情况；流转台账则显示涉密载体传递收发的情况；销毁台账则是涉密载体的销毁情况。

3.2. 基于全生命周期的载体管理系统

全生命周期理论简要地说就是“从生到死的过程”，广泛用于资产管理、成本管理等方面。涉密载体全生命周期包括载体的制作、传递、收发、使用、复制、保存、维修、销毁等环节。涉密载体的全生命周期管理就是对涉密载体从制作到销毁全过程监督管理，防止载体不受控而造成失泄密隐患。基于全生命周期理论涉密载体管理的信息系统，要建立信息完备的载体台账，并将涉密载体与载体台账关联起来，覆盖涉密载体管理的各个环节，动态反映涉密载体的状态。

3.3. 强化监督检查

监督检查是保密工作机构的主要职能。在没有完善有效的涉密载体管理信息系统时，保密工作机构只能通过监督检查了解涉密载体管理的状态；涉密载体管理信息系统建立起来以后，监督检查也不可或缺。管理信息系统并不是万能的，涉密载体管理中人的因素不容忽视，信息系统的运行也有可能带来新的问题。持续的长效的监督检查机制就显得十分必要。监督检查发现问题及时处理，将安全保密风险降到最低。

3.4. 加强涉密人员管理

涉密载体管理的一个关键是涉密人员的管理。在实际工作中，涉密载体无论处于全生命周期的哪个阶段，均有人员为之负责。涉密载体管理由涉密人员全程参与，不仅仅涉密载体本身，涉密载体承载的涉密信息也由涉密人员掌握。因此，脱离涉密人员管理谈涉密载体管理等于空谈。

涉密人员的因素在外来涉密载体管理中尤其重要。按照高校的管理模式，在无有效控制措施的情况下，只有接收非机要渠道外来涉密载体的涉密人员主动举手“举手”时，这部分载体才可能受控。涉密人员管理应从涉密人员最关注的方面着手，主要是增强涉密人员“保密就是保个人前途，保家庭幸福”的意识，使涉密人员形成良好的工作习惯，学会通过自觉履行涉密载体管理的流程和手续保护自己。

3.5. 完善保密考核制度设计

古典经济学认为，人是经济人，采取的任何行为总是要趋利避害，使自己的利益最大化。从这个角度说，保密管理的任何审批和监督流程都是行为的障碍，都会增加涉密人员行为的成本。这是涉密人员认为保密管理很麻烦、添乱的根源。但从高校角度而言，失泄密事件造成国家安全和利益损害，给学校带来重大利益损失。

涉密载体承载国家秘密信息，种类多，数量大，是保密安全管理的难点。高校的保密工作机构制定详细的制度，通过严格的流程对涉密载体管理的各个环节进行管控，并开展大量的监督检查工作。然而涉密载体管理因流程繁琐、手段原始饱受诟病，涉密载体管理水平有待借助信息化手段提升。信息化手段并不是减少流程，而是在保障安全的同时，增加业务便捷性，提高效率。

涉密载体管理的基础是载体台账，关键在涉密人员。要充分认识涉密人员在涉密载体管理中的作用。管理实践发现，无论管理流程有多少个环节，有多严格，涉密人员有关载体违规行为时有发生；二是违规成本低，即使被发现，也没有多少成本。因此除了涉密载体管理本身外，高校还应关注保密考核的内容，通过考核进一步规范涉密人员的行为。

4. 结论

本文针对新标准下的涉密载体管理进行了梳理，通过对当前涉密载体管理的现状进行分析，提出了涉密载体管理的问题对策，对新标准下如何应对涉密载体管理认定提出了有效的解决办法。

［参考文献］

[1] 许存芝. 高校涉密载体的管理状况与改进策略研究［J］. 兰台世界，2011（30）：39-40.

[2] 徐瑞卿. 张爽,崔素珍. 涉密载体管理探析［J］. 保密科学技术，2015（7）：54-56.

[3] 刘金平，徐 辉，陈 璐，陈殿杰，刘悦. 军工企业涉密载体管理中的问题与对策［J］. 兰台世界，2017:123-124.

高校涉密人员考核评价及激励机制研究

傅丽萍　倪勇军

（上海交通大学保密办公室　上海市　200240）

摘　要：从现阶段高校的保密工作来看，为不断提升我国高等教育质量和国家软实力以及国际影响力，高校面临国际化日益深化的大背景，如何在新形势下做好涉密人员的保密管理工作日益重要。在日常保密管理中存在着“说起来重要，干起来次要，忙起来不要”的情况，对涉密人员的管理要求多，激励表彰少。因此，在加强涉密人员管理之外，如何通过职称评定、进修培训、工资待遇、职务晋升、考核评价等方面建立更有竞争力、实效性和针对性的激励体系，切实提高涉密人员的主动性、积极性具有重要意义。

关键词：保密管理；涉密人员；安全保密；激励机制

1. 涉密人员的责任与权益

面对日益复杂的环境，窃密泄密严峻的形势，一方面要做好新形势下涉密人员管理工作，另一方面应该充分调动涉密人员的积极性，使其自觉提高保密意识和责任意识。

保密法及其实施条例、有关规章、规范性文件等对涉密人员管理作出了原则规定，明确了涉密人员的定义及分类，并制定了涉密人员岗前、在岗、出国（境）、脱密期、权益保障等一系列管理制度。

（一）实际工作中，对涉密人员的责任要求如下：按照“业务工作谁主管，保密工作谁负责”的原则，建立涉密人员保密工作责任制。各级领导干部除保守自己掌握、知悉的国家秘密外，对主管范围内的保密工作和涉密人员负有领导责任。单位法定代表人

作者简介：傅丽萍（1989—），女，主要研究方向：高教管理。E-mail：lpfu@sjtu.edu.cn

对本单位的保密工作负全面领导责任；分管保密工作的所领导负具体领导责任；分管其他工作的所领导对分管工作范围内的保密工作负领导责任。涉密部门负责人对本部门的保密工作负直接领导责任；涉密人员对本职岗位的保密工作负直接责任，应熟悉本职岗位的保密要求，按规定履行保密工作职责。按照国家有关规定，凡履行保密责任不力，严重违反保密规定或泄露国家秘密的，不能提拔任用。对不符合保密要求的涉密人员要及时调离涉密岗位或降低涉密等级。

（二）2015 年 5 月，中央组织部、国家保密局、公安部等八部门联合印发了《关于进一步加强涉密人员保密管理工作的意见》（以下简称《意见》），分六个部分对机关单位涉密人员保密管理工作进行了规范，为涉密人员管理提供了重要制度保障和具体管理指南。保密法第三十五条规定，在涉密岗位工作的人员（以下简称涉密人员），按照涉密程度分为核心涉密人员、重要涉密人员和一般涉密人员，实行分类管理。[1] 这一规定有效地划分清楚人员管理的范围，指明了涉密人员管理的重点内容。

（三）实际工作中，对涉密人员岗前、在岗、离岗的工作要求如下：涉密人员进入工作岗位前，要接受保密审查、签订保密承诺书或责任书；在工作中，要自觉履行保密义务，具体为接受并且配合各项保密检查；接受保密教育及自学，每年不得少于 15 个课时；按规定制作、收发、借阅、使用、复制、保存及销毁涉密载体；在涉密计算机上处理涉密信息，不得在非涉密计算机上处理涉密信息，涉密计算机重装系统或者安装白名单以外的软件均需要得到批准，涉密计算机根据密级需要定期更换密码；外出携带专供外协的涉密信息设备需要履行审批手续，并且记录信息的导入导出；发表著作和论文需经过保密审查；召开涉密会议需要符合相关要求；出国（境）需要提前申请，护照由相关部门统一管理，用完后 7 日内及时归还；每年对本年度保密工作进行总结，接受考核；工作调整时，需要提交“涉密物品交接清单”，填写相应的审批表；离岗离职实行脱密期管理，在脱密期内，涉密人员应当按照规定履行保密义务，不得违反规定就业，不得以任何方式泄露国家秘密等。

（四）与我国情况类似的，美国也对涉密人员有相应的管理要求。特别是近年来，随着社交媒体的广泛使用，泄密隐患越来越大，为此美国出台系列文件加强涉密人员管理。[2]

（五）相对应的激励补偿措施比较欠缺，因此，《意见》的发布，推进了涉密人员权益保障。要求依法维护涉密人员合法权益，为涉密人员提供履行职责所需的设施设备等基本条件（即职务性权利），建立涉密人员定期交流机制和激励机制。要求人力资源和社会保障、财政等部门会同国家保密行政管理部门研究制定涉密人员权益保障的措施和办法，明确在进修培训、福利待遇（即财产性权利）、评奖表彰方面给予涉密人员政策倾斜。

但是《意见》仅提出工作目标，暂不作具体规定。很多权益保障没有得到及时的贯彻，一定程度上影响了涉密人员的工作积极性和队伍稳定性。特别是新版《武器装备科研生产单位保密资格标准》《武器装备科研生产单位保密资格评分标准》，对定密工作从定密授权、定密责任人、定密程序、变更和解除等进行了全面规范。按照涉密人员保密管理工作规范，以及国防科研工业相关管理规定，对涉密人员的界定、审查、复审、离岗离职、出入境、脱密期管理的全过程管理标准，进行了全面修订。这就对涉密人员提出了更高的要求，特别是对定密责任人来说，肩上的担子又重了几分。

2. 涉密人员的激励因素

根据心理学家马斯洛的需求层次理论，人的需求分为生理需要、安全需要、社交需要、尊重需要和自我实现的需要。保密补贴发放，属于增加涉密人员的收入，有利于涉密人员生理需要的满足。职称评定、考核评价的建立，属于提高涉密人员的收入，同时提升了涉密人员的荣誉，有利于涉密人员生理需要、尊重需要以及自我实现需要的满足。注重学校保密文化的建设，增强涉密人员的归属感和自豪感，提高涉密人员自我身份的认同感。对于涉密人员的激励应该考虑到这种多元化，有选择地进行。

根据美国心理学家赫茨伯格的双因素理论，影响工作积极性的因素分为两类，一类是激励因素，如成就、认可、工作自身、责任感和发展等，一般存在于工作内部，它的改善往往能够激励员工们的积极性和热情，提高一个人的工作效率；另一类是保健因素，如组织的政策、行政管理、工作环境、人际关系、工资等，一般与工作环境有关，它的改善只能防止人们对工作不满意而造成的损失，不能使员工变得非常满意，不能激发其积极性。物质需求的满足是必要的，没有它会导致不满，但当获得满足之后，它的作用往往是有限的、不能持久的。要调动人的积极性，不仅要注重物质利益和工作条件等外部因素，更要注重工作的安排，注重为其提供成长、发展、晋升的机会。高校教师的主导需求是知识的运用、事业的成功以及自我价值的实现。其中的涉密人员需求也是一样，因此要注意为其提供一定的福利待遇，增加他们进修培训专业知识的机会，拓展其发展路径。

根据美国行为科学家亚当斯的公平理论，一个人做出成绩并取得报酬后，他不仅关心自己所得报酬的绝对量，而且关心自己所得报酬的相对量。他会通过比较来确定自己所获报酬是否合理，如果他认为自己获得的报酬即金钱、工作安排以及得到的赏识等，与自己的投入即教育程度、所做努力、用于工作的时间、精力等的比值小于他人的比值，他可能会降低自己的投入。因此要注重涉密人员与非涉密人员之间的平衡，在涉密人员比非涉密人员做出更多努力、付出更多精力、承担更多责任的情况下，增加对涉密人员的激励，提升他们的荣誉感。

通过访谈等途径，笔者从涉密人员处获悉，对于大多数涉密人员来说，目前的激励因素只有保密补贴。对于大多数涉密人员来说，参加保密培训和保密考试，有利于提高自己的保密意识和保密技术水平，但并没有起到激励的作用。

3. 建立涉密人员激励机制的对策建议

从现阶段的保密工作来看，存在着“说起来重要，干起来次要，忙起来不要”的情况。因此，在加强涉密人员管理之外，如何通过职称评定、进修培训、工资待遇、职务晋升、考核评价等方面建立更有竞争力、实效性和针对性的激励体系，[3]切实提高涉密人员的主动性、积极性具有重要意义。

加强物质因素的保健作用。同其他人员一样，应根据工作目标、社会经济发展状况、涉密人员的工作性质、工作业绩，对涉密人员的待遇采取基本工资、岗位津贴等薪酬方式，以及社会保险、带薪休假、教育保险等福利形式予以体现。同时，要投入更多的保密经费，将津贴及时发放到每一个涉密人员手中，特别是学院课题组要及时发放保密补贴，防止拖延现象的发生，按照核心、重要、一般涉密人员的等级逐级递减原则确定保密岗位津贴，保密补贴按月考核计入工资发放，当月考核不合格的，下月停发保密补贴。在涉密人员发生岗位或职务变动等情况时，做好津贴的动态调整，确保发放及时、准确。

根据涉密人员所承担的权利与义务，给予财产性权利方面的补偿。对于因重要项目在研阶段、科技成果的权属变化和承担科技保密义务所产生的限制性损失，由国家根据情况，给予适度的政策性补偿或直接经济补偿，[4]同时学校可给予适当的配套补偿。新版《武器装备科研生产单位保密资格标准》中对定密工作从定密授权、定密责任人、定密程序、变更和解除等进行了全面规范，因此可以适当增加定密责任人的财产性权利的补偿。

加强工作环境因素的保健作用。做好保密法制宣传教育培训工作，营造良好的保密文化。从岗前保密教育中，在招收、录用和上岗培训中增加保密法律知识，增强涉密人员的保密法制观念。我校新教职工入校保密教育、宣传干事培训班中的保密教育都非常有特色。学校保密办公室定期联合党委宣传部在全校电子屏幕上进行日常保密宣传，并且在各学院科研办老师的协助下，在行政楼大厅、相关学院大厅等进行保密案例展板的宣传。同时，强化涉密人员在岗、离岗保密宣传教育，通过购买学习材料、印发学习材料、影像学习、评选先进等方式，特别是加强对每年新案例及身边案例的学习，举一反三，杜绝类似案例的发生，进一步加强对保密文化的营造。

完善涉密人员轮岗、挂职锻炼、交流培训等机制，为涉密人员提供交流平台和发展机会。同时，各种新技术、新方法层出不穷，窃密和反窃密技术和产品也在不断发展，也需要涉密人员通过拓展培训，如前沿讲座、高级研讨班等，不断拓展保密工作视野，以应对网络技术快速发展带来的挑战。[5]目前我校是全国高校科研保密协作组常务组员，作为 2015 年协作组成立的牵头单位之一，从协作组成立起就致力于参加协作组工作，积极修订完善协作组议事规则、研讨协作组的建设和发展问题等。

（三）完善考核机制，增强涉密人员荣誉，充分发挥激励因素的作用。根据新标准，涉密人员每季度对履行保密责任情况进行自查，部门负责人对其自查情况进行考核。涉密人员每年对本年度保密工作进行总结，填写“涉密人员年度保密工作考核表”，由部门负责人对其年度情况进行考核并选择优秀、良好、合格、不合格，涉密人员的年度考核与人力资源处的考核同步进行，由人力资源处签署审核机关意见，被考核人最终确认考核结果。年度考核优秀率与学校人事考核的优秀率基本一致，考核优秀者进入评选先进工作者的名单，按照相应比例，通过评审，选出先进工作者，发放相应的保密绩效奖励入卡。此外评选一定的先进课题组、先进管理组和先进集体，并发放相应的保密绩效奖励。对考核不合格的涉密人员，降低密级或者调离涉密岗位。目前我校考核不合格的情况比较少，负面激励因素的作用没有发挥出来。此外，部分部门负责人选择优秀的时候并不是看保密工作情况，而是综合其他工作情况进行评价，没有起到根据保密工作情况激励的作用。

除了日常性考核外，涉密人员在保密工作中做出突出贡献的，经推荐由保密委员会确定，给予表彰和奖励。目前我校没有做出突出贡献的保密工作人员，但有很多默默无闻的老保密人员，他们安于坐冷板凳，切实从防范风险的角度，从影响和带动他人的需要出发，对保密工作的有关法规标准学习理解更深、把握更准，对窃密泄密危害和风险防范的必要性看得更清、讲得更透，对执行保密制度和保密纪律要求更严、做得更好，切实用自己的良好示范作用影响和感召他人[6]，对于这样一批人，需要增加相应的奖项，加强涉密人员工作的荣誉感。

（四）完善职称评定、职务晋升通道，增强涉密人员成就感，充分发挥激励因素的作用。我校为了加强国防科研系列专业技术队伍建设，于2012年审议通过了《上海交通大学国防科研人员高级专业技术职务聘任实施细则》（沪交内（人）〔2012〕70号附件三），并于2014年进行了修订。该实施细则具体化了研究员、副研究员需要发表的论文级别及数量，主持国防科研项目的类型，与《上海交通大学教师专业技术职务聘任实施办法》中的科研为主的研究员、副研究员的要求基本一致，符合了“分类指导、突出贡献”的原则，从一定程度上调动了长期承担国防科研项目研究人员的积极性，发挥了激励因素的作用。

[参考文献]

[1] 关于涉密人员管理的规定（摘要）[J]. 保密工作，2010（10）：16-18.
[2] 李艳霄，王丽丽. 美国涉密人员保密管理研究 [J]. 保密工作，2019（7）：102-103.
[3] 王姝. 完善涉密人员权益保障机制 [J]. 保密工作，2017（2）：30-31.
[4] 胡亚文. 市场化、网络化条件下科技涉密人员人本管理问题研究 [J]. 科技进步与对策，2004（5）：124-126.
[5] 吴同斌. 如何做一名称职的涉密资质单位保密管理人员 [J]. 保密科学技术，2018（3）：43-48.
[6] 黎妹红，胡延军，高艺等. 涉密资质单位涉密人员保密教育培训体系探讨 [J]. 保密科学技术，2017（12）：42-44.

关于高校保密监督检查体系化建设的建议

丁琰鋆

（武汉大学保密委员会办公室　湖北省武汉市　430072）

摘　要：保密检查工作是保密管理的重要组成部分，是保密监督管理的重要手段，也是排除涉密风险、挖掘泄密隐患、堵塞管理漏洞、改进管理工作的主要手段。当前，在高校保密工作中通过保密资格审查认定的单位取得了明显成效，但 保密形势依然复杂严峻，失泄密隐患不同程度存在。高校环境复杂，特点明显，开展保密检查工作存在很多问题，非常有必要建立一套科学的、有实效的保密监督检查长效体系。本文通过分析当前高校保密监督检查工作中存在的诸多具体问题，深入探讨，提出了高校保密监督检查体系化建设的一系列行之有效的建议和对策。

关键词：高校；监督检查；体系化；技术手段

保密检查工作是保密管理的重要组成部分，是保密组织机构依据有关保密法律、法规及其他规范性文件，对保密督查对象遵守保密行政法规、履行保密责任义务和执行保密行政决定等情况进行检查、了解、督促和查处的行为[1]，是保密监督管理的重要手段，也是排除涉密风险、挖掘泄密隐患、堵塞管理漏洞、改进管理工作的主要手段[2]。当前，高校保密工作特别是通过保密资格审查认定的单位取得了明显成效，广大教学、科研、管理人员以及在校学生的安全保密意识都有了很大提高，保密管理工作也逐步制度化、规范化。但是，高校保密形势依然复杂严峻，失泄密隐患不同程度依然存在。目前，高校保密检查工作开展中暴露出来的一些突出问题，应引起高度关注和认真反思，必须着力加以研究和解决，我们认为行之有效的途径是建立一套科学的、有实效的保密监督检查长效体系。

作者简介：丁琰鋆（1983—），男，武汉大学党委保密委办公室主任秘书，主要研究方向：保密管理、保密技术。

E-mail：tintin@whu.edu.cn.

1. 高校保密检查工作问题现状

1.1 高校人员复杂且流动性大，保密意识薄弱

高校涉密人员构成复杂，既包括科研人员，又包括项目所涉及的科研、档案和计算机等方面的管理人员，这些人员既有教师、学生又有部分外聘人员[3]；高校涉密人员流动性大，如管理人员工作调动、涉密研究生毕业离校、涉密人员在外兼职，以及在国内外频繁的学术、科技交流与合作等。另外，高校中仍有不少人对保密工作重要性和紧迫性认识不足，保密意识淡薄，保密的知识他们都懂，但是他们没有将它落到实处，心存侥幸心理，认为只要没有出事，就可以不按规矩来。还有些老师为了图方便，觉得保密工作限制太多太麻烦，不利于科研工作的开展，采取消极态度，规避检查或者不予配合检查，这些方面无疑给保密检查的顺利开展增加了难度。

1.2 高校信息设备种类多，数量大，覆盖面广

高校网络信息化程度高、计算机以及其他信息设备数量大，并且大量自建网络与国际互联网相连。仅以我校为例，仅信息设备就有 5 万多台，分布极其广、极其分散，给保密监督检查增加了难度。在网络环境条件下，信息安全问题日益突出，高校向来是境外敌对势力重点关注区域，高校老师的非涉密计算机，时常有被攻击的现象发生。现行高校保密管理过程中，涉密计算机普遍安装了监控与审计软件，能够使涉密计算机信息输出安全、可控，但并不能记录或直观反应涉密计算机使用过程的全部，由于高校的特殊环境，涉密计算机的分布也相对分散，信息安全存在隐患[4]；涉密打印机、复印机、一体机在高校应用广泛，保密管理不规范容易导致输出的涉密信息来源和流向不可控；此外，涉密计算机以及含有存储功能的涉密复印机、涉密打印机等涉密信息设备出现故障需要外部人员来校维修时存在失泄密风险。

1.3 高校科研场所分散，环境复杂

一般高校难以有集中的涉密科研场所，科研场所相对分散，环境复杂。高校办公条件不统一，涉密科研人员分布于各学院、各单位，全校涉密科研场所是分散的，各单位各学院涉密科研场所也是相对分散的。涉密科研场所更是参差不齐，防护条件也不统一，部分科研场所也达不到保密条件。另一方面，高校涉密科研只是科研的一部分，对于大多数高校来说，只是其中的一小部分，因而普遍存在涉密科研和非涉密科研之间兼顾、兼做、混做，之间的界限难以清晰的划定，难以区分，给日常的保密工作带来了极大的挑战，也带来了极大的泄密风险。也给监督检查工作带来了很大的不便，如何去开展检

查？如何区分，如何去判定结果？都存在很大的难度。

1.4 检查队伍和技术力量不足

高校科技更新快，保密技术检查难以跟上科技的发展，保密检查队伍和检查工具等技术手段投入仍存在不足的情况。由于认识不足以及各种条件约束，高校一些的涉密部门保密检查队伍素质存在参差不齐的现象，检查队伍相对不够稳定，存在个别专兼职保密工作人员身兼多职、事务较多，投入保密工作时力不从心的情况。有的保密检查技术人员，在参与开展检查工作时，由于对保密知识、保密检查技能掌握的程度不够，使保密现场检查的质量和效果受到影响。另外，种种原因，高校在保密技术防护产品、技术检查工具及应用、技防手段等方面都存在薄弱环节，技术产品配置不合理、不够优化，存在一些涉密部门的保密技防措施的软、硬件配置没有完全落实到位，加之前文提到的高校信息设备种类繁多，数据类型繁多，检查工具不能完全满足实际需要。因此保密检查技术工具配备不足或者性能不够的情况下会在一定程度上降低保密检查工作开展的效率。

1.5 检查后的整改难以有效落实

高校保密检查发现，有些涉密部门或人员在多次保密检查中发现的相同问题上一直得不到很好的纠正，屡查屡犯，这除了与被检查部门对保密工作的重视程度有关外，也暴露出一些深层次问题。一是奖惩制度不够完善。一方面，对于检查中出现的情况问题怎么去界定，怎么去度量，没有可操作性的指导；另一方面，对于检查中的违规现象，怎么去衡量把握度。如在检查中出现没有造成特别严重后果的违规现象，如何去处理，既起到警示教育的作用，而又不至于过度。二是保密责任落实不到位。有些部门、有些老师，对于检查中提出的整改问题，知而不改。心存侥幸，认为没有出事，没有造成严重的后果，意识不够强，抱着无所谓的态度，不落实不整改。高校人际关系复杂，出现问题出现推诿，出现包庇，怕得罪人的问题，导致大事化小、小事化了，不了了之。

2. 解决存在问题的对策分析

2.1 建立健全保密监督检查制度

建立健全保密监督检查制度，使监督检查工作制度化、经常化、规范化。理顺各方关系，落实责任制，做好责任划分，责任传导。进一步丰富保密检查的种类和内容，丰富形式，经常性的和固定的检查相结合，采取多种检查形式，学校层面的检查，二级单位层面的自查，两者的关系，两者的比例，把握合适的度。建立二级单位交叉检查制度，相互监督，相互学习。规范检查频率，如定期年度、半年、季度或不定期的检查。规范检查工作的操作指南或操作规程，检查中的工作方法和技术核查、检查后的监督整改的实施情况。

2.2 加强保密监督检查专业化队伍建设

专业化的保密检查队伍是做好保密检查工作的基础保障。建设一支高素质的保密检查队伍，要通过业务培训学习、工作实践等方式，使每个检查人员熟练掌握相关的业务知识和高超的检查技术，不断积累经验，增长才干。目前高校条件下专业化的检查队伍人员相对不足或者检查技能和经验不足，完成一次部门全覆盖、实效性的保密检查，往往持续时间较长或者收效不大，为了加大保密检查队伍力量，高校可以成立相对稳定的保密检查队和检查专家库，各相关归口管理部门的专职人员作为稳定的专业化队伍，定期进行保密检查的相关培训[5]，熟练掌握检查技能，抽调涉密部门保密员，挑选对保密工作有兴趣的涉密人员，作为保密工作的检查专家库成员，经常开展保密业务和知识培训，帮助其掌握保密法和相关规定标准和要求，丰富保密检查知识。此外，制定保密管理和技术检查操作规程，组织集中培训学习，提高检查技术和检查能力，推进保密工作的有效开展。

2.3 加强保密监督检查技术手段

高校情况相对复杂，科技水平更新相对较快，应不断加强保密监督、检查技术手段。一方面加强保密监督检查工具的应用。加强技术投入，在合理经费支持的情况下，尽可能全面地不断更新、不断完善所使用的保密检查工具。进一步优化现有技术产品的配置与整合应用，积极与相关技术公司或者高校自主研发实用的、针对性强的检查工具。另一方面，工具只是手段，最终还是得靠人来实现，因而加强检查人员的技术修养也是尤为重要的。加强检查人员的专业技术培训，尽可能多地掌握检查技术。

2.4 开展密级鉴定工作

高校涉密事项繁多，对检查中出现的疑似涉密内容，结果的判定难度很大，一方面存在定密不当而乱标密的情况，另一方面，没有标密的情况下的涉密文件如何去判断，对于这些重点和难点问题，将直接影响检查的实效。针对高校这一特点，我们可以尝试成立密级鉴定小组，我们将高校中可能涉及的涉密内容的相关部门专业人员作为鉴定小组成员，如组织工作中可能涉及的涉密文件有组织部相关专业人员参与，涉密项目中相关的研究领域的涉密专家等。在检查中，结果比较明确的问题可以直接下定论，对于存在争议，不确定的情况，可以提交密级鉴定小组予以鉴定，当事人也可以出具相关的证据，予以澄清，保证检查结果的准确性。

2.5 完善奖惩体系

高校保密工作应该建立有效的奖惩制度，保密检查发现有对保密工作做出突出贡献的人员，要大力表扬与奖励，树立榜样。发现有违规问题时，要严格进行责任追究。根据违规情节后果和造成的影响等区分情况，对失泄密责任人进行处理。不能止于口头，流于形式，要将查处整改落实到位。根据实际情况，灵活运用约谈、通报、行政处罚等处理措施，尝试建立诚信机制，对于造成影响不大的责任人，以教育为目的，首次违规行为，可以适当从轻处罚，但纳入诚信机制，签订诚信承诺书，如再有发生，将更加严肃处理。

3. 结语

总之，保密检查是对保密工作实施宏观管控的有效方法，对保护高校所涉及的国家秘密信息安全具有重要意义。只有建立体系化的保密监督检查体系，实现高校保密检查经常化、制度化、常态化，才能达到以查促改、以查促管的目的，极大提高保密管理水平。

[参考文献]

[1] 徐东华. 保密监督检查的管理思想溯源及其启示[J]. 保密科学技术, 2018(07).

[2] 刘丹, 杜秀群. 关于建立健全保密检查长效机制的思考[J]. 保密科学技术, 2014(05).

[3] 颜培玉, 解志斌, 张冰, 顾香玉. 高校保密检查工作问题现状及对策分析[J]. 信息系统工程, 2013(12).

[4] 闫科, 高志民. 加强高校军工保密监督管理为军工科研生产保驾护航[A]. 2013年高校科技管理研究会学术年会[C]. 中国高等教育学会高校科技管理研究会, 2013.

[5] 本刊记者. 进一步规范和加强保密检查工作——国家保密局监督检查司负责同志谈《保密检查工作规定》有关问题[J]. 保密工作, 2014(02).

大数据时代高校涉密科研项目全过程保密管理工作探析

车春莉
（西安交通大学航天航空学院　陕西省西安市　710049）

摘　要：保密工作重在预防。在互联网迅猛发展、大数据、云计算时代，高校科研项目交叉融合、国际国内交流、校地校企合作越来越频繁。在当前复杂严峻的保密形势下，科研项目参研人员的复杂性、科研合作交流的广泛性，使得涉密科研项目保密管理面临的挑战凸显。本文就当前高校涉密科研项目保密管理的难点、痛点及工作现状进行了分析，从坚持“党管保密”根本原则、加强参研人员保密管理、落实涉密科研项目全过程管理等三个方面进行了论述，提出了大数据时代涉密科研项目保密管理的实施策略，为高校保密管理工作起到推动作用。

关键词：高校；涉密科研项目；全过程；安全保密

0. 前言

随着信息技术迅猛发展，互联网、移动终端、云计算等新技术得到应用与普及，高校广大师生的教学、科研、学习生活已全面进入信息化时代。如何在新形势下，一方面充分享受大数据、互联网时代给人们工作、生活带来的诸多便捷，另一方面在科研项目学科交叉常态化、参研单位多元化、参研人员复杂化的情况下，筑牢大数据时代高校涉密科研项目安全保密防线，是做好高校涉密科研项目全过程保密管理工作的一大挑战。

作者简介：车春莉（1971—），女，主要研究方向：保密科研管理，Email：cheche@xjtu.edu.cn。

1. 大数据时代高校涉密科研项目管理工作特点及现状分析

1.1 新时代高校涉密科研管理工作的特点

高校是各类高层次人才聚集地，更是各种专业人才培养的重要基地，同时也是高新技术聚集地和发源地。随着互联网的迅猛发展，大数据已渗入到人们工作、生活的方方面面。高校中各类办公自动化设备遍及每一位师生，这些种类繁多的高科技电子设备，通常都具有无线联网、红外、蓝牙等功能，在高校开放式的网络环境下，能够轻松实现数据实时复制与传送。高新技术应用的广泛性是新时代下高校的突出特点，同时也给保密工作带来了很大隐患，成为高校涉密科研管理工作管控和管理的重点。

1.2 大数据时代高校涉密科研管理工作现状分析

1.2.1 对保密工作思想认识不到位，安全防范意识淡薄，涉密人员对自身及学生要求不严

目前很多教师普遍能够认识到科研项目保密工作的重要性，但在互联网迅猛发展的当今时代，互联网与人们的生活工作息息相关，加之互联网的信息量大、传播途径多，传播范围广，速度快的特点，又认为“无密可保”，认为自己所做的科学研究相关信息都可以在互联网上查到，不存在秘密可言，忽略了大数据时代信息交互的“双刃剑”，安全保密意识松懈。项目组在涉密科研项目的日常管理工作中，对安全保密工作认识不到位，参研人员在日常科研工作中存在不按保密管理规定规范操作。如：为了方便科研资料查询方便，课题组接收的涉密文件资料未按规定及时登记备案，不按保密要求而私自留存；忽视科研项目各阶段产生的派生事项保密管理，存在随意存储、传递等现象；教师的招生简介、个人简历、科研成果介绍等方面，存在网络宣传报道中包含参研涉密科研项目相关信息。

这些现象均源于涉密人员对保密工作思想认识不到位，安全防范意识淡薄，在日常科研中，对自身及学生要求不严，不按保密管理规范处理涉密事项，由此而形成保密安全隐患，很容易造成泄密事件。

1.2.2 重视立项与研究、结题环节，忽视申报与成果转化环节

科研项目的全过程包括申报阶段、立项阶段、研究阶段、结题验收阶段、成果转化阶段等五个阶段。涉密科研项目一经确定立项，就标志着涉密项目正式确立，也是国家秘密事项正式产生的标志。但是从安全保密管理的角度来讲，需要对涉密科研项目进行全过程管控与管理。

在保密管理实际工作中，仍存在重视立项、研究及结题阶段，忽视申报与成果转化

阶段的情况。如：在申报阶段摘抄的大量派生涉密事项、未获得项目资助而产生的申请书、光盘等派生涉密事项，这些派生涉密事项存在未纳入涉密载体闭环管理的现象；涉密科研项目结题后产生的科研成果，如国防专利、发表论文等，在脱密审核中未得到足够的重视。在大数据时代下，这些情况都存在着很大的安全隐患。

1.2.3 保密管理流于形式，缺乏实效性的管控措施

目前，作者所在单位西安交通大学在涉密科研项目管理中，所采取的“学校—学院—项目组”三级保密管理体系运行多年，已成为学校安全保密工作的重要措施。但正是因为多年运行的明确、细致的管理规范，使得安全保密管理工作流于填报完善的各类保密审批表、回执单等，看似履行完备的审批手续，反而对实际工作中涉及涉密信息管理的细节工作掉以轻心，保密管理流于形式，缺乏实效性的管控措施，存在着很大的安全保密隐患。如：在涉密资料对外传递过程中，只注重了密件的打印、刻录、对外提供、接收单位签收回执等相关程序是否规范，忽略了打印、刻录后、对外提供前，存在着参研人员有时并不是立刻对外提交，而是为了便于随时提交方便，将密件留存在自己身边，存储在与密件密级不相符的环境中，埋下了很大的泄密隐患。在项目申报环节中，注重对申报材料按保密管理要求办理相应密级闭环管理，忽视申报结束后，未获资助项目申报材料的后续管理，尤其是对电子版的申报材料缺乏足够重视，在大数据时代下，具有极大的安全隐患。

2. 高校涉密科研项目管理工作面临的挑战

2.1 高校各类人员的流动性、复杂性和多元化是安全保密工作难点

高校是人才的聚集地更是发散地，往往一项涉密科研项目的参研人员中，有教师，有博士后，有硕、博研究生，加之科研项目的学科交叉化、人才培养国际化，高校培养人才和科学研究的特性，决定了课题项目人员呈现多元化、流动性大的特点。另一方面，在各类人员根据介入涉密课题内容的不同，课题研究人员的保密身份又有涉密人员和签订参研保密协议人员之别，若从事涉密科研项目的各类人员保密意识淡薄，很容易给保密工作带来很大的安全隐患。因此，科研项目组人员的流动性、多元化、复杂性，是高校涉密科研项目全过程管控与安全保密管理的工作难点。

2.2“学校—学院—项目组”三级保密纵向管理体制，项目组的安全保密管理工作存在不可控性，是当前高校科研项目管理的难点和痛点

当前，作者所在单位西安交通大学的保密工作体系，是以涉密科研项目管理为核心，横向覆盖相关职能部门和直属单位，各司其职；纵向建立“学校—学院—项目组”三级

保密管理体系，确保国家秘密安全。经过 10 余年的运行，尤其是顺利通过三次保密资格认证工作，证明学校涉密科研项目的“学校—学院—项目组”三级保密管理体系是可行有效的。但是随着互联网的迅猛发展、大数据时代的到来，科学研究过程的各个阶段，存在参研人员的复杂性、流动性大、多元化；课题项目在项目研究的全过程各阶段中，信息传递量、密件 / 密品产出量、涉密管理涉及面、关联事项、管理层次和环节、外协项目数量、国际交流频次等方面都大大增加，国家秘密事项知悉范围越来越广，这些都使得涉密科研项目管理很难做到全面管控，存在不可控性，给安全保密工作带来了很大的隐患，是当前高校科研项目管理的难点和痛点。

3. 大数据时代涉密科研项目管理工作实施策略

3.1 坚定不移地执行“党管保密”的根本原则，切实落实各级党组织维护国家安全和利益的重大政治责任

党中央关于保密工作的决策和部署，是加强新时代、新形势下保密工作的根本要求和重大战略举措。习近平总书记多次就做好保密工作做出重要指示批示，在新时代下总书记再次强调确保国家秘密安全的治理方略，既是新形势下做好保密工作的根本遵循，也是保密战线工作人员的行动指南。因此，我们在保密实际工作中，一定要始终不渝的将“党管保密”作为保密工作的根本，坚决有力地把党中央在新形势下对保密工作提出的目标要求和重要举措落到实处。

在高校“学校—学院—项目组”三级保密管理体系中，校、院各级党组织统管、统抓保密管理工作。坚持“党管保密”的原则，将安全保密管理工作纳入学校年终考核体系中，采取一票否决制，切实将“业务谁主管、保密谁负责”的原则落到实处，形成自上而下、齐抓共管的良好局面。

3.2 以人员保密管理为切入点，加大对涉密人员及参研人员的管理力度，将“学校—学院—项目组”三级管理工作落到实处

“再好的制度没有人去执行也是妄谈”，保密管理工作也是如此。在新时期大数据时代，尤其是在高校，涉密人员和参研人员的复杂性尤为凸显。保密管理工作要以全员保密安全管理为切入点，将“保密安全无小事”牢牢树立在每一位涉密人员和参研人员的思想中，才能使其自觉做到在日常科研工作中，严格按照保密管理规范操作，不留保密安全隐患，防微杜渐。

3.2.1 在项目申报伊始，严格按照涉密事项知悉范围确定涉密人员及参研人员，做好人员上岗前的培训，并及时办理相关审批手续。

3.2.2 在大数据时代下，加强“学校—院—项目组”三级对涉密科研项目各类参研人员的教育培训，针对不同的对象，有针对性地开展教育，做到精准发力，注重实效。

对校院领导、项目组负责人、科研骨干等人员，由于知悉核心秘密面广、量大，是保密教育的重点对象，要将保密法律、法规纳入校院两级的中心组政治理论学习中，切实做到领导带头学法、用法、守法，以推动保密教育的广泛深入开展。

对广大参研人员，则要以注重实效，开展形式多样的专题报告、警示教育讲座、参观学习培训等活动，切实落实年度培训至少 15 学时的要求，使全体参研人员牢固树立安全保密“红线意识”， 在涉密科研工作的各个环节中自觉遵守保密规定。

校院两级开展全员保密安全教育，切实把风险意识和责任意识层层传导到每一个人。通过开展保密教育月活动，使广大师生能够自觉谨慎使用各类移动终端和社交平台，做到原则上不使用微信、QQ 等社交平台办理敏感工作事项。因工作需要组建的工作群，做到交流内容严格限定为周知性的一般信息，禁止传播一切国家秘密和工作秘密。

3.2.3 严格执行涉密人员因公、因私出国（境）审批工作规定。严格按照规定要求做好因私护照学院集中管理工作，做好出国（境）前保密教育提醒、回国后保密回访工作，为涉密人员做好思想上的保驾护航工作。

3.2.4 加大对涉密科研项目负责人保密责任管理，实施切实有效的管理制度，减少保密安全隐患，确保保密工作零事故。

1）学院与涉密科研项目负责人签订保密责任书，明确项目负责人是涉密科研项目保密工作第一责任人。

2） 涉密科研项目负责人与项目组参研人员签订参研保密协议，明确参研人员知密范围、应履行的保密职责，层层落实责任。

3）各涉密科研项目组指定专人做项目组保密工作联系人，负责项目科研全过程安全保密工作。规范执行各项保密规定，将校院各项保密管理规范落实到科研项目各阶段的日常管理工作中，从各项最基本的保密管理环节做起，减少保密安全隐患。

3.2.5“学校—学院—项目组”应遵照国家相关规定，切实建立完善保密条件保障设施，为涉密科研项目的顺利完成打好基础。

总之，在大数据时代的涉密科研项目管理中，对涉密科研项目负责人、涉密人员、参研人员等各类人员的安全保密教育，是保密管理工作成败与否、各项保密管理工作能否顺利实施的基础保证。高校各涉密单位应足够重视，除了建立行之有效的管理体系、规章制度外，还应切实做好涉密科研项目各项保密管理，并在物力、财力上给予充分保证。

3.3 从源头抓起，注重定密环节，切实做到涉密科研项目全过程管理

3.3.1 定密精准，全程把控，做好涉密科研项目全过程保密管理

大数据时代，信息透明、信息共享，尤其是在高校各类高科技电子设备的普遍使用，使得很多事项无法定密。同时，各类信息汇聚、发散渠道面广，安保不可控性大大增加带来泄密隐患。因此，注重定密工作，精准定密，全程把控，为涉密科研项目全程保密工作筑牢首道“防火墙”。

3.3.1.1 将定密工作从“内部管理”向“依法治理”转变

在“学校—学院—项目组”三级管理体系中，学校法定定密责任人、学院指定定密责任人、项目组负责人要明确各自定密权限，并定期参加定密培训，严格履行职责。各级定密责任人要按照保密事项范围和保密法相关规定确定原始事项密级。对所执行或正在办理的涉密科研项目派生事项要层层分解，准确定密派生事项密级，并经院、校定密责任人审批确定。

在涉密科研项目“申报阶段、立项阶段、研究阶段、结题验收阶段、成果转化”全过程中，将“精准定密”“动态管理”始终贯穿于定密工作中，筑牢涉密科研项目全程保密工作首道“防火墙”。

在涉密科研项目全过程中，项目负责人要随着项目的推进，根据实际情况，对纸质文件、电子文档等过程文件产生的派生事项，及时提出分解定密、密级和保密期限变更等建议，作为校、院定密的依据，达到“既方便科研项目顺利执行，又有效确保保密工作实施”的目的，从源头筑牢堤坝，确保不泄密、失密。

3.3.2 严格涉密科研项目全过程保密管控与管理，加强项目申报和成果转化阶段的保密管理力度，确保国家秘密安全

在科研项目的五个阶段中，目前对已立项涉密科研项目的研究和结题阶段都有较为完备的管理规章制度，各级保密管理部门一般都能按照保密管理规范执行。但在申报和成果转化阶段，往往存在思想上松懈、工作中麻痹大意的情况。尤其在当前互联网、大数据时代，这些情况都存在着很大的泄密隐患。因此，应对涉密科研项目全过程进行安全保密管控与管理，加强保密管理力度，确保国家秘密安全。

3.3.2.1 注重申报、成果转化阶段的安全保密管理，严格按照保密管理规范执行各项工作

1）各级保密管理人员从科研项目组开始查阅指南、申报项目伊始，就要在思想上给予充分地重视，建立保密意识。在实际工作中，无论是对查阅人的涉密人员管理、涉密计算机、内部工作机的管理，还是信息摘抄、申报材料提交和传递等环节派生涉密载

体的管理，均要严格按照涉密事项办理相应的审批手续，做到闭环管理。

2）对于未获得资助的申报项目，做好过程文件资料的派生密件保密管理工作。学院、项目组要根据实际情况做好定密、降密、解密工作，做好涉密载体的闭环管理，同时做好与之密级相符的存储和销毁工作。

3）对于涉密科研项目产生的成果，如：国防专利、学术论文、工程样机、研制报告等密品、密件，在进行成果转化，如：奖励申报、成果申报、参加各类展示活动等活动中，应严格执行相关审批程序。

3.3.2.2 加强涉密载体闭环管理，注重项目过程中产生的派生密件管理，确保密件提供环节规范性

随着涉密科研项目的推进，科研项目各个阶段，尤其是研究阶段会产生大量的纸质或光盘等派生事项，项目组要依据实际情况，按保密规范及时销毁过程中产生的无保存价值派生密件。各环节产生的涉密资料，无论是对外提供或借阅，都应严格遵照密件闭环管理要求。

3.3.2.3 加大涉密科研项目对外宣传、涉外交流、协作配套等保密管理

在大数据时代下，涉密科研项目的对外宣传、国际国内交流合作、科研外协等情况增加，学校应依据法律法规完善修订相应的管理制度，各职能部门加大监管力度，学院严格执行审批手续，从监管环节减少安全隐患。

此外，涉密科研项目负责人和参研人员在思想上应坚持“只做不说、多做少说”的原则，秉承为国防科技事业做贡献的奉献精神，做到不在互联网上宣传、报道与涉密科研项目相关信息。其次，在开展对外交流与合作，尤其是涉外交流时，应严格按照学校规定履行审核、审批手续，杜绝泄密隐患。

4. 结束语

大数据时代保密工作重在预防。高校应坚定不移地贯彻“党管保密”根本原则，从源头抓起，以加强涉密人员保密管理为切入点，注重定密环节，加大涉密科研项目的申报和成果转化阶段的保密安全管理力度。在涉密科研项目全过程中，严格保密管理，努力提升新时代高校保密管理工作新水平，保障涉密科研项目顺利进行，助力高校教育科研各项工作安全发展。

[参考文献]

[1] 张惠勋. 数字化时代的保密管理工作研究，保密工作，2019/1，88p.

[2] 赵云. 浅述当前高校保密管理工作面临的形势，科技文汇，2017年8月（下），123p.

[3] 郑言. 切实加强党对保密工作的领导，评论，2016年第4期.

[4] 党蓉. 高校保密管理存在的问题及对策，中国高校科技，2014.01-02.

[5] 高翠萍. 科研保密管理工作的几点意见，科技与管理，2014年第4期.

[6] 席堃. 高校基层单位如何做好涉密项目保密管理工作，教育教学论坛，2014.02.

[7] 钱晓辉，于光华，袁智强. 科技时代高校涉密信息设备保密管理的思考与创新，科技文汇，2012.03（上旬刊）.

高等院校保密归口管理体系构建研究

吕春雁
（燕山大学国防科学技术学院　河北省秦皇岛市　066004）

摘　要：本文通过对具有保密资格的高等院校的实地考察、调研和参加军工保密资格审查认证中心组织的各种培训，结合燕山大学实际情况，以作者多年保密工作经验为基础，对新认定标准下高等院校保密归口管理体系构建进行深入研究，力求解决目前高等院校普遍存在的保密工作归口难的问题。通过研究得出结论：解决归口管理问题，其基础是确定各归口管理部门的职责，其核心是建立完善的保密工作管理体系，其重点是要制定一套结合高等院校实际、全面、规范、操作性强的保密制度和流程。

关键词：归口管理；高等院校；保密

0. 引言

目前，国内保密形势异常严峻，境外间谍活动无孔不入，间谍行为异常猖獗，高科技手段层出不穷。在复杂的国际环境下，党中央决定对武器装备科研生产单位实行保密资格认定制度。实践充分证明，军工保密资格认定制度对推动武器装备科研生产单位保密工作向法制化、规范化、科学化方向发展发挥了重要作用。

随着党中央、国务院行政审批制度改革的整体推进，为切实加强保密依法行政，国务院于 2014 年将武器装备科研生产单位保密资格认证，由非行政许可涉密审批事项确定为国家保密行政管理部行政许可事项，名称修改为“武器装备科生产单位保密资格认定”。

2016 年，国家保密局会同国家国防科技工业局、中央军委装备发展部，相继修订印发了《武器装备科研生产单位保密资格认定办法》（以下简称《办法》）《武器装备

作者简介：吕春雁（1982—），女，助理研究员，主要研究方向：保密管理。E-mail：1005575@qq.com

科研生产单位保密资格标准》（以下简称《标准》）和《武器装备科研生产单位保密资格评分标准》（以下简称《评分标准》）。修订后的《办法》《标准》和《评分标准》明确了部门责任和机构设置，规范了程序，细化了标准，坚持“业务工作谁主管、保密工作谁负责”的指导思想，强化归口管理，进一步推进保密工作与业务工作相互融合促进发展，使之更加科学规范、合理可行、易于操作。

新《办法》和《标准》的核心要点是：统一领导、明确责任、设置机构、规范程序、细化标准、归口管理。目前，新《办法》和《标准》执行期间，我校相关管理人员一直在学习和探索，发现新《办法》和《标准》中强化的归口管理是一大难题。因此，作者认为，新认定标准下高校保密归口管理体系构建研究对于高校做好保密工作和保密工作管理体系顺利运行具有十分重要的意义。

1. 高等院校保密归口管理体系构建

归口管理是指单位应当根据各项涉密业务属性，结合单位内设部门机构职能，按照“业务工作谁主管，保密工作谁负责”的原则合理确定各类业务归口管理部门。归口管理部门要在单位保密委员会领导和保密工作机构指导下，负责业务工作范围内的相关保密和业务工作制度制定，并将相关保密要求融入业务工作制度，使保密工作成为业务工作的重要组成部分，逐步建立健全符合各单位实际的保密管理体系，确保涉密业务开展到哪里，保密要求就延伸到哪里，有效实现业务工作与保密工作的相互融合发展。

1.1 解决归口管理问题，其基础是确定各归口管理部门的职责

落实归口管理，首先要清楚保密工作管理管的都是什么。保密工作纷繁复杂，但是归纳起来，就是三管——管人、管事、管物。管人涉及保密责任落实、组织机构建设和涉密人员管理等；管事涉及保密制度建设、项目管理、涉密场所管理、外协管理、新闻宣传管理、保密检查、召开涉密会议和泄密事件查处等；管物涉及涉密载体管理、涉密信息系统、信息设备和存储设备管理等。搞清楚保密工作管理管什么，就可以按照各部门现有职责进行分工了。对于高校来讲，机构庞大，职能部门众多，每个部门分得的工作并不多，但是由于保密工作的特殊性，落实归口仍然存在很大的阻力，需要学校领导的高度重视，带动各职能部门的积极性，一旦在思想上接受了，行动起来就事半功倍了。

经过充分调研，结合燕山大学一年多的实践，现就高校保密工作归口管理部门职责分工做如下建议：

（1）人事部门归口管理涉密人员。负责学校的涉密岗位、人员的确定和涉密等级变更工作；负责在职工作人员从申请涉密到脱密全过程中的审查审批工作；负责涉密人员管理、教育、考核工作；负责校内涉密教职工的校内脱密期管理工作；负责涉密人员保密补贴的核算工作；负责普通涉密人员因私出国（境）审批和护照管理工作。

（2）宣传部门归口管理新闻宣传。负责学校对内、对外宣传报道、展览、参观、采访的保密审查工作；负责公开发表著作和论文的审批工作。

（3）外事部门归口管理外事活动。负责对外交流合作中和涉外活动中的保密管理工作；负责涉密人员出入境管理备案工作和涉密人员因公出国（境）的审批。

（4）军工项目管理部门归口管理定密和军工科研生产相关保密管理工作。负责对全校涉密科研项目的过程管理和保密工作；配合定密责任人进行学校国防科技工业国家秘密的定密和变更密级工作。

（5）信息化部门归口管理信息化。负责学校网络和计算机的安全检查及联网计算机的上网实名认证管理工作；负责信息系统、信息设备和存储设备的安全保密管理工作；负责组织制定由信息安全策略、管理制度和操作规程等组成的信息安全保密管理体系文件；负责对信息系统、信息设备和存储设备的运行维护进行监管；负责组织对信息系统、信息设备和存储设备的保密检查。

（6）组织部门归口管理领导干部组织工作中的保密管理工作。负责把履行保密工作责任制的情况纳入干部考核工作中；负责领导干部因私出国（境）审批和护照管理。

（7）研究生管理部门归口管理涉密研究生。负责研究生从申请涉密到脱密全过程中的审查审批工作；负责督查导师对涉密研究生的保密管理工作；负责研究生涉密学位论文的开题、评审、答辩及归档中的保密工作。

（8）安全管理部门归口管理涉密场所的安全保卫工作。负责保密要害部门、部位与涉密科研场所的消防、保卫等安全工作。

（9）综合管理部门归口管理外来涉密文件。负责外来涉密文件、资料的收发、传递、承办及归档工作；负责学校涉密党政文件、资料的密级标识和登记管理工作。

（10）资产管理部门归口管理信息设备和存储设备的采购和报废。负责涉密信息设备和存储设备的申报、采购、变更、维修、报废等工作。

（11）各学院归口管理本学院业务工作中的保密工作。负责本学院的保密管理工作，制定相关工作制度，做好本学院的日常保密管理工作，并按照相关规定为涉密项目提供符合保密条件的场所、设备和必要的安保措施。

1.2 解决归口管理问题，其核心是要建立完善的保密管理体系

归口管理是落实“业务工作谁主管，保密工作谁负责”原则的重要举措。只有从上到下提高对保密工作的重视程度，切实把保密工作当成自己的事情来做，才能把保密工作做好。建议高校保密工作按照统一领导、分级负责的原则，实行学校保密管理部门监督指导，各职能部门（学院）或涉密科研项目负责人具体分级负责，涉密人员具体负责的三级保密管理体系。

（1）设立保密委员会作为学校的保密工作领导机构，制定保密委员会章程，依照章程开展工作。设立保密委员会办公室负责保密日常管理工作，配备专职保密员。保密委员会负责贯彻落实党的保密工作方针政策及国家有关保密法律法规，研究部署本单位保密工作，组织审定本单位保密制度，审查审批本单位保密工作重要事项，组织检查单位保密工作开展情况，组织查处失泄密案件等。保密委员会办公室负责组织落实保密委员会工作部署，组织制定保密基本制度，拟制年度保密工作计划，对落实保密工作提出意见建议，监督指导各部门保密工作，组织确定和调整保密要害部门部位，组织开展保密检查，组织查处违反保密法律法规的行为和泄密事件，提出保密责任追究和奖惩建议，完成保密委员会安排的其他工作事项。

（2）各相关职能部门（学院）成立保密工作小组，配备兼职保密员，负责本部门（学院）的保密管理工作，建立本部门（学院）的保密制度，确保保密工作与业务工作“同计划、同部署、同检查、同总结、同奖惩”。保密工作小组组长由职能部门负责人（学院党委书记）担任，小组一般由 3–5 人组成。保密工作小组变更应及时向保密办报备。涉密项目实行项目负责人制，项目负责人是本项目组保密工作的第一责任人，项目组应配备保密联络员。保密工作小组应明确部门（学院）或者项目内人员的保密职责，按照工作需要控制国家秘密的知悉范围，将保密管理要求融入业务工作制度中，采取具体措施组织落实学校保密工作部署，开展日常保密教育和监督检查。兼职保密员负责落实本部门（学院）的保密管理工作，包括开展保密宣传教育，涉密人员日常管理及脱密期管理，信息设备和存储设备管理，涉密载体的保密管理，定期开展保密自查，保密工作档案的形成、积累、整卷、归档，与保密办的工作联络和信息沟通等工作。

（3）涉密人员对本职岗位保密工作负直接责任。涉密人员要清楚本职岗位保密职责和业务工作中的保密事项，掌握基本的保密知识、技能和要求，遵守保密法规制度，履行岗位保密职责，及时报告泄密隐患，制止违法违规行为，通过涉密人员审查，确定涉密岗位及等级，定期接受复审，接受保密教育培训年度内不少于 15 学时，签订保密

责任书和保密承诺书，接受年度保密工作考核，在公安机关出入境管理机构备案，出入境证件统一管理，出国境需要审批，离岗离职需清退涉密载体，签订保密承诺书，接受脱密期管理，严格按照国家秘密载体管理办法管理国家秘密载体，严格按照定密管理办法对国家秘密载体进行定密并控制知悉范围，严格按照信息设备和存储设备管理办法管理和使用涉密和非涉密信息设备和存储设备，发表论文论著、相关通知、新闻、召开涉密会议、外场试验、协作配套、涉外活动需要审批。

1.3 解决归口管理问题，其重点是要完善保密制度和流程

保密制度是日常保密管理的工作规范，有了制度，工作就有了抓手，制度是保密工作管理体系顺利运行的基础。制度体系建立是做好归口管理工作的重点，也是难点。高校应根据保密法及其实施条例、《办法》和《标准》等保密法律法规，分析对比具有保密资格的高校落实保密工作归口管理的做法，分析总结，探索出一套适合高校的、科学规范、合理可行、易于操作的归口管理制度体系，并结合各归口部门的工作职责，对归口部门的业务制度进行修订，进一步推进保密工作与业务工作相互融合，促进发展。

根据归口保密职责及工作需要，各归口部门应分别制定如下基本制度：

（1）人事部门：《涉密人员管理制度》《保密教育培训制度》《保密工作考核与奖惩制度》；

（2）宣传部门：《新闻宣传保密管理制度》；

（3）外事部门：《涉外活动保密管理制度》；

（4）信息化部门：《信息系统、信息设备和存储设备保密管理保密管理制度》；

（5）军工项目管理部门：《国家秘密定密管理制度》《涉密科研项目协作配套保密管理制度》《密品管理制度》《外场试验保密管理制度》；

（6）安全管理部门：《保密要害部门部位管理制度》；

（7）保密工作机构：《保密工作责任制度》《国家秘密载体保密管理制度》《涉密会议保密管理制度》《保密监督检查工作制度》《泄密事件报告和查处制度》。

另外，归口管理部门还应分别修订有关机要件管理、出国（境）、通知新闻发布、报到与辞职、校园安全、网络安全、项目管理、档案管理、考试管理、论文管理、经费使用、绩效考核等业务制度，将保密管理要求融入其中。

与制度密不可分的就是流程。流程化、表单化更加直观地反映了各级部门、各个部门的职责，清楚明晰的流程和表单能够大大提升办事效率。以归口管理制度体系为基础，在具体操作过程中，不断完善、细化业务流程，充分发挥基本制度和业务制度的指导作用，逐步解决归口管理过程中遇到的困难和阻力，确保高校保密工作的顺利进行，确保科研生产、人力资源、信息化、新闻宣传、外事等职能部门，明确职责，密切配合，结合各自业务工作实际，归口负责业务工作范围内的保密管理工作。

2. 结论

通过研究得出结论：解决归口管理问题，其基础是确定各归口管理部门的职责，其核心是建立完善的保密工作管理体系，其重点是要制定一套结合高等院校实际、全面、规范、操作性强的保密制度和流程。要切实加强保密委员会和各级保密管理部门的组织领导，长期坚持保密管理人员和科研队伍的培养建设，不断推进保密制度和管理流程的健全完善，积极推进各归口管理部门职责的落实。同时，需重点加强对各环节保密责任的划定。第一，学校保密办公室按照保密委员会要求，对全校保密工作进行监督、指导、检查。第二，学校各二级保密工作领导小组负责指导和组织开展本部门保密管理工作。第三，具体组织开展国防科研活动的项目组或个人具体负责相关的日常保密工作。[2]

保密工作就好像是一条高压线，任何人都不想触碰，如何按要求准确归口，落实责任，持续推进，无疑是保密工作的一个瓶颈。理论研究容易，实际推动难，落实保密工作归口管理，任重而道远。

[参考文献]

[1] 国家军工保密资格认定办公室. 军工保密资格认定工作指导手册（2017年版）[M]. 北京：金城出版社，2017.
[2] 张栋华，李岩，于晓. 国防科研保密归口管理工作探析[J]. 中国高校科技，2018（05）：28-29.

2020年
获奖论文

高等学校涉密人员管理探究

杨悦宾

（大连海事大学　辽宁省大连市　116026）

摘　要： 通过分析现阶段涉密人员管理面临的严峻形势、高校涉密人员管理实际情况，按照涉密人员全流程管理原则，梳理涉密人员岗前管理、在岗管理、离岗管理，具体列举三个阶段中各个管理环节的实际工作内容，总结现阶段高校涉密人员管理的主要特点，面临的主要问题，存在的管理漏洞，探索提升高校涉密人员管理水平方法途径，归纳总结涉密人员管理中审查审批、监督考核、出（国）境管理、保密教育培训、脱密期管理基本经验，提出完善高校涉密人员管理的主要路径和具体对策。

关键词： 高校；保密工作；涉密人员

0. 引言

涉密人员是保守国家秘密工作的参与者和具体执行者，既要承担特定的保密义务和责任，又是特殊的涉密载体。国家秘密是否能获得安全保障，主要由涉密人员实施的行为性质所决定的，如果符合保密管理规范要求，则能获得安全保障，反之就无法获得安全保障。因此，国家秘密的安全，归根结底来说就是取决于涉密人员行为是否符合保密法律规范。

涉密人员是保密管理的核心关键，是保密管理的重中之重，国家在涉密人员管理方面连续出台管理政策，不断推进破题之策。2014 年，中央保保密委员会将“积极稳妥推进涉密人员管理”确定为年度集中力量抓好的“三大管理”之一；2015 年，中央组织部、国家保密局等八部门联合下发了《关于进一步加强涉密人员保密管理工

作者简介： 杨悦宾（1983—），男，助理研究员，主要研究方向：保密管理。

作的意见》，对涉密人员管理进行了总体全面的规范，进一步细化了涉密人员管理的主要制度措施，为机关单位涉密人员管理提供了具体依据；2017 年《中华人民共和国反间谍法实施细则》公布施行，为维护国家安全、防止敌对势力的渗透、窃密，筑牢了坚实的法律后盾。

2012 年，发生在涉密科研院所的黄宇案带来了惨痛教训，同时也给涉密人员管理工作提出警醒。在新形势下，高校涉密人员管理只有不断探寻摸索涉密人员管理风险点，尤其是要扭住上岗前管理、上岗管理、在岗管理、离岗管理闭环体系关键点，及时消灭隐患，才能不断夯实高校的保密工作基础，确保国家秘密的绝对安全。

1. 高校保密工作的核心是涉密人员管理

1.1 涉密人员管理工作形势严峻

当前，保密工作面临的形势十分严峻。一方面，针对我国的情报窃密活动更加猖獗，境外间谍情报机构的渗透策反和情报窃密活动越来越密集，变化多端、无孔不入；另一方面，市场经济深入发展和对外开放不断扩大，涉密人员流动加快、流向复杂，特别易受各种不良思潮、观念的影响，管控难度进一步加大。

涉密人员作为国家秘密的直接管理者、使用者，始终是境内外敌对势力渗透、攻击的重要目标。做好涉密人员管理工作，历来是保密工作的难题。不断探索解决涉密人员管理难题，不但是应对保密工作新形势发展的需要，更是提升基层保密工作水平的迫切需要。

1.2 提高高校校涉密人员管理水平刻不容缓

高校主要担任着国家重大科技创新和人才培养任务，是产生、存储、处理国家秘密较为集中的单位，涉密人员构成复杂。随着我国综合国力不断提升，境外间谍情报机构对我国情报渗透活动也更加活跃。在新形势背景下，国家秘密载体呈现多元化、数字化、网络化的趋势，国家秘密泄露漏洞与日俱增。高校涉密人员面临着境外拉拢瞄准、境内网络攻击、管理体系不健全的内外严峻威胁。只有不断健全高等学校涉密人员管理体系，提高涉密人员主观保密责任意识，才能筑牢“防火线”，消灭“溃坝穴”。近年来，高校的涉密人员管理体系虽按照国家保密法律法规规定得到了改进，但是仍存在管理内容不实际、管理手段不丰富、管理措施不到位的问题，提升高校涉密人员管理工作水平，刻不容缓。

2. 高校涉密人员管理存在的主要问题

2.1 涉密人员上岗前管理存在的主要问题

2.1.1 涉密岗位确定不规范

保密法第三十五条规定："在涉密岗位工作的人员（以下简称涉密人员），按照涉密程度分为核心涉密人员、重要涉密人员和一般涉密人员，实行分类管理。"确定涉密人员应先岗后人、人随岗定[1]。只有准确界定了涉密岗位，才能对工作在其岗位上的涉密人员进行涉密等级界定。涉密岗位的界定需要依据《单位国家秘密事项范围细目》以及相关保密法律法规按照特定和量化的方法确定。

在实际工作中，部分单位仍存在没有编制《单位国家秘密事项范围细目》（以下简称《细目》）或是编制《细目》不准确的情况。没有编制《细目》，涉密岗位的确定即无根据可言，而编制《细目》不准确主要存在两方面原因，一是存在理解偏差，认为《细目》是本单位在研项目以及涉密事项的台账，只需把项目名称和事项名称进行汇总；二是没有确保"知悉范围"的最小化原则，在涉密事项知悉范围中只规定了"相关人员"，没有明确到个人或岗位。涉密岗位基础性工作的缺失和不准确，直接影响了涉密岗位的准确界定。

2.2.2 涉密人员上岗审查形式化

现阶段涉密人员管理主要是信任管理[2]。在现实工作中，高校涉密人员审查往往只通过对教职员工的信任来代替保密审查，形式化比较严重。涉密资格审查在内容上仅限于家庭背景、自身履历等方面。在具体的流程上，也都是由被审察人员自己填写家庭住址、联系方式、受教育情况、涉外背景等基本内容。对于其真实性，职能部门也很少通过实地走访的形式来进行核实。在签写部门审批意见方面，基本上只通过签字的形式进行。职能部门负责人往往只签署名字，体现不出明确的审批意见，从而无法体现出各部门归口管理的职责。

2.2.3 涉密人员上岗培训实效弱

一方面，部分高校科研人员存在在上岗前往往认为"保密与自身无关，无密可保，认为不主动告知他人即是保密"[3]。另一方面，上岗培训存在培训内容不实，培训效果不佳，在实际操作过程中还有抄近路、打折扣、走过场等现象。造成涉密人员在转变保密观念、切实增强保密意识、系统掌握保密法律法规、养成良好保密工作习惯方面得不到保障，无法确保"系好上岗的第一粒扣子"，保密防范的作用发挥不明显。往往导致“入职即泄密”的隐患存在，甚至案例的发生。

2.2 涉密人员在岗管理存在的主要问题

2.2.1 涉密人员监督考核不到位

高校涉密人员具有特殊性，工作角色复杂。大部分高校涉密人员既要承担教学任务，还要完成大量科研任务，参与科研团队的教师既承担军品科研项目、又承担民品科研项目，既承担涉密项目、又承担非涉密项目。工作内容的频繁切换也经常导致业务管理部门和保密管理部门职能边界划分不清、落实责任不清。往往业务职能部门与保密管理部门各管各的，保密管理不能与业务“五同时”，业务部门只管业务，保密的事都归保密工作机构管，存在“两层皮”的现象，从而导致涉密人员日常的保密监督考核不能及时到位。往往在开展保密工作监督考核时，只能按照“不出问题就是合格”的标准考核，甚至出现保密考核记录缺失，发放保密补贴一刀切，不增也不扣，保密奖惩制度得不到切实落实的现象发生。

2.2.2 涉密人员动态管理不到位

未按要求定期进行涉密人员资格复审工作，存在涉密人员审查“一审终身”的现象。一是涉密人员资格审查登记超过三年，审查内容已不能及时体现涉密人员是否能满足涉密岗位工作条件，是否需要调离或是继续在涉密岗位工作。二是涉密人员管理档案更新不及时，涉密人员在发生校内涉密岗位调动、涉密等级调整时，不能及时开展涉密人员重审、复审工作，有的涉密人员审批表内填写的“所在岗位”项与现岗位不符、涉密人员等级也未能及时调整。

2.2.3 涉密人员出国（境）管理存在不足

随着高校国际化水平的迅速提高，高校涉密人员与国（境）外人员接触，因公、因私出国（境）的情况也越来越多。绝大部分高校已经出台了相对完善的涉密人员出国（境）管理办法，并且相关人员证照已按要求统一集中管理，但具体管理工作仍存在不足。一是高校缺少强制性控制能力。出入境管理部门只对备案人员办理出国（境）证照时要求出具单位介绍信，而在证照办理完成后，如涉密人员私自留存，可不经学校审批即可出国（境），存在“不一事一审”漏洞。二是涉密人员出国（境）回访制度落实不到位。涉密人员回国后，尤其是在因私出国（境）回国后，相关职能部门未能及时落实回访工作，不能及时掌握涉密人员出国（境）情况。涉密人员出国（境）管理存在不足，境外组织利用涉密人员在国（境）外的机会开展拉拢、策反工作的隐患也越来越大。

2.2.4 涉密人员在岗教育培训流于形式

一是存在保密宣传教育培训宣传形式单一，内容枯燥的情况。高校的涉密人员包括领导干部、专兼职涉密管理人员、涉密科研人员、涉密研究生等各层次人员，各自工作职责不同，承担的保密工作责任也不同。保密培训内容单一说教，脱离案例、脱离实际学习工作情况，师生对保密工作的理解就是不接地气，导致接受保密宣传教育效果不理想，无法做到“确保重点、兼顾一般”。二是职能部门保密教育被动应付，认为保密教育就是保密工作机构的工作范畴，消极对待保密教育培训。三是涉密人员被动式学习，难于入脑入心，没有找到发动其主动性和积极性的途径。

2.3 涉密人员离岗管理存在的主要问题

涉密人员调离单位是离岗保密管理的重点难点问题。《关于进一步加强涉密人员保密管理工作的意见》解读[4]中明确指出，涉密人员调入党政机关、人民团体、国有和国有控股企业（含国有和国有控股金融企业）、事业单位的，调出机关单位应在办理交流或调动手续的同时，出具委托管理书，委托调入机关单位进行脱密期管理。

借调、挂职人员，即涉密人员借调、挂职到其他单位的，涉密人员组织人事关系所在单位应向用人单位出具《脱密期委托管理书》，委托用人单位负责脱密期管理。其他性质的离职人员，应当主动向机关单位报告去向，机关单位办理其离职手续的同时，委托社保关系所在地市级保密行政管理部门（社保关系未转出或社保关系不明确的，委托涉密人员常住地市级保密行政管理部门），协调当地人力资源社会保障部门、户籍所在地和常住地公安机关共同负责脱密期管理。

2.3.1 涉密研究生离校脱密存在隐患

在高校实际管理工作中，涉密研究生（尤其是全日制研究生）脱密离校后流动性强，脱密期管理工作无法切实落实，存在泄密隐患。一是高校无法有效落实涉密研究生脱密期择业限制、出国（境）审批等脱密期管理工作，监管落实脱密人员不得入职外商独资企业等规定容易停留在纸面。二是脱密期回访工作由于管理人员精力有限、回访责任分工划分不明确，几乎无力开展涉密研究生的脱密期回访工作，同时，委托地方有关部门进行的脱密期监督管理工作有效性也亟待提高。

2.3.2 借调、挂职人员脱密期管理存在滞后性

高校优秀教职工根据国家相关职能部门需求，容易被临时抽调至有关部门开展工作。根据国家行政部门涉密人员管理相关规定，被借调、挂职人员在赴任前都会要求通过审批成为涉密人员。当借调、挂职工作结束时，人事管理部门容易只注重于其返回原岗工

作情况，忽视其脱密期管理，办理脱密手续启动脱密期管理往往不及时，往往造成学校保密机构与人事管理机构信息不对等，甚至有的借调、挂职人员可能返校长达一年后，学校保密机构才知悉其脱密身份，开展及时的保密承诺、保密提醒谈话工作更无从谈起。

2.3.3 涉密载体清退存在漏洞

涉密人员办理脱密手续的同时，有的只将涉密计算机的硬盘上交销毁，涉密载体清退不全面，存在未及时对本人暂存或持有的涉密文件（含电子文件）进行清点并登记造册，报本单位、本部门负责同志复核并签字移交的情况。相关责任单位（如涉密人员所在项目组、单位、部门，信息化管理部门，科研项目管理部门、组织人事部门等）未明确划分监督管理责任，涉密载体移交过程缺少有效监督管理，人事管理部门未将移交涉密载体纳入离岗离职整体管理程序。

3. 探索高校涉密人员管理对策

3.1 夯实涉密人员管理基础

3.1.1 确保涉密人员管理依据准确，程序规范

一是根据国家秘密事项范围等规定资料，编制好本单位《细目》经单位保密委员会审批通过后实施，按照“最小化原则”确定知悉范围，及时根据工作需要更新。二是要通过涉密资格审查环节增强涉密人员保密工作主体意识。通过“程序显性、许可显性”[5]的形式实施涉密人员分类确认。即资格审查有严格文字记载，告知被审查通过者签订保密承诺书或协议书；把“取消涉密资格”作为对涉密人员监督管理的重要手段，消除涉密人员身处涉密而不自知的情况。

3.1.2 完善涉密人员审查机制

严格落实人员管理归口部门保密工作职责，避免管理主体责权分离衔接脱节。组织、人事部门在行使干部提拔、任用和奖惩主导权时，将保密岗位职责履行情况与考察拟任用涉密人员的德能勤绩廉情况同步进行；切实做到责权一致，特别是管人与管事的高度统一而不互相脱节，逐步消灭管人与管事分离、行使职能与相应的管理权限脱节现象，使保密管理工作真正融入人事管理业务工作，形成涉密人员上岗审查合力。

3.2 完善涉密人员动态管理监督考核机制

将涉密人员考核纳入学校整体目标考核体系，把握好“六个结合”。一是要将动态管理与奖惩管理相结合，杜绝“一审终身”，考核评比“一刀切”；二是日常考核与年终考核相结合，注重把握专项、月度、季度和年度考核的结合点，使日常考核有确凿的

记录结论，年终考核总体评价有依据；三是保密检查与问题整改相结合，将检查结果及问题是否及时整改统一记录，做到有问题必有整改，而不是查出了问题却见不到整改；四是校内与校外考核相结合，建立涉密人员违规行为发现、举报登记台账，实现“全天候”考核；五是技术监管与管理监督相结合，合理利用“三合一”等技防、检查软件落实具体管理制度，不断规范涉密人员日常保密行为；六是考核结果与个人合法权益、利益相结合，坚持平等保护原则、审查可申诉等原则，将涉密人员履行保密工作职责情况与个人职级晋升、评功评先、绩效工资、考评奖金相挂钩，真正使考核起到奖勤罚懒、奖优罚劣、强化责任的作用。

3.3 加强涉密人员出国（境）管理

一是要严格把关涉密人员因公、因私出国（境）审批，做到“一事一审”，重视行前保密教育，增强涉密人员保密防范意识。履行归国回访制度，修订相关管理制度，明确要求涉密人员归国后，主动向保密工作机构报告，并接受出国（境）回访工作，填写回访记录，主动向单位报告在境外的情况，特别是有无可疑人员故意接近套取涉密信息的情况。若有，要及时向国家安全机关报告。

3.4 加强涉密人员保密教育培训

涉密人员岗前教育、上岗培训、在岗教育、在岗提醒、出国（境）教育提醒、脱密教育都与保密教育培训密不可分，通过保密教育培训，涉密人员才能在主观上产生责任引导，才能确保涉密人员的行为不出现偏差。做好各类保密教育培训，使保密教育培训不流于形式，主要应抓准“六言”。

3.4.1 夯实教育培训基础，做到“言之有物”

在保密教材编写上，将保密教育培训内容落实为培训材料。

我校的做法是将警示案例进行重新编写，将案例释义与保密法律法规相结合，使受教人员既获得了警示，又牢记了知识。

3.4.2 丰富教育培训形式，做到“言之有形”

在宣贯窃密泄密案例的基础上，把文字中的网络窃密、办公自动化设备窃密、窃听窃照设备窃密等高科技手段外化于行，邀请地方保密行政管理部门到校进行现场演示，真正做到眼见为实。

3.4.3 确保重点兼顾一般，做到“言之有的”

开展涉密人员保密教育培训不“一刀切、平均化”，对重点岗位、风险点涉密人员着重教育，通过召开专场培训、研讨交流会等形式“开小灶”；对全体涉密人员邀请权威专家进校讲，注重培训内容贴地气、易入脑；对各层面人员培训实事求是，不照本宣科，如新入职涉密人员偏重保密知识启蒙教育，老涉密人员轮训则注重保密技能知识培训，坚持将培训内容尽量与涉密管理人员业务相结合，与涉密科研人员日常操作相结合，多开展有“灵魂”的针对性、目的性强的培训，才能达到保密意识“入脑入心”。

3.4.4 锤炼培训技能提升，做到“言之有技”

保密教育培训是长效工作，不能长期依靠发放材料、邀请专家。培养一支本校的教育培训队伍至关重要。一是要锻炼培训人员熟练掌握保密业务知识，在业务上问不倒，难不住；二是要锻炼培训人员提升教育培训技巧，具有针对不同层面人群，教授不同层面内容的技能；三是要锻炼培训人员演示表达的能力，通过制作 PPT 课件，综合时事政要等手段，丰富教育培训输出模式，提高教育培训效果。

3.4.5 坚持教育氛围营造，做到“言之有印”

保密教育培训不能以一次、一时、一阶段进行，而要见缝插针、水滴石穿。我校的做法是在定期开展保密教育培训专题讲座的基础上，坚持每周向涉密人员发送案例提醒，解读法律法规，将案例释义与专项教育培训相结合，把每周的点连成年度的线，让长期的提醒成为教育培训的催化剂、影音剂，不断营造保密意识氛围，加深保密教育培训印记。

3.4.6 注重教育培训考核监督，做到“言之有果”

在制度顶层设计上明确保密教育培训的二级管理模式，发挥职能部门、教学科研单位的教育培训主体作用。将学校层面的教育培训与职能部门、教学科研单位的教育培训相结合，努力做到优势互补。定期通过组织涉密人员知识竞赛、考试等形式检验校级保密教育培训成果，通过监督检查、目标考核的手段确保职能部门、教学科研单位实施保密教育培训够时长、存实效。

3.5 完善涉密人员脱密期管理

3.5.1 做好制度内容顶层设计，提升涉密人员稳定性

高校涉密人员脱密期管理的难点在于离职人员的管理，涉密人员离职增多，不稳定隐患必然增多。需要脱密离校的人员主要是涉密科研教师和参与涉密科研项目的研究生。

对于涉密科研教师，可以借鉴军工科研单位在审查涉密人员涉密资格时的做法，在保密协议中可增加相应条款，对参与涉密科研人员提出脱密期管理要求。如涉密教职员工因个人原因离开学校，必须提前 6 个月提出离职申请等，也可与人事管理部门共同协作，为涉密科研人员量身定制劳动合同，减少涉密科研人员的离职流动。

对于参与涉密科研项目的研究生，也可通过涉密研究生管理规定、涉密学位论文管

理规定等引导研究生导师进行涉密项目密级分解，避免或减少研究生（尤其是全日制研究生）参与项目涉密部分工作，从而实现学生参与涉密科研项目非必要不涉密。

3.5.2 全面规范涉密人员日常脱密期管理流程

根据归口管理职责，确保各类离岗涉密人员及时办理脱密手续，规范启动脱密期管理。不但要关注本单位内因岗位变动、离职而发生的脱密期管理工作，更要关注借调、挂职人员离岗脱密管理工作，确保“应管尽管，不漏一人”。

在开展脱密期管理工作时，相关部门要认真核查其在工作期间接触和保留的涉密载体和各种工作资料，列出清单，严格按要求清退。保密工作机构要与离职涉密人员及时进行谈话，签订离职保密承诺书，开展保密教育，切实做到管理及时，措施到位。

[参考文献]

[1] 国家保密局指导管理司. 涉密人员的分类确定和上岗审查[J]. 保密工作，2015(9)：9-10.

[2] 北京大学宪法与行政法研究中心. 涉密人员管理制度研究[J]. 保密工作，2014(6)：45-47.

[3] 汪鸿兴，周峙，沈满. 高校涉密科研人员保密管理现状调研报告[J]. 保密工作，2015(11)：34-35.

[4] 国家保密局指导管理司. 涉密人员离岗离职的保密管理[J]. 保密工作，2015(12)：24-25.

[5] 宋建军. 关于加强涉密人员管理的几点思考研讨[J]. 保密工作，2015(1)：43-46.

依法治密
——疫情之下高校保密管理工作的制胜法宝

王远征　林绵优
（中南大学保密办公室　长沙市　410083）

摘　要：新冠肺炎疫情给高校保密管理工作带来了风险和挑战，“校园封闭，居家办公，视频会议……”等新情况的出现考验着高校的保密管理能力。“疫情防控越是到最吃劲的时候，越要坚持依法防控，在法治轨道上统筹推进各项防控工作”，依法治密在新形势下的重要性和必要性逐渐凸显。高校存在涉密人员“云端”保密意识欠缺，校内保密制度“休眠”，依法管理能力不足以及把握保密与公开关系的难度增大等问题，影响着疫情下高校保密管理的实效。做好疫情下高校保密管理要将依法治密落到实处，切实做好保密法治教育，持续发挥制度治密效果，不断提升依法管理能力，依法处理信息公开，依法加强保密监督检查，让依法治密成为做好疫情下高校保密管理的“制胜法宝”。

关键词：公共管理；新冠疫情；高校保密；依法治密

0. 引言

2020 年，突如其来的新冠肺炎疫情给我国的经济社会发展带来了巨大的影响，高校保密管理工作也面临着前所未有的风险和挑战，“校园封闭，居家办公，视频会议……”等新情况的出现考验着高校保密的能力。2020 年 2 月 5 日，习近平总书记在主持中央全面依法治国委员会第三次会议时强调，“疫情防控越是到最吃劲的时候，越要坚持依法防控，在法治轨道上统筹推进各项防控工作，保障疫情防控工作顺利开展”。习总书记的讲话为做好疫情下高校保密管理指明了方向——坚持依法治密。

作者简介：王远征（1993—），男，主要研究方向：高校保密和法治工作。E–mail：wangyuanzheng@csu.edu.cn

当前，我国的进入疫情防控的常态化阶段，高校教学科研逐渐回归如常。此时，通过回顾疫情给高校带来的风险挑战，总结疫情之下依法治密的经验教训，对于提升高校保密管理能力和水平具有重要的理论意义和实践价值。

1. 疫情之下高校保密管理的新挑战

新冠肺炎疫情之下，高校教学科研行政等方面的工作都面临着诸多困难和挑战，按照防疫的要求，校园封闭式管理成为常态，“居家办公”“网络会议”“线上科研”“云端课堂”等教学科研的新形式，一时间成了“时尚之选”。疫情之下的新举措也让高校保密工作面临着更多的风险和挑战。

1.1 涉密人员“云端”保密意识欠缺

高等院校的涉密人员主要为行政人员和科研人员，其中较大程度上集中于科研人员。由于科研项目的限制，其在科研活动中往往是中短期涉密状态，因此其较长一段时间均为非密的状态。“正因为长期从事非密科研，其保密意识和科研习惯仍停留在非密层面，虽然做了一些保密教育，但是其距离保密要求还有较大差距。”疫情期间，高校的科研人员仍然需要进行教学科研活动，在“云端”进行授课和参加学术会议研讨等活动中，如果涉密人员的保密意识欠缺，可能会出现涉密信息上网，涉密文件进家等违规情况。在常规的情况，涉密人员在校内开展教学科研活动，受到场所、文化氛围等方面的影响，其保密意识会相对较足，但是居家办公的环境下容易使其放松警惕，线上的科研活动则容易放大失泄密的风险。高校涉密人员“云端”保密意识欠缺，成为疫情之下高校保密管理的重大风险点。

1.2 校内保密制度“休眠”

《中华人民共和国保守国家秘密法》第七条规定：“机关、单位应当实行保密工作责任制，健全保密管理制度……”保密法律法规是做好保密管理工作的底线要求和基本遵循，高校立足自身实际制定的校内保密制度则是高校做好保密管理工作的重要途径和手段。然而，受新冠肺炎疫情的影响，高校校园封闭式管理，师生长期不在学校，对其呈现出一种“线上管理”“云端管理”的状态，校内保密管理制度可能无法有效施行，呈现出制度“休眠”的状态。疫情期间若出现保密制度“休眠”的情况，则会淡化校内保密氛围，弱化制度权威，放大常规失泄密风险，诸多危害后果的叠加，极其容易诱发失泄密事件的产生，给疫情期间的高校保密管理工作带来较大的风险和挑战。

1.3 依法管理面临新情况

“依法管理国家秘密是法治理念在保密工作领域的具体化，是全面推进依法治国的必然要求，也是有效应对信息化条件下保密工作新挑战的有效手段。”疫情之下，让高校的日常保密管理工作涌现出新的问题。定密管理是保密管理的源头性问题，疫情中的许多资料或者科研成果是否定密以及如何定密都是成为一个新课题。涉密人员的管理问题是保密管理的核心问题之一，如何在疫情期间对涉密人员开展审查、培训、脱密期管理等问题也成为一大挑战。尤其需要关注的是疫情期间的互联网保密管理问题，涉密信息是否在网上传输，涉密人员社交媒体的管理等相关问题都需要得到重视和关注。疫情期间，保密要害部位的管理也与以往不同，涉及消毒、通风等防疫措施时，保密要害部位的管理措施如何有效的保护国家秘密，也成为需要面对的重要问题。在新形势下，保密的依法管理成为重要风险点。

1.4 保密与公开的处理难度增大

保密法确立了既确保国家秘密安全、又便利信息资源合理利用的保密工作方针，同时规定，法律、行政法规规定公开的事项应当依法公开，为正确处理保密与公开关系提供了法律依据。疫情期间，高校在科研和管理环节存在着较多需要进行处理的保密管理和信息公开内容，比如学校内部的防疫方案以及其他重要措施等信息，这些材料往往带有工作秘密或者国家秘密的内容，然而又与校园师生利益密切相关，如何既保证社会公众的知情权又做到保守国家秘密、工作秘密成为摆在高校面前的一道难题。习近平总书记曾多次就对保密和公开的关系发表过重要指示：“涉及老百姓利益的案件，有多少需要保密的？除法律规定的情形外，一般都要公开。”“对相关数据和病例资料等，除有法律规定需要保密的外，在做好国家安全工作的条件下，要向我国科技界开放共享。”法律规定成为处理保密与公开的标准线，然而如何以法律为准绳，切实处理好保密与公开的关系，仍具有较大的难度。

2. 疫情之下加强依法治密的迫切性

党的十八大以来，以习近平同志为核心的党中央高度重视保密工作和全面依法治国工作，并且注重二者的有机结合，将“加强依法治密”写入“十三五”时期全国保密事业发展规划中，进一步说明了依法治密的重要性。在新冠肺炎的影响下，依法治密成为做好高校保密工作的基本要求和“制胜法宝”。

2.1 适应全面依法治国基本方略的基本要求

习近平总书记指出：“必须坚持把依法治国作为党领导人民治理国家的基本方略、把法治作为治国理政的基本方式，不断把法治中国建设推向前进。”党的十九大报告在“全面推进依法治国”的基础上，进一步提出“坚持全面依法治国”，这即表明了对法治道路的坚持，也对我们迈入法治道路提出了更高的要求。全面依法治国涉及立法、执法、司法、守法等不同的环节，覆盖到经济社会等各个领域，关乎每个公民、组织、机关等不同单位。高校作为我国经济社会的重要组成单位，保密作为涉及国家安全的重要领域，都应当坚持在法治的轨道上推进工作。

2.2 防控新冠肺炎疫情的重要保障

疫情防控涉及社会的各个层面，也涉及我们每个人，唯有依法防控，才能确保各项防控工作有序有效开展，才能让防控更加精准，更加科学，更加有力。习近平总书记曾多次强调要“坚持运用法治思维和法治方式开展疫情防控工作，提高工作的法治化水平”。疫情之下的高校保密管理工作应当严格遵循全国的防疫要求，同时应当结合保密工作实际，坚持依法治密，综合运用制度防范、宣传教育、监督检查等不同方式开展工作，坚持运用法治思维和法治方式开展工作，确保疫情之下，不失密、不泄密，保证国家秘密安全。

2.3 加强新形势下保密工作的迫切需要

“加强依法治密”作为开展保密工作的重要措施，被写入“十三五”时期全国保密事业发展规划，保密法治在保密事业发展中具有固根本、稳预期、利长远的保障作用。《中华人民共和国保守国家秘密法》于 2010 年 4 月修订通过，今年是其修订后实施的十周年，切实做到依法治密，坚决严格执行保密法及其配套法规制度，积极推进保密法治教育，保密科学技术和保密组织建设等方面的工作，是加强和改进新形势下高校保密管理工作内在的迫切需要。

3. 做好疫情之下依法治密的实现路径

疫情之下的依法治密工作应当立足疫情期间高校保密工作的实际，从保密法治宣传教育，推进校内保密制度落实，提升依法管理能力，依法处理信息公开以及加强保密监督检查等方面着手，采取更精准的保密管理措施，确保疫情之下高校国家秘密的安全。

3.1 强化保密法治教育，提升“云端”保密意识

保密法治宣传教育是依法治密工作的重要方式。常规情况下，往往采用线下讲座、培训学习等方式进行，教育效果尚可。疫情之下的保密法治教育活动，应当立足疫情

防控的实际情况，以预防警示教育为主，提升相关人员的保密意识和防失泄密的警惕性，结合《民法典》《刑法》等内容以法治案例为主体开展教育。同时，针对性地开展《传染病防治法》《突发公共卫生事件应急条例》等方面法律法规的宣传教育，引导高校师生从全局的高度把握依法防控和依法治密。鉴于疫情期间社交媒体使用频繁，通过手机短信、短视频等方式，实现“点对点”送达，确保涉密人员人人接受保密教育，切实筑牢涉密人员在疫情期间的思想防线，提升“云端”保密意识。

3.2 “唤醒”校内保密制度，增强制度治密效果

针对疫情期间校内保密制度可能存在“休眠”的情况，高校应当针对性地梳理当前保密制度的必要性和可行性，发现痛点，突出重点，疏通堵点，确保制度推进有效。在“唤醒”保密制度的过程中，应当抓好高校的“关键少数”，通过多种方式让领导干部提高认识，统一思想，坚决贯彻执行学校的保密管理制度。在“唤醒”保密制度中，还应注重针对性的问题，不能搞“一锅粥”，糊糊涂涂，应当拿“几服药”辨证施治，确保制度适用是可以解决问题的。最后，“唤醒”保密制度应当注重监督考核，加强对重点关注单位的监督考核，确保制度执行不降标准，不掺水分。疫情之下的高校保密管理应当“唤醒”制度，做到“有法可依，有法必依，执法必严”。

3.3 开展保密业务培训，提升依法管理能力

“新形势下的保密管理工作，主要是以法制化为特征，以规范定密为基础，以信息系统为重点，以涉密人员规范化教育管理为核心”，受疫情影响，高校保密管理工作中的许多线下业务培训活动都呈现出停滞的状态，影响保密管理人员的业务提升。疫情之下的保密业务培训应主要关注于两方面：一方面，抓常规培训不断更，即通过线上的方式传达基本的保密管理业务知识，保证保密管理人员的云端学习；另一方面，针对性的业务培训跟得上，即针对疫情期间的定密管理、涉密载体管理、涉密人员管理、涉密场所管理、信息公开等核心问题进行精准培训，切中现实问题，防范风险。疫情之下的保密管理中遇到的诸多现实问题，都亟待科学解决，而开展业务培训便是提升依法管理能力的有效途径。

3.4 依法处理信息公开，确保国家秘密安全

2019 年修订的《中华人民共和国政府信息公开条例》进一步明确了以公开为常态、不公开为例外的信息公开原则，并明确划定了不予公开的界限，为信息保密与信息公开之间的有效衔接提供了制度保障。疫情之下，高校在如何确定部分信息内容是国家秘密、工作秘密抑或是公开内容成为一个难题。在衡量公开和保密的过程中，高校需要对信息

内容的重要性、敏感性、公开后的影响等多方面进行分析、把握、判断。在处理此类问题时固然有许多因素的考量，但是应当坚持的基本导向就是向法律要答案。在《国家秘密定密管理暂行规定》的要求中确定标准，既确保国家秘密安全，又便利信息资源合理利用，依法处理信息公开，确保国家秘密安全。

3.5 持续加强监督检查，压实保密工作责任

保密监督检查在保密管理工作中发挥着“拳头”和“利剑”的重要作用，为确保疫情之下的保密管理工作安全平稳，就要持续挥舞“拳头”和“利剑”。然而，在校园封闭化管理的情况下，既要满足疫情防控的要求，又要实现保密监督检查的功能效果，采取何种方式进行监督检查至关重要。法治化、规范化建设是保密监督检查的重要抓手，根据学校保密检查的相关规定推动以自查自评为主，辅之以单位抽检，突击检查等方式，灵活多样的推动监督检查工作。对于疫情期间的监督检查发现的问题，还要“真刀真枪”地解决，充分发挥保密检查的震慑作用，压实保密工作责任。

4. 结语

当前，我国的疫情防控工作进入了常态化防控的新阶段，高校也逐渐全面恢复了正常教育教学秩序，此时反思疫情给高校保密管理工作带来的风险和挑战，总结经验和教训，将对进一步做好高校保密管理工作大有裨益。

[参考文献]

[1] 刘延东.《政府信息公开条例》对定密行为的调节作用[J].中国行政管理，2020(02)：11-12.

[2] 姚斌.警惕机关单位保密制度“休眠”[J].保密工作，2019(02)：52-54.

[3] 田静.坚持依法治密 推进新时代保密工作转型升级[J].保密工作，2018(09)：8-10.

[4] 席彩云.做好军民融合背景下的高校保密工作[J].保密工作，2017(12)：42-44.

[5] 李介.新华网评：越是到最吃劲的时候，越要坚持依法防控[OL].[2020-2-6].http://www.xinhuanet.com/2020-02/05/c_1125535612.htm.

[6] 张尧生.开展日常保密监督管理 确保保密管理长效机制有效运行[J].保密科学技术，2014(01)：50-51.

[7] 依法管理国家秘密 大力维护国家信息安全——国家保密局负责人就保密法修订公布两周年接受记者专访[J].保密工作，2012(04)：4-7.

中国高校一级保密资格影响因素模型构建
——基于扎根理论的研究

傅丽萍
（上海交通大学　上海市　200240）

摘　要：目前，因为保密管理的内部性要求，我国学者针对一级保密资格申请这一主体行为影响因素研究的成果尚不多见。基于此，本研究通过对10所综合性、研究型大学11名从事保密管理工作教师的深度访谈，运用扎根理论研究方法，通过Nvivo12软件进行资料整理，融入组织行为等理论，构建了我国综合性、研究型大学申请一级保密资格的影响因素理论模型。研究表明，学校战略方向、管理者决心是影响学校申请一保密资格的重要原因；结果预期可以直接影响申请行为，也可以通过其他高校的行动影响申请行为；成本增加、合作单位是前因变量，最终得出“一级前置要求或条件”“社会网络”“结果预期”核心类属，在此基础上形成了影响因素模型。

关键词：保密管理；一级资质；影响因素；扎根理论

1. 一级保密资格

我国自21世纪初开始实施武器装备科研生产单位保密资格认证制以来，认证工作在各个高校间已经进行了三轮，有效地牵引各个高校建立了保密管理的必要内容，将不具备保密能力或者存在失泄密风险的单位过滤出去，从而做到确保国家秘密安全，发挥“安全阀”的作用。我国针对不同单位的保密管理水平及特点，建立了三级管理标准及要求，每五年进行一次资质认证，其间进行一次中期检查。一级保密资格代表了保密管

作者简介：傅丽萍（1989—），女，上海交通大学，保密办保密干部，主要研究方向：保密管理、高教管理。
E-mail：lpfu@sjtu.edu.cn.

理水平在国家层面的高度，具有引领示范的效果。根据《保密工作》报道的国家军工保密资格认定委员会召开 2018 年四次全体会议内容中的相关数据，详见下表，我们可以推断出，国家在一级单位方面数量有一定的限制，不是单单追求数量的管理，而是成熟一个审批通过一个，充分发挥资质管理的作用。

表 1　2018 年资质单位审议通过数量情况[1]

会议名称	第一次全体会议	第二次全体会议	第三次全体会议	第四次全体会议
一级资格数　量	4（家）	12（家）	9（家）	3（家）
二级资格数　量	158（家）	145（家）	71（家）	170（家）
三级资格数　量	193（家）	201（家）	97（家）	200 余（家）
备　　注				审议了 7 家单位申请二级、三级保密资格的受理意见。

说明：会议审议通过一级保密资格单位审查结果，以及对各省（区、市）上报的二级、三级单位保密资格单位备案材料的审核意见

保密资质（资格）制度作为“安全阀”，主要在于保密资质（资格）的本质是行政许可。行政许可是国家行政机关的一种管理手段，具有控制危险、配置资源以及证明或者提供某种信誉、信息的功能。[2] 企事业单位从事涉密业务，应当依据国家法律规定提报涉密资质申请。涉密资质单位根据《涉密资质单位保密管理自查自评标准》，结合实际开展自查自评，并在每年年初提交上一年度保密管理落实情况的自查自评报告。很多高校按照要求申请，取得保密资质，同时结合自身科研优势，积极争取承担重要的国防科研任务，为学校的发展、国家的富强做出贡献。在管理过程中，积极对照国家保密行政管理部门制定的相关国家保密标准，《武器装备科研生产单位保密资格认定办法》等，规范日常保密管理工作，尤其是做好国防科研项目的保密管理工作，为科研项目顺利进行、学校“双一流”建设、国家秘密安全保驾护航。

2. 模型构建的理论基础——组织行为理论

斯蒂芬·P·罗宾斯和蒂莫西·A·贾奇是现代组织行为学最具代表性的人物，其著作《组织行为学》（第12版）中将组织行为学定义为一个研究领域，它探讨个体、群体以及结构对组织内部行为的影响，目的是应用这些知识改善组织绩效。[3]

组织行为学研究的三个维度为个体、群体和组织结构。大量学者通过研究个体的心理及行为规律，具体包括个体的动机、能力、态度、工作满意度、人格与价值观、情绪情感与态度，探寻如何提高个体的组织承诺、工作满意度和工作绩效。[4]群体（group）是指为了实现特点的目标，由两个或两个以上相互作用、相互依赖的个体组合而成的集合体。[3]大量学者对组织内群体的研究主要分为两大类型，一是对团队的研究，如通过研究团队中的沟通对团队效能的影响；一是对团队环境中领导行为的研究。通过对领导行为和领导力的研究，来找寻其对个体行为和组织效能的影响。[5]组织结构（organizational structure）界定了对工作任务进行正式分解、组合和协调的方式。[3]组织结构可以塑造、改变态度和行为。对组织结构产生重大影响的因素包括组织文化、群体结构与过程等。[3]

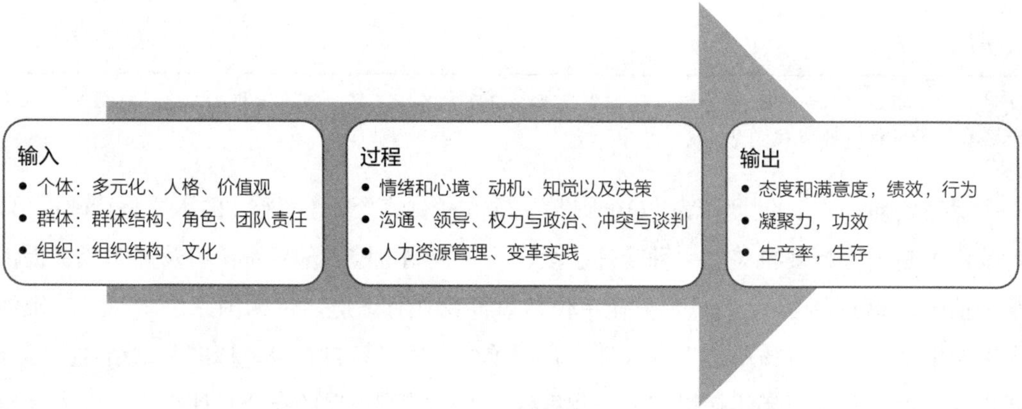

图1　组织行为学模型[3]

根据大五人格中责任感对组织绩效的影响，以及情境强化理论所提出的人格转化为行为的方式取决于情境的强度，即规范、提示或标准在多大程度上支配我们采取适当的行为。在个体方面，可以通过强化责任感、细化规范或标准、场景示范、现场检查等方面，提升个体在资质管理方面的自我管理水平，从而对标一级管理要求。考虑到严格的标准要求可能会产生一些情绪问题，可以通过面对面交流工作、座谈会、评优等举措，使教师重新评价认知工作。另外，考虑到大多数人都希望在工作方式上有一定的自由，同时强情境可能会压抑创造性、主动性和积极性，因此要找到恰当的平衡。

根据团队有效性模型，从外界条件、团队构成和过程三个方面入手，使团队工作比个体工作更为可取的领域发挥效果。提升群体在资质管理方面的水平，从而对标一级管理要求，一是从提供培训来提高团队成员的管理、技术水平，二是营造信任的氛围，与课题组教师建立良好的工作互动关系，三是加强课题组负责人的责任意识，使其发挥领导作用，四是在课题组日常工作中增加保密管理的讨论。此外，结合群体中行为标准这一属性，设立参照群体，更好的发挥引领示范作用。

在组织结构既定的条件下，发挥组织文化这一无形资产的作用。组织文化越强，管理层就不用费心制定正式的规章制度来规范员工行为。当员工接受了组织文化时，那些规范就内化在他们心中。提升组织在资质管理方面的水平，从而对标一级管理要求，需要积极营造一级的管理文化，通过讲故事、举办竞赛活动等方式传达一级的要求。

3. 研究方法与设计

3.1 研究方法

扎根理论是一种系统的质性研究方法，由 Glaser 和 Strauss 提出，指在收集和分析质性资料的基础上，扎根在数据中自下而上地寻找核心概念，通过建立概念之间的联系来建构反映社会现象的理论。[6]扎根理论不在研究前进行假设，而在经验证据的支持下，从经验事实中抽取新概念和思想。扎根理论构建理论主要依赖于三级编码：开放编码、主轴编码和选择编码。以往研究中，学者们对资质申请的关键影响因素关注程度不够，仅仅从符合国家战略的要求，增加项目来源的角度来考虑。因此，本研究选取扎根理论作为研究方法，希望透过 10 所综合性、研究型大学的视角，基于组织行为理论，挖掘申请一级保密资格的关键影响因素，进而提炼出申请一级保密资格的影响因素模型。

3.2 研究设计

①数据来源。本研究共选取大部分 C9 高校和一级保密资格高校 10 所中的 11 名从事保密管理工作教师作为研究对象，通过电话的方式进行深度访谈。访谈人员中包括主管部门保密业务的中层干部和基层员工。每位教师的访谈时间在 10 分

钟 -20 分钟。访谈结束后立即进行书面整理工作。因此本研究对样本的选择在学校层次、岗位职能等方面比例较为均衡，基本可以反映高校申请一级保密资格的原因，具有一定代表性。

②访谈提纲设计。围绕“请您谈谈参与保密工作的经历。”“您认为贵校在保密管理方面有哪些优势？面临哪些困难？或者有哪些需要改善的地方？”“您认为申请一级保密资格的关键事件有哪些？（就是重要的、有影响的）”“假设进行新一轮的资质申请，您会从哪些方面着手开展工作？举个例子？或可否具体描述一下？”“您认为有没有必要申请一级保密资格，为什么？”“贵校是否想申请一级保密资格，但受到一些因素的影响而放弃，影响因素有哪些？——仅限没有一级保密资格的高校回答。”“关于本次访谈是否还有其他的想法？”7 类问题展开。

4. 研究过程与结果

4.1 研究过程

本研究严格遵循质性研究方法过程，利用 Nvivo12.0 软件对访谈资料进行分析，通过开放编码、主轴编码和选择编码，依据扎根理论[7]构建我国大学申请一级保密资格的影响因素模型。具体分析过程如下：通过对 13 名高校保密工作从业者进行访谈，获得有效文本 11 份，再将文本通过 Nvivo12 进行原始材料分析梳理，即导入“内部材料”中，对提取出的号码依据扎根原则，自下而上进行三级编码。在开放编码过程中，形成 39 个号码，在主轴编码过程中，将 39 个号码整合成 10 个概念属类，在选择编码过程中进一步归纳出 3 个核心属类。为确保研究的严谨性本研究将所有已获得的码号进行编辑，并再次通过访谈的形式进行验证，并未发现新码号的出现。

4.2 我国大学申请一级保密资格的影响因素

在开放编码过程中，将访谈资料“原封不动”地进行编码，归纳出“本土概念”，并且将这些概念进行整合形成一级编码 39 个（见表 2），在系统中添加为节点。例如将“申请一级保密资格关键在项目，没有这个，什么证明都没用。”“每个学校申请的出发点不一样。我们是教师申请了项目，需要学校有资质，压力还是大一点。”“有必要，承担一级项目。”“看承担的项目情况。”“任务驱动。”“二级资质不行，有些项目必须是一级。”归纳为“任务驱动。有必要，承担一级项目”。

表 2　一级保密资格申请编码表

<table>
<tr><th>开放编码</th><th>主轴编码</th><th>选择编码</th></tr>
<tr><td>1.1 围绕科研，由项目组提供可行性报告（1）
1.2 任务驱动。有必要，承担一级项目（6）</td><td>1. 项目要求（7）</td><td rowspan="10">一级前置要求或条件；
社会网络；
结果预期
（39）</td></tr>
<tr><td>2.1 一级的关键是按照标准操作，制度齐全（3）</td><td>2. 制度准备（3）</td></tr>
<tr><td>3.1 学校有要求（3）
3.2 校领导定调子（2）
3.3 部门配合，把握好尺度（3）
3.4 关键是人（1）
3.5 主管领导（1）</td><td>3. 组织保障（10）</td></tr>
<tr><td>4.1 管理要求差别不大（2）
4.2 区别在几个方面（2）</td><td>4. 成本增加（时间、人员、经费）（4）</td></tr>
<tr><td>5.1 甲方推动作用（1）</td><td>5. 合作单位（1）</td></tr>
<tr><td>6.1 推荐（1）</td><td>6. 政策（关系）（1）</td></tr>
<tr><td>7.1 抓住认证复审（1）</td><td>7. 认定（1）</td></tr>
<tr><td>8.1 其他高校（1）</td><td>8. 参照样本（1）</td></tr>
<tr><td>9.1 鼓励老师申请（1）
9.2 没有考虑（1）
9.3 收获更多，有收入即科研经费，新增项目（3）
9.4 学校科研发展规划（3）</td><td>9. 物质预期（8）</td></tr>
<tr><td>10.1 管理水平的体现（1）
10.2 有资格，承担内容（2）</td><td>10. 社会化预期（3）</td></tr>
</table>

在这 10 个子节点中，“组织保障”“物质预期”“项目要求”3 个节点的材料来源数和参考点数位居前三。因此，该 3 个因素是申请一级保密资格最重要的影响因素。

依照参考节点的数量，“组织保障”这一树节点下属的自由节点数依次为：学校有要求，部门配合、把握好尺度，校领导定调子，关键是人，主管领导。其中，“学校有要求”“部门配合、把握好尺度”子节点中组织保障表征反映最多的 2 个自由节点，其节点参考数均为 3。（见表 3）

表 3　主轴编码“组织保障”子节点的材料信息

码号及节点参考点数	参考点内容列举
3.1 学校有要求（3）	1. 关键事件是学校的决心。 2. 关键事件是工信部所属高校，要求比较严。主要是起到科技支撑的作用。 3. 国家层面上有要求，学校自身有要求。
3.2 校领导定调子（2）	1. 校级领导会议（核心会）汇报，定调子。 2. 只要学校下决心，更重视。
3.3 部门配合，把握好尺度（3）	1. 归口管理在保密委员会上确定好原则，各部门表态，任务领回去。目前归口遇到反复的情况，当时认证的时候，大家政治性觉悟还是有的，为了一个共同的目标，但是现在精细化的时候，相互之间的配合，如何把握好这个度，不是不管，也不是一直管，而是扶上马送一程。 2. 当前归口管理遇到一点反复，需要耐心协调。 3. 科研院和人力资源处两个部门在保密工作方面还是非常给力的。
3.4 关键是人（1）	1. 关键事件就是人，队伍建设和组织机构建设。
3.5 主管领导（1）	1. 学校书记任保密委主任，副校长任保密总监，主管保密工作。

“物质预期” 这一树节点下属的自由节点数依次为：学校科研发展规划，收获更多、有收入即科研经费、新增项目，鼓励老师申请，没有考虑。其中，“学校科研发展规划”“收获更多、有收入即科研经费、新增项目”子节点中物质预期表征反映最多的 2 个自由节点，其节点参考数均为 3。（见表 4）

表 4　主轴编码“物质预期”子节点的材料信息

码号及节点参考点数	参考点内容列举
9.1 鼓励老师申请（1）	1. 有的学校是鼓励老师们申请项目。
9.2 没有考虑（1）	1. 因为没有申请一级的需要，所以没有考虑。
9.3 收获更多，有收入即科研经费，新增项目（3）	1. 以前老师们不敢申请一级相关的项目，现在有了敲门砖，老师们都抱着试一试的心态，整体获益，收获更多。 2. 目前有新增项目，速度没有指数增长。 3. 有收入即科研经费。
9.4 学校科研发展规划（3）	1. 校领导对于学校长远打算的结果。 2. 国防科研是我们的立校之本，是我们学校的特色。 3. 是不是申请一级要看学校的科研发展和规划，是不是以国防为重点。

“项目要求” 这一树节点下属的自由节点数依次为：任务驱动，有必要，承担一级项目。围绕科研，有项目组提供可行性报告，项目的迫切需要。项目级别决定的，而不是金额。其中，“任务驱动，有必要，承担一级项目。”子节点中项目要求表征反映最多的 1 个自由节点，其节点参考数均为 6。（见表 5）

表 5　主轴编码“项目要求”子节点的材料信息

码号及节点参考点数	参考点内容列举
1.1 围绕科研，由项目组提供可行性报告（1）	1. 关键事件是围绕科研，有项目组提供可行性报告，项目的迫切需要。项目级别决定的，而不是金额。
1.2 任务驱动。有必要，承担一级项目（6）	1. 申请一级保密资格关键在项目，没有这个，什么证明都没用。 2. 任务驱动。 3. 每个学校申请的出发点不一样。我们是教师申请了项目，需要学校有资质，压力还是大一点。 4. 有必要，承担一级项目。 5. 二级资质不行，有些项目必须是一级。 6. 看承担的项目情况。

结合组织行为学的相关理论，个体、群体等归入组织保障类属，组织文化归入结果预期类属，总体上，通过对 11 名高校教师的深入访谈，依据扎根理论与 Nvivo12 软件，对相关因素进行归纳，得出“一级前置要求或条件”“社会网络”“结果预期”核心类属。在此基础上形成了影响因素模型。

“面向国家重大战略需求，面向经济社会主战场，面向世界科技发展前沿”是新时代赋予中国大学的历史使命，我国高校一级保密资格影响因素模型是对致力于在国防核心领域发展产生积极影响和贡献的高校提供具体的资格申请路径。随着各领域优势队伍参与国防建设，高校在学术导向的同时，围绕国家安全和国防科技重大战略需求，聚焦具有战略性、带动性、全局性的重大共性关键技术，以高校高层次人才为依托，打造高水平的智力支撑平台，在远期基本原理探索和近期军事应用之间架起一座桥梁，推动基础技术研究向军事技术和民用领域转化，[8]为国防领域更多核心技术发展提供合理方案和规划，为保障国家安全提供强有力的技术支撑。申请高校一级保密资格是高校深入参与国防核心领域的必经之路，因此针对中国高校一级保密资格影响因素模型构建——基于扎根理论的研究意义重大。

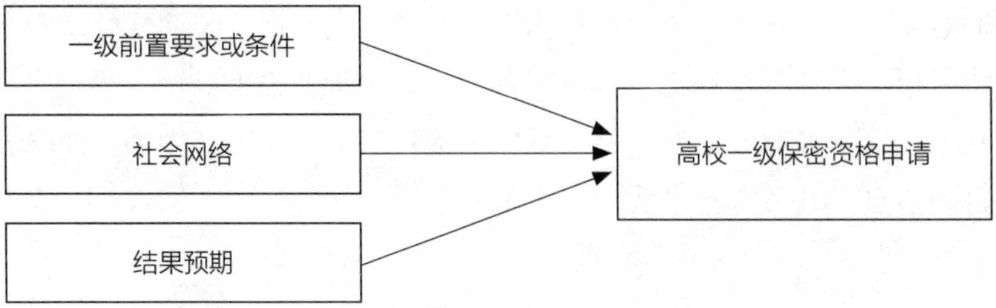

图 2　我国高校一级保密资格影响因素模型

5. 致谢

感谢受访的各位前辈、同仁倾囊相授。中国保密协会教育分会高校保密协作组对本人认识各位受访老师有很大的帮助，特此表示诚挚的感谢。学校组织高教管理研修班使本人对质性研究有更深入的认识，特此表示衷心的感谢。此外，文章的完成离不开部门领导的指导与关心，感谢蒋尧鹏老师。

[参考文献]

[1] 摘自《保密工作》杂志2018年第3.6.7.9期.

[2] 彭浩. 贯彻军民融合发展战略 保密资质（格）怎么发挥作用［J］. 保密工作，2018（7）：14-17.

[3]［美］斯蒂芬·P·罗宾斯，蒂莫西·A·贾奇. 组织行为学（12 版）［M］. 李原，孙建敏译. 北京：中国人民大学出版社，2008：253.

[4] 谭力文，伊真真，效俊央. 21 世纪以来国内组织行为学研究现状与趋势——基于CSSCI（2000-2013）文献的科学计量分析［J］. 科技进步与对策，2016（1）：156.

[5] 组织行为学视角下合作学习共同体研究，刘燕飞，2016.（山东师范大学博士论文）

[6] 陈向明. 质的研究方法与社会科学研究［M］. 教育科学出版社，2000：12.

[7] 陈向明. 扎根理论的思路和方法［J］. 教育研究与实验，1999（4）：58.

[8] 薛惠锋，程臻. 美军如何牵引军民科技融合. http://www. 81. cn/jfjbmap/content/2018-08/09/content_212955. htm 解放军报.

我国高等学校保密量化考核机制初探

刘连峰　迟殿力

（大连理工大学保密工作办公室　辽宁省大连市　116023）

摘　要: 当前，国际国内形势不断发生深刻变化，境外情报机构和反华势力蠢蠢欲动，保密形势日趋严峻。同时，高校逐渐进入境外情报机构视野，为高校保密工作的开展带来了极大的压力。结合高校保密工作实际，构建科学严谨有效的保密工作考核机制，以考核为牵引，激发内生动力是推进保密工作责任制落实、保密工作规范化开展最有效的手段。本文基于对于保密工作的认知以及工作经验，针对现有考核体系的不足，探索保密量化考核机制的建立以及考核结果与年度绩效的关联机制，作为初步研究，供大家商榷。

关键词: 量化考核；高等学校；考核机制

0. 序言

党的十八大以来，以习近平同志为核心的党中央高度重视保密工作，作出了加强和改进保密工作的新决策、新部署，明确了保密工作事关国家安全和发展利益的重要作用。当前国际形势复杂多变，政治经济秩序面临深刻调整，境外情报机构和反华势力蠢蠢欲动，保密形势日趋严峻。同时，随着越来越多地参与国防科研攻关，高校逐渐进入境外情报机构视野，比如近期澳大利亚某智库发布的“中国国防大学追踪器”数据库，为高校保密工作的开展带来了极大的压力。推进保密工作责任制落实、保密工作规范化开展最有效的手段便是结合高校保密工作实际，构建科学严谨有效的保密工作考核机制，以考核为牵引，激发内生动力，确保国家秘密安全。

作者简介： 刘连峰（1971—），男，大连理工大学保密工作办公室主任，主要研究方向：系统经济分析与管理、区域科技创新与管理。E-mail：liulf@dlut.edu.cn

本文基于对于保密工作的认知以及工作经验，针对现有考核体系的不足，探索保密量化考核机制的建立以及考核结果与年度绩效的关联机制，作为初步研究，供大家商榷。

1. 保密量化考核的目标与作用

1.1 保密量化考核的目标

保密量化考核机制是运用专业、可量化、体系化的标准与指标，对各内设单位以及员工的保密工作实绩进行考核并影响年度绩效发放的过程，其目标为：

一是完善高校保密管理体系，构建长效管理机制，为高校积极参与军民融合国家战略夯实基础，维护社会稳定和国家长治久安。

二是推进保密工作责任制落实，确保各项保密工作扎实推进，减小失泄密隐患，维护国家秘密安全。

三是坚持问题导向，围绕保密工作重点领域和关键环节的突出问题通过量化考核体系的构建，提升保密考核的可操作性与实效性。

1.2 保密量化考核的作用

一是有助于推动保密工作责任制的落实。保密工作的“归口管理”是第三轮保密资格认定的要点，也是众多高校推进保密管理规范化的难点所在。构建完善的保密量化考核体系，充分发挥保密考核“指挥棒”的作用，能够推进各涉密管理部门层层压实责任，促进“业务工作谁主管，保密工作谁负责”落到实处。

二是有助于提升保密风险防控水平。保密考核分为平时考核和年底集中考核两部分，通过将日常保密检查与保密考核相结合，能够提升各部门与各课题组对于保密日常管理的重视程度，有助于推动基层单位保密工作的规范化开展[1]。同时，通过开展保密考核，利于及时发现保密管理风险点并及时制定有效的风险防范措施，实现“早发现、早整改”，将失泄密风险消灭在萌芽状态。

三是有助于营造良好的保密氛围。将保密考核结果与各单位年底绩效相关联，实行考核结果“双向兑现”，强化保密考核的引导作用，有助于充分调动各涉密单位以及涉密人员参与保密工作的积极性与主动性，形成“全员参与，齐抓共管”的局面，在全校范围内营造良好的保密氛围。

2. 高等学校保密考核现存问题

根据调研，我国高校保密考核存在一些共性问题，如考核过于松散、可操作性差等问题，制约了保密考核在推进保密工作责任制落实等方面的引导作用，突出问题如下：

2.1 指标体系不够科学严谨

保密考核指标体系是否科学合理是保密考核能否发挥应有作用以及得到有效落实的基础，但是目前很多高校的保密考核指标体系仍存在不足：设计指标体系时没有充分考虑保密管理中的风险点及实际操作中的难点，导致指标体系缺乏全面性、覆盖性；指标中可量化的指标少，定性指标多，导致考核流于形式、缺乏可操作性[2]；没有针对涉密院系、涉密服务管理部门等涉密单位的不同保密管理流程与责任分别设置指标体系，指标体系不够“接地气”。

2.2 保密考核“归口”不到位

尽管很多高校已经设立了保密考核体系并定期组织开展保密考核，但考核主体仍多为保密管理机构，尤其是在涉密人员考核方面，人事管理部门往往仅是在保密管理机构的协调下进行考核结果的备案及保密补贴的发放，很少实际参与保密考核，导致考核结果与涉密人员日常管理“脱钩”，考核结果难免有失公正客观。

2.3 保密考核的导向作用没有充分发挥

一是部分高校的保密考核受到主观影响较大，考核主管部门往往只结合日常工作评选出若干表现突出的单位，对于其他单位的考核，结果均大体相近，不同单位间的考核分数及结果难以拉开合理的差距[3]；二是很多高校的保密考核结果并没有与学校各单位的绩效相关联，没有纳入绩效分配的指标体系，使保密考核失去了牵引作用。

针对以上问题，探索建立保密量化考核机制，以达到化解难题、发挥考核作用的目的。

3. 高校保密量化考核机制的建立

基于当前新形势下高校保密工作所面临的日益增加的管理压力以及推进精益化保密管理和将保密考核结果与年底绩效相关联的趋势，探索建立高校量化保密考核机制。

3.1 保密量化考核体系应遵循的原则

根据高校保密工作的特点以及考核评价体系构建的共性特点，保密量化考核评价体系的建立应遵循以下基本原则：

一是公平公正性。以涉密科研院系考核为例，高校中各学科的科研实力以及国防应用前景不尽相同，导致不同院系之间涉密人员的数量以及涉密国防科研体量差异很大，对于不同涉密科研院系如果采取完全相同的考核指标，易产生“多做多错、少做少错、不做不错”的错误导向，因此对于不同体量的涉密科研院系因区别考核，以“多劳多得”的方式实现相对公平[4]。

二是全面细致性。保密考核应覆盖学校内开展涉密工作的各级单位，包括涉密教学科研院系、涉密行政管理部门以及各非涉密单位。考虑到不同性质单位的保密工作内容以及管理难度的差异，应构建不同的保密考核指标体系以实现所有单位的全覆盖。

三是操作可行性。保密考核指标体系应具备可操作性，减少主观判断的指标数量，增加可量化的指标比例，确保每项打分都“经得住推敲，找得到依据”，提高考核结果的科学性和准确性，推进保密考核长效机制的形成[5]。

四是激励引导性。将考核结果与各单位年度绩效的发放相关联，实现有机联动，提升全校师生对于保密工作的重视度与积极性，从源头推动保密工作责任制的落实，引领各项保密规章制度的落实。

3.2 量化考核机制的建立

3.2.1 考核内容全面化

根据保密工作内容与特点的不同，将高校校内被考核单位分为三个类别，分别为教学科研类涉密单位、管理服务类涉密单位以及非涉密单位，并分别设计考核内容：（1）针对教学科研类涉密单位设计包含保密责任落实情况、保密干部履职情况、保密制度建设情况、保密管理情况、保密监督保障情况、加重扣分项、基本项、否决项以及额外加分项共计 9 大类 45 小项；（2）针对管理服务类涉密单位增加了归口管理大类一个小项，分值为 8 分，但简化了保密管理部分的小项；（3）针对非涉密单位设计包含保密责任落实情况、保密宣传教育培训情况、保密制度建设情况、保密管理情况、保密监督保障情况、加重扣分项、否决项以及额外加分项共计 8 大类 24 小项，基本覆盖非涉密单位保密管理工作内容。

3.2.2 考核过程差异化

在对涉密院系考核的过程中，因涉密院系涉密人员数、项目数存在差异，为体现管理公平并鼓励涉密项目的开展，参考兄弟高校的先进做法与管理经验，在涉密院系考核打分中引入权重因子，所扣分数与权重因子的积为最终扣分，具体为：（1）涉密人员数最多的三个院系人员系数为 0.8，涉密人员数最少的三个院系人员系数为 1.0，其他院系人员系数为 0.9；（2）年度涉密项目合同额最多的三个院系合同系数为 0.8，合同额最少的三个院系合同系数为 1.0，其他院系合同系数为 0.9。

国内某校涉密院系权重因子如下表：

序号	院系	合同系数	人员系数	最终系数
1	运 x 学院	0.8	0.8	0.64
2	机 x 学院	0.8	0.8	0.64
3	电 x 学院	0.8	0.8	0.64
4	光 x 学院	0.9	0.9	0.81
5	材 x 学院	0.9	0.9	0.81
6	软 x 学院	0.9	0.9	0.81
7	物 x 学院	0.9	0.9	0.81
8	能 x 学院	0.9	0.9	0.81
9	经 x 学院	0.9	1	0.9
10	化 x 学院	1	0.9	0.9
11	微 x 学院	1	1	1
12	建 x 学院	1	1	1

在引入系数计算后，最终得分 90 分以上的单位，考核等次为符合要求；得分 80-89 分的单位，考核等次为基本符合要求；得分 80 分以下的单位考核等次为不符合要求。

3.2.3 结果运用激励化

为充分发挥保密考核的引导作用，将保密工作考核结果作为各单位奖励惩处、责任追究和年度保密工作先进集体评选等的重要依据并与相关单位年度绩效相关联[6]，推进保密工作纳入学校年度绩效发放考核体系，建议在总体绩效中占比 1%—1.5%。同时，鉴于高校保密管理工作大部分的压力来源于涉密科研项目，因此在量化保密考核推行初期，只推进保密考核结果与各院系的年度绩效相关联，关联方式如下：

执行过程中，将年度保密绩效分为基础绩效与奖励绩效两部分，其中基础绩效按照人员比例平均发放给各院系，奖励绩效则奖励给考核结果排名前五的涉密院系。考虑到目前复杂的国际环境、军民融合战略的深入实施所导致的各高校国防科研体量逐年提高以及各高校负责人对于保密考核工作的不同思路，基础绩效与奖励绩效的比例应为动态可调整的，此处由于是保密量化考核推行初期，为避免各院系绩效大幅波动，初步拟定为二八的比例，即基础绩效占比 80%，奖励绩效占比 20%。

如果所有单位均考核合格。基础绩效根据各单位人员数量发放，奖励绩效发放给考核排名前五的涉密单位；

如果有单位考核不合格。扣发该单位的基础绩效，划拨至奖励绩效中，发放给考核排名前五的涉密单位。

下面以国内某高校为例，对上述考核结果与绩效的关联机制进行验证（假定：1. 保密绩效金额为 200 万元；2. 所有单位均考核合格，且各单位实际扣分接近）：

（1）基础绩效金额为 160 万元，依据人员数量进行发放。

学院名称	人员数量	基础绩效比例	基础绩效金额（万元）
* 化 x 学院	462	15.42%	24.67
环 x 学院	73	2.44%	3.90
生 x 学院	63	2.10%	3.36
* 机 x 学院	232	7.74%	12.38
* 材 x 学院	107	3.57%	5.71
* 能 x 学院	115	3.84%	6.14
* 电 x 学院	297	9.91%	15.86
* 建 x 学院	289	9.64%	15.42
* 运 x 学院	252	8.41%	13.46
人 x 学院	145	4.84%	7.74
* 经 x 学院	191	6.37%	10.19
建 x 学院	108	3.60%	5.76
马 x 学院	58	1.94%	3.10
外 x 学院	124	4.14%	6.62
* 物 x 学院	136	4.54%	7.26
数 x 学院	110	3.67%	5.87
* 光 x 学院	41	1.37%	2.19
* 软 x 学院	71	2.37%	3.79
* 微 x 学院	30	1.00%	1.60
国 x 学院	8	0.27%	0.43
海 x 学院	57	1.90%	3.04
生 x 学院	28	0.93%	1.49

* 标为涉密院系

（2）奖励绩效金额为 40 万元，根据考核结果进行发放

涉密院系	排序	奖励绩效金额（万元）
运 x 学院	1	8
机 x 学院	2	8
电 x 学院	3	8
光 x 学院	4	8
材 x 学院	5	8
软 x 学院	6	0
物 x 学院	7	0
能 x 学院	8	0
经 x 学院	9	0
化 x 学院	10	0
微 x 学院	11	0
建 x 学院	12	0

学院名称	基础绩效金额(万元)	奖励绩效金额（万元）	保密绩效金额（万元）
* 化 x 学院	24.67	0	24.67
环 x 学院	3.90	0	3.90
生 x 学院	3.36	0	3.36
* 机 x 学院	12.38	8	20.38
* 材 x 学院	5.71	8	13.71
* 能 x 学院	6.14	0	6.14
* 电 x 学院	15.86	8	23.86
* 建 x 学院	15.42	0	15.42
* 运 x 学院	13.46	8	21.46
人 x 学院	7.74	0	7.74
* 经 x 学院	10.19	0	10.19
建 x 学院	5.76	0	5.76
马 x 学院	3.10	0	3.10

续表

学院名称	基础绩效金额（万元）	奖励绩效金额（万元）	保密绩效金额（万元）
外 x 学院	6.62	0	6.62
* 物 x 学院	7.26	0	7.26
数 x 学院	5.87	0	5.87
* 光 x 学院	2.19	8	10.19
* 软 x 学院	3.79	0	3.79
* 微 x 学院	1.60	0	1.60
国 x 学院	0.43	0	0.43
海 x 学院	3.04	0	3.04
生 x 学院	1.49	0	1.49

*标为涉密院系

（3）各院系最终保密绩效金额为

学院名称	基础绩效金额（万元）	奖励绩效金额（万元）	保密绩效金额（万元）
* 化 x 学院	24.67	0	24.67
环 x 学院	3.90	0	3.90
生 x 学院	3.36	0	3.36
* 机 x 学院	12.38	8	20.38
* 材 x 学院	5.71	8	13.71
* 能 x 学院	6.14	0	6.14
* 电 x 学院	15.86	8	23.86
* 建 x 学院	15.42	0	15.42
* 运 x 学院	13.46	8	21.46
人 x 学院	7.74	0	7.74
* 经 x 学院	10.19	0	10.19
建 x 学院	5.76	0	5.76
马 x 学院	3.10	0	3.10
外 x 学院	6.62	0	6.62
* 物 x 学院	7.26	0	7.26

续表

学院名称	基础绩效金额(万元)	奖励绩效金额(万元)	保密绩效金额(万元)
数 x 学院	5.87	0	5.87
* 光 x 学院	2.19	8	10.19
* 软 x 学院	3.79	0	3.79
* 微 x 学院	1.60	0	1.60
国 x 学院	0.43	0	0.43
海 x 学院	3.04	0	3.04
生 x 学院	1.49	0	1.49

* 标为涉密院系

通过上述案例的分析，保密量化考核机制在保密工作责任制落实、确保保密绩效发放实现“多劳多得”相对公平方面的作用得到了有效验证。

4. 量化考核机制发展与展望

文中所探讨的保密量化考核机制只是基于现阶段高校情况以及保密要求的初步设计，仍存在需进一步完善的环节：(1)只实现了保密考核结果与院系年度绩效的相关联，涉密人员以及管理服务单位的保密考核结果与相应年度绩效仍相互独立；(2)为保证保密考核的可靠性与激励性，量化考核机制是需要随着不断变化的保密工作形势与高校保密管理工作内容难点进行完善进化的，需要一个螺旋上升的完善过程；(3)保密量化考核机制建立的立足点是便于高校保密管理工作的开展，需要进一步提高量化考核机制与保密资质认定、保密管理体系的契合度。

[参考文献]

[1] 刘聪. 保密工作考核的实践经验和推进策略[J]. 保密工作，2013(08)：19-20.

[2] 杨思聪，陈伟，胡亮. 蜂蝶自嗡嗡 江南风不漏——江南工业集团强化保密考核体系建设纪实[J]. 国防科技工业，2019(10)：70-72.

[3] 李元峰，赵伟彪. 军工单位保密绩效考核机制初探[J]. 保密科学技术，2013(07)：62-64.

[4] 张云霞. 信用积分式保密考核评价体系研究[J]. 保密科学技术，2017(03)：58-61.

[5] 马占字. 基层军工单位构建保密考核评价机制的实践研究[J]. 保密科学技术，2018，000(002)：53-55.

[6] 方涛. DH军工研究所保密管理体系研究[D]. 陕西:西安电子科技大学，2014. DOI: 10. 7666/d. D728692.

高校保密管理风险防控机制探究

谢红梅[1]　孙　昉[2]
（1. 大连理工大学　辽宁省大连市　116024；
2. 陆军装备部驻沈阳地区军事代表局驻大连地区军事代表室　辽宁省大连市　116010）

摘　要： 国际竞争日益激烈，保密与窃密斗争日趋复杂。高校已然成为境外窃密的重要目标，失泄密风险时时存在。唯有进行积极主动防御，提高高校保密管理水平，才能有效对失泄密风险进行防范，确保国家秘密安全。本文对保密管理风险因素进行梳理，对存在问题进行原因分析，提出建立保密管理风险防控机制的思路。

关键词： 保密工作；风险；管理；防控机制

0. 引言

保密工作事关党和国家事业发展全局，关系国家安全。随着经济全球化、信息化、网络化的快速发展，以及我国综合国力和国际影响力的持续提升，保密工作面临着更加严峻的形势与挑战，工作难度持续增大。高等学校已然成为境外窃密的重要目标，窃密重点“剑”指高科技科研产品。学校里高学历，高职称的关键岗位涉密人员备受国内外关注，做好高校的失泄密风险管理具有重要意义。保密工作重在预防，失泄密风险管理直接决定着保密工作的效果。

1. 保密管理风险因素现状梳理

1.1 定密管理不规范

高校保密管理首先要定密准确，明确保密方向和目标。把确保国家秘密安全、维护

作者简介： 谢红梅（1971—），女，助理研究员，主要研究方向：马克思主义与思想政治教育。

校园的和谐稳定作为目标导向，对高校保密管理工作进行系统谋划，整体推进各项保密工作的开展。从高校定密工作问题入手，列出问题，按照重点和危害程度逐一解决，通过解决一个个问题、消除隐患而达到高校保密管理正常运行的目的。然而目前存在的风险是因为定密不准，导致保密的方向不明确。保密事项范围不清晰，没有制定本单位保密事项范围一览表；定密程序缺乏规范性，没有发挥定密责任人作用，秘密事项缺少完整的审核审批手续；信息发布、发表不经保密审查，保密审查审批程序不完善，信息发布、论文发表缺乏履行审查审批程序。

1.2 归口管理不顺畅

保密工作要坚持“业务工作谁主管、保密工作谁负责”的原则，高校保密管理要实行“归口管理、分级负责”，确保涉密信息流到哪里，保密工作就与主体业务融到哪里。人事、科研、信息化、宣传、国际合作、安全保卫、研究生、设备管理等部门对业务中所涉及的保密工作进行相应监管，只有形成各司其职、各负其责、齐抓共管的保密工作局面，高校保密管理工作体系才能有效运行。目前各高校保密归口管理还在磨合期，大多数保密办还在承担大量的具体业务工作。业务部门并没有把保密工作融入业务工作中，部门员工不能全部接受保密培训教育，保密意识不强，管理水平不高，在业务工作开展中，存在着严重的失泄密隐患。

1.3 管理机制不健全

高校保密管理要坚持全过程管理的原则，实行全过程记录、控制和管理，要做到步步有痕迹、全程可追溯。要对组成保密管理的全生命周期环节加以识别和管理，构建和实现闭环的管理模式，确保国家秘密信息在全生命周期流向安全。随着新形势、新问题、新技术的出现，或在保密检查与指导过程中发现体系运转不顺畅的情况，不能与时俱进，改进制度、措施和流程，管理体系不完善，高校保密管理的适应性和有效性欠缺。目前存在的问题是高校根据国家保密法，认定管理办法制定了一系列的规章制度，看似规范完整，但可操作性、可追溯性不强，不能与相关业务融入一起。责任分工不清，防护策略缺失，没有完备的考核体系和有效监督机制，从而导致保密管理制度不能落地执行，存在失泄密隐患。

1.4 责任落实不到位

实行保密工作责任制，就是为了加强保密工作组织领导，明确相关人员保密工作职责，确保保密工作落到实处。保密工作责任制主要包括领导干部保密工作责任制、定密责任制、涉密信息系统管理和维护人员责任制等。但是目前有些高校保密工作责任制形同虚设。一些责任人对保密不重视，不能带头学习落实相关保密制度，工作人员对什么是国家秘密、如何保守秘密、需要履行什么手续、遵循哪些程序，不知不懂；虽有制度也只是挂在墙上、写在纸上，联系本机关本单位实际不紧密，缺乏操作性和针对性，工作人员没有入心入脑，在一些具体环节上，把定密和保密要求忘得一干二净，以致发生违规现象，存在失泄密隐患。

2. 保密管理风险问题原因分析

2.1 重资格认定，轻日常管理

保密资格是高校承担涉密军工任务的前提和基础，高校不仅在保密资格认定审查过程中要严格按照认定标准准备相关材料，而且在日常工作中也要严格遵守保密相关要求，才能确保国家秘密安全。然而，部分高校将保密资格当成"敲门砖"，把保密资格认定审查或复查当成首要任务，全力保障通过，但是一旦通过认定，往往就存在麻痹大意心理，在日常工作中以确保任务完成和工作效率为先，忽视日常保密管理，造成保密工作"说起来重要，干起来次要，忙起来不要"的状态，日常工作中存在泄密隐患。

2.2 重事先审批，轻事中监管

为有效保守国家秘密，在涉密信息传递、涉密会议的组织和新闻宣传等工作中，按照认定标准要求，要对管理过程进行审批，审批后要对过程监督，并在完成后进行检查。在高校中一般都重视活动事先的审批，各级领导的签字确认和各种审批表单较为齐全，而审批表的作用主要是应付各种检查，审批之后往往忽视过程的监督和对结果的确认，例如在涉密会议的组织过程中对会场安全的检查、参加人员的确认、涉密材料的分发登记等情况未有效的落实，新闻宣传往往只是事先审查，但是对经过修改后最终发布的新闻内容无法有效的监控，未实现有效闭环管理，存在泄密隐患。

2.3 重宣传教育，轻效果落实

高校作为保密单位，涉密人员的保密培训学时是有明确要求的，大多数高校按照要求开展保密宣传教育，包括保密考试、典型案例分析和知识讲座等活动。但是，保密宣传教育多是被动灌输，除保密部门自身工作需要外，真正主动学习的较少，保守国家秘密并没有像保护个人隐私一样得到重视。特别是新入职员工、借调人员和实习人员等，对保密知识更是一知半解，很多涉密人员不知道自己的保密职责，不清楚自己工作中的涉密事项，对一些保密工作要求不熟悉，涉密活动的管理流程不清楚，无法在工作中采取有效措施，确保国家秘密安全。

2.4 重制度编制，轻制度执行

新一轮保密资格认定标准要求涉密单位必须制定相关保密基本制度和保密专项制度，同时将保密要求融入业务制度之中，一般高校涉及的保密业务不多，单位内部制定 20 项左右的保密制度，数量和质量基本符合要求，但是往往制度在单位内部印发文件之后，只是“贴在墙上、挂在网上、讲在嘴上”，就是没有落实在行动上，单位人员在实际工作中往往凭经验或是领导指示开展相关工作，未按照制度采取相应的审批和措施，存在泄密隐患。

3. 建立保密管理风险防控机制的思路

失泄密风险管理重在预防，利用科学有效的方法查找出潜在风险隐患只是预防的第一步，还需要针对风险点对保密工作进行有效管理，这样才能严密堵塞失泄密风险漏洞，做到失泄密事故“零发生”。

3.1 规范定密管理 落实保密责任

定密是保密管理的“源头”，如果出现定密不准的情况，很可能造成应该保密的没保住，不该保密的造成不必要的人力、物力、财力资源浪费，军工单位要规范定密工作，不能停留在程序规范，而要实现定密的精准化。高校要及时修订《国家秘密事项范围细目》，进一步细化涉密事项，努力实现密点精准识别；在定密过程中要对知悉范围严格控制，依据“工作需要”和“最小化”原则，将知悉人员明确到个人；要定期开展解密工作，避免造成“只定不解”的情况，密件逐年增多，风险隐患增大。

高校经上级机关授权定密人员是定密主体，应当对本校行使定密权、履行定密管理职责情况负责。学校党政一把手作为法定定密责任人，对学校定密工作负总责。负责保密工作的负责同志和具体工作人员，要严格履行法定职责，确保工作落实。各级领导干部带头遵守好各项保密制度规定，以身作则、率先垂范、身体力行，就能有力带动学校涉密人员从善如流，各尽其责，共同承担起确保党的保密工作方针政策落到实处的重大责任。

3.2 健全规章制度 严肃保密纪律

保密规章制度是高校日常开展保密工作的依据，要按照上级要求及时修订，修订过程中要与相关部门充分沟通，确保保密制度“可操作”“易操作”，逐步实现“制度流程化、流程表单化，表单信息化”。制度修订后，更重要的是要执行，及时向全员进行宣贯，使涉密人员及时了解制度的要求。

要依据保密法律法规，结合本校的具体情况，制定行之有效的具体管理措施，包括定密解密工作的管理制度、上网信息保密审查制度等，使保密管理工作有章可循。要定期排查保密制度执行过程中存在的突出问题和风险隐患，找准薄弱环节，补足短板，狠抓落实。属于制度不完善的，要督促有关部门抓紧完善；属于执行制度不严格的，要对有关责任人进行批评，对造成国家秘密泄露的，要给予直接责任人和负有领导责任的人员党纪政务处分，严肃保密纪律。

3.3 加强培训教育 提高保密意识

加强对涉密人员的教育培训，引导其学习保密知识、掌握定密程序、养成保密习惯。大力抓好日常宣教，引导全校师生员工，尤其是涉密人员，学保密、知保密、懂保密，切实将保密意识、保密常识贯穿于各个环节、各个细节，不断提高保密意识和信息化条件下的保密常识，筑牢思想防线，增强防范能力。

要达到培训效果，一是要形式多样化，在专题讲座、海报宣传、警示视频的基础上，增加保密知识竞赛、保密制度专题宣贯、微信新媒体等方式；二是要教材针对化，要深入研究涉密人员存在的疑惑，针对频发的违规行为和工作短板，编制教材，同时要根据不同工作类型人员编制切合工作实际的教材，进行分类培训；三是要结果考核化，采用考试等方式及时对培训效果进行验收，并与绩效考核挂钩，确保培训教育的有效性。

3.4 完善考核体系 强化保密管理

要通过签订保密责任书将保密责任先落实到“纸面上”，再通过建立保密责任体系来将保密责任落地。而保密责任体系的重点是保密责任的问责常态化，出现保密风险隐患，要及时进行提醒、约谈、批评教育，指出问题并采取防护措施。要充分利用好经济处罚、党纪政务处罚等手段，要对不履行保密责任或者履职不到位，发现违反保密规定，要严肃处理，并在年度涉密人员考核中体现，形成保密责任的闭环管理。

制定考核办法，将保密管理贯穿在学校日常业务工作中。学校保密委员会和保密工作机构要承担起保密监督职责，从人员、载体、设备、信息化、保密检查等各方面加以考核、监督检查。对学校保密制度落实情况、保密责任人依法履责情况等进行监督检查，发现存在保密不当等问题，应及时予以纠正。加强日常监督管理，对检查中发现的问题和整改落实情况要形成工作记录，保密监督检查不能“走过场”，而要“有的放矢”；要有详细的检查计划和内容，提前编制检查表格，逐项核查，避免“走马观花”；要“抓铁有痕”，对发现的问题要下发整改通知，跟进检查整改情况，必要时要进行“回头看”。督促各部门要加强对保密制度落实情况的自我监督检查，及时发现并堵塞泄密漏洞，杜绝泄密事件的发生。同时，要对保密工作考核中发现的表现突出的人员加大奖励力度，奖罚分明，调动内在积极性，形成人人争做“保密先进”的良好局面。

[参考文献]

[1] 魏兴，徐博. 高校保密管理体系化建设的思路与措施[J]. 保密科学技术，2019(9): 60-66.

[2] 张茜. 军工科研院所知识型涉密人员动态管理的困境与策略[J]. 保密科学技术，2017(8): 60-63.

[3] 颜丙新. 如何有效提升军工单位保密防范能力[J]. 保密科学技术，2019(6): 61-63.

[4] 刘景松. 如何堵住转发、引用、汇编涉密文件不按规定定密的漏洞[J]. 保密工作，2017(10): 39.

[5] 李龙. 军工单位保密风险管理及应对措施[J]. 科技视界， 2015(18): 255.

[6] 郑晶晶. 以风险管控为核心的保密管理体系构建与运用[J]. 科技管理，2018(26): 189-190.

浅论归口管理后高校保密监督检查体系建设

戴晓洁
（西北工业大学　陕西省西安市　710072）

摘　要：2016 年修订的保密资格认定办法进一步推进了保密归口管理，通过认定的高校归口管理成为常态。本文从高校保密归口管理后保密日常工作的实践与思考出发，研究分析归口管理后保密监督检查体系在组织实施、检查内容、检查周期和结果运用等方面发生的变化，并提出加强高校保密监督检查体系建设的主要措施，充分发挥保密监督检查不断促进高校保密工作体系升级的作用。

关键词：归口管理；保密监督检查；体系建设

0. 引言

近年来，高校依靠自身科研优势，参与到越来越多的国防科研活动中。作为最基本的准入制度，通过武器装备科研生产单位保密资格审查认定，取得相应保密资质，是高校开展国防科研活动的必要条件[1]。2016 年，国家保密局会同国家国防科技工业局、中央军委装备发展部联合印发修订的《武器装备科研生产单位保密资格标准》（以下简称《标准》）是各通过认定单位开展保密工作的重要指导。修订后的《标准》强调了落实归口管理的重要性[2]，解决部分单位保密工作与业务工作脱离的“两张皮”现象。张栋华、李岩等[1]结合中国海洋大学 2017 年保密资格认定工作的组织开展情况，从保密管理部门如何落实推进保密工作方面，提出了高校加强国防科研保密归口管理的四个主要措施。魏兴、徐博[3]借鉴质量管理体系和风险管理的相关理论，给出了高校保密管理体系化建设的思路与措施，指出监督检查体系可以验证体系运转的有效性，检验过

作者简介：戴晓洁（1988—），女，西北工业大学保密处，主要研究方向：保密管理。
E-mail：daixiaojie@nwpu.edu.cn

程管理是否闭环，是及时发现问题、改进体系的保障。

本文结合通过认定审查两年来保密日常管理工作的开展，分析归口管理后保密监督检查体系在组织实施、检查内容、检查周期和结果运用等方面发生的变化，讨论归口管理后加强高校保密监督检查体系建设的主要措施。

1. 归口管理后保密监督检查体系发生的变化

保密监督检查有广义和狭义之分，狭义的保密监督检查是指保密行政管理部门组织开展的保密监督检查工作，是一种行政行为。广义的保密监督检查还包括机关、单位内部针对本单位的保密管理情况组织开展的保密监督检查工作。本文主要讨论后者。

1.1 保密监督检查组织实施方面

保密归口管理之前，大多数单位保密工作的具体落实由保密处（办）全部完成，从保密制度到检查标准、检查内容的制定都由保密处（办）完成，存在保密处（办）既是“运动员”又是“裁判员”的现象。为此，部分高校考虑了高校间交叉检查、学院间互相检查、引入网络版检查工具等多项措施，但实际效果在覆盖面和实施性上还有欠缺。

归口管理后，取消制定二级制度的强制要求，要求将保密管理融入业务制度和业务流程中，保密监督检查不再仅由保密处（办）完成，信息化管理部门组织开展针对信息设备的监督检查，人事部门开展涉密人员年审、出国（境）教育回访及证照管理等人员管理方面的监督检查，科研、外事、宣传、研究生管理等各归口部门在完成业务职能的同时对业务中的保密工作开展进行监督检查。

1.2 保密监督检查内容方面

自 2006 年保密资格审查认证工作开始，《标准》共进行了两次修改，归口管理前，保密监督检查一般由保密处（办）定期按照《标准》要求对涉及的学院（所）、涉密人员等进行监督检查，保密处（办）自身的保密管理存在“灯下黑”的情况。归口管理后，保密处（办）对其他部门开展保密工作进行监督、指导、检查，同时接受归口管理部门对相应业务的监督检查。

2014 年 8 月国家保密局印发《机关、单位保密自查自评工作规则（试行）》，对全体机关、单位的保密工作提出了明确要求，已在高校内开展了五个年头，大部分参与认定的高校都将其与认定要求的检查合并开展，一次检查、两份检查表或者将检查项求并集均按最高要求进行，存在涵盖单位不够或管理要求过高等情况。归口管理后，归口管理部门负责对应业务的监督检查，全体性的保密监督检查应由保密处（办）组织开展，要求保密处（办）根据业务内容实施分类监督检查指导。

1.3 保密监督检查周期方面

《标准》对保密检查周期的要求，与上一版相比，取消了部门和人员的月自查，要求开展部门的季度自查，归口管理部门的季度自查不仅包含部门自身的保密工作情况自查，也包含业务工作中保密工作的自查，这就增加了业务自查的频率和广度。日常业务流程中，归口管理部门依据掌握的情况，将保密监督检查与业务工作同步进行，不仅有利于将问题发现在萌芽阶段，还能避免问题进一步累积扩大。

1.4 监督检查结果的应用方面

保密考核和奖惩一直是讨论的重点，保密工作体系是一个完备、具体、细节的工作体系，要求大家不放过每一个细节，归口管理前的保密监督检查存在任务大、有效时间短的问题，对于细节内容的检查结果运用不是很到位的问题。归口管理后，高校每年组织各归口单位参与全校整体性检查不少于两次，监督检查的结果可以直接反馈到业务工作中去，对于制度的宣贯可以直接传达到个人，将管理要求和具体实施中存在的问题面对面讨论，及时促进各归口部门改进和完善业务流程，也能将对发现问题的责任人和责任单位处理落到实处。

表 1　归口管理后保密监督检查体系变化

	归口管理前	归口管理后
组织实施	保密处（办）	保密处（办）及各归口部门
参与人员	保密处（办）人员	保密处（办）及各归口部门保密管理人员
检查内容	保密处（办）检查各部门保密工作情况 检查内容依据上级标准 针对保密工作的检查	保密处（办）监督检查的同时，接受业务部门的业务工作保密检查 检查内容依据学校各项业务制度中的保密要求 增加了上级巡视、从严治党专项检查中包含保密工作的检查
检查周期	每年不少于两次全校检查	每年不少于两次全校检查，归口部门季度对业务工作中保密管理进行检查
检查范围	全体涉密部门	保密处（办）对全体二级部门进行保密监督检查，各归口部门对涉及相关业务的二级部门和人员进行监督检查
结果运用	保密处（办）落实	保密处（办）及各归口部门落实

2. 加强保密监督检查体系建设的主要措施

2.1 切实加强党对保密工作的领导

党对保密工作的领导是我国保密管理工作的本质特征，也是做好保密工作的最大政治优势。高校一般采取“学校—学院—项目组”三级管理模式，高校主管保密工作校领导要参与保密监督检查，掌握学校保密工作情况，分管其他业务工作校领导要对分管业务内保密工作进行监督检查，对发现的问题进行整改落实。保密处（办）要合理安排、谋划保密检查工作，争取校领导们能够全部参与校级的保密监督检查工作。校内二级党政干部要落实保密工作责任制，定期组织开展保密自查，及时发现风险，解除隐患。国家层面，保密工作形势已发生变化，中央巡视、专项巡查、从严治党检查中均包含保密工作落实情况，高校贯彻落实中央各项决定同时作为培育人的重要基地，更要充分发挥党委、党支部、党小组的作用，不忘“保守党的秘密”入党誓词，强化各类人员保密意识，构建纵向到底、横向到边的保密工作责任体系。

2.2 不断完善高校保密制度建设

保密制度建设是一项基础性工作，健全、可操作性强、针对性强的制度体系是高校做好保密工作的基石，保密监督检查的内容来源于各项保密制度，是落实各项制度的有力抓手。高校的保密工作不限于国防科研项目，还包含组织人事、试卷等教育工作中涉及的相关事项。为了更好促进保密分类管理，高校需建立自己的保密工作基本规定作为保密管理的最顶层制度，区别参与认定部门（学院）和不参与认定部门（学院）的不同职责，对学校科研、组织人事、试卷、维稳等方面的工作明确管理要求，对于涉密人员、涉密载体、信息设备等方面提出总体要求，建立包含基本制度、二级制度、专项制度的保密制度体系。保密监督检查主要监督日常工作是否按制度要求进行，检查各项制度的落实情况，将监督检查过程中对问题的解决方案验证后固化为制度，持续改进制度体系。

2.3 加强归口管理部门间联动

保密工作重在日常，日常管理体系要力求程序规范、手续简便，切合实际，这些离不开归口管理部门间的联动，注重部门间工作的关联性，充分利用交互数据将监督检查关口前移，如涉密岗位的确定需要由科研管理部门或文件管理部门确认岗位职责是否合适，涉密项目的申请需要确定申报人员具有涉密人员身份者符合申请涉密人员的条件，已立项的科研项目需要承担人具备涉密科研所需的设备及场所，涉密设备申请需要明确申请人员身份等，部门间的联动将保密监督检查融入各业务工作关键节点中，能够积极防御、主动出击。对于新申请的涉密部门和人员，保密处（办）联合人事部门开展组织机构和人员的保密教育，配合信息化管理部门协助其建立设备管理流程，重点指导其保密工作开展，使其能够尽快掌握各类保密技能要求，完成从“要我做”向“我要做”的转变。

保密管理过程中要关注人在体系中的价值，关注管理人员保密专业技能的培训和积累，使其能够在日常工作中发现问题和解决问题。科研管理部门收到非正常渠道报送的涉密载体时，及时通知保密处（办），联合信息化管理部门进行专人检查；外事部门在回访中发现异常情况，及时通知人事部门和保密处（办）；定期将监督检查过程中发现的问题汇总、分析、研究，定制指导手册，反馈到保密教育中，关注具体操作人员的知识技能提升，形成一个正向改进的循环过程。

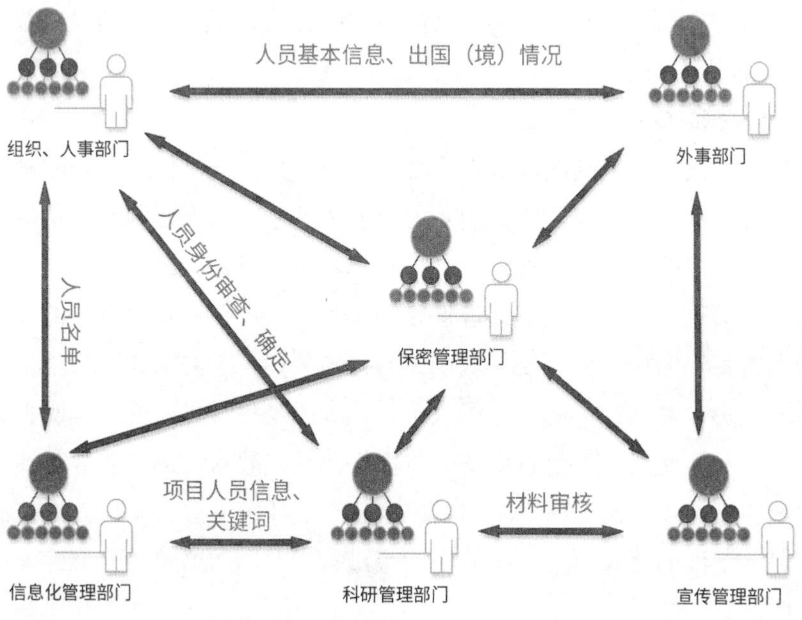

图 1　归口管理部门间联动信息示意图

2.4 加强保密检查能力建设

保密检查结果涉及制度改进、人员奖惩等多方面应用，检查能力对检查结果的准确性密切相关，需要考虑保密检查团队的整体能力建设。保密检查能力可以划分为基础能力建设、组织能力建设和处置能力建设[4]。基础能力主要指检查人员所具备的基本的知识储备、配备的检查工具水平等，例如保密法律法规、相关检查内容要求、检查工具的使用、检查结果的认定等；组织能力主要是指准备期间的组织人员、确定检查范围和目的、实施阶段的现场检查工作开展等；处置能力是指实施阶段突发事件处理、检查结果运用阶段的违规违法行为判定、人员奖惩处理等。保密检查能力是保密检查开展的有效性和准确性的基础，是保密工作能力的组织部分。

同时，日常管理过程中高校应围绕国防科研管理，建立科研项目管理系统、人员管理系统、信息设备管理系统和载体管理系统等信息化管理手段，单机模式下能定期进行数据库整合，联网模式能实时发现问题，定期对留存的记录进行分析，不断提升保密检查发现问题的及时性和准确性，用信息化数据提升管理人员的业务水平。

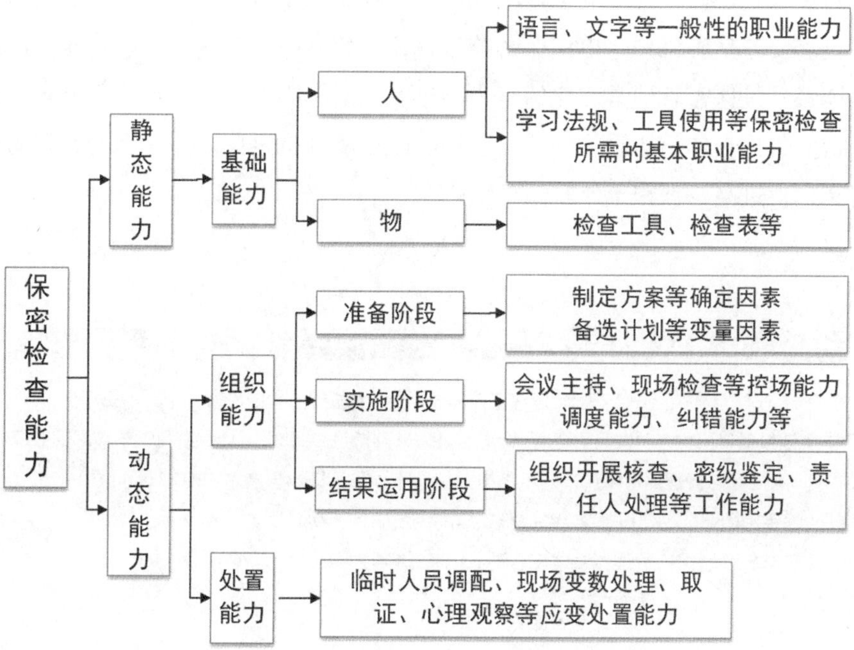

图 2　保密检查能力建设内容

2.5 加强专项检查力度

海恩法则[5]强调两点：一是事故的发生是量的积累的结果；二是再好的技术，再完美的规章，在实际操作层面，也无法取代人自身的素质和责任心。专项检查专题检查是将条目按类型或结构分成不同的专题，以专题为对象进行检查。组织开展不同专题的检查，是遵循“保重点、保核心”的原则，不定期开展专项检查可以避免问题的累积，将其处理在萌芽阶段，同时清晰、合理的检查表也是制度宣贯、保密教育的素材，直观的表明什么不可以做和应该怎么做，不断加强涉密人员的责任心和保密能力。高校保密工作面宽量大，专题检查可以是由上级指定的某个专项项目的检查；也可以是自己挑选的某个类别项目的检查；可以是针对某一现象的检查，例如“非密存密”；还可以是针对某一过程的检查，例如项目申报期结束后，针对这一项目所有申报人员进行的检查。通过专题检查，能够全面摸清学校整体在某一方面真实情况，更好的理清各学院的重点，可使学校保密管理工作差异性凸显，更好地做好统一、严谨的管理。

3. 结语

保密监督检查是保密管理的主要组成部分，除了保密行政管理部门开展的保密监督检查外，更重要的是各机关、单位保密监督自查，建立一个完备的、能自我革新的保密监督检查体系，是保密管理常态化的有力推进。面对不断变化的新形势新要求，高校应以加强保密监督检查体系建设为突破口，在实践中不断推进国防科研保密归口管理工作的具体落实，促进高校保密工作转型升级。

[参考文献]

[1] 张栋华，李岩，于晓. 国防科研保密归口管理工作探析[J]. 中国高校科技，2018(5)：28-29.
[2] 修订后的武器装备科研生产单位保密资格《标准》《评分标准》正式印发[J]. 保密科学与技术，2017(4)：9.
[3] 魏兴，徐博. 高校保密管理体系化建设的思路与措施[J]. 保密科学与技术，2019(4)：60-65.
[4] 戴晓洁. 浅论保密检查能力建设框架[C]. 第二届高校科研保密协作组学术论文集.
[5] 崔淑妮. 高等学校科研保密管理体系建设[M]. 北京：清华大学出版社. 2019.

疫情防控常态化下的高校保密管理的难点与措施

魏 兴 徐 博

（哈尔滨工程大学保密处 黑龙江省哈尔滨市 150001）

摘 要：“疫情就是命令，防控就是责任”，受疫情影响，各高校纷纷响应国家政策开启网上办公和教学，在保证师生安全的同时促使教学和科研相关工作正常进行。然而高校保密工作面临的新问题也随之而来，对于坚决实行网上办公的高校涉密工作难开展、难监管、隐患多等难点，各高校需采取加强宣传教育、加大监管力度、各部门齐抓共管的对策，建立健全面对突发事件时高校保密管理工作机制。

关键词：新冠疫情；高等院校；保密管理

0. 引言

在科技水平飞速提高的今天，高校保密工作面临着重重困境。尤其是在面对疫情防控的关键时期，高校保密管理工作也要与时俱进、挖掘出新的特点从而实施更加有效地保密举措。本文将针对疫情期间高校保密工作的难开展、监督困难以及泄密隐患较多的难点进行分析，并提出针对性的措施，为面对突发事件的高校保密管理工作提供借鉴。

1．疫情期间高校保密工作的难点

1.1 涉密工作开展难

涉密工作的特殊性质为其工作开展造成了一定的阻碍。

作者简介：魏兴（1980—），女，哈尔滨工程大学，主要研究方向：保密技术。E–mail：weixing@hrbeu.edu.cn

基金项目：国家保密局科研项目

1.1.1 入校办公难

涉密工作禁止使用手机或者连接互联网的计算机进行远程办公，需到涉密场所使用涉密计算机和设备处理涉密信息。对于高校来说，只能在学校内部的涉密办公区处理涉密工作。然而疫情期间各高校均处于封闭状态限制入校，无法满足有涉密任务的工作人员及时或同时进入校园，涉密工作因此难以展开。

1.1.2 集体讨论难

因涉密工作禁止使用互联网办公，涉密工作人员需要进行当面讨论商议，但是面对入校困难、聚集性讨论更难，以谨防聚集性疫情暴发的局面，工作人员共处一室显然是难以实现，更不用谈面对面进行工作讨论，涉密工作开展也是遇到了重重阻碍。

1.1.3 信息交换难

即使个人能够处理涉密工作的一部分，但是信息传递出现不能云交接、云传达的问题，在上一部分涉密工作处理完毕后，下一部分工作人员无法及时得到文件资料或者各部分涉密文件无法整合，给涉密工作的完整性和闭环性造成了阻碍。

1.2 保密工作监管难

在疫情期间高校对接触到涉密工作内容的人员及其活动并不能做到有效的监管，主要表现在：

1.2.1 人员监管难

疫情期间高校教师大部分均在家中办公，给人员的保密监管增加了难度。人员一旦脱离了高校的涉密环境，有可能会造成在保密体系外运转的现象。

1.2.2 信息监管难

部分涉密人员忽视了保密法律法规，认为隐去关键词、不涉及敏感内容就是进行脱密处理，更有甚者铤而走险在互联网计算机上处理涉密内容，但是对于这些资料文件是否进行脱密处理、是否遭到恶意窃取等造成信息泄露，会出现保密监管的盲区。因此，监管难的问题也限制了疫情期间高校保密工作的开展。

1.2.3 设备监管难

涉密工作难以在涉密场所开展，针对较为紧迫的任务有可能工作人员将涉密设备带回个人家中处理，在疫情特殊时期是难以进行监督的。

1.2.4 传输监管难

各部分涉密工作处理人员在进行文件处理时难以进行有效整合，针对文件的整合无法做到现场讨论和及时处理，在文件传输中可能存在信息泄露。

1.2.5 流程监管难

疫情期间，由于人员受到入校限制，在操作各项保密规程时可能存在保密审查审批滞后的情况，例如：涉密文件的制作与传递、涉密信息的导入导出等环节。涉密信息是否在知悉范围内流转、是否做到最小化原则等等一系列审查内容，只能做到事后追溯，监管保密流程的合规性上出现困难。

1.3 泄密隐患多

在疫情期间保密工作开展的各个环节均有可能发生信息泄露，泄密隐患众多也为涉密工作的开展制造了一定的困难。

1.3.1 涉密人员意识隐患

因疫情期间监管难的原因，部分涉密工作人员可能会存在侥幸心理，为了工作便捷，不遵守保密法律法规触碰保密红线。

1.3.2 网络环境风险隐患

网络办公是一把双刃剑，带来便利的同时，也带来了保密管理的风险。网络窃密、黑客入侵、病毒感染，在网络安全环境日趋严峻的形势下，一旦有意识上的疏忽或操作上的失误难防涉密信息不被泄露。

1.3.3 手机泄密隐患

疫情期间，手机违规存储、处理、传输涉密信息的违规案件时有发生。有的人毫无警觉，使用手机在微信群、视频会议传输或讨论涉密内容，有的人为了方便，使用手机随意拍照存储、发布、传输涉密文件的相关信息。因此手机泄密也为疫情期间高校保密工作开展的隐患。

2. 难点分析

难点分析主要从涉密信息的接触、处理、传递、整合方面分析。

2.1 涉密信息接触难

疫情期间高校禁止或者限制人员进入导致部分涉密文件和信息不能及时获取，涉密工作无法开展。

2.2 涉密信息处理难

处理涉密信息要求具有保密环境、条件、设备、人员、审查审批等一系列因素都满足，而受疫情影响，其中的一条因素满足不了，涉密信息的处理工作就难开展。

2.3 涉密信息传递难

在疫情当下，涉密电子文档、纸质文件的传递受到阻碍。因受入校限制，涉密不能及时传递给任务人，造成了工作任务的延误。

2.4 涉密文件整合难

即使各部分文件处理是独立存在的，但由于交通限制、生活区域封闭、高风险区域需隔离等原因，各部分处理的文件无法得到及时、有效地整合，最终的涉密文件的制作、归档等仍然存在问题。

3. 解决对策

针对疫情期间高校保密工作的难开展、监督困难以及泄密隐患较多的难点进行分析，提出事前、事中加强宣传教育，事后追溯加强监管，各部门齐抓共管的解决对策。

3.1 加强宣传教育

3.1.1 利用云平台

疫情期间，广泛利用云平台开展保密宣传教育和培训，宣传保密工作的重要性、典型的窃密泄密案例、可追溯的违规行为等。随着科学技术的进步带动人们生活水平的提高，各类应和人们需求的应用 App 也层出不穷，借用此类多媒体平台进行保密宣传教育能够使保密工作效果得到极大提升。此处多媒体平台宣传主要是指利用 QQ、微信、微博、腾讯会议等 App 所进行的保密宣传。一是利用微信公众号、微博等多媒体工具向保密工作人员进行推文或者视频宣传，定期或不定期的提醒保密注意事项以及进行涉密工作处理的手续等，同时利用打卡、点击转发或者在看的形式进行考勤签到，确保涉密工作宣传全覆盖，提高工作人员的保密意识。二是利用腾讯会议、钉钉等 App 召开保密工作管理专题会议，在不提及具体涉密内容的前提下强调保高校机要保密工作的重要性，详细讲解保密工作处理时的细节流程及必要手续，增强相关工作人员的责任意识，同时还可借用这类 App 的发言功能针对疫情期间保密管理出现的新问题进行疑难解答，确保保密工作的有效开展。

3.1.2 利用微信群

高校可利用微信群来进行宣传教育，鼓励和倡导师生共同进行高校保密管理监督，通过多样渠道的利用来进行保密宣传教工作。一是在群内宣传高校保密工作与学生和老师个人之间的联系，提高师生的警惕心的同时促进全校师生进行本校涉密内容的监督，动员全校师生留意平时网络上或者生活中接触到的关于学校的讯息从而达到扩大监督范围的效果。二是利用微信群或者 QQ 群的投票或者群公告等功能进行定期的保密内容监督宣传、疑似涉密内容泄露的线索收集或者匿名举报，保证疫情期间保密工作不懈怠。

3.2 加大监管力度

3.2.1 加强技术监管

在疫情期间由于人员之间接触受限，因此技术监管是最主要的监管手段，在主要依赖技术监督的疫情期间加强技术的监管也十分紧迫。一是对于校园网络，配备加装相关的网络监管系统，加强和规范互联网安全技术防范工作。当校园网内出现敏感信息时，及时删除和阻断，保障互联网网络安全和信息安全。二是对于涉密单机或涉密网络，配备涉密计算机必要的“三合一”防护系统、主机审计系统等，在非审批授权的情况下，保证涉密计算机内的信息“拿不走”、外部的信息“进不来”。

3.2.2 增强人员监督

人员监督主要是靠保密管理的工作人员之间的互相配合与监督，以及在校师生的广泛监督。一是加强信息和设备的监督，由专人负责，针对涉密文件的存放、借用手续和流程、外借证明及承诺书的处理、涉密设备外借等问题进行严格的审批和监督。二是加强定密监督，提炼涉密信息的保密要点，保障涉密信息在涉密环境中流转，涉密项目的非涉密信息可以在非密环境和非密设备上处理。

3.2.3 搭建监管体系

疫情期间高校保密工作监管体系的搭建需要有技术监管和人员监督相结合。利用技术手段搭建疫情期间高校涉密单位、涉密人员的保密监管数据平台，收集业务部门分派和回收涉密工作的时间、完成人，查验在此期间入校、入楼的人员，核查审计日志有关涉密计算机的使用记录、信息的导入和导出记录等，通过关联的数据分析可能发生保密违规的人员和事项。

3.3 各部门齐抓共管

在上述内容中主要是技术部门与保密工作相关部门的合作，若具体分配到各部门及其相互配合，那么监管效果将会大大提升。

3.3.1 归口部门定要求

高校信息化部门提出信息系统、信息设备和存储设备在疫情期间的保密管理要求和注意事项；高校党政办公室提出涉密公文在疫情期间的保密管理要求和注意事项；高校科研管理部门提出涉密科研项目在疫情期间的保密管理要求和注意事项等。

3.3.2 保密工作机构管监督

在疫情期间，虽然不能进行全校范围大规模的保密检查，但是可以按照“保核心、保重点”的原则，制定检查计划，对重点部位、重点研究所、重点项目、重点人员开展监督检查。检查涉密文件传递的闭环性、涉密电子文档形成的合规性等。

3.3.3 涉密部门管操作

承担涉密工作的部门，在疫情期间更要严格遵守保密法律法规，保证保密审查审批、操作流程的合法、完整。

各部门之间齐抓共管，促进保密管理工作监督效果提升的同时形成良性竞争的氛围。

4. 结语

本文主要针对疫情期间高校保密工作的难开展、难监管、隐患多等难点，提出加强宣传教育、加大监管力度、各部门齐抓共管的对策。高校保密工作的重要性不言而喻，针对涉及本校机要和保密信息的重要内容，高校要善于结合自身潜在优势，加强师生及工作人员宣传教育，充分利用师生及校友资源，加强内部资源监管力度并健全涉密文件保密工作监管体系，不忽视任何保密工作细节，力争做到保密如防疫、重安全管理的要求，为高校信息安全保驾护航。

[参考文献]

[1] 于淼. 新形势下高校构建保密组织管理模式探索[J]. 办公室业务, 2020(08): 109-110.
[2] 吕春雁, 郭庆贺, 刘文庆. 新形势下共建高校科研保密管理问题研究[J]. 科技风, 2020(07): 251.
[3] 魏兴, 徐博. 高校保密管理体系化建设的思路与措施[J]. 保密科学技术, 2019(09): 60-65.
[4] 李涛, 庞国伟. 高校保密工作的核心:加强对涉密人员的科学规范化管理[J]. 改革与开放, 2018(18): 147-149.
[5] 黄炎子, 黄志华. 高校信息设备安全保密管理中的隐患及对策研究[J]. 黄冈师范学院学报, 2018, 38(03): 122-124.

高校单机保密信息化管理制度的网络安全理论基础

郑小博[1]　杨　安[2]

（1. 北京信息科技大学计算机学院　北京市　100101；

2. 北京信息科技大学信息与网络管理中心　北京市　100101）

摘　要：本文通过对高校单机保密信息化管理制度中存在的问题进行分析，提出进一步加强保密信息化理论的研究。通过已有网络安全理论的研究方法和研究成果，为保密信息化管理制度的制定和实际执行提供科学的理论依据，提升保密信息化管理制度的可操作性和合理性。

关键词：计算机；网络安全；保密；认定工作

0. 引言

因为参与国家军工涉密项目需要通过军工保密资格认定已经成为很多高等学校的一项重点工作，特别是在当前国家倡导军民融合的形势下，大量的军工项目向社会开放，高等学校希望获得入场资格的要求更加迫切。军工保密资格认定工作[1]自从 2002 年开展以来，经历了制度的建立、制度的执行、制度的评估、制度的修订四个阶段。4 次保密资格认定工作成为制度制定工作的一个完整的实践过程，标志着我国军工保密资格认定走向了成熟。军工保密资格认定工作中有一个非常重要的组成部分就是保密工作的信息化。

随着信息化技术的发展，各行各业广泛使用信息技术已经成为提高技术水平的一个重要指标。涉密工作中使用信息化技术无法避免，这就必然导致保密工作的应对需要根据信息化技术在保密领域中的使用做出适当的调整。信息化技术使得信息的生产、复制、

作者简介：郑小博（1978—），男，高级工程师，主要研究方向：量子网络安全。E-mail：zhengxb@bistu.edu.cn

杨　安（1980—），男，高级工程师，主要研究方向：教育网络安全。

传递、共享变得非常便捷，其中信息在传递和共享过程中可在不被发现的情况下进行窃听。这些使得网络安全面临巨大的挑战，保密信息化工作中随着信息技术的发展不断出现各种泄密的风险，因此也成为保密工作中的重点。从认定标准中看，无论涉及信息化方面的评分比例还是认定中止项中涉及信息化的内容都占绝对优势，也成为认定工作的重点内容。

认定工作中涉及信息化部分的标准为了能够使评判标准模糊的空间降低，需要非常的精准，比如密码的修改时间、标识的粘贴都做了详细的说明。但是也正是因为精确，在信息化技术发生变化时，导致标准无法准确解释和更新，比如虚拟机的使用。因此用科学的方法对标准中信息化保密的项进行必要的研究、提供理论支撑，将有助于认定工作的开展和执行。

1. 高校单机保密信息化管理制度的依据

高校单机保密信息化管理制度制定中最核心的依据是2010年修订的《中华人民共和国保守国家秘密法》[2]，共6章53条。保密法修订的一个原因就是信息化技术导致保密工作的内容发生了重大变化，必须有一部这样的法律为大家规范行使各项权利给出依据。但是保密法是一个保密工作的宏观框架，执行层面还需要更加细致的解释。高校保密信息化管理制度的另一个重要依据就是《武器装备科研生产单位保密资格认定办法》[3]，认定办法及其相关文件中详细解释了保密信息化工作中必须具备的能力和操作方法，涵盖了信息系统、信息设备和存储设备三个主要对象，为进一步工作提供了明确的指导。除了上述两个文件外，信息化保密工作涉及信息化技术的各个方面，随着信息技术的变化，各种新问题不断出现，在制定制度时还需要遵照权威部门的规定和解释，这里面就有三员培训、保密工作培训以及高校间的相互交流等，从而使得在实际制定制度时，既符合法律法规的要求，又能够让执行人员接受。由于信息化技术的快速变化，使得制度不断面临新问题的挑战，也成为保密信息化工作的难点。

2. 高校单机保密信息化中的难点

2.1 涉密机、信息的输入输出

高校学科门类多，因此涉密的科研项目也较为分散，参与的人员按照高校内部的隶属关系，很难集中管理，这就造成了高校承担的涉密项目中信息化保密工作主要以涉密单机为主。认定办法中要求涉密信息实现集中输入输出，在这种情况下，最经常出现的管理单元是一台非涉密中间机作为非密信息导入，一台涉密中间机作为涉密信息导入，一台涉密机作为涉密信息处理使用。由于认定办法中要求信息单向流动，一般还应配一台涉密机作为涉密信息导出使用。涉密信息本身的特殊性，每个涉密项目一般应独立管理，在高校中就需要独立的房间作为基本的涉密项目研究配置。从以上分析可以看出，涉密项目的研究仅从信息化角度来看就需要增加较多设备，在单机管理的情况下，因为设备的增加，各种操作、过程记录也就是同时成倍增加，给涉密项目的研究带来不便。

2.2 涉密机密码的更改措施、操作系统补丁及病毒库的更新

涉密机密码的更改问题一直是困扰从事涉密项目研究人员的问题，按照规定需要定期更改涉密机密码，且需要满足一定的复杂度；对操作系统安装补丁程序及进行病毒库补丁更新。由于高校涉密项目的研究周期较长，以及参与人员承担多种工作的原因，涉密设备的使用频率不高，定期进行上述操作实际上给研究人员带来额外的工作负担。补丁安装和病毒库的更新需要通过导入导出设备进行，操作过程并非一般研究人员能够熟练掌握，实际上增加了操作错误的可能性，也带来了失控的风险。

2.3 涉密设备的标识、台账管理

涉密管理过程中审计起着非常重要的作用，因此在认定办法标准中规定了很多必要的记录，也就是台账。按照生命周期管理的特点，从涉密项目立项开始，就要对人员，地点，设备，操作建立台账。台账还需要分层管理，至少应有涉密项目组，涉密项目所在部门，涉密项目单位等层级。台账的记录方法虽然在认定办法标准中做了较为详细的解释，但缺乏明确的上限，怎样记录就足够了没有明确，导致台账记录信息被扩大。单机管理的情况下台账的统一是一件工作量大且容易造成失控的事情，因为台账本身是对整个涉密管理的一个基本概况，从中可以分析出管理中存在的缺陷和漏洞，频繁的交换台账信息增大了失控的风险。

3. 网络安全理论对高校单机保密信息化的支撑作用

网络安全理论已经成为保密信息化工作制度制定的依据和基础，但是在军工保密资格认定标准中很少提及网络安全理论，从这个方向来说，这削弱了认定标准的科学性。本文的目的是希望给出认定办法中的网络安全理论的依据，从而增强认定办法的可操作性。可信计算机理论起源于美国的橙皮书[4]是网络安全领域最早提出安全等级划分的标准，它的理论基础来源于数学的集合论，具有很强的科学性，因此分等级进行安全防护成为之后很多网络安全评价标准的基础。

3.1 等级保护与分级保护

2003年8月26日，《国家信息化领导小组关于加强信息安全保障工作的意见》（中办发〔2003〕27号）中提出推行信息安全等级保护，建立国家信息安全保障体系的明确要求。其核心思想是根据信息系统的重要程度、社会经济价值、受到破坏后对个人和社会的危害性，对信息进行等级划分，对不同等级的信息系统提供相应的网络安全防护要求，分等级进行保护。信息系统安全等级保护分为五个级别，按重要程度由低到高分别为用户自主保护级、系统审计保护级、安全标记保护级、结构化保护级和访问验证保护级。

2004年，中央保密委员会下发《关于加强信息安全保障工作中保密管理的若干意见》（中保委〔2004〕7号），明确提出建立涉密信息系统分级保护制度。其核心思想是根据涉密信息的涉密等级、涉密信息系统的重要性、遭到破坏后造成的危害性等确定保护等级，根据所处理信息的最高密级划分为三个级别，按重要程度由低到高分别为秘密级、机密级和绝密级。

从等级保护和分级保护的设计思想和发展过程可以看出，国家网络安全等级保护和涉密信息系统分级保护是两个既有联系又有区别的概念，涉密信息系统分级保护是国家网络安全等级保护的重要组成部分，是等级保护在涉密领域的具体应用和实践；保密信息化分级体系对应的秘密、机密、绝密级安全防护要求基本对应等级保护的三、四、五级安全防护要求，图1为两者对应关系。两者在执行过程中的一个重要区别是保密信息化分级标准为强制执行的标准，而网络安全等级保护目前并非强制执行的标准，但是有逐步变为强制执行的趋势。

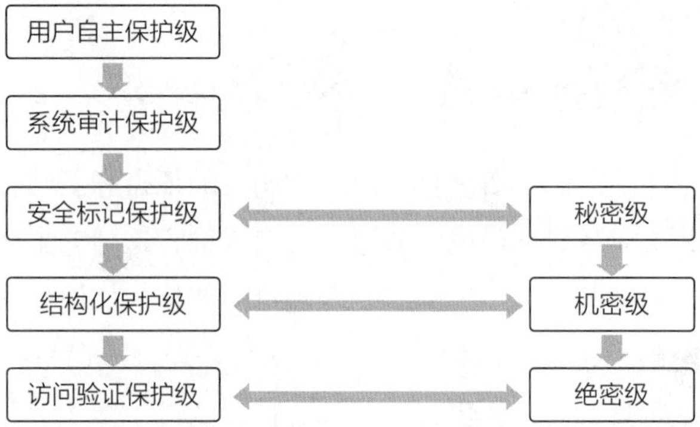

图1　等级保护和分级保护

3.2 网络安全理论对保密信息化工作的支撑作用

保密信息化工作实质上也是网络安全工作的一个子集，它是网络安全领域中涉及国家秘密的部分，因此保密信息化工作就是网络安全在保守国家秘密方面的应用。保密信息化工作的基本理论和方法也是对网络安全理论在保密方向上的延伸，因此可以以网络安全的基本理论和方法作为保密工作的基础。实践中，在解释认定办法中相关条文时的依据也是来源于网络安全理论。比如认定办法中要求必须制定网络安全策略，设备要粘贴标识，登录要进行身份验证，操作过程要有记录，都是网络安全理论中安全要求的基本必要条件（TCSEC）[4][5]。

3.3 网络安全中的数学模型

认定办法中有一些地方提到了量化的标准，比如涉密机密码的更改时间问题，在网络安全理论中密码的暴力破解时间[5]可以用如下公式来表示：

$$t=\frac{S}{d} \qquad (1)$$

其中 t 是暴力破解需要的时间，s 是密钥空间的密钥个数，一般与密钥的长度对应，d 是单位时间内可以尝试的密钥个数。比如认定办法中机密级的涉密机要求密钥的长度不小于 8 位，需要设置密钥复杂度，30 分钟可尝试 3 个密钥，那么破解密钥需要花费的时间是

$$t=\frac{92^8}{\frac{1}{10\text{分}}}=92^8*10m\approx 3*10^{13}\text{天} \qquad (2)$$

因此设定每 7 天更改一次密码是远远小于破解时间的。实际上这个时间的设置是在网络环境下，多用户远程登录的情况下暴力破解的时间，对于在单机环境下更换时间就过短了。还特别要求用户在长时间不开机的情况下仍然需要按照规定的时间进行密码更改，给用户造成较大的困惑。认定办法中存在量化标准的地方都应该可以找到对应的网络安全理论依据，根据对应的场景进行设计可以成为保密信息化工作的理论基础，使得在执行层面更容易理解和操作。

3.4 最小权限原则的应用

最小权限原则[6]是为了限制代码运行所需的安全权限，降低程序运行过程中存在的安全风险，它已经成为网络安全中极为重要的一个原则。保守国家秘密的定义也包含了类似的含义，其中不能随意扩大国家秘密的知悉范围就是最小权限原则的一个应用。最小权限也出现在保密信息化工作的各个方面，例如对于多人共用的问题就是以不能扩大国家秘密的知悉范围作为界定是否符合标准要求，涉密设备应当拆除无线网卡等外部设备。

最小权限原则还可以成为保密信息化各种审计资料的数据要求的一个指导性原则，例如台账信息应该提供什么样的内容，操作记录应该如何记录等。并非过程资料留的越多对于保密工作的审计就越好，从整体上来看，还是应当依据最小权限原则，为审计提供必要的资料即可。这样在实际执行的过程中，只要保证审计结果能够准确定位到唯一确定的责任单元，而非任意扩大各种过程记录的内容，这不仅会给涉密项目研究人员造成不必要的麻烦，也会增大涉密工作的安全风险。

从以上几个方面来看，网络安全理论是保密信息化工作的基础。在此基础上，保密信息化工作可以借助网络安全理论的研究方法和研究成果，进一步深入研究，梳理保密信息化工作的关键要素，发展出保密信息化理论科学体系。

4. 高校保密信息化工作的发展方向

4.1 高校保密信息化管理应当由分散的单机管理向集中管理转变

高校的单机管理造成各个部门独立建立保密信息化管理单元，使得保密信息化制度在不同单位间重复执行，无形中加剧了制度与执行之间的矛盾；只有通过一定的程度的集中，减少制度执行的重复数，才能降低它们之间的矛盾。高校在涉密项目达到一定数量后，需要考虑场地和设备的集中管理，才能为进一步的发展留下工作余地。

4.2 高校保密信息化管理应当以网络安全理论为基础进行制度设计

保密信息化工作本身就与网络安全无法分开，很多理论也是一致的。网络安全理论研究已经非常成熟，可以给保密信息化提供足够的理论支撑。因此保密信息化工作通过网络安全理论进行制度设计，可以增强制度的科学性，从而提升制度的合理性，有助于实际工作中的落实，也便于操作人员的执行和理解。

在实际进行保密信息化制度设计时，应当将《网络安全技术可信计算可信计算体系结构》（GB/T38638–2020）[7]等国家已有的网络安全理论成果与认定工作办法中信息化部分进行融合研究，还应当与国际上通行的各类信息化安全等级测评方法进行比较研究，打通其中的网络安全理论基础，使得保密信息化工作的理论基础更加坚实。

4.3 高校保密信息化管理应当固化操作流程，简化各种操作，形成统一标准

保密信息化工作具有一定的一致性。为了降低制度执行过程中存在的问题，除了减少重复执行的次数外，还应当标准化操作，进一步执行过程中可能出现的问题。高校中的涉密项目研究场景一般较为简单，可以通过权威部门的设计，固化操作流程，在保密安全要求的基础上形成一种最简的操作流程，给出统一的标准，这样涉密项目的研究人

员通过相应的培训可以完全掌握涉密项目研究的工作方法，从而提升其涉密项目保密工作的水平。

4.4 高校保密信息化人才队伍建设

认定办法要求进行保密业务归口管理，保密信息化工作目前基本由各单位的信息化部门负责。由于近些年各高校大力推进网络安全工作，高校信息化部门都有负责网络安全的专兼职人员；保密信息化归口到信息化部门后，由于业务知识体系相通，最好由负责网络安全的人员承担保密信息化相关工作，并最终形成一支专职负责网络安全和保密信息化工作的信息化安全管理队伍。

总之，以网络安全理论作为支撑，进一步加强保密信息化科学理论的研究，建立保密信息化理论体系，对于保密信息化工作的实际执行具有非常大的意义。

5. 致谢

本文第一作者曾经从事高校保密信息化十余年，得到保密管理部门和涉密项目单位同事的大力支持，也曾得到上级主管部门指导，参与各类保密培训均有所收获，还经常与其他高校进行保密信息化工作交流并获益匪浅。本文是对保密信息化工作的一个总结，在此感谢曾经帮助过我的各位领导、同事和朋友。

[参考文献]

[1] 满宁. 标准修订须念"紧箍咒"，保密工作, 2012,(11). 18-19.

[2] 中华人民共和国保守国家秘密法，2020修订版.

[3] 国家保密局、国家国防科技工业局、中央军委装备发展部，武器装备科研生产单位保密资格认定办法. 2017版.

[4] Dod-Std. Department of Defense Standard. DoD Trusted Computer System Evaluation Criteria[EB/OL].https://www.researchgate.net/publication/2343045_Department_of_Defense_DoD_Trusted_Computer_ System_Evaluation_Criteria, 1999-05-15.

[5] 黄强，常乐，张德华，汪伦伟. 基于可信计算基的主机可信安全体系结构研究,信息网络安全，2016年7月10日.78-84.

[6] 胡道元，闵京华. 网络安全（第2版）. 清华大学出版社. 2008（10）.

[7] GB/T 38638-2020，信息安全技术 可信计算 可信计算体系结构，中国国家标准化管理委员会，2020.4.28.

“双一流”建设背景下高等学校医学部国防科研保密归口管理探究

柳皋隽　肖　瑜
（北京大学医学部科学研究处　北京市　100191）

摘　要：高等教育内涵式发展是建设教育强国的重要任务。“加快一流大学和一流学科建设”写入党的十九大报告，彰显了党中央对高等教育工作的高度重视。新冠肺炎疫情发生以来，生物安全被纳入国家安全体系，这是对国家治理体系和治理能力的进一步提升和发展。在“双一流”建设背景下，高等学校医学部将总体国家安全观与“双一流”建设战略有机结合起来，将为构建国家生物安全科技攻关体系、开展“双一流”特别是一流学科建设提供有力支撑。本文将通过北大医学部国防科研保密归口管理实践经验，探究高等学校医学部国防科研保密归口管理模式，探索建立项目—学院—学部—学校四级保密管理体系，为高等学校保密归口管理提供参考。

关键词：保密归口管理；四级保密管理体系；国防科研；医学

0. 引言

百年大计，教育为本。党的十九大报告明确提出，要“加快一流大学和一流学科建设，实现高等教育内涵式发展”。国家安全是安邦定国的重要基石。党的十九大报告指出，“坚持总体国家安全观”，“完善国家安全制度体系，加强国家安全能力建设，坚决维护国家主权、安全、发展利益”。党中央对高等教育、国家安全全局作出的重大战略部署，为新时代高等学校开展一流大学和一流学科（以下简称“双一流”）建设、保密体系建设提供了根本遵循。

作者简介：柳皋隽（1987—），女，助理研究员，主要研究方向：科研管理。E-mail：liugaojun@bjmu.edu.cn

新冠肺炎疫情发生以来，生物安全问题为全民所关注。习近平总书记多次强调要“把生物安全纳入国家安全体系，全面提高国家生物安全治理能力”。因此，医学科技参与国防科研，将实现医学科技在军、民领域创新的相互协调、良性互动、优势互补。高等学校医学部开展医学科技国防科研，将为高等学校“双一流”特别是一流学科建设提供有力支撑。

但是，医学科技参与国防科研的同时，也给高等学校保密工作带来了新的挑战。在信息技术迅猛发展的当今社会，秘密载体多变、泄密途径繁杂、涉密人员保密意识不足等，为国防科研保密工作带来了诸多困难。如何按照《武器装备科研生产单位保密资格认定办法》（以下简称《办法》）和《武器装备科研生产单位保密资格标准》（以下简称《标准》），对国防科研进行保密“归口管理”，即“业务工作谁主管，保密工作谁负责”，实现业务工作与保密工作的融合发展，是高等学校医学部深度参与国防科研的必要前提及安全保障。本文将结合北大医学国防科研保密归口管理实践经验，探究高等学校医学部保密归口管理模式，探索建立项目—学院—学部—学校四级保密管理体系，为高等学校保密归口管理提供参考。

1.“双一流”建设背景下，高等学校医学部开展国防科研保密归口管理的重要意义

2015 年，国务院印发《统筹推进世界一流大学和一流学科建设总体方案》；2017 年，教育部、财政部、国家发展改革委制定了《统筹推进世界一流大学和一流学科建设实施办法（暂行）》；同年，“加快一流大学和一流学科建设，实现高等教育内涵式发展”被写入党的十九大报告，彰显了以习近平同志为核心的党中央对高等教育工作的高度重视。教育部发布的《2019 年全国教育事业发展统计公报》显示[1]，全国各类高等教育在学总规划达 4002 万人，毛入学率为 51.6%，我国高等教育进入普及化阶段。在此新的历史时期开展“双一流”建设，是实现高等教育强国的内在要求，也是实现高等教育内涵式发展的重要举措。

高等学校医学部参与国防科研是一流学科建设的必然方向。新冠肺炎疫情发生以来，世界各国对生物安全问题高度关注。先进科学技术往往首先产生或应用于国防科技领域，而高等学校是先进科学技术的发源地。新理论与新技术的发展，将在生物安全等新兴领域占领新的制高点，为武器装备科研生产与国防科技工业自主创

新奠定坚实基础。同时，高等学校尤其是包含医学学科的高等学校，具有多学科交叉的优势。在学科建设中，可以打破学科、院系壁垒，将医学与理、工、文科进行深度交叉融合。例如医学与人工智能、大数据、云计算、互联网 + 等新技术的交叉融合，为科学抗击新冠肺炎疫情提供了智力支持。因此，医学科技参与国防科研是一流学科建设的必然方向。

高等学校开展国防科研保密归口管理是一流大学建设的必要手段。维护高等学校安全发展是坚持总体国家安全观的具体表现。高等学校作为人才培养、科技创新的重要阵地，保密工作直接关系到国家安全及社会稳定。因此，一流大学的建设需要一流的保密管理体系作为支撑。《办法》和《标准》中明确提出，要实施“归口管理”，即“业务工作谁主管，保密工作谁负责”。在“双一流”建设过程中，高等学校各部门各司其职，将保密要求融入各部门的业务工作制度里，实现业务工作与保密工作的交叉融合，使保密工作充分服务于学校发展，为一流大学建设提供安全保障。

高等学校医学部开展国防科研保密归口管理是一流人才培养的必修之课。习近平总书记在北京大学师生座谈会上指出，高等学校要把“形成高水平人才培养体系”作为“基础性工作”切实抓好。学校的人才培养体系对学生的影响是潜移默化的，只有在正确的“成长环境”中，学生才能“茁壮成长”。高等学校的人才培养体系不仅包括学科体系、教学体系、教材体系，也包括管理体系和思想政治工作体系。保密“归口管理”工作的落实，将使总体国家安全观贯穿于学校各部门及各体系中，教师、管理人员的保密意识将对青年人才、学生产生巨大影响，从而培养“爱国、励志、求真、力行”的社会主义建设者和接班人。

2. 高等学校医学部开展国防科研保密归口管理工作的困难

从 20 世纪 90 年代初开始，医学院校与综合性或多科性大学合并成为我国高等教育改革的浪潮[2]。部分医学院校并入综合性大学后，仍采用相对独立的管理模式，即大学对医学学科的发展起到战略规划和导向推动作用，但是医学部内部保留较为完整的管理体系和行政级别，并延续对二级学院、附属医院的直接管理[2]。以北京大学医学部为例（图 1），国防科研保密管理组织架构涉及项目组、学（医）院、学部、学校四个层级。因此，高等学校医学部开展国防科研保密归口管理存在层级多、链条长、各单位职责较为独立等困难。

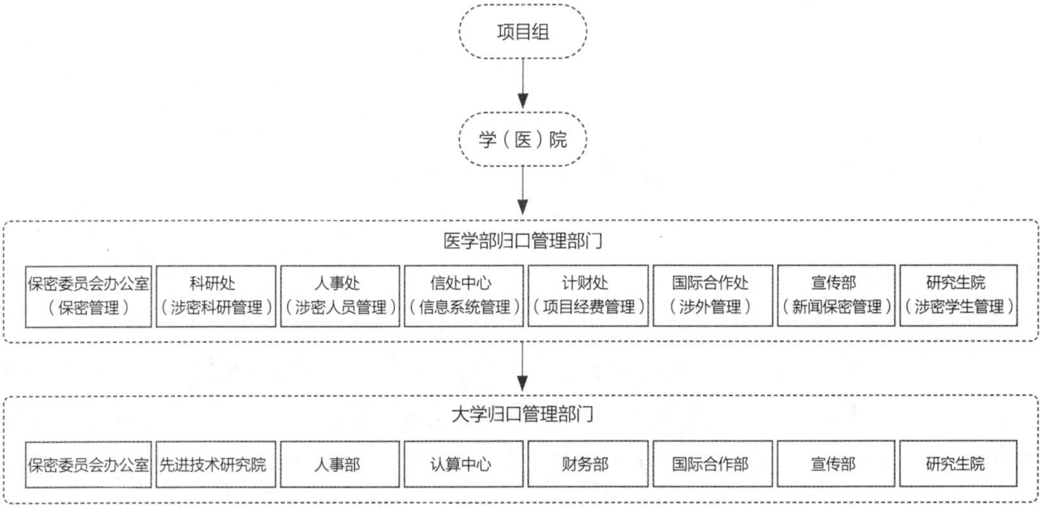

图 1　高等学校医学部国防科研保密管理组织架构（以北京大学医学部为例）

2.1 高等学校医学部国防科研保密归口管理制度有待发展医学特色

随着医学科技参与国防科研的不断深入实施，高等学校医学部承担或参与国防科研项目日趋增多，但由于起步较晚，医学部往往尚未形成完整系统的管理流程。在实际工作中，对于项目负责人，由于缺乏经验，甲方与项目负责人直接沟通后，部分项目负责人未及时与学院或学部沟通，容易产生泄密隐患；对于学院，因前期未承担过此类项目，缺乏相应的配套管理制度，对相关问题的实施缺乏政策依据，甚至出现“不愿管”的情况；对于学部，保密管理涉及职能部门较多，手续较为繁杂，容易造成各归口管理部门互相推诿的情况；对于大学，医学部往往拥有较为独立的管理体系，因此从大学层面难以直接对项目进行监管，导致国防科研在保密管理中存在许多漏洞，给管理的有效正常开展造成了很大的困难。

2.2 高等学校医学部国防科研保密归口管理人员及空间资源受限

高等学校医学部牵头或参与国防科研项目逐渐增多，但是项目整体数量及获批总经费尚未形成规模。然而，由于国防项目的特殊性，保密要求不能因数量少而降低。因此，高等学校医学部开展国防科研工作多存在管理人员及空间资源受限的瓶颈。国防科研管理的背后，需要一支保密意识强、专业素养高的专门管理人员团队。然而现实中，由于医学部人员编制有限，保密管理人员通常是兼职，且接受培训较少，保密业务素质不高，容易造成工作的疏忽和遗漏。同时，国防科研保密管理需要相对独立的空间及符合要求的专用设备。高等学校医学部往往本身空间有限，很难再给国防科研提供大量空间资源。部分医学部探索开展集中管理的模式，即对科研场所、设备、载体、成果等进行集中统一管理。由于缺乏专业管理维护人员，过程中容易出现管理的漏洞，从而产生泄密风险。

2.3 高等学校医学部国防科研人员保密意识有待提高

高等学校医学部科研人员保密意识薄弱主要表现在对保密工作的重要性、失密造成的危害性、泄密途径的多样性认识不到位，保密工作意识淡薄，防护意识不足。高等学校医学部由于其开放性、前沿性，承担国防科研项目的科研人员也会承担其他公开项目，或参与临床一线工作。因此，在项目执行过程中，容易出现涉密与公开项目交叉研究的情况[3]，存在泄密隐患。研究生是科研工作的生力军，研究生的参与可以提高国防科研生产的创新能力，加快成果涌现。但是，研究生的广泛参与也可能成为国防科技保密工作的薄弱环节[4]。学生的保密风险意识缺乏，警惕性较弱，且高度依赖手机等智能系统，毕业离校可能携带科研数据等[5]，容易产生泄密问题。

3. 高等学校医学部推行国防科研保密归口管理的思考

3.1 明确保密管理架构，建立项目— 学院—学部—学校四级保密管理体系

高等学校医学部国防科研保密管理层级多（图 1）、链条长，但是，最根本在于承担国防科研的项目组。因此，科研保密的源头在于项目、项目组及项目负责人。将项目负责人确定为该项目的保密工作责任人，对该项目及项目组的保密工作承担领导责任，才能从源头上抓好保密工作，将泄密风险降至最低。在此基础上，推行项目—学院—学部—学校四级保密管理体系（表 1），形成多层次的科研保密工作组织机构，各司其职，实现“归口管理、人员到位、责任落实”。

表 1　四级保密管理体系的构成

	层级	组成	职务	职责分工
四级保密管理体系	项目	项目负责人 课题组成员		项目负责人对本项目及本项目组的保密工作承担领导责任
	学院	学院分管副院长 学院科研办公室		学院涉密科研项目定密、日常保密管理

续表

	层级	组成	职务	职责分工
四级保密管理体系	学部	学部党委书记	学部保密委员会主任	统筹学部保密工作
		学部党委副书记	学部保密委员会副主任	分管学部保密工作
		学部保密委员会办公室	学部保密委员会成员	学部的保密工作指导、协调、监督及检查
		学部科研处		学部涉密科研项目管理
		学部人事处		学部涉密人员管理
		学部信息中心		学部信息设备管理
		学部计财处		学部涉密项目经费管理
		学部宣传部		学部新闻宣传报道管理
		学部国际合作处		学部涉外管理
		学部研究生院		学部涉密研究生管理
	学校	校党委书记 / 校长	学校保密委员会主任	统筹全校保密工作
		校党委副书记 / 副校长	学校保密委员会副主任	分管全校保密工作
		保密委员会办公室	学校保密委员会成员	监督学部各对口保密管理部门工作
		先进技术研究院		
		人事部		
		计算中心		
		财务部		
		宣传部		
		国际合作部		
		研究生院		

3.2 根据四级保密管理体系，健全高等学校医学部国防科研保密归口管理制度

科研保密管理制度是高等学校开展科研保密工作的基础[6]，国防项目的特殊性要求参与高校不仅要有前沿的科学技术，更要有完善的管理制度。按照《标准》中“业务工作谁主管，保密工作谁负责”原则，促进保密工作与业务工作相融合，高等学校医学部各归口管理部门应在学校、学部保密委员会的统一领导下，参考学校各项管理制度，建立健全医学部业务工作范围内的保密制度和工作制度（表 2）。对于与常规工作相似度较高的管理办法，可试行在原工作制度中，加入保密管理部分，不仅为相关人员减少了繁文缛节，更在日常工作中维护了国家安全。

表 2　四级保密管理体系下的归口管理制度

	层级	归口管理单位	制度名称
四级保密管理体系	项目	项目负责人	项目保密管理实施细则
	学院	学院科研办公室	学院保密管理实施细则
	学部	学部保密委员会办公室	参照学校管理规定执行或制定相应的学部管理办法
		学部科研处	
		学部人事处	
		学部信息中心	
		学部计财处	
		学部宣传部	
		学部国际合作处	
		学部研究生院	
	学校	保密委员会办公室	学校保密工作总则 学校保密宣传教育工作管理办法 学校国家秘密载体保密管理规定 学校保密要害部门、部位管理规定 学校涉密会议保密管理规定 学校保密检查工作规定 学校泄密事件报告与查处管理规定 学校保密工作考核与奖惩管理办法

续表

	层级	归口管理单位	制度名称
四级保密管理体系	学校	先进技术研究院	学校科研定密及密级调整管理办法 学校涉密科研项目管理办法 学校涉密科研项目经费管理办法 学校涉密科研项目次级合同管理办法 学校外场试验保密管理办法 学校涉密科研项目协作配套保密管理办法
		人事部	学校涉密人员管理办法 学校涉密博士后出站报告保密管理办法
		信息中心	学校信息系统、信息设备和存储设备保密管理规定
		财务部	学校涉密科研项目经费管理办法（与先进技术研究院联合制定）
		宣传部	学校宣传报道保密管理办法
		国际合作部	学校涉外活动保密管理办法
		研究生院	学校涉密研究生学位论文保密管理办法

3.3 设立医学部集中涉密科研场所，解决资源受限问题

在医学部设立集中涉密科研场所，如涉密机房、涉密资料室、涉密会议室及涉密阅览室，并将涉密科研场所与开放区域完全隔离，配备相应的人防措施、技术防护措施及物理防护措施（简称人防、技防及物防）。采用集中管理的模式后，由对应管理部门对科研场所、设备、载体、成果等进行集中统一管理，并配备专业的信息系统管理及维护人员，可切实解决空间及管理人员资源受限的问题，有效防范涉密科研场所过于分散而产生的泄密风险，提高管理效率。

3.4 建立医学部国防科研工作小组，强化部门协同联动机制

保密是医学科技国防科研的“生命线”，是科研工作顺利开展的重要保障。在医学部建立国防科研工作小组（表 3），由保密委员会办公室、科研处、人事处、信息中心、计财处、宣传部、国际合作处、研究生院等学部各职能部门，分别派出专人在职责范围内负责国防科研项目相关的管理工作，并及时向所在单位分管领导汇报情况，实现部门间协同联动。国防科研管理部门应适时进行职能转变与角色重定位，为国防科研提供更有效的服务，为“双一流”建设提供更有力支撑。

表 3　医学部国防科研工作小组组成及职责

	职能部门	兼（全）职负责人数量	具体工作职责
医学部国防科研工作小组	保密委员会办公室	1	负责指导、协调、监督、检查学部国防科研保密工作。
	科研处	1	涉密项目全过程管理，并制定医学部国防科研项目管理办法及国防科研经费管理办法。
	人事处	1	涉密人员上岗、在岗和离岗管理，涉密博士后出站报告管理。
	信息中心	2	涉密信息化管理、涉密设备管理，需增设保密管理员及保密审计员。
	计财处	1	涉密科研项目的预算审查及经费支出等管理。
	宣传部	1	涉密项目宣传管理。
	国际合作处	1	涉密人员的因公护照管理、出国审批、临行前保密教育、涉外活动管理等。
	研究生院	1	涉密研究生审查、日常管理及学位论文管理。

3.5 加强保密教育，强化四级管理体系人员保密意识

保密宣传教育是保密工作的重要组成部分，针对当前国防科研工作的新形势，高等学校医学部应加大对保密基本常识、学校规章制度的宣传教育力度。对参与涉密科研项目的学生，无论其涉密与否，可试行开设《保密知识概论》公选课，以理论课和实际案例的形式，使其了解新时代下泄密的途径及危害，深化学生对于保密工作的认识。同时应将导师作为研究生涉密科研工作的第一责任人，全面负责该学生的保密管理工作[4]。对项目负责人等四级管理体系人员，应结合实际，采取多渠道、多形式[7]的业务培训及保密安全教育。重点对项目负责人、保密干部加强宣传，进行保密意识、保密常识教育，组织学习保密法、《保密意识保密常识教育手册》、学校保密工作管理制度等有关内容。加强保密继续教育[8]，例如参观国家保密学院等保密教育示范基地，增强项目负责人、保密干部的保密意识和业务能力。同时，在人员发生变动时，要及时组织参加上岗培训，提出保密工作的要求，指导日常的保密管理工作，确保高等学校医学部国防科研工作顺利开展。

4. 结论

国防科技创新需要高等学校的参与[3]，因此，高等学校医学部开展国防科研的保密管理将是一项长期的、系统性的工作。由于保密工作的特殊性，高等学校医学部可推行项目—学院—学部—学校四级保密归口管理体系，在日常工作中创新工作思路，构建完善的保密工作管理机制，提高保密管理人员的专业能力，增强科研人员的保密意识，以党的十九大精神为指引，凝心聚力，砥砺奋进，强化责任担当，自觉主动融入国家安全体系，将国家安全保密工作落到实处。在“双一流”建设背景下，高等学校医学部开展国防科研保密归口管理工作，将为医学科技在国防领域的创新发展提供安全保障，加快推进中国特色社会主义新时代高等教育内涵式发展。

5. 致谢

本文得到了北京大学保密委员会办公室、北京大学先进技术研究院的指导和支持，特此致谢。

[参考文献]

[1] 中华人民共和国教育部. 2019年全国教育事业发展统计公报[EB/OL][2020-05-20]. http://www.moe.gov.cn/jyb_sjzl/sjzl_fztjgb/202005/t20200520_456751.html.

[2] 康力. 院校合并后综合性大学医学学科管理模式的总结与探讨[J/OL]. 医学与哲学, 2017, 38(15): 80-84.

[3] 钟灿涛. 国防科研保密工作的难点及对策[J]. 中国高校科技, 2013(9): 20-22.

[4] 黄波, 王焕杨, 钟灿涛. 高校国防科技保密工作实践与思考[J]. 保密科学技术, 2017(07): 54- 56.

[5] 徐洁. 高校参与国防科研的保密管理问题探析[J]. 中国高校科技, 2016(07): 21-23.

[6] 崔淑妮. 高等学校科研保密管理体系建设[M]. 北京: 清华大学出版社, 2019.

[7] 冯支越, 杨梅, 郭季豪. 新时代高校保密宣传教育的“北大方案”[J]. 保密工作, 2019(6): 38-39.

[8] 席彩云, 成婉. 国家保密学院保密继续教育情况调研报告[J]. 保密工作, 2019(6): 58-59.

高校网络与信息安全保密的特点及对策研究
——以南开大学为例

张　楠
（南开大学　天津市　300071）

摘　要：随着计算机网络与信息技术的迅猛发展，高校信息安全保密工作遭遇新的挑战。本文以南开大学为例，针对校园网“一校三区”运行模式、各类网站和信息系统数量庞大、用户群体活跃、新媒体广泛应用等新问题，从优化保密制度体系、加强网站和信息系统安全检查、增强身份认证和访问控制、规范信息审核和发布机制、落实网络安全应急响应机制、扩大保密宣传教育和业务培训、开展保密技术开发与应用等方面提出对策，以期提升高校保密工作水平。

关键词：高校；校园网；信息安全；保密

0. 引言

在信息化的不断推进下，学校的教学、科研、日常管理和对外交流等工作对于网络的依赖程度越来越强，校园网成为高校重要的基础设施。然而，面对越来越不安全的网络环境，加上校园网自身呈现出的新特点和新问题，信息安全形势日益严峻，必须引起高校和全社会的高度重视[1]。针对目前高校校园网存在安全保密问题和威胁进行归纳分析，以南开大学校园网的建设和管理为例，提出了相应对策。

1. 校园网络的特点及保密工作面临的威胁

随着网络和信息技术的迅猛发展，高校校园网也正在发生着翻天覆地的变化，呈现

作者简介：张楠（1984—），女，实验师，主要研究方向：计算机网络技术及应用。

出新的特点，同时对保密工作带来了新的挑战：

1.1 多校区网络运行模式

南开大学具有“一校三区”的办学格局，推进“数字化校园”建设，基本实现各校区无线校园网全覆盖。校园网各类网络节点近 84000 个，注册的网络用户 53000 个，日平均活跃用户约 22200 个。校园网出口链路 4 条，IPv4 总带宽 18G，IPv6 以 10Gbps 接入中国教育科研网 CERNET2。多校区的校园网互连互通后，由于网络结构更加复杂，节点增多，网络流量增大，给网络的安全性带来了更多问题。

1.2 各类网站和信息系统数量多、管理分散

高校网站数量庞大，一些院系还是依靠自己的技术力量建设、维护各自的网站，分散在校园网的众多服务器甚至普通的计算机上，设备品牌和型号较杂，软硬件环境多[2]。管理员水平参差不齐，很多老师身兼多职，对网站管理投入的精力相对较少。网站缺乏长期有效地管理和安全评估机制，无法适应快速变化的安全形势，一旦出现安全问题响应不及时，往往造成很大影响后才被发现。我校登记在册的网站和信息系统共计 467 个，面向互联网开放 231 个，交付虚拟主机 783 台，二级域名 840 个。

1.3 用户群体活跃、网络活动繁杂

高校教学和科研的特点决定了校园网络环境应该是开放的，但是校园网面对的是处在青春期的学生，具有强烈的好奇心和表现欲，经常活跃在网络和社交平台。而大学生的保密意识淡薄，对信息化条件下窃密渠道、危害性认识不足，缺乏防范和辨别能力。例如，在社交平台上展示自己的研究工作，私设代理服务器，打开来历不明的 Email，访问来源不明的境外网站，甚至尝试各种网络攻击技术等，给校园网造成一定的影响和破坏。加之用户结构复杂，且流动性大，难以做到有效地监督[3]。

1.4 微博、微信等新媒体广泛应用

现代通信工具和传输方式出现多样化的趋势，智能手机、iPad 等移动终端在高校普及，QQ、微博、微信等新兴媒体也在校园网广泛运用。然而，新技术的运用给安全和保密工作带来了前所未有的挑战。社交网络平台是高校网络安全的重灾区，多数尚处于非实名认证或有实名认证要求，但无法查实信息真实性，经常会带来一些新的泄密隐患和网络舆情问题。近年来，通过手机、微信办公、微信公众号等渠道屡屡曝出泄密案件。

2. 加强高校信息安全和保密的对策研究

2.1 优化保密制度体系

南开大学成立网络安全和信息化领导小组，统筹协调、组织领导学校网络安全和信息化工作。领导小组由党委书记、校长担任组长，包括保密办、信息办、宣传部等17个职能部门“明确分工、协同联动、形成合力”，提高保密管理的效率和效果。

结合新形势和要求，修订了一系列有关保密工作文件和规章制度，如《南开大学校园网及计算机信息系统安全保密管理规定》《网络与信息安全类突发公共事件应急处置预案》《南开大学网站建设与管理规定》《南开大学信息系统建设与管理规定（试行）》《南开大学办公自动化系统安全保密管理办法》，进一步完善有效覆盖全校各项工作的保密制度框架体系。

2.2 加强网站和信息系统的安全检查

学校各级各类网站和信息系统，实行安全准入制、网站年审制度，严格落实域名、IP地址的申请、审批和备案，以及安全评估工作。现有的467个网站和信息系统中，部署在学校数据中心的已有412个，占比达到88.2%。学校数据中心出口采用防火墙、WAF（网站应用级入侵防御系统）、动态应用防护系统等专业安全设备强化防护。各二级单位建立相应的安全管理机制，包括定期备份、口令更新、应急响应、机房管理、设备巡检等，防范信息安全风险和网络攻击。

南开大学信息化办自主开发的“南开大学网站安全审查系统”，如图1所示，由出口控制、报警通知、准入及审查平台、安全风险评估系统、入侵检测系统、身份认证数据库、网站信息数据库，7个子系统组成，旨在建立全面管理我校网站及信息系统的平台，建立长效的准入及退出机制。联合绿盟、长亭科技等漏洞扫描设备，对全部Web应用服务定期、不定期进行安全评估，联动防火墙对访问权限进行控制并及时通知管理员，从而有效避免网络安全事件的发生。南开大学共登记网站675个，近三年安全审查中处理存在安全风险漏洞的网站87次/年。

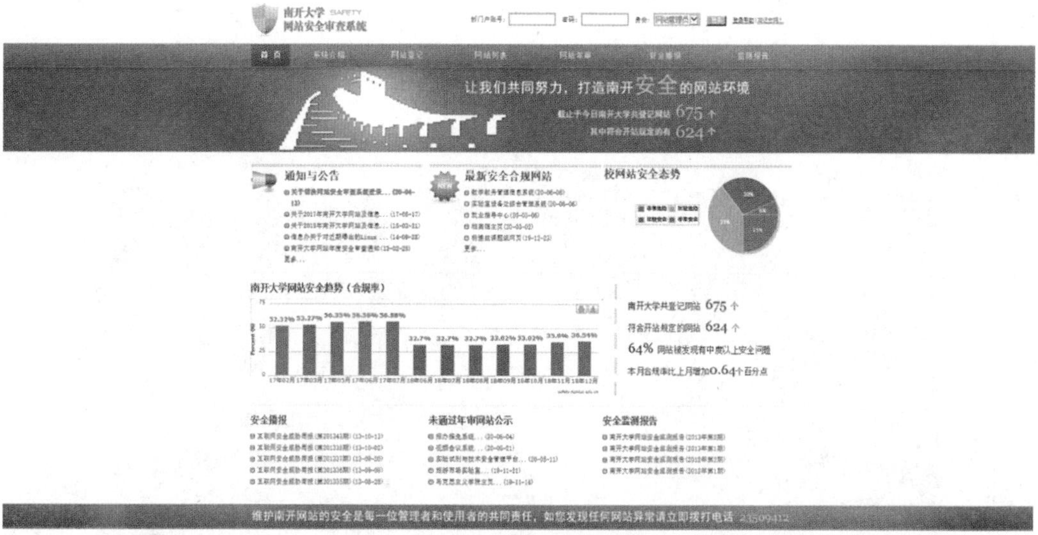

图 1 “南开大学网站安全审查系统”主页

2.3 增强身份认证和访问控制

严格落实校园网“用户实名注册”，建立起安全度极高的统一身份认证平台，提供完整的用户登录账号和密码安全保障服务。“南开大学综合信息门户”是数字化校园的总入口，校内用户使用一卡通账号和密码即可登录所有的应用系统。启用 https 协议，可以确保用户在登录学校信息门户、邮箱等重要业务系统时数据的加密传输。

2017 年为贯彻落实《网络安全法》，南开大学开展全校信息系统信息安全等级保护工作（包括定级、安全建设和整改、信息安全等级评测、信息安全检查等事项），并实现信息系统根据用途分离管理。用于宣传、展示的网站应统一建设或迁移至学校“网站群平台”，实现对校内网站的集中维护、统一管理；用于办理业务、提供服务的业务系统除确有必要开放互联网访问外，仅限校内访问，本校师生在校外将通过 VPN 进行访问。重要教务管理系统纳入管理专网，与校园网和互联网实现物理隔离。新校区实现了管理专网与老校区各业务专网的互联互通，部署专网信息点近 7000 个。

2.4 规范信息审核和发布机制

严格落实信息公开、网络信息发布、档案数字化加工中的保密审查审批和管理，建立学校微博、微信账号统一管理制度，强化网络舆情预警和引导机制，引领师生积极参与网络正能量建设。南开大学开通“保密审查审批辅助检测系统”，如图 2 所示，对信息公开、网上信息发布、发表论文、学术交流等有关工作的进行保密审查审批，将智能系统检测和人工保密审核有机结合起来，提高保密审查审批成效。

图2　南开大学“保密审查审批辅助检测系统”主页

每年度对学校运行的互联网门户网站、政务微博、微信公众号、办公自动化系统（OA）、办公 E-mail 系统等进行专项保密检测。利用互联网爬虫技术，结合教育部权威关键字数据库，组织开展了对南开大学门户网站及微博、微信公众号等互联网平台内容的全面搜索排查。截至2020年共检索文章36万余篇，对107篇疑似文章进行了鉴别、排除，完成了我校校园网“清池子”工作。

2.5 落实网络安全应急响应机制

根据《南开大学网络与信息安全类突发公共事件应急处置预案》的要求，将安全事件划分为四个等级，事件报告与处置分为事发紧急、事中情况，以及事后整改三个步骤。对发生的网络安全事件，首先判断破坏来源与性质，分为有害信息事件、黑客攻击事件、病毒侵入事件、数据库破坏事件等，涉及泄露国家秘密的，遵循“分级负责、系统联动”的工作原则，做好信息安全失泄密事件的应急响应、屏蔽、调查、取证、清查、恢复等处置工作，图 3 为二级单位网络安全应急响应处置流程。

我校启用了网络安全态势感知，收集校园网中网络设备、安全防护设备（系统）、业务系统的日志，镜像网络出口流量数据，基于网络安全大数据分析模型，对网络安全态势进行感知分析、监测预警与风险研判。在网络安全事件发生前做出风险提示，使管理员及时发现处理安全隐患，也可以在出现网络安全事件后对存在的问题进行溯源，帮助管理员找出漏洞，从而快速进行处理。

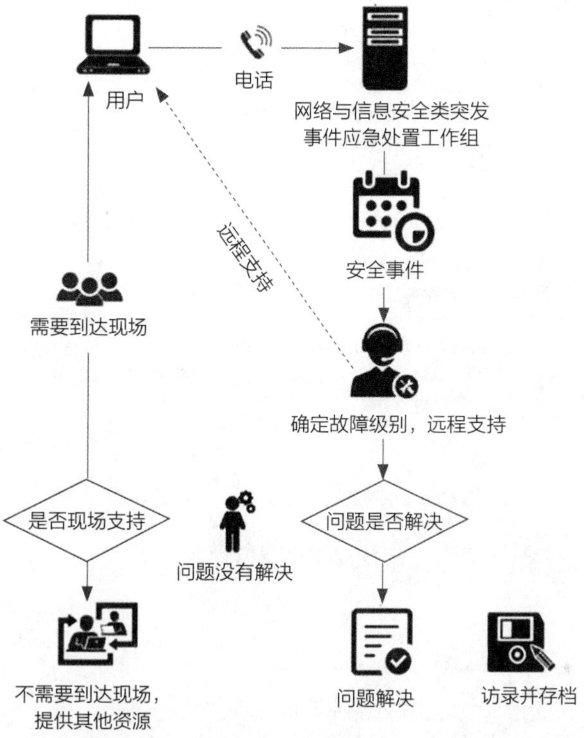

图 3　网络安全应急响应处置流程图

2.6 提升保密宣传教育和业务培训

校园网络信息安全工作是整体的、动态的，充分利用学校媒体、校园网优势，结合新形势、新发展，不断扩充和丰富保密教育的内容和形式。南开大学保密办连续开展保密法宣传周、保密知识竞答等活动，在网站上整理发布保密宣传教育材料共 59 份，如图 4 所示，如《普及校园网使用安全保密提示》《普通手机使用保密守则》等。

开设学校公选课《大学生安全教育》，在党员培训、新教工入职培训、领导干部培训、研究生招生命题培训等教育活动中，设置保密知识专题讲座，开展不同层次、不同类别的保密宣传教育和保密管理培训，形成长效机制。

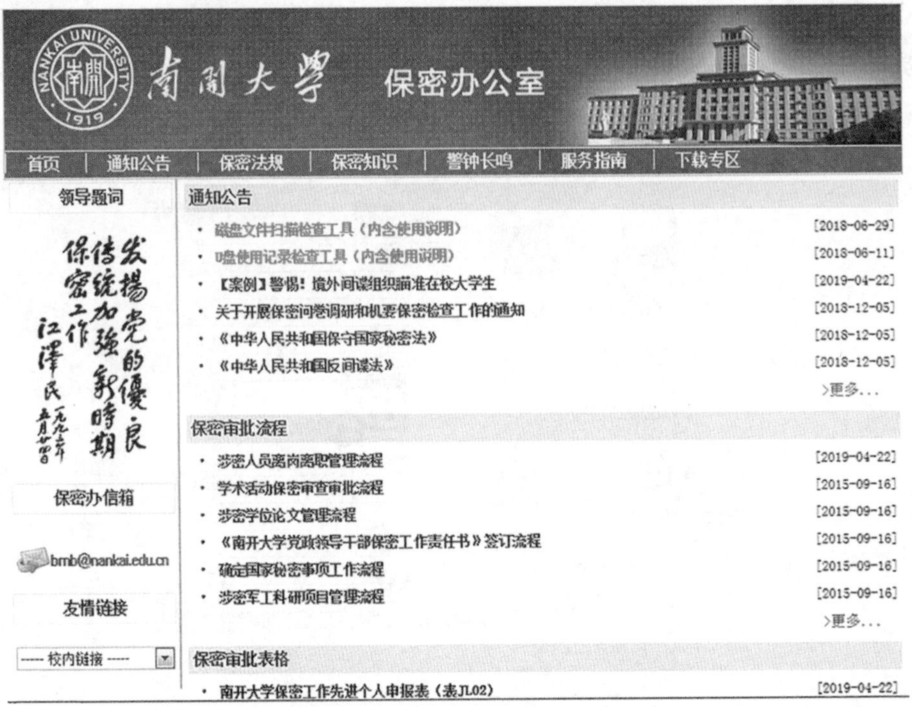

图 4　南开大学保密办公室主页

2.7 开展保密技术开发与应用

紧跟高新技术发展趋势，关注保密科技成果应用，开展保密技术产品研发，提升保密管理科技水平和工作效率。2015 年年末，南开大学成立了软件研发中心，负责完成学校信息化建设过程中各类定制化的开发需求，同时承担网络安全方面技术安全防范体系建设等。2016 年，南开大学自主设计的“非涉密计算机保密实时监测与检查系统”已经开发完成，旨在加强对非涉密计算机特别是联网计算机的保密检查。

2017 年 12 月，南开大学与天津市委网信办签约，共建数据与网络安全联合研发中心，将从数据智能分析与安全评测、网络安全态势感知、信息安全与隐私保护、IPv6 技术研发与应用、网络社会治理等方向开展研究工作。

3. 结论

信息化时代为我们生活带来便捷的同时，更为高校的保密工作增加了难度。网络下窃取涉密信息的手段更加灵活多样，高校的保密能力也应该随之提高[4]。对此，高校应完善保密制度，借助高新技术强化网络防范力量，加大保密工作的教育力度，为高校的信息安全保驾护航。

[参考文献]

[1] 魏梓轩，张建航. 高校机要保密工作的新特点、新问题、新举措 [J]. 衡水学院学报，2020，22（04）：96-99.

[2] 郭庆贺，吕春雁，贺春亮. 高校信息安全保密管理中需要注意的问题 [J]. 现代信息科技，2019，3（21）：151-152.

[3] 李勤. 探讨新时期高等学校保密工作特点及管理新机制 [J]. 智库时代，2020（02）：77-78.

[4] 周倜. 信息时代高校保密工作的思考与创新 [J]. 办公室业务，2018（22）：108-109.

高校保密教育培训体系建设

文丽芳[1]　陈　新[2]　袁　媛[2]
（1. 北京航空航天大学机械工程及自动化学院　北京市　100191；
2. 北京航空航天大学保密处　北京市　100191）

摘　要： 保密教育培训是保密管理体系的重要组成部分。为了充分发挥保密教育培训的先行指导作用，营造高校保密文化氛围，使保密意识植根于涉密人员的思想之中，提高涉密人员防范意识和防范技能，促进保密管理实效，本文以高校涉密人员的保密教育培训工作为研究对象，概述国家对保密教育培训的要求，分析高校保密教育培训的现状和不足，从健全制度建设、优化培训课程、建设培训队伍、搭建教育平台、检验培训效果等方面探讨适合高校特点的保密教育培训体系建设，促进保密工作与业务工作相融合，从根本上把国家对于保密工作的部署、维护国家安全的责任要求宣传落实到位，为高校的稳定发展和国家的安全利益保驾护航。

关键词： 公共管理；教育；培训；高校；保密；宣传；课程

0. 引言

在国内外形势不断变化、安全隐患和泄密渠道增多、监督检查管理难度加大、失泄密危害与后果严重的新形势下，保密管理面临的挑战愈发严峻和复杂。高校开放的大环境、日益频繁的对外交流、自由的学术氛围以及参与科研项目人员的流动性，更是给保密管理工作增加了难度[1]。如何形成体系化的保密管理模式，以提高综合防范能力，成为一个重要而迫切的问题。丁薛祥在全国保密工作会议上强调："要坚持问题导向，精心谋划部署，着力解决保密工作重点领域和关键环节的突出问题，推进国家秘密治理

作者简介： 文丽芳（1981—），女，助理研究员，主要研究方向：为科研管理和保密管理。
E-mail：WLF@buaa.edu.cn

体系和治理能力现代化”[2]。保密教育培训是保密管理体系的重要组成部分，培训的实效性事关保密工作的思想防线是否筑牢、事关涉密人员的保密素质是否合格、事关保密法律法规的执行是否到位[3]，是维护国家安全、保障科研生产顺利进行的需要。保密教育培训工作只有标准化、科学化、系统化、常态化，教育培训工作才能持续发挥作用，并取得实效[3-4]。本文以高校涉密人员的保密教育培训工作为研究对象，调研分析高校保密教育培训的现状和不足，探索高校保密教育培训体系建设，以期扎实做好高校涉密人员的保密教育培训工作，营造高校保密文化氛围，使保密意识植根于涉密人员的思想之中，落实保密工作责任，提高涉密人员防范意识和防范技能，提高高校保密管理能效。

1. 国家对保密教育培训的要求

《中华人民共和国保守国家秘密法》（以下简称为保密法）第三十六条明确规定：“涉密人员上岗应当经过保密教育培训，掌握保密知识技能，签订保密承诺书，严格遵守保密规章制度，不得以任何方式泄露国家秘密。”《中华人民共和国保守国家秘密法实施条例》（以下简称为保密法实施条例）第七条规定：“各级保密行政管理部门应当组织开展经常性的保密宣传教育。机关、单位应当定期对本机关、本单位工作人员进行保密形势、保密法律法规、保密技术防范等方面的教育培训。”“单位应当对在岗涉密人员进行保密教育培训，每人每年度不少于 15 学时”，“涉密部门负责人或者涉密项目负责人应开展日常保密教育”。由此可见，国家保密法律法规明确了对涉密人员上岗、在岗进行保密教育培训的要求，且对培训常态化、培训内容、培训时长和培训频次都提出了要求。

2. 高校保密教育培训存在的问题

保密教育培训作为保密管理的一项基础性工作，是高校保密管理的重要组成和有力抓手[5]。高校的保密教育培训主要分为三个层级：单位培训（校级）、二级部门培训（学院、部处级别）和三级部门培训（项目组级别），“学校—学院—项目组”三级联动，层次分明。各大高校严格履行国家保密法律法规，落实国家对保密教育培训的要求，积极开展保密教育培训工作[5-9]。但是，由于对保密培训工作重视程度不足、保密宣传教育手段不足、保密培训系统性不足等原因，保密教育培训还存在着一些问题[8-13]。

2.1 对教育培训不够重视

保密意识作为意识形态内容之一，没有得到足够的重视。日常保密管理重监督检查、轻教育培训。通过监督检查虽然可以发现部分违规问题，但是由于缺少了扎实有效的培训教育的先行指导，保密管理的效果不尽理想。

2.2 培训目标不够明确

组织培训很多时候不是以提高涉密人员队伍整体水平、促进保密事业健康发展为根本目标，而是以完成本年度所制定的培训计划为导向，导致为了培训而培训的情况[3]。从而导致涉密人员多是为了学时要求参加培训，主动接受教育的意愿不强。

2.3 培训内容针对性不强

对于涉密人员的培训需求和状况了解不足，导致培训内容“一锅烩”[3]，针对性不强，涉密人员无法通过培训解决工作上的需求，导致培训内容很难吸引培训对象，培训效果不明显。

2.4 培训形式较为单一

日常培训主要多以讲座、观看视频、考试等形式开展，以灌输方式为主，缺乏互动，形式比较单一，难以调动涉密人员的积极性。

2.5 培训队伍未形成合力

教育培训队伍主要由高校保密管理部门人员、二级单位保密管理人员和项目组保密管理人员组成。组织教育培训工作时，二级单位和项目组保密管理人员基本上是单打独斗的模式，负责各自部门的培训工作，培训方式比较随意，培训内容比较零散，缺乏统一规范的培训计划和培训指导，且容易出现对《武器装备科研生产单位保密资格标准》（以下简称《标准》）理解的偏差，从而影响到培训效果和《标准》落实的准确性。

基于上述问题，亟须探讨适应高校特点的保密教育培训模式，通过整合资源，建立系统的、有计划的保密教育培训体系，使得教育培训工作标准化、科学化、系统化、常态化，扎实筑牢高校保密工作的思想防线。

3. 建立保密教育培训体系的建议

3.1 健全教育培训制度

习总书记指出：“制度不在多，而在于精，在于务实管用，突出针对性和指导性。如果空洞乏力，起不到应有的作用，再多的制度也会流于形式。”务实管用的教育培训制度对实现培训工作的规范化、管理方法的科学化，起着重大作用。高校可依据保密法及其实施条例、《标准》、《武器装备科研生产单位保密资格评分标准》（以下简称《评分标准》）及国家保密相关政策、法律、法规，结合实际情况，及时修订保密培训制度，通过完善制度建设明确培训目标、具体要求和培训方案等细则。

3.2 优化教育培训课程

将保密教育培训设计为专题丰富、形式多样的课程体系，定期组织开展，涉密人员可依据自己的业务范围和需求选择合适的专题，有针对性地、全面系统地进行学习，全方位对涉密人员进行指导，以期使涉密人员掌握扎实的保密知识和实操经验。

3.2.1 课程内容专题化

可针对不同的培训对象设置不同的系列专题，如：涉密人员上岗培训、领导干部保密管理培训、定密责任人培训、涉密项目负责人培训、涉密学生培训、保密员培训、计算机安全员培训、内审员培训、因私出国（境）人员培训、脱密期人员培训、非密教师和学生培训等。也可依据培训内容设置系列专题，如：保密工作指导思想和方针政策、保密意识和保密形势、保密法律法规、保密基本知识和技能、保密先进事迹和泄密典型案例等。

3.2.2 课程形式多样化

除常用的讲座形式外，还可视情况改变长期存在的灌输方式，采用互动式、研讨式、情景式等教育培训形式；也可有针对性地采取案例分析、角色扮演、模拟决策等形式[3]；针对专业性要求较高的培训，如定密责任人培训、内审员培训、安全员培训，可以“请进来”，邀请专业力量进校开展培训，也可以“走出去”，参加上级培训；还可借助高校官方媒体的影响力，在新生入学、全民国家安全教育日、重大成果宣传等关键时间点开展普识教育；线上线下相结合，充分调动全校师生参与培训的积极性，提高保密防范意识和技能。

3.3 建设教育培训队伍

3.3.1 组建队伍，发挥团队力量

校级保密管理部门负责领导组织工作，充分发挥二级单位和项目组保密管理人员的力量，形成一支自上而下、统一组织、人员齐备的培训队伍。尤其是二级单位、项目组的保密员和计算机安全员，是保密管理工作队伍的重要组成部分，但是由于保密工作的特殊性，日常工作压力大，显示度低，受重视程度不足，存在工作动力不足、流动性大、兼职人员多的情况。培训队伍的组建，一方面可以凝聚保密培训团队力量，提高保密培训实效；另一方面可以激发保密员和安全员的工作热情，提升工作显示度，对于保密管理队伍的稳定发展提供更多的机会。

3.3.2 强化指导，培训层次分明

1）校保密管理部门充分发挥指导作用，一方面对培训队伍进行业务指导，通过组织校内培训指导和“走出去”参加上级培训，不断提高培训队伍的业务能力和综合素质，练就成保密管理的精兵强将和保密培训的专业人才队伍；另一方面，对各级培训材料进行整合、审阅、把关，查漏补缺、不断完善，并依据国家法律法规动态更新，形成一套完备的培训素材。

2）针对不同的培训专题，可将培训队伍分组管理，分别负责不同专题的培训工作，从培训素材收集，培训课件制备、修订、完善，到现场培训开展，做到“术业有专攻”，不断提高教育培训的质量。

3）为确保项目组培训的实效性，结合《评分标准》中对涉密部门开展季度培训的要求，校保密管理部门可制定保密培训每季一课，有计划地对项目组培训进行部署和指导；可将保密教育与教师党支部和学生党支部的学习日相结合，定期公布学习建议和学习资料，对全校师生深入持续开展保密常识教育。

3.3.3 定期交流，探讨工作难点

保密管理事无巨细，不同的管理工作者在对《标准》、保密相关法律法规的解读中，某些细节的理解往往会有偏差，导致在宣贯培训和执行过程中，落实不到位。针对此问题以及保密管理中发现的难点，可以不定期地组织培训队伍开展业务沙龙，交流工作经验，探讨培训方案，营造自由交流自由讨论的氛围，集思广益，集中保密管理力量，提升保密培训实效。

3.4 搭建宣传教育平台

金城出版社有限公司推出的微信公众号“保密观”，其模式已成为开展保密新媒体宣教可以借鉴复刻的模板，契合了全媒体时代保密宣传教育的特点，真正迸发出新媒体保密宣传教育的活力和潜力[14-16]。面对新媒体带来的机遇和挑战，高校可借助官方媒体的影响力，以高校师生为主要受众，建立适合高校特点的保密宣传教育平台，开展保密意识和保密知识普识教育，营造高校保密文化氛围，使保密意识潜移默化植根于师生的思想之中，提高师生保密责任意识和保密防范意识。

3.5 检验教育培训效果

培训工作开展后，可以通过问卷反馈、随堂测验、监督检查等方式来检验培训的效果。依据检验结果，了解保密培训工作中存在的不足，及时调整培训方案，开展有针对性的、服务于需求的教育培训，形成保密工作与业务工作紧密结合的一套特色保密培训工作模式，促进保密工作与业务工作相融合，保护国家秘密安全。

4. 结束语

保密教育培训体系建设并非一蹴而就，而是在实践过程中整合资源不断完善不断创新的过程。在保密教育培训体系建设方面，高校有着得天独厚的优势：人才济济、软硬件齐全、多部门协同。充分利用高校资源，发挥教育培训的先行指导作用，促进保密管理实效，充分发挥保密管理在高校科研及各项工作运行中的保障作用，才能从根本上把国家对于保密工作的部署、维护国家安全的责任要求落实到位，为高校的稳定发展和国家的安全利益保驾护航。

［参考文献］

[1] 汪鸿兴，周峙，沈满. 高校涉密科研人员保密管理现状调研报告［J］. 保密工作，2015（11）：34-35.

[2] 国家保密局指导管理司. 丁薛祥在全国保密工作会议上强调：把握形势任务 聚焦目标要求 推进国家秘密治理体系和治理能力现代化［OL］.［2020-02-18］.
http://www. gjbmj.gov.cn/n1/ 2020/0218/ c409082-31592349.html.

[3] 梁斌. 如何提升保密教育培训的实效性［J］. 保密科学技术，2017（6）：55-56.

[4] 翟祺. 涉密人员保密教育培训体系研究［D］. 北京：对外经贸大学，2015.

[5] 徐娟，龙平. 高校保密宣传教育的路径探索［J］. 保密工作，2019（3）：55-56.

[6] 冯支越，杨梅，郭季豪. 新时代高校保密宣传教育的“北大方案”［J］. 保密工作，2019（6）：38-39.

[7] 李玉杰. 国家安全观视域下山东省高校保密管理工作研究［D］. 呼和浩特：内蒙古师范大学，2017.

[8] 魏兴，徐博，刘冬. 高校学生参与涉密项目的保密工作研究［J］. 保密科学技术，2015（1）：14-17.

[9] 高蕾. 提高新时代大学生保密意识的对策探究［J］. 办公室业务，2020（15）：39-40.

[10] 毛亚荣，陈爱强. 新时代高校保密宣传教育如何发力［J］. 保密工作，2019（7）：54-55.

[11] 吕春雁，郭庆贺，刘文庆. 新形势下共建高校科研保密管理问题研究［J］. 科技风，2020（7）：251.

[12] 罗一洋. 加强大学生安全保密教育刻不容缓［J］. 保密工作，2019（11）：54-56.

[13] 杨爱东. 以抓保密宣传教育培训为着力点 做“严”做“实”高校保密工作［J］. 保密科学技术，2015（12）：58-60.

[14] 李婧. 宁夏固原：开启保密法治宣传教育“微时代”［J］. 保密工作，2019（9）：31.

[15] 柴静. 保密宣教类新媒体传播策略及舆论反应：以“保密观”微信公众号为例［J］. 新媒体研究，2020（9）：54-56.

[16] 霍兴爱. 受众视角下保密宣教微媒体传播效果研究：以“保密观”为例［D］. 天津：天津大学，2017.

探索高校工作秘密的管理办法

张江博　王占奎
（北京科技大学保卫保密处　北京市　100083）

摘　要：随着高校行政工作中产生的工作秘密日渐增多，高校工作秘密保密管理潜在问题日益凸显。各高校应建立健全工作秘密管理制度、落实保密工作责任制、强化宣传教育、加大监督检查力度，从而丰富完善工作秘密的保密管理机制，保障学校各项事业的健康持续发展。

关键词：工作秘密管理；高校；保密工作

0. 引言

当前，高等学校办学规模不断扩大、开放程度日益提高，高校改革发展稳定工作任务日益繁重，高校党务行政工作中产生的工作秘密愈发增多，互联网发展迅速，这些都给高校工作秘密管理带来新的挑战。

上级保密管理部门于近日下发了工作秘密有关管理文件，要求各高校结合工作实际，采取有力措施，把工作秘密管理要求落实落细。当前，大部分高校对工作秘密的管理机制建设处于初级阶段，尚未形成一套完整有效的管理模式。在此，笔者想针对目前高校工作秘密管理存在的主要问题进行深入分析，通过提出可行性建议进一步探索完善高校工作秘密管理的体制机制。

1. 高校工作秘密管理典型问题

2020 年 6 月，某高校泄露学生信息事件引起广泛关注，由于管理工作存在缺陷，

作者简介：张江博（1994—），男，研究实习员，主要研究方向：保密管理。E-mail：1370717738@qq.com
王占奎（1962—），男，副研究员，主要研究方向：教育管理。E-mail：wangzhankui@ustb.edu.cn

学校声誉受到严重影响，直接责任人、相关部门负责人及主管校领导均受到相应处分。该事件为各高校工作秘密的保密管理敲响警钟。在新冠肺炎疫情的防控工作中，个别单位、人员将内部防控工作文件转发到社会层面的微信群，内部工作信息扩散，造成不良影响。目前，多数高校的工作秘密管理普遍存在以下几个典型问题。

1.1 工作秘密主管机关不明确、责任划分不清晰

工作秘密作为一种应当严格保守的秘密，性质不同于国家秘密。高校内部产生的工作秘密与高校各部门的日常公务活动有关，是不宜公开的内部情况、资料、信息等，泄露工作秘密会妨碍高校正常履职，甚至对国家安全和公共利益造成不利影响。工作秘密处于国家秘密和公开信息之间的“中间地带”，在保密法中并无明确规定，国家保密行政管理部门也没有对工作秘密的管理进行授权，现行法律法规和实践中也未明确规定工作秘密保护的主管机关。[1]目前部分高校管理工作秘密的责任主体不明确，监管工作秘密的措施也无法落到实处。当出现工作秘密泄露对高校造成损失时，没有明确的制度条例和法律依据作为处罚依据，处罚界定与评估相对困难，处理轻重程度不好把握，难以有效追责，难以起到警示教育全体师生员工的效果。

1.2 工作秘密的定密程序、定密依据、密级标识等方面管理不规范

国家秘密必须依据相关保密范围规定，按照法定程序确定，而工作秘密则需要高校党政部门根据实际工作产生的内容自行确定。各单位往往自行组织开展工作秘密的定密、变更和解密工作。目前高校工作秘密的定密程序尚不完善，没有明确的审批流程，密级确定也缺乏统一的界定标准和法律法规依据。各高校在对工作秘密定密时一般采用部门内部的工作习惯：例如，指定承办人以书面形式拟定，报部门主管领导审核批准；不指定承办人，由单位内部任意员工拟定，书面请示主管领导审批；主管领导层自行决定，并将工作秘密事项告知单位内部人员等。

国家秘密根据法律规定划分为绝密、机密、秘密三个等级，而工作秘密则无等级划分，密级标识使用混乱，不符合保密管理要求。工作秘密标识中不乏有标“内部资料”的，有标“工作秘密”的，也有标“秘密”“机密”甚至“绝密”的，也有仅以红头文件作标识的。这导致工作秘密既无法与国家秘密进行有效区分，又不能通过标识明确其重要程度和保密期限。

1.3 工作秘密全生命周期管理体系不健全

工作秘密的全生命周期包括起草、制作、保管、流转、使用、回收和销毁等环节，要建立严格的工作秘密文件生命周期管理体系，实现闭环管理。从最初工作秘密的起草

到最终纸磁载体的销毁，任何环节的失控都会导致泄密事件的发生。

当前，部分工作人员还未形成在专用内部机或涉密机起草工作秘密文件的意识和习惯，草稿文件的修改、审阅也往往通过微信、QQ、邮箱等互联网方式传输，极易被截获和扩散。有些对工作秘密的制作、传阅过程管理松懈，文件随用随印，平时和普通文件一起存放，缺少基本的安全防范措施；文件下发时存在不编号不登记的情况；各接收单位查阅工作秘密文件后自行处置，文件去向难以追踪，知悉范围无法控制。

与上述情况相反的是，部门单位为避免工作秘密泄露，严格控制知悉范围，简化管理流程，工作秘密文件在落实过程中不印制不下发，各相关单位负责人去业务主管部门现场查看时甚至不得记录。业务相关负责人在简单查阅文件后容易遗忘文件传达的精神和布置的任务，在具体实施时难以贯彻落实到位，影响工作正常开展。

1.4 工作秘密的培训教育和监督检查不到位

高校保密宣传教育的主要内容是通过普及保密知识和技术手段来增强全校师生保守国家秘密的意识，而工作秘密的级别低于国家秘密，往往不列为保密教育培训的重点内容，导致广大师生员工欠缺工作秘密的保密意识和操作规范。由于日常接触工作秘密的频率低，广大师生员工从思想上更易忽视保守工作秘密的重要性，对保守工作秘密不闻不问。

目前高校对工作秘密的监督检查力度不够，高校保密监督检查主要针对涉及国家秘密的涉密人员、涉密载体和涉密办公设备等，而工作秘密产生部门对工作秘密的监管难以保证，个别工作秘密处于无人监管、基本失控的状态。高校潜藏着的工作秘密安全隐患给高校利益和形象带来潜在危机。

2. 高校完善工作秘密管理的几点建议

依据保密法及其实施条例等有关法律法规，目前多数高校都已形成完善的国家秘密管理体系。笔者认为，工作秘密虽然级别低于国家秘密，但是均属于保密管理的范畴，工作秘密的管理办法可参照国家秘密保密工作管理制度，并结合学校实际情况进行适当调整，从而形成规范有效的工作秘密管理体制机制。

2.1 健全工作秘密保密管理制度

各高校可根据上级保密行政管理部门下发的工作秘密有关管理文件，结合高校工作实际和现有的保密工作管理规章制度，制定本校关于工作秘密的管理规定。规定中应明确工作秘密的责任主体，细化工作秘密定密程序，规范工作秘密管理流程，制定奖惩和追责制度。通过建立健全工作秘密管理制度，使高校工作秘密的管理思路更加清晰，任务更加明确，各项措施能得到有效落实。

2.2 明确工作秘密管理主体责任

根据“党管保密”的原则，各业务职能部门所属二级党委的党委书记为保守工作秘密的第一责任人。作为工作秘密的产生者和拥有者，高校各业务职能部门既是工作秘密的产生主体，也是保守工作秘密的责任主体，对保守工作秘密负有不可推卸的管理责任，因此业务职能部门的主管领导是工作秘密管理的直接负责人，业务职能部门全体工作人员也必须肩负起保守工作秘密的责任。主管领导还应尽到以下几个方面的责任：

2.2.1 自觉执行保密纪律，自觉接受监督，给部门内部保密纪律的执行起到示范作用。

2.2.2 将对工作秘密的保密工作责任逐级分解，明确到岗，分工到人，确保各项保密工作任务能够落实落细。

2.2.3 将工作秘密的保密管理工作纳入日常工作计划，组织部门全体员工认真讨论研究计划内容，并将其作为重点工作写入部门年度工作要点。

2.2.4 不定期听取工作秘密管理的工作汇报，了解情况并及时研究解决工作秘密管理工作中的重点问题，为保守工作秘密提供人财物方面的条件保障。

2.2.5 组织开展工作秘密审核、定密、变更和解密工作，监督检查工作秘密的日常管理工作和保密培训教育工作。

通过落实领导责任制，书记和主管负责人带动各业务部门全体工作人员参与到工作秘密的保密管理工作中，做到人人学保密，人人懂保密，人人会保密，营造出浓厚的保密工作氛围。

2.3 规范工作秘密定密审批程序

2.3.1 明确工作秘密的界定标准

保密管理部门应定期组织各业务部门集中开展工作秘密范围细目与一览表的编制、更新工作，汇总全校工作秘密范围细目。工作秘密产生自日常工作中的行政文件和内部管理事项，各业务部门需积极配合保密管理部门，根据业务所属行业内的相关法律法规、业界标准或上级文件要求，编制本部门内部的工作秘密范围细目与一览表，为工作秘密精准确定提供依据。

2.3.2 确定工作秘密、保密期限和知悉范围

工作秘密和保密期限应依据各部门内部制定的工作秘密范围细目与一览表予以确定，若无法找到准确定密的依据，应由主管领导组织相关人员深入探讨，根据工作实际给予指导意见。

工作秘密知悉范围的确定应坚持必要性和适当性原则。所谓“必要性”就是指知悉

特定工作秘密是知悉对象完成该项工作的必要前提；“适当性”则是指应在不影响工作正常开展的前提下，将相关工作秘密控制在最小的知悉范围。[2]

（三）确定工作秘密定密、变更和解密审批程序

业务主管部门明确工作秘密定密工作的承办人，填写工作秘密定密的书面审批手续，注明工作秘密的产生依据、保密期限和知悉范围，经单位主要负责人审核，报二级党委书记审批。对于已经确定的工作秘密事项，若工作秘密上升至国家秘密，或保密期限、知悉范围等内容根据实际情况需要变更，应办理工作秘密变更手续。若工作秘密事项达到保密期限或事项内容被允许提前公开，应及时办理工作秘密解密手续。工作秘密的确定、变更和解密审查审批材料均需统一存档备案。

经确定的工作秘密事项，需在涉密载体上统一标注密级标识。由于工作秘密属于不宜公开的内部敏感信息，因此建议密级标识为内部，保密期限视实际情况确定。工作秘密标识的格式可以是“内部▲保密期限”“内部▲解密时间”或者“内部▲解密条件”，工作秘密标志应当与载体不可分离，明显且易于识别。

2.4 落实工作秘密日常管理措施

2.4.1 加强处理工作秘密专用场所管理

工作秘密同样要依据国家秘密管理的原则设置相对集中处理的场所，制定场所内工作秘密管理规章制度，严禁将工作秘密文件带离该场所。场所内处理工作秘密信息的计算机不得接入互联网，工作秘密文件也不得通过互联网手段传输。“上网不涉密，涉密不上网”，应配备专用存储介质作为工作秘密信息交换工具。要指定专人负责管理工作秘密专用内部机，使用内部计算机和专用存储介质要严格执行登记制度，详细记录使用人、使用事由、使用时间等信息。

2.4.2 建立工作秘密载体台账

各业务部门需建立工作秘密载体台账，按照内部文件要求进行如实登记，备注工作秘密文件的名称、数量、保密期限、知悉范围、载体去向等重要信息，做到载体动态变化，台账实时更新。

2.4.3 严格履行工作秘密载体制作、使用、销毁的审核审批手续

严格执行工作秘密载体制作、使用和销毁的审查审批手续，加强工作秘密载体的使用管理。制作工作秘密载体需由主管领导审核审批，在专用内部办公设备上制作。工作秘密载体的存放环境需使用人防、物防、技防等技术手段，确保在安全环境内统一保管。工作秘密载体的使用交接需履行登记手续。不得自行销毁、随意处理工作秘密载体，应经单位主管领导批准送至学校指定地点集中销毁。

2.5 加大工作秘密监督检查力度

保密管理部门应将工作秘密的保密检查工作纳入年度保密检查工作之中，着重从工作秘密的定密工作、工作秘密载体使用和内部办公设备使用等方面入手，督查业务部门工作人员掌握保密知识的情况。

同时，业务主管部门内部应定期组织开展全体员工自查自评，通过结合两种检查方式及时发现工作秘密管理中存在的安全隐患和问题，针对检查出的问题和隐患，采取有效措施进行整改，防止发生失泄密事件。

监督检查应当与考核奖惩相结合，将对各业务部门主管负责人和内部员工进行工作秘密管理考核的结果纳入绩效考核内容。若发现在工作秘密的日常管理中存在违规行为，依据学校工作秘密管理规定中考核与奖惩部分细则及时处理。

2.6 强化工作秘密的保密教育培训

保守工作秘密的根本是提高全体师生员工的保密意识和防范能力。由于各业务部门日常工作内容不同，大规模的保密宣传教育难以对各单位自身工作内容给予针对性的指导。各业务部门要结合工作内容，认真制定部门内的年度保密教育培训计划，将工作秘密的保密教育培训作为部门年度总体工作要点的重要组成部分。

各业务部门可与保密管理部门加强沟通，共同推出保密专题宣传材料，通过线上线下新媒体工具等多种方式，在全校范围内全方位开展形式多样的保密教育培训活动，扩大教育培训覆盖面，加深各级领导干部对保守工作秘密重要性的认识，自觉落实保密工作责任制，切实担负起保守工作秘密的重要职责；增强全校师生保守工作秘密的意识，明确保密要求、遵守保密规定，自觉履行保密义务，积极主动地做好本职工作。[3]

3. 结论

保守工作秘密事关高校的利益和稳定，是维护高校安全稳定的一项重要工作。工作秘密是各高校保密工作的重要组成部分，在工作方式便捷高效、窃密泄密手段隐蔽多样的大环境下，各高校只有不断深入探索工作秘密管理办法，丰富完善工作秘密的保密管理机制，才能保障学校各项事业健康持续发展。

[参考文献]

[1] 任翔，李蕊. 工作秘密管理相关理论与实践问题探究 [J]. 大连大学学报，2018（4）：94-98.

[2] 刘兴德，田斌，卜浩然. 新形势下高校保密工作的几点思考 [J]. 北京教育，2016（6）：29-30.

木桶理论视角下的大学生
国防安全和保密素质教育课程设置初探

孟宪婷　范　明　魏　娜
（北京工业大学保密委员会办公室　北京市　100124）

摘　要：近年来，境外间谍组织威逼利诱策反高校大学生案件频发，为高校素质教育敲响警钟，大学生国防安全和保密素质教育已迫在眉睫。本文从木桶理论的视角出发，结合当前大学生国防安全和保密素质教育面临的问题，采用专家访谈法，探讨国防安全和保密素质教育课程设置路径，为高校国防安全和保密素质教育课程设置问题提供对策建议。

关键词：国防安全；保密素质教育；木桶理论；课程设置

0. 引　言

保密工作是党和国家事业的重要组成部分，是维护国家政治、经济、外交、国防等领域安全的重要基础，是高校综合管理水平的体现。作为担任国家人才培养和科技创新重大任务的高校，是产生、存储、处理国家秘密较为集中的单位，也是历来政治敏感的区域。随着我国综合国力的提升和国际影响力的加大，高校青年教师、学生逐步成为境外敌对势力策反、窃取国家秘密主要渠道。培养大学生的国防安全观和保密意识，具备一定的保密防范技能，能够使大学生充分认识到国防安全的重要性，唤醒大学生的政治觉悟，有能力与破坏国家安全的势力斗争，有利于稳定社会环境，保障国家安全。因此，

作者简介：孟宪婷（1986—），女，助理研究员，北京工业大学保密办，主要研究方向：保密业务管理。
E-mail：mengxianting@bjut.edu.cn
范　明（1975—），女，研究员，北京工业大学保密办，主要研究方向：高等教育管理。
E-mail：fanming @bjut.edu.cn
魏　娜（1978—），女，编辑，北京工业大学保密办，主要研究方向：保密技术管理。
E-mail：weina @bjut.edu.cn
基金项目：北京工业大学教育教学课题 – 大学生国防安全和保密素质教育课程设置研究

针对大学生开展普适性、系统性的国防安全和保密素质教育，增强国防安全观和保密意识，成为保密工作者面临的重要课题。

1. 木桶理论与大学生国防安全和保密素质教育课程的关系

“木桶理论”，或“木桶定律”，又称“短板理论”，是管理学界一个非常著名的理论，它最早由美国管理学家彼得提出，其核心要素是一只盛水的木桶是由多块木板箍成的，盛水量也是由这些木板共同决定的。决定一只木桶容量的，既不是最长的，也不是平均长度的，而是最短的那根木板。若其中一块木板很短，则此木桶的盛水量就被短板所限制。这块短板就成了这个木桶盛水量的“限制因素”（或称“短板效应”）。若要使此木桶盛水量增加，只有换掉短板或将短板加长才成。由此可见一个组织整体素质的高低，不是取决于组织中素质教育的“长板”，而是取决于这个组织中最一般的素质教育，即“短板”。

木桶理论与大学生国防安全和保密素质教育有着内在的关联，从某种角度上看，高校大学生素质教育就好比一只桶沿长度不一的水桶，国防安全和保密素质教育就像木桶的木板中的“短木板”。如若想要提高大学生综合素质水平，就要关注国防安全和保密素质教育，即“短木板”。本文从木桶理论视角出发，延长“短木板”为目标，采取专家访谈法，对国内 7 所高校保密领域工作者进行访谈，了解大学生国防安全和保密素质教育现状，探讨国防安全和保密素质教育课程设置的路径。

2. 大学生国防安全和保密素质教育现状

早在 2005 年，中共中央办公厅、国务院办公厅《关于切实做好新形势下涉外国家安全和保密工作的意见》就明确要求高校认真开展涉外国家安全和保密宣传教育，加大学术交流等活动的国家安全和保密工作力度，教育行政主管部门要逐步把国家安全和保密教育纳入各级各类学校的教学内容。然而在实际操作中，高校国防安全和保密教育教学虽取得了一系列成绩，但仍然存在一些问题。

2.1 国防教育课程形式单一，缺少保密素质教育课程内容

国防教育课程是普通高等院校必须开设的课程之一，也是大纲规定的学生必修课。国防教育课程多为军训时期的必修课“军事理论课”和第二课堂选修课“国防教育与安全”课程。相较于国防教育，部分高校的保密宣传教育工作仅仅停留在涉密人员层面，而非涉密人员，尤其是大学生的保密素质教育大多数还停留在以宣传册、辅导员班会等

“以点代面”的阶段，甚至是空白阶段，没有设置普适性、系统性的保密专业课程或公共课程的保密素质教育。

为进一步具体了解国内高校开展保密素质教育及相关课程设置情况，笔者对国内 7 所具有保密资质的高校进行了访谈。访谈发现大学生保密素质教育情况参差不齐，7 所高校里仅有 1 所高校设置了保密教育课程，4 所高校在新生入学时开展 1 学时的保密教育讲座或是发放宣传册，2 所高校还未面向大学生开展保密素质教育培训。总之，高校国防安全和保密素质教育总体学时不足，国防安全和保密素质教育课程亟须进一步探究。

表 1　部分高校大学生保密素质教育情况

序号	高校	大学生保密素质教育情况	学时
1	A	未面向大学生开展保密教育	——
2	B	新生入学时开展保密教育，以宣传册为主	——
3	C	设置保密教育课程（1 学分）； 涉密研究生必修课；非涉密研究生选修课。	16
4	D	新生入学时开展保密教育讲座	1
5	E	新生入学时开展保密教育讲座	1
6	F	未面向大学生开展保密教育	——
7	G	新生入学时开展保密教育，以宣传册为主	——

2.2 保密素质教育滞后，“亡羊补牢”后知后觉

大学生普遍具有强烈的好奇心和求知欲，能够较快地接受新鲜事物，然而涉世未深，对外界诱惑和危险鉴别能力较弱，容易毫无防备地陷入敌对势力圈套。高校是先进的科学技术和科研成果的发源地，学校间国际交往、师生访学频繁，如若没有国防安全和保密意识，极有可能在无意间成为敌对势力窃取国家秘密的工具，从而影响个人前途、学校声誉、家庭幸福，甚至国家利益。例如，“2018- 雷霆”专项行动破获百余起台湾间谍案件，多名台湾情报人员色诱、拉拢大陆学生，“单纯”的大学生深陷“泥潭”，为国家安全造成巨大损失。亡羊补牢，为时已晚，事后反思，警示教育，也无法弥补失泄密事件已带来的损失。后知后觉式的保密素质教育，滞后的保密素质教育，付出的代价势必是惨痛的。

2.3 师资力量不足，保密素质教育不够规范

目前，高校保密队伍建设不佳，专职保密工作人员岗位有限，难以有时间、有精力开展普适性、全方位的大学生保密素质教育培训。同时，部分高校保密工作由兼职人员承担，而兼职人员业务水平欠佳，且日常工作繁重，更无暇思考大学生国防安全和保密素质教育问题。虽然高校具有师资优势，拥有信息安全、法律、管理等专业的教师，但未形成保密素质教育讲师团队，无法开展系统有效的保密素质教育。即使已成立保密学院的高校，也未针对大学生开展保密素质教育课程体系，存在教学内容针对性不强，教育效果不明显、作用不突出等现象。虽然，高校保障了保密专项经费，但金额较少，无法长期、持久的支付外请专家开设讲座，更无法系统地引导大学生学习保密技能。

3. 大学生国防安全和保密素质教育课程设置路径

“木桶理论”告诉我们：对于一只桶沿长度不一的水桶要想提高它的容积，不是去加长最长的那块板，而是改变最短的那块板的现状。要想提高大学生综合素质教育水平，就要改善最弱的“保密素质教育”，丰富教育教学内容，扩宽课程形式，加强师资队伍建设。

3.1 开辟保密素质教育版块，丰富教育教学内容

环顾大学生被策反的现实，无论是国家层面的政策导向，还是大学生综合素质教育的发展需要，让国防安全和保密素质教育走进课堂，开辟保密素质教育版块已成为大学生加强国防安全观，提高保密意识，提高综合素质的实效性选择。充分考虑通识教育原则，教育的完整性和系统性原则，理论联系实际原则，制定国际形势、国防安全、保密法律法规政策、定密基础知识、出国（境）及论文发表、涉密载体管理、信息设备和存储设备使用、失泄密案例警示教育、实操实践等课程内容，根据不同大学生群体的需求，着力编写国防安全和保密素质教育大纲教程。

3.2 扩宽课程形式，营造素质教育环境

必修课的设置是对涉密大学生实行的必修课程，主要以介绍保密理论和学习基础知识为主，大学生通过必修课对保密有所了解，培养他们对保密文化的热爱与兴趣。同时在国防安全和保密素质教育课程上注重国际形势、国防安全教育，通过一学期课程的学习，为今后的涉密课题研究、国际交流等事项打下坚实的基础。

选修课的设置旨在使每一位热爱保密文化的大学生并加以定向提高。由于内在动力的驱使，可以使大学生保持持久的兴趣，进而最终形成相伴大学生一生的保密技能，益于未来工作和生活，乃至国家秘密安全。

除了考虑显性课程外，还应该重视隐蔽课程对大学生国防安全观、保密意识以及人生观、世界观、价值观的重大影响，尽可能创设宽松、真实、富有创造性的国防安全和保密素质教育环境，以促进大学生综合素质的全面发展。社团的设置可以发挥保密文化的潜在功能，起到“隐形课程”的教育作用，社团的教学内容是以保密技能实践为主，兼顾其他能力的培养，整个学习内容符合学生的需要，充分发挥大学生的主体性，注重大学生的经验和体验，从而培养保密意识、兴趣和能力。

3.3 加强课程教师队伍建设，增强师资力量

讲师团队作为国防安全和保密素质教育的主要教授者，其自身素质的高低及人格魅力的强弱在某种程度上决定了大学生国防安全和保密素质教育的整体水平。建设一支高素质、专业的讲师团队是提高教学水平的有效途径。首先，加强讲师团队教师的专业知识培训学习，分批次、有计划、逐步对教师进行国防知识、保密知识再培训；其次，从保密工作机构、国防安全办公室选聘工作一线的教师，从实践的角度讲授相关知识，提高大学生的实践技能；再次从校外临时聘请一些优秀的专业人员来补充国防安全和保密素质教育的师资力量，多元交流、汲取国防安全与保密素质教育。此外，大力鼓励教师参与相关课题研究，并在资金和政策上予以扶持，提高教师队伍的理论研究水平。

4. 结论

大学生国防安全和保密素质教育是一项基础性、长期性、系统性的工作，需要高校坚定的投入，并将政治意识、大局意识、忧患意识、责任意识融入该项工作中。在木桶理论视角下，以构建系统化、科学化的国防安全和保密素质教育体系为主线，丰富国防安全和保密素质教育内容，扩宽课程体系教育形式，加强课程教师队伍建设，推进大学生国防安全和保密素质教育长期、稳定而持续发展。

[参考文献]

[1] 杨晓平. 关于普通高校国防教育内容和课程设置的思考[J]. 贵州民族学院学报(哲学社会科学版), 2008(1).

[2] 张天生, 孙宝云. 大学生保密素质的调查分析——以北京部分高校为例[J]. 湖南科技大学学报(社会科学版), 2007(5).

[3] 陈光铭. 高校国防教育课程设置问题及对策[J]. 黑龙江教育(高教研究与评估), 2015(7).

浅谈疫情下保密管理工作面临的挑战和对策

李　丽　倪勇军

（上海交通大学保密办公室　上海市　200240）

摘　要：2020 年新年伊始，新冠肺炎疫情以迅雷不及掩耳之势席卷了全球，对全人类的生产生活造成了空前的巨大影响，也对各类工作的正常开展提出了全新的挑战。虽然在举国上下的努力下，我国的疫情防控初见成效，但是层出不穷的反弹让我们意识到疫情并没有完全消除，仍需要各方面加强防御管控。作为从事保密管理工作的我们更应该审时度势，及时根据工作实际调整保密管理工作的方式，把疫情防控工作和日常管理工作同步抓紧抓好，防微杜渐。在这样的时代背景下，本文试图从分析疫情下的保密管理工作面临的挑战入手，对如何改善和加强保密管理工作进行思考，提出合理化对策。

关键词：行政管理；保密管理；疫情；高校

0. 引言

新冠肺炎疫情是新中国成立以来在我国发生的传播速度最快、感染范围最广、防控难度最大的一次重大突发公共卫生事件。这场突如其来的疫情风暴不仅考验着高校的每位师生，也考验着每位涉密人员。尤其是疫情发生以来，为严格落实防控措施，一些机关、企事业单位开启了互联网办公、居家办公、轮值上班等工作模式，确实让业务工作得以有效、顺利地开展，但也给各单位的保密工作带来了风险和挑战，保密风险范围扩大，保密工作难度增加，失泄密隐患增加。一旦发生失泄密事件，会威胁国家安全和利

作者简介：李　丽（1991—），女，上海交通大学保密办，文员，主要研究方向：高校保密管理工作。

E-mail：apple_galaxy @sjtu.edu.cn

倪勇军（1971—），男，上海交通大学保密办，主任科员，主要研究方向：保密业务管理。

E-mail：nyj88@ sjtu.edu.cn

益，会动摇各单位的核心竞争力和长久发展，也会影响到个人的合法权益和生活的安宁。不过正所谓“祸兮福之所倚，福兮祸之所伏”，这次疫情也在为我们敲响进步的警钟，督促保密事业更好更快地发展。因此为切实做到疫情防控、保密工作两不误，为打赢疫情防控阻击战提供支持，本文欲借此时机对当前这段时间保密工作暴露出的一些问题和如何应对做一些探究。

1. 疫情下保密管理工作面临的挑战

1.1 信息化程度较低，工作推进缓慢

因保密需要，目前大部分高校的保密工作一直采用线下纸质审批或脱密后线上审批的半自动化模式[1]，疫情期间因对出勤率有所管控，设置轮班制，各部门教职工无法全员到岗，因此会出现保密管理岗位无人专管，涉密、敏感材料代处理等问题。而且对于部分需多部门审批的线下业务，例如人员上岗、离岗的保密审查，项目立项审查、发表论文审查、文件复印复制审查等，会出现无法按期收送文件、审批时间增长的情况。和其他一些机关、企事业单位的非密办公室可以借助外网云办公不同，工作依赖纸质且信息化水平较低极大地制约了疫情期间保密管理的各项工作，造成工作推进缓慢或停滞。

1.2 在线办公更加普遍，增加泄密风险

疫情期间，使用网络、微信、邮箱、QQ、线上会议、网盘等工具的在线办公模式已经逐渐成为一种必然的趋势。在线办公既减少了人员流动和聚集、保护师生健康，同时也保证了业务工作的连续性。然而目前高校涉密领域的信息化水平相对较低且根据疫情防控需要，一些保密意识不足的涉密人员极有可能急于沟通或完成涉密项目，忽略“上网不涉密，涉密不上网”的红线，例如在视频会议上讨论敏感内容、在微信或邮箱上传递项目资料、在非密电脑上撰写涉密论文等情况，进而造成失泄密等严重违规的情况。要知道互联网的传播速度是惊人的，一旦发生涉密信息误传，很难及时撤回且保证不被他人发现、散播，况且目前现有的在线办公系统通常基于电信运营商网络构建，面临的内网和外网的多种安全威胁[2]，安全保密措施尚不完善，在这样的情况下即使处理非密的敏感信息也有着较大的风险。

1.3 涉密会议难以召开，涉密学生毕业难

高校是人员高度密集且流动性很强的公共场所，一旦发生疫情，造成的后果将无法想象，因此在疫情期间，学生是不能返校恢复正常学习的。面对这样的情况，绝大部分

高校均利用网络信息技术，开展了远程授课活动。对于学生的毕业问题，也制定了相应的线上提交论文和线上答辩的一系列流程，这些都是非常值得肯定的，但这些毕业流程却不适用于涉密学位论文的递交和涉密答辩会议的召开，进而会影响涉密学生的毕业。迫于毕业压力，保密意识不足的涉密学生和导师极可能忽略保密规定，擅自在非密机上编辑和传递涉密论文，甚至召开网上的涉密毕业答辩。对于毕业答辩，有保密意识的涉密导师会通过脱密后进行答辩，但能否完全达到脱密要求，则有待商榷。

1.4 保密现场检查减少，监督力度下降

“凡事预则立、不预则废。”有关要求，有关规定，必定得严格遵守执行，执行是否到位需要做到有效的检查、监督。保密检查作为高校科研保密管理的重要组成部分，是深入开展保密宣传教育、强化安全保密意识的重要媒介，是依法推进保密工作的重要手段，也是发现和消除泄密隐患的重要途径。目前保密检查主要有常规的校级综合检查、专项检查和每季度单位自查等，除自查外，一般多采用实地现场检查的方式。受疫情期间影响，实地现场检查的监督模式受到了很大的制约，校级管理部门对各涉密单位的监督的力度下降，各涉密人员的意识有松懈的可能，而且违规违法事件也无法第一时间被发现查处，存在失泄密的严重隐患。

2. 如何应对的几点想法

面对以上客观存在的新情况和新问题，各高校都在探索更完善的管理制度和行之有效的管理措施，下文抛砖引玉，浅谈一些应对之法。

2.1 推进安全的信息化建设，提升服务效能

在大数据、云计算、人工智能、5G 这些技术应用于社会治理和生产、生活过程中，信息安全和保密是第一位的。只有安全的保密、自主可控的信息基础设施、信息系统、设备和应用才能满足使用要求[3]。因此为了提升涉密领域信息化水平和降低在线办公等开放网络极易造成失泄密的概率，推进安全的信息化建设势在必行。首先需要做好的第一件事是全面梳理保密管理业务，划分非密业务和涉密业务的范围。对于涉密业务，可进一步考虑是否可以脱密成非密业务。对于非密业务，加快推进全业务流程网上办公，切实减少人员接触，提高办公效率。二是对于涉密业务，规模较大的高校可考虑建设保密管理信息系统。该系统不仅可以实现数据信息的及时更新和相关关联，简化保密审批流程，方便实现闭环管理，同时可以提升保密检查效率，便于日常保密监管，也便于保密管理信息的统计查询、汇总分析，为决策者提供支持。

2.2 加强保密宣传教育，提高保密意识

在宣传防控疫情的同时，加强保密宣传教育是做好保密工作的第一步。为了使涉密人员充分了解并彻底贯彻执行各项保密管理规定，不断强化关键时刻冲锋在前的奉献精神和越是特殊时期越要加强保密工作的责任意识，我们除了可以通过传统的宣传方式，例如报刊、广播、会议、培训、教育等方式开展保密方面的宣传，也可以现代化宣传方式，例如新媒体、短视频、微信群、朋友圈、公众号等方式广泛散发宣传疫情期间的保密须知等，时刻提醒涉密人员“网上办公不涉密，场所消毒不失密，下班回家不讲密”。并且主动指导相关单位做好疫情防控期间保密工作，信息该公开的公开，该保密的保密，确保不出问题，助力打赢疫情防控阻击战。

2.3 创新保密检查手段，增强保密防护监控

针对疫情防控期间网上办公、视频会议增多的实际，如果囿于现场检查的方式便不能及时进行监督检查以及查处违规事件，所以我们应该针对新情况积极开拓新的检查方式。其一是强化技术防范支撑体系，加强网络安全监测[4]。通过不间断进行互联网涉密信息监测和机关单位门户网站信息巡查，严密监测疫情防控期间的网络传输、发布涉密信息情况，及时发现保密安全隐患并查处违规违法行为。其二是如果已建设保密管理信息系统平台，可开辟保密检查的“第二现场”。尤其是在人少任务重的情况下，可采用这种检查方式加大检查力度。保密工作者可以通过熟练运用平台功能，对大量的数据进行后台审计，清晰掌握涉密人员、涉密载体、信息设备、定密、涉密会议、宣传报道等各类保密业务全过程管理痕迹。其三是鼓励自检自查，依照疫情期间保密规定要求，严格规范自我行为，做到保密工作与业务工作相融合。

2.4 调整保密审批流程，制定特殊时期的应急响应制度

为了应对突发事件比如这次疫情，校级保密工作机构应该要强化学院、课题组为责任主体的作用，可以尝试把审批权限没有明确要求的事项下放到学院或课题组，全力做好保密服务保障。在及时满足重点单位服务保障需求的同时，加强指挥调度，及时有效提供电话咨询，特别是针对特殊紧急情况，安排值班人员进行上门服务，为防疫工作提供有力的保密服务保障。同时制定并出台有效、健康良好的应急管理制度，为防疫常态化提供更有利的保障，也防患于未然，为之后可能发生的特殊时期提供有章可依、有规可循且行之有效的抓手。另外，针对涉密学生的毕业论文、毕业答辩等特殊情况，学校和学院应该在教育部的指导下，如不具备提交涉密论文和进行涉密答

辩的情况下，考虑延期操作，为涉密学生开辟毕业的绿色通道并制定可操作的流程，既保证国家秘密的安全，又保障毕业生的正常毕业和就业。

3. 结语

习近平总书记强调“新冠肺炎疫情是对我国治理体系和能力的一次大考”。而保密管理坚决不能拖组织的后腿，我们应该从体制机制上创新和完善保密管理方式，健全应急管理体系，提高应对突发重大公共卫生事件的能力水平，为打赢防疫战贡献保密人员的一份力量。

[参考文献]

[1] 张春晓，高扬. 军工单位如何加强保密管理信息化建设[J]. 保密工作， 2020(3): 49-50.

[2] 赵通，刘斌，许立. 安全移动办公解决方案设计与实践[J]. 保密科学技术，2020(6): 35-40.

[3] 朱大立. 武汉战“疫”给信息安全带来的启示[J]. 保密工作，2020(3): 17-18.

[4] 佚名. 有效发挥保密检查和通报的“利剑”作用[J]. 保密工作，2020(8): 4.

加强高校大学生保密宣传教育工作的思考

刘丽丽　张文礼　王　硕　吴　琼
（天津大学保密办　天津市　300072）

摘　要：大学生是国家宝贵的人才资源，开展大学生保密宣传教育是高校保密工作的重要组成部分。本文明确了大学生保密教育的必要性，分析了高校大学生保密宣传教育存在的问题，结合学生培养实际对加强大学生保密宣传教育统筹规划、改进保密宣传教育工作方法等方面，提出了参考建议。

关键词：高校；大学生；保密宣传教育

0. 引言

根据教育部《2019 年全国教育事业发展统计公报》，全国各类高等教育在学生总规模 4002 万人，高等教育毛入学率已经达到 51.6%，我国高等教育正在逐渐步入普及化阶段。大学生是国家宝贵的人才资源，今天的培养对象相当一部分人将会进入国家建设的重点领域、重要岗位。另外，高校承担大量涉密科研项目，教师、学生在工作和学习中不可避免地需要接触、知悉国家秘密。加强大学生保密宣传教育，提升大学生保密意识，对保障高校及涉密单位事业发展，对维护国家安全和利益具有积极意义。

近年来，媒体多次报道境外间谍情报机构通过招聘兼职等方式策反我国高校师生参与情报收集的案例，如 2018 年《焦点访谈》特别节目《危情谍影》、2019 年河南《都市报道》的专题片《捍卫国家安全　校园里的“暗战”》、2020 年中央电视台国家安全特别节目《生命线》等。根据国家安全机关统计，高校师生、留学生已经成为境外情报机构关注的重要群体，但大学生的安全保密意识普遍比较淡薄，对国家秘密的认识相对陌

作者简介：刘丽丽（1980—），女，助理研究员，主要研究方向：高校保密管理。E-mail：040049@tju.edu.cn

生[1]，紧张的内外部形势警示我们在日常保密教育中必须高度关注大学生这一群体。

1. 大学生保密宣传教育存在的问题

1.1 高校对大学生保密宣传教育重视不够

和平与发展是当今社会的主旋律。保密工作的特殊性和复杂性，一些敏感领域的斗争形势，失泄密事件不能及时、全面、深入地宣传。高校师生普遍关注国家荣辱和社会发展，具有强烈的爱国主义情怀和民族自豪感，但由于缺乏对保密工作的了解，往往缺少忧患意识和敌情意识[2]。面对新形势，上级多次发文要求将保密教育与理想信念教育、爱国主义教育、国家安全教育、法治教育、网络安全教育等相融合，大力推动将保密教育纳入国民教育体系。然而很多高校还没有充分认识到大学生保密宣传教育的重要性和迫切性，保密宣传教育处于被动配合阶段，普遍存在对保密教育工作重视不够的情况[3]。

1.2 大学生保密宣传教育师资力量不足

保密工作属于机关单位事业发展的保障性工作，高校即使成立有独立的保密办（处），一般也属于边缘化部门，人力、物力、财力不会像中心、重点工作一样得到充足保障。另外，高校内普遍存在“保密就是保密办（处）的事儿”的错误认识，归口管理推动困难，保密宣传教育由保密办（处）完全负责。保密办（处）一方面要保证保密资格管理体系内的人员保密教育培训落实到位，还要负责大学生保密宣传教育，未免出现心有余力不足的情况，在一定程度上影响和制约了大学生保密宣传教育工作的力度和成效。

1.3 大学生保密宣传教育手段、内容、形式有限

目前，高校保密宣传教育的重点对象一般是领导干部和涉密人员，常见形式有：发放保密宣传材料、开展保密知识答题活动、组织专题讲座、举办保密宣传展览、组织保密警示教育观影活动，等等，形式较为单一，对传统宣传方式和途径比较依赖。即使开展了大学生保密宣传教育，内容和形式也未能充分结合大学生群体特点和需求，缺乏对大学生的吸引力。而且多是在某些节点，如新生入学、国家安全日、国防教育日、宪法日、保密法实施纪念日等，开展单次的宣传教育活动，缺乏全局性、系统性的设计，保密教育效果的持久性并不理想。

2. 加强大学生保密宣传教育的思考

2.1 增强对大学生保密宣传教育的重视

高校安全保密教育现状、高校大学生保密意识同严峻的内外部形势需求之间存在明

显差距，已对我国家安全和利益构成了现实危害[1]。高校应坚持从总体国家安全观高度充分认识大学生保密宣传教育工作的重要性，培养具有合格保密素养的社会主义建设人才也是回答“培养什么人、怎样培养人、为谁培养人”的应有之义。

高校应充分发挥“党管保密”的政治优势，从“大保密”角度看待大学生保密宣传教育工作，在全校建立校院两级宣教体系。在学校党委领导下，保密办应制定大学生保密宣传教育工作方案，明确相关部门职责及工作要求，学工部、研究生院、团委、教务处等学生培养部门承担归口管理责任，各学院（部）承担大学生保密宣传教育主体责任。各二级单位应充分利用班团建设、学生党支部建设机制，通过多种途径方式开展保密宣传。学校保密办（处）应积极协调，各部门各司其责，建立整体联动、相互配合的工作机制，确保大学生保密宣传教育落在实处。

2.2 加强大学生保密宣传教育的统筹设计

2.2.1 将保密宣传教育纳入第一课堂

发挥课堂主渠道，将保密教育纳入课堂授课。一是将保密教育纳入思政课程教学。保密办（处）可与学工部、教务处、马克思主义学院等相关部门联合，将保密内容融入军事理论、法制安全教育等思政课程。大一新生重在保密基础知识教育，使学生了解我国公民保密义务及国家秘密基础知识。大二开展国家安全和反间防谍保密教育，增强学生防间保密意识。大三开展保密法律法规及技能教育，提高学生的保密技术技能[3]。大四结合毕业生职业生涯规划教育，提升学生职业保密素养。二是利用课程思政机制，将保密教育融入综合类和专业类课程教学。保密办（处）可与教工部联合，在教师日常教育中加入保密内容，使广大教师认识和理解保密素质也是一种政治素质，在授课过程中，主动引导学生树立保密法制意识，自觉遵守保密义务，维护国家安全。

2.2.2 将保密宣传教育纳入第二课堂（课外学分）

目前，很多高校开设了不计入加权成绩的第二课堂，给大学生们提供发展和学习兴趣爱好的机会，也给保密宣传教育提供了新的教育平台。如果选课人数不多或本校教师较少，可以开启网络教学，提供录播视频，待同学们学习完毕后进行网上考核。这种线上学习和考核的方式，可以聘请外校更为专业的保密老师授课，既有利于学生们学习保密知识，又节省保密宣传教育师资成本。

2.2.3 将保密教育融入社团活动

学生社团是高校校园文化建设的重要力量。保密文化作为校园文化不可分割的一部分，高校可以将学生社团作为载体，开展大学生保密教育活动，加强保密文化建设。高校可以创办保密文化社团，也可以在社团活动中加入保密元素，如开展保密知识辩论赛、保密演讲比赛、保密知识定向越野比赛、保密文化宣传品设计大赛、保密知识趣味运动会等创新活动形式，提升大学生学习保密知识的积极性。各社团也可以互相合作举办保密宣传活动，如学术类社团可先行对保密知识和国家安全做主题设计，把结果反馈给媒体宣传和公益服务类社团，再由这两类社团提供学习平台和宣传渠道，吸引更多同学参与。多个社团相互结合，能够有效扩大大学生保密宣传教育的覆盖面，有助于在高校营造浓厚的保密文化氛围。

2.2.4 将保密教育融入专业实习

专业实习是大学教学工作的一个重要环节，它能使学生对本专业工作环境及所需技能有直观的认识和了解，是大学生进入社会前的一次综合技能训练[4]。大学生进入工作岗位后，不可避免会涉及保守实习单位秘密的行为。在专业实习中增加保密教育内容，增强大学生保密意识，有助于实习单位，尤其是涉密单位，积极配合高校大学生专业实习工作，也有助于提升大学生的综合素质。

2.3 大学生保密宣传教育应把握的方法

理论与实际相结合。大学生对保密工作的感性认识不多，纯理论的讲授，效果不会理想，授课时多举实际案例，提前搜集高校或者本地区发生的典型失泄密案例，结合日常学习、生活习惯介绍保密风险隐患，也可以针对所学专业选取相关领域的泄密案例，让学生实实在在感受到国家秘密离自己并不遥远，保守国家秘密是每个公民的基本义务。

传统手段与信息化手段结合。信息时代，传统教学与传统的宣传教育形式，已不能满足学生的学习需要。高校大学生保密宣传教育应在传统教育手段基础上，充分利用好信息化手段。比如利用视频录课、开展线上学习的方式完成新生入学保密教育，相比线下的集中讲座，能起到事半功倍的效果。使用新媒体如抖音、微信、微博公众号等宣传保密知识，利用在线平台答题签到，设计微信小程序交作业、完成问卷调查……新媒体的融入和教育方式的多变性将增强教育的趣味性，从而吸引更多学生的关注。

基础知识与热点问题相结合。当今形势下，各类与保密相关的安全问题层出不穷，如 12306 用户信息泄露案、新冠肺炎确诊人员活动轨迹泄露问题等。大学生课余关注的影视文学作品中也能找到保密管理的例子，《长安十二时辰》中的望楼传信系统、《盗墓笔记》中的“十一仓”、《三体》中的智子隔离室等。结合此类问题，剖析背后的保密要素，可以保持保密教育的新鲜感和趣味性，让学生了解保密工作的重要性，提升保密意识。

3. 结语

大学生保密宣传教育是高校保密工作的重要组成部分，各高校保密工作机构应与相关部门协同配合，积极搭建各类载体、平台，把保密教育与理想信念教育、革命传统教育、国家安全教育等有机结合，让大学毕业生均具备一定的保密知识和保密技能，为国家建设培养优秀的后备军，为我国各领域提供涉密人员后备力量。

[参考文献]

[1] 成都市保密局. 调查报告：大学生群体亟须开展安全保密教育[J].保密工作，2015(11)：32-33.
[2] 刘浩然. 高校大学生保密意识缺失成因及对策探析[J].人才资源开发，2017(1)：31-32.
[3] 江铃. 新形势下大学生保密教育有效途径研究[J].船舶职业教育，2019(5)：59-61.
[4] 张伟. 浅谈大学生毕业实习中保密意识教育[J]. 中山大学学报论丛，2007(7)：120-122.

高校保密归口管理工作的问题和路径探析

袁冬梅[1]　卢昕婵[2]

（1. 苏州大学保密委员会办公室　江苏省　215021；2. 苏州大学　江苏省　215021）

摘　要：保密归口管理工作是保密工作体系的重要组成部分，是落实保密工作责任制的重要体现，也是落实“业务工作谁主管，保密工作谁负责”原则的重要举措，从而达到保密工作与业务工作相融合的目标。由于保密归口管理工作推行实施时间较短，对于管理机构设置较为复杂庞大且相对独立的高校而言，普遍存在着方方面面的问题，包括客观现实条件不够、思想重视不高、职责模糊不清、制度不够完备等问题。本文通过对上述问题的成因分析，进而提出了构建统一的协调机制、提升人员的责任认识、明确归口部门的职责任务、开展定期的监督检查和建立有效的激励机制等推进工作路径，确保高校保密归口管理工作落实到位。

关键词：保密；归口管理；高校

0. 引言

保密归口管理工作是单位落实保密工作责任制的重要组成部分，是推动建立健全单位保密管理体系的重要举措。为进一步推进保密工作与业务工作的融合发展，2016 年在《武器装备科研生产单位保密资格标准》（以下简称《资格标准》）和《武器科研生产单位保密资格评分标准》（以下简称《评分标准》）首次提出了归口管理的概念和要求，2017 年再次修订了《资格标准》和《评分标准》，之后一直作为军工保密资格认

作者简介：袁冬梅（1982—），女，副研究员，主要研究方向：高等教育管理，保密管理。

E-mail：yuandm @ suda. edu.cn

卢昕婵（1982—），女，助理研究员，主要研究方向：保密管理。

E-mail：xclu@suda.edu. cn

定工作开展的遵循依据。《资格标准》中指出，要按照“业务工作谁主管，保密工作谁负责”的原则，合理确定单位科研生产、人力资源、信息化、新闻宣传、外事等业务归口管理部门。归口管理部门要负责相关保密制度的制定，将保密要求融入业务工作制度，确保涉密业务开展到哪里，保密要求就延伸到哪里，有效实现业务工作与保密工作的相互融合发展。《资格标准》中对归口管理的要求，明确了“谁来做，做什么”的问题，也明确了归口管理工作的目标。

对于高校而言，由于与军工科研机构、企业在职能定位、体制机制、内设机构设置等方面的不同，内设职能部门在设置之初就明确了其业务工作职责，却鲜有将保密要求和管理工作纳入其职责范围，使得保密归口管理工作与军工科研院所或者企业存在较为明显的差异，在落实上也具有较高的难度。

1. 高校保密归口管理的重要意义

无论是一级、二级还是三级的《资格标准》和《评分标准》，均将保密归口管理工作作为检查项目的重要内容，与保密责任、保密组织机构、保密制度、保密管理和监督与保障等其他五个检查项目并列，作为检查项目新增的一级指标，充分体现了在新形势下推进保密归口管理工作的重要性。具有军工保密资格的高校将保密归口管理工作落实到位，不仅是为了取得相应的资格认定证书，更是落实保密工作责任制的重要体现，也是促进保密工作与业务工作充分融合的有效抓手，还是提升师生员工保密意识水平的有效途径。

1.1 落实保密工作责任制的重要体现

落实保密工作责任制是单位开展好保密工作的关键，对于单位开展保密工作的重要性不言而喻。保密工作责任制涉及主要负责人、分管保密工作负责人、其他负责人、涉密部门或者项目负责人和涉密人员五个层次，每个层次均明确了不同的保密责任要求。做好保密归口管理工作既是涉密部门落实保密责任的有效体现，也是涉密人员履行岗位职责、落实保密责任的重要体现；既需要涉密部门负责人牵头抓总，也需要涉密部门相关工作人员开展具体涉密或有保密管理要求的业务工作。做好归口管理的前提就是要明确科研生产、人力资源、信息化、新闻宣传、外事、纪检监察等相关职能部门的保密归口管理职责并在归口管理部门内安排专人具体负责归口管理工作。归口管理部门明确职责和相关人员开展具体保密归口业务工作的过程，就是落实保密责任的过程，因此，做好归口管理工作，是单位相关职能部门落实保密工作责任制的重要体现。

1.2 促进保密工作与业务工作融合的有效抓手

《资格标准》中明确提出，归口管理工作按照“业务工作谁主管，保密工作谁负责”的原则开展，由相关职能部门，结合业务工作实际，在单位保密委员会领导和保密工作机构的指导下，归口负责业务工作范围内的保密管理工作和相关工作制度制定。这就给单位内设职能部门指明了归口管理的目标方向，明确了保密工作任务。保密工作不再仅仅是保密工作机构单打独斗的工作，而是与各相关职能部门密切相关，是促进保密工作与业务工作融合的有效抓手。一方面，各相关职能部门将保密管理要求融入业务工作制度中，必要时出台专门的业务保密管理制度，通过制度的建立，使得保密业务管理工作有章可循，有据可依。另一方面，在开展业务工作的同时落实保密管理规定，能够避免业务工作和保密管理“两张皮”的现象，使得保密管理要求渗透到业务流程的方方面面，确保业务工作中涉及的国家秘密、工作秘密能够得到有效保护。

1.3 实现保密工作机构工作重心转移的前提条件

长期以来，除涉及国防军工等内容的少数高校设置了专门的保密工作机构，并拥有较为完备的保密工作队伍外，很多高校的保密工作机构并未独立设置，如与党委办公室合署办公或者由科技部门承担相关保密工作。保密工作队伍不健全，兼职为主，专职为辅，甚至未配备专职的保密工作人员。大多数取得二级、三级资质的高校，即使设有单独的保密工作机构，也普遍存在保密工作人员不足的问题，由此导致的后果就是保密工作机构眉毛胡子一把抓，既做“运动员”又做“裁判员”，疲于应付，保密工作成效低微。保密归口管理的落实到位，使得保密工作机构能够把工作重心放在学校保密工作体系构建、保密工作制度拟定和指导监督检查工作上来，真正发挥牵头抓总协调作用。在归口管理工作中，具体就是要指导各相关职能部门确定归口管理工作任务，建立业务工作制度和日常归口管理工作指导检查工作，实现管办分离。

2. 保密教育培训和保密业务实践是提升保密意识水平的有效途径

业务归口管理部门特别是涉及具体涉密业务的人力资源、军工科研、纪检监察、新闻宣传、信息化、外事、审计、档案等职能部门，必须开展季度教育培训和季度保密检查工作，教育培训与监督检查的结合必然会强化部门涉密人员和相关工作人员的保密意识。部门涉密人员在开展具体业务的过程中，将保密工作管理要求融入业务工作中，在工作实践中履行保密职责，加上常态化的保密教育培训，在学中做，做中学，更能够使得保密意识入脑入心，并提升保密工作能力水平。

2.1 保密归口管理客观现实条件不够

开展军工科研任务的高校，与武器科研生产企业或者研究所存在着本质的区别。武器科研生产企业或者专门开展国防军工任务的研究所，保密就是保生产，保密工作做不好，就不能取得相应的资格证书，会影响到企业的命脉。而对于高校而言，除了国防军工高校，其他高校的涉密科研项目和经费在学校整体科研项目和经费占比普遍较低，涉密科研人员占学校教职员工的比例同样很低，即使是涉密科研人员，其所开展的涉密国防军工项目一般也只占所主持或参与的项目的一部分。据研究人员调查，在 9 所受访军工二级保密资格高校中，涉密人员占学校教职工总数的比例最高不过 7.5%；科研类岗位涉密人员占比最高只有 3.1%。涉密科研项目占学校科研经费总额的比例普遍低于 10%[1]。由此不难看出，涉密科研人员数量和涉密科研项目体量，在一般的军工二级保密资格高校中均不是主体。同时，保密工作在很多情况下，由于知悉范围最小化的工作原则，都只能做不能说，仅限于极少部分人员知悉，这就难以在全校形成人人知保密、人人懂保密的良好氛围。这种现实状况，使得保密工作在高校普遍存在“说起来重要，做起来次要”的现象，在高校改革发展的过程中，各职能部门必然将更多的精力放到具体的业务工作中，甚少会考虑到保密工作的重要性和必要性。

2.2 保密归口管理未能形成统一共识

保密归口管理工作是《资格标准》中新增的内容，是《评分标准》中的得分项之一，也是资格认定工作组重点考察的项目之一。对于需要申请武器装备科研生产资质的高校，军工科研部门和保密工作机构必然会高度重视此项工作，力争不失分或者少失分。但是，作为新形势下保密工作的新要求，归口管理仅在《资格标准》和《评分标准》标准中有所体现。近年来虽然在各级各类保密教育培训中经常提及，使保密工作领域的人员能够清晰地认识到归口管理的重要性和必要性，却没有上级有关部门特别是教育部门的正式发文或者联合发文。高校职能部门的业务工作相对独立，在没有校级层面的有力推动下，各相关职能部门无法认识到归口管理工作的重要性和必要性，而是普遍认为保密工作就是学校保密工作机构和军工科研部门的工作，与本部门业务工作无关，接手了保密归口管理工作无疑会增加工作额外的工作负担，对保密归口管理未能形成统一共识。以信息化职能部门归口管理保密工作中的有关信息系统、信息设备和存储设备管理为例，在《评分标准》中的总分达 140 分，占总分的 28%。按照保密工作要求，每个月都要对有关涉密信息设备系统设备和非涉密信息设备进行检查，仅检查工作任务要耗费大量的人力物力。实现归口管理后的信息化职能部门势必要增加人力物力来开展这项工作，从心理角度出发，接受这项任务必然要经过不断沟通协商的过程，逐步形成共识。

2.3 保密归口管理职责定位模糊不清

《资格标准》中明确了归口管理的原则和管理要求，并未细化各职能部门归口管理的具体职责任务。学校保密工作机构历来承担了大量的具体保密业务工作，而不仅仅是新标准中明确的拟定计划、制定制度、监督指导、检查奖惩等工作，眉毛胡子一把抓，必然使得高校保密工作机构疲于奔命，统筹协调全校保密工作开展难以有效推进。保密归口管理涉及学校众多职能部门，由于高校不尽相同的管理模式，各职能部门在归口管理工作的职责定位上极易与保密工作机构或者其他职能部门交叉，容易出现迎检过程中帮帮忙，检查过后不落地的情况，保密归口管理的职责定位模糊不清，导致归口管理部门不能很好地落实归口保密管理的任务。

2.4 保密归口管理制度建设不够完备

保密工作机构是学校保密管理工作制度的制定者，对于涉及业务工作部门的保密工作制度，则是作为指导参与者。保密归口管理制度既需要有高校整体层面的归口职能相关的制度，也应包括涉及具体业务工作的保密工作制度或者保密要求。在实际工作中，由于很多高校的保密工作机构设置不够完善，人员配备不到位，因此与学校职能部门之间的沟通联络不够畅通，难以有效指导归口管理部门的保密制度建设。要做好归口管理工作，就要制定明确的保密归口管理制度，在制度中明确各职能部门的归口管理任务，保密工作机构在取得职能部门的支持之后，才能有效地指导参与职能部门保密业务制度或者含有保密要求的业务工作制度的制定。对于很多高校而言，归口管理制度的缺失必然导致归口管理工作难以落地。

3. 高校归口管理的路径

3.1 领导高度重视，建立保密归口管理的协调机制

保密归口管理工作是一项需多部门参与各司其职的全局性工作，这就必然要求学校要高度重视，坚持“党委统一领导，分级负责，归口管理”的工作原则，建立较为完备的协调沟通机制来推动保密归口管理工作的落地。充分发挥学校保密委员会牵头抓总的作用，设立独立的保密工作机构，配强配齐保密专职工作人员，在主要领导的关心支持下，分管校领导的牵头协调下，由保密工作机构厘清各归口管理部门的归口管理职责，明确保密工作要求，由各归口管理部门具体实施。由于涉及的职能部门较多，且职能部门的分管校领导也不尽相同，因此，推动保密归口管理工作还需得到分管业务工作校领

导的支持，就需要校级层面进行提前的沟通，才便于后期归口管理工作真正落实到位，这也是保密责任制中其他负责人落实保密责任的体现。因此，推动保密归口管理工作需要从校领导、保密工作机构和职能部门三个层面层层推动，分级落实，通过建立完备的保密归口管理协调机制，形成统一的共识，从而实现归口管理工作的真正落地。

3.2 加强保密教育，加强保密归口管理的责任意识

保密教育是做好保密管理工作的基础，通过保密教育培训，不仅能够提升人员的保密意识，也能提升人员的保密管理能力水平。在保密工作归口管理之前，各相关职能部门涉密人员较少甚至没有涉密人员，对保密工作要求了解甚少，更是难以形成部门内部良好的保密工作氛围。在明确了归口管理部门的保密职责任务的基础上，就必须加大对相关人员的保密教育培训，结合季度教育要求，个别教育与集中教育相结合，分享其他高校的成功经验，重点加强相关人员的保密意识和管理水平，同时覆盖全部门人员，提升全体人员的保密意识。保密教育的常态化，不仅能够提高保密归口管理部门人员的保密意识，更能不断强化人员的责任意识，通过不断的学习业务保密知识，确保业务工作中不失密泄密，实现业务部门人员从无知无畏到懂保密知敬畏的心理变迁。

3.3 部门各司其职，明确保密归口管理的职责任务

明确归口管理部门的职责任务是做好保密归口管理工作的关键。在学校保密委员会、保密工作机构和各相关职能部门建立好沟通协调机制的基础上，由保密工作机构根据归口管理要求，结合各部门业务工作实际，在充分征求意见的基础上，拟定归口管理部门职责，形成归口管理工作制度，提交保密委员会进行审议，然后通过校长办公会或常委会审定后发布。通过学校红头文件形成规范的归口管理工作制度，使得保密归口管理工作有章可循，有据可依。在建立归口管理制度的基础上，再指导归口管理部门结合业务实际出台专项保密制度或者将保密要求融入业务工作制度中。无论是归口管理职责制度还是业务工作制度，均要考虑到可操作性，并能够根据国家和地方管理政策的变化及时调整，使保密管理制度真正成为高校保密管理的基础和依据，指导归口保密管理工作的有效进行[2]。

3.4 开展监督检查，推进保密归口管理的落实到位

监督检查是推进保密归口管理工作落实到位的有效措施。有效的监督检查机制，不仅可以总结经验，发现问题，而且可以通过整改来解决问题，从而推动保密归口管理工作。在保密委员会的领导下，保密工作机构要充分履行监督检查职责，统筹安排好监督检查工作，可以将日常监督和专项检查、年度检查工作相结合，会同有关部门成立监督

检查工作小组，重点检查归口管理部门的职责落实情况、涉密人员管理情况、涉密信息系统设备使用情况等，通过逐项的检查了解部门日常归口管理工作是否落实到位；同时，检查结果的有效反馈和整改可以进一步提升人员保密意识和归口管理水平，从而推进保密归口管理工作更上新台阶。

3.5 加大经费投入，构建保密归口管理的激励机制

有效的激励机制能够推动工作的落实与提升，这就需要高校给予一定的经费支持，充分保障保密工作的正常开展。在保密归口管理工作中，需要各相关职能部门安排专门的人员来落实具体工作，工作开展中也需要配备必备的软硬件设备和办公设备，军工科研处、信息化管理中心、纪委监委、教务部、研究生院等职能部门还需建设保密间以满足日常工作需要，这些都需要经费的支持，是开展好保密归口管理工作的基础保障。另一方面，对在归口管理工作中表现突出的集体和个人进行表彰奖励，构建较为完备的激励机制，用榜样的示范作用带动其他管理部门和人员做好自身的归口管理工作，也有利于激发归口管理部门和人员的责任意识，更好地推动归口管理工作的落实。

[参考文献]

[1] 范明，孟宪婷，魏娜. 军工二级保密资格高校保密工作归口管理问题［A］. 高校科研保密协作组. 高校科研保密管理的实践与探索.［C］. 西安：西北工业大学出版社，2019：276-280.

[2] 张栋华，李岩，于晓. 国防科研保密归口管理工作探析［J］. 中国高校科技，2018（5）：28-29.

以制度建设和制度创新为路径 加快推进高校保密工作转型升级

张建平　刘东堃
（重庆大学保密办　重庆市　400044）

摘　要： 高校保密制度和制度执行能力是加快推进新时代高校保密工作转型升级的重要保障，高校国家秘密治理体系和治理能力是高校保密制度和制度执行力的集中体现。本文基于对保密制度内涵的理解，简要阐释了高校保密制度和国家秘密治理体系与治理能力这两个核心概念，全面总结分析了近年来高校保密制度建设工作取得的成绩和存在的问题。最后，本文立足于加快推进新时代高校保密工作转型升级的工作目标，以构建系统完备、科学规范、运行有效的保密制度体系为研究主线，紧扣内容科学、配套完备、运行有效这三个关键词，从健全保密制度体系和提升治理能力两个维度提出了有关对策建议。

关键词： 保密工作；高校保密制度；国家秘密治理体系和治理能力

0. 引言

“凡将立国，制度不可不察也。”制度问题是关系党和国家事业发展的根本性、全局性问题。党的十八大以来，以习近平同志为核心的党中央把制度建设摆在更加突出的位置。党的十九届四中全会对坚持和完善中国特色社会主义制度、推进国家治理体系和治理能力作出了全面部署，提出了明确要求，强调要不断把我国制度优势更好转化为国家治理效能[1]。保密工作历来是党和国家事业的重要组成部分，建立健全完善的保密规章制度是做好保密工作的前提和基础。新时代高校保密工作转型升级，必须主动融入国家治理体系和治理能力现代化这个大局，进一步加强保密制度建设和制度创新，着力

作者简介： 张建平（1980—），女，助理研究员，主要研究方向：保密管理、档案管理。
E-mail：120324706@qq.com

构建系统完备、科学规范、运行有效的制度体系，更好发挥保密制度防风险、稳预期、固根本、利长远的保障作用，加快推进国家秘密治理体系和治理能力现代化。

1. 核心概念

1.1 保密制度的内涵

本文将保密制度界定为在保守国家秘密的保密工作领域内建立的一整套关系、规则和模式的总称。具体言之，保密制度是确定国家秘密管理主体、客体及主体与客体之间的各种关系，是规范国家秘密管理秩序、提高国家秘密管理效能的一系列强制性办事规则，是被机关单位、组织个人普遍接受并自觉遵守的管理国家秘密的行为模式。保密制度是在坚持“党管保密”根本原则的基础上，通过明确各方面保密工作谁来做、做什么以及怎么做等基本问题，以达到确保党和国家秘密安全的目的。保密法律法规是最高层次的制度。规则是保密制度中最重要、最核心的内容，是实现保密管理效能的最大化的关键因素，保密制度通过规则来调节和约束各方面保密管理行为主体的行为规范，通过规则让你知道该去做什么，不该去什么等等。保密制度具有权威性、规范性和普遍适用性，同时，保密制度也是稳定性和变化性的有机统一，既不能朝令夕改，也不能亘古不变。

1.2 高校保密制度

高校保密制度是指高等学校为了确保党和国家秘密安全，维护正常的教学、科研、管理秩序，依照党和国家有关保密工作的方针政策、法律法规，以及上级有关规定制定的日常保密管理总的工作规范，是高校各方面行为主体履行保密管理职责的准则和依据。高校保密制度建设的总的要求是全面、规范，具有可操作性，并根据实际情况及时修订、不断完善。从制度范围来讲，高校保密制度应该涵盖保密责任、定密工作、涉密人员、国家秘密载体、信息设备和信息系统、保密要害部门部位、新闻宣传、对外交流合作、涉密会议活动、泄密事件报告查处、保密监督检查、考核与奖惩等方面的内容。从制度层次来讲，高校保密制度应该是由保密基本制度、融入保密管理要求的业务工作制度、专项保密制度以及基层保密制度构成的系统完备体系。保密基本制度是保密制度体系的基本内容，要明确学校保密工作各个方面的基本要求，由学校保密工作机构牵头组织制定。融入保密管理要求的业务工作制度要充分体现业务工作与保密工作相互融合发展的根本原则，由各职能部门在保密工作机构的指导下组织制定。专项保密制度和基层保密制度是根据某专项工作和基层工作的任务和特点，在学校保密基本制度的基础上制定的具体保密管理措施，须具有高度适应性和实用性。

1.3 高校国家秘密治理体系和治理能力

国家治理体系和治理能力是一个国家制度和制度执行能力的集中体现。同样，高校保密制度与高校国家秘密治理体系和治理能力之间也有着辩证统一的关系。本文将高校国家秘密治理体系理解为高校组织制定的一整套不断加强和改进学校保密工作的制度体系，包括保密责任、保密组织机构、日常保密管理和保密监督保障等各方面工作要求和运行机制。高校国家秘密治理能力则是运用保密制度规范和管理学校保密工作各方面事务的能力，具体包括保密制度的整合力、感召力和执行力[2]。所以，高校保密制度与高校国家秘密治理体系和治理能力两者相互制约、相互促进，保密制度起根本性、全局性和长远性作用，制度建设和制度创新是推进高校国家秘密治理体系和治理能力现代化，实现保密工作转型升级的基本路径。

2. 现状分析

2.1 高校保密制度建设取得的成绩

近年来，高校保密战线牢牢把握保密工作的政治属性，紧紧围绕党和国家保密事业发展全局，结合高校保密工作面临的形势任务和现实问题，积极转变内部管理思维定式，全面强化依法管理国家秘密的法制理念，以保密制度建设为抓手，加快推进依法治密工作进程，保密制度体系逐步健全完善，国家秘密治理能力显著增强[3]。

2.1.1 保密制度意识不断强化

随着全面依法治国的深入推进，高校保密战线主动适应新形势新任务，切实将依法管理理念贯穿到国家秘密保护的全过程、各环节，着力解决保密管理源头性、根本性、重要性问题，依法依规追究保密违法违纪责任，彰显保密法律制度权威，保密管理科学化、规范化、制度化水平不断提高。

2.1.2 保密制度体系日趋完善

多年来，各高校特别是取得武器装备科研生产单位保密资格的学校，始终坚持以新修订的保密法及其实施条例为依据，按照保密资格标准要求，陆续构建了完备齐全、联动协调的保密制度体系。高校保密制度建设得到有力加强，取得重要成绩，为确保党和国家秘密安全，推进国家秘密治理体系和治理能力现代化发挥了重要作用。

2.1.3 保密制度质量显著提高

为积极适应工作开展，高校保密战线坚持将实现保密工作转型升级的落脚点、着力处放在制度的废改立上，使保密制度在推动国家秘密治理体系和治理能力方面的作用力量进一步彰显。比如，在落实保密责任、推进归口管理和规范定密管理、涉密人员管理、国家秘密载体管理、网络保密管理以及涉外活动、工作秘密管理等方面，各高校及时进行制度立、改、废、释，既注重保持与上级法规制度的衔接一致，又注重结合学校工作实际，确保学校保密制度体系的内在统一和协调发展。

2.2 存在的主要问题及原因分析

高校保密制度建设虽然总体呈现出有章可循、有规可依的良好局面，但实践发现，当前保密制度仍然不能很好适应保密事业发展需要，成了制约高校保密工作转型升级的重要因素。本文从制度结构、制度质量和制度落实三方面对当前高校保密制度建设工作中存在的问题和原因进行分析。

2.2.1 保密制度结构不合理

保密归口管理推进缓慢，基层涉密单位和涉密项目组履行保密工作主体责任不到位等是导致高校保密制度体系架构不完善、不合理的主要原因。主要表现在以下几个方面：一是保密基本制度数量较多，内容庞杂，不够精简高效；二是融入保密管理要求的业务工作制度总体上偏少、偏弱，有的甚至与保密基本制度相悖；三是专项保密制度和基层保密制度不能满足工作需要，甚至存在缺失。

2.2.2 保密制度质量有待提升

保密制度意识和专兼职保密干部的能力素质是决定高校保密制度质量的主要原因。当前高校保密制度在质量方面仍然参差不齐，且制度程序性规范不够明晰，保障性规范还存在一些缺位。从横向比较看，有的高校保密制度质量总体高一些，有的高校保密制度质量总体水平比较低下。从同一高校的保密制度质量看，学校层面制定的保密基本制度质量高一些，职能部门和基层涉密单位层面制定的保密制度质量低一些，有的还存在照搬照抄的问题。

2.2.3 保密制度执行不到位

据调研发现，保密制度执行不力、不能全面落地见效已成为当前高校保密工作制度建设的主要矛盾和矛盾的主要方面。究其原因，造成保密工作有规不依、保密制度落实不力的主要原因在于：一是保密制度执行主体思想认识不到位，保密意识和责任意识不强，运用保密制度实施风险防范的能力不足，要么心存侥幸，要么故意逃避，要么无知者不畏。二是保密工作机构组织开展保密监督检查不到位，或对保密违法违规行为进行的责任追究和处罚力度不够，没有起到举一反三、以案为鉴和以案促改的作用。

3. 对策建议

习近平总书记多次强调，要针对新情况新问题，以改革创新精神补齐制度短板，要坚定制度自信，与时俱进推进制度创新，要严格按照党的制度和规矩办事，把制度的笼子扎得更紧一些。我们要深入领会和把握蕴含其中的科学思维，全面贯彻党的十九届四中全会精神，立足于加快推进新时代高校工作转型升级的工作目标，紧扣内容科学、配套完备、运行有效这三个关键词，扎实推进保密制度建设和制度创新[3]。

3.1 把握功能定位，切实增强制度意识

党的十八大以来，以习近平同志为核心的党中央高度重视保密工作，作出了一系列加强和改进新形势下保密工作的重大决策部署，要求牢固树立保密法制意识，坚持“党管保密”和依法治密相结合。加强高校保密制度建设，首先，要牢牢把准制度建设的正确方向，始终坚持党的统一领导的根本政治原则，深入贯彻全面依法治国基本方略，不断强化依法依规管理国家秘密的制度理念。其次，要准确把握制度建设功能定位，自觉把保密制度建设放到学校工作全局中来谋划、部署和推进，要认真总结实践经验，结合实际及时修订完善制度规定，不断增强制度整合力、约束力，为确保党和国家秘密安全、服务保障学校中心工作提供坚强的制度保障。再次，要积极开展保密法规制度宣贯工作，充分阐释保密法规制度在规范行为、提高效率、维护安全、防范化解风险等方面的重要作用，努力营造浓厚的制度建设和制度创新的良好氛围。

3.2 坚持系统思维，统筹推进制度建设和制度创新

3.2.1 健全完善各层次保密制度建设

制度结构是评价制度整体优劣的重要依据。为构建更加优化、更富效率的保密管理制度结构，要坚持上下贯通、一体推进，实行统分结合、以上率下的保密制度制定机制。学校保密工作组织、业务归口管理部门、基层涉密单位和涉密项目组要认真履行保密制度制定职责，防止立规缺位。针对当前高校保密制度结构存在的突出问题，学校保密委员会要加强顶层设计，对学校保密制度建设进行研究部署和统筹谋划，指明保密制度建设的总体思路和工作着力点，着力解决制度建设系统性、整体性和协同性等问题。保密工作机构要积极会同各业务归口管理部门，以上位保密法律法规为依据，着重规范保密基本制度和业务工作制度中的保密要求，要突出系统集成、协同高效，切实将保密管理要求融入业务工作各环节，要处理好制度数量与质量的关系，该精简的精简，该建立的建立，比如制定学校保密工作总的章程，为加强和规范学校各方面保密工作提供基本遵

循。有关基层涉密单位和涉密项目组要认真履行保密工作主体责任，根据学校保密管理基本要求，结合实际积极探索制定专项保密制度和二级保密制度，推进学校保密制度纵深发展。

3.2.2 健全完善各领域保密制度

当前，世界正经历百年未有之大变局，国际国内形势不断发生深刻变化，信息技术发展日新月异，高校保密工作面临的任务更加艰巨复杂。针对保密制度安排不够科学、完备性不足，制度设计重实体轻程序、保障性规范不够清晰等问题，要进一步加强谋划、突出重点，不断建立和完善学校保密工作各领域各方面的保密制度。学校保密基本制度要注重与上位保密法律法规之间的衔接一致，融入保密管理要求的业务保密制度和专项保密制度、二级保密制度要注重与学校保密基本制度之间的衔接一致。要坚持需求导向、问题导向和效果导向相统一，进一步增强保密制度的精准性和有效性，坚决防止和克服变形走样、脱离实际、照搬照抄等问题。要坚持简便易行、务实管用，注重制度实体性规范、程序性规范和保障性规范的结合，既要明确做什么，又要明确怎么做和违反制度怎么处理等问题，着力增强制度针对性、指导性和可操作性。

3.2.3 健全完善制度建设链条

有条不紊推进高校保密制度建设，要不断健全和完善制定、清理、备案等于一体的制度建设工作链条。重视做好前瞻规划，科学谋划安排，明确制度需求，切实增强制度建设工作的科学性、预见性和主动性。实时开展清理评估，通过对保密制度执行情况、实施效果等进行调研论证和分析评价，充分听取意见建议，及时清理废止不合时宜的制度措施，及时堵塞制度漏洞，着力发现和解决保密制度实施过程中的重点难点问题，不断增强保密制度生机活力。全面强化备案审查，严格落实有备必审、有错必究的工作原则，切实维护保密制度的权威性。各有关业务职能部门和基层涉密单位、涉密项目组要及时将制定的业务保密制度、专项保密制度、二级保密制度向学校保密工作机构报备，保密基本制度由学校保密工作机构报上级部门和保密行政管理部门报备审查。

3.3 抓好制度执行，坚决维护制度权威

制度的生命力在于执行，不是制度体系越完善，治理能力自然而然就越强，制度形同虚设会损害制度权威性，影响治理效能。高校保密制度建设要坚持制度制定和制度执行一体推进，既重视制度本身的作用，也要重视各方面执行主体的作用，只有正确处理好制度和人的关系，建立严格的制度执行监督检查考核机制，才能从根本上保证制度落地见效。首先，要解决思想认识问题，使各方面制度主体各安其位，要进一步加强全员

保密教育培训力度，不断强化保密意识和责任意识，引导广大师生员工自觉学规守规。各级领导干部要以身作则，切实强化制度意识，带头维护制度权威，带头做制度执行的表率。其次，要解决制度执行机制问题，学校保密工作机构要切实履行监督检查职责，广泛凝聚监督合力，以钉钉子精神抓好制度执行，把制度执行和监督贯穿学校保密管理全过程各领域各环节，构建全覆盖制度执行监督机制，督促各方面制度执行主体严格按照制度履行职责、开展工作。要增强斗争精神，坚持制度面前人人平等，切实将监督检查、目标考核、责任追究等有机结合起来，通过监督检查、问责追责倒逼制度的执行落实，对有规不依、执规不严的进行严肃查处，把制度威力充分释放出来[4]。

4. 结语

高校保密制度具有根本性、全局性和长远性，是高校保密事业发展的重要保障。新时代高校国家秘密的治理根本上是制度的治理，我们要坚定不移把制度建设和制度创新摆到更加突出的位置来抓，坚持守正创新、破旧立新，与时俱进不断完善和改进，推动保密制度更加成熟更加定型，把保密制度优势更好转化为国家秘密治理效能，为加快推进新时代高校保密工作转型升级提供有力制度保证。

[参考文献]

[1] 习近平. 坚持和完善中国特色社会主义制度推进国家治理体系和治理能力现代化[OL].[2020.01.01]. http://www.12371.cn/2020/01/01/ARTI1577865652215275.shtml.

[2] 田静. 坚持依法治密 推进新时代保密工作转型升级[N]. 人民日报，2018.9.26（11）

[3] 宋世明. 推进国家治理体系和治理能力现代化的理论框架[OL].[2019.12.12]. http://www.cssn.cn /dzyx/dzyx_llsj/201912/t20191212_5057732_2.shtml.

[4] 中共中央办公厅法规局. 推进党内法规制度“供给侧结构性改革”[J]. 求是，2020（2）：45-50.

新时期高校保密工作策略 SWOT 分析

王　硕　张文礼　刘丽丽　吴　琼
（天津大学保密办　天津市　300072）

摘　要：本文主要针对当前高校保密工作日益严峻的新形势，以提升高校保密能力为目的，基于 SWOT 分析法对高校保密管理工作实践中的若干具体问题进行了详细分析，对高校自身的优势和劣势、面临的机遇与威胁进行系统思考，探索提出新时期保密工作策略。

关键词：保密管理；SWOT；策略

0. 引言

随着国防科技发展迫切需求和高等教育事业的快速发展，高等院校承担的有关项目越来越多，有关科研人员和在研项目呈快速增长趋势，保密形势“异常严峻、异常复杂”。保密工作水平的高低、保密能力的强弱直接关系到国家安全与利益。

新形势下高校保密工作要按照习近平总书记关于保密工作的重要指示批示精神、中央关于保密工作的决策部署，深刻理解国际关系尤其是中美关系的不确定性，从“两个大局”出发思考工作，研究新时期高校保密工作阶段性特点，制定保密工作策略，切实提高保密工作治理能力和治理水平。[1][2]

本文运用 SWOT 分析法作为分析工具。

1.SWOT 分析法简介

SWOT 分析法，即态势分析法，最早由美国旧金山大学海因茨韦里克教授于 20 世纪 80 年代提出并被广泛应用于战略管理领域。SWOT 分析法是管理者进行客观分析、科学判断的一种有效工具。[3]

作者简介：王硕（1979—），男，主要研究方向：保密管理和高教管理。E-mail：tuwangshuo@163.com

S 是指内部优势因素（Strengths）、W 是指内部劣势因素（Weaknesses），O 是指外部机遇因素（Opportunities）、T 是指外部威胁因素（Threats）。SWOT 方法的贡献就在于用系统的思想将这些似乎独立的因素相互匹配进行综合分析，得出一系列具有决策性的结论，使得战略计划的制定更加科学全面。

高校应对自身的优势与劣势、面临的外部机遇与威胁进行系统思考、深入分析，从而构建新形势下适合高校自身特点的保密管理工作策略。因此基于 SWOT 分析法来研究新形势下高校保密工作具有积极意义。

2. 高校保密管理工作态势分析

2.1 内部优势因素（S）

内部优势因素指高校保密管理工作存在的优于其他单位、对自身保密工作有巨大促进作用的因素。

2.1.1 人才优势明显（S1）

高校是人力资源和智力资源汇聚之地，创新思想汇聚并持续增强，高层次人才不断涌现，具有其他行业无可比拟的人才优势。

2.1.2 学科优势突出（S2）

一方面，在新一轮学科评估后，高校学科建设的突出业绩势必极大促进相关领域的发展。另一方面，信息安全、网络安全、计算机、电子信息等学科的大发展创造了优秀的科研成果，对高校保密管理工作具有巨大的支撑作用。

2.1.3 组织优势显著（S3）

我国高校实行党委领导下的校长负责制，普遍具有运行顺畅的校、院（学部）两级管理体系和层级分明的责任体系、坚强有力的管理队伍，具有显著的组织优势。同时，基层党组织也能将保密工作融入党建工作体系，促进高校教师养成良好的职业态度和敬业精神。

2.2 内部劣势因素（W）

内部劣势因素指高校保密管理工作存在的对提升学校保密防护能力不利的因素。

2.2.1 整体工作关注度不高（W1）

保密管理工作为学校事业发展提供安全保障，支撑教学科研工作顺利开展，但收获的关注度与其重要程度并不匹配。

部分师生对高校科研工作有关国家秘密事项缺乏必要的认识和了解，从而在实际工作中放松了警惕，从无意识的“无密可保”逐步陷入“有密难保”的境地，甚至部分涉密人员存在“检查不出来就没事”的侥幸心理，给保密事业带来极大的危害。

2.2.2 人员构成复杂（W2）

作为“三大管理”之一，人员管理是重中之重，人员构成中既有管理人员也有工勤人员，既有项目负责人也有分担科研任务的学生；在国际交流合作日益紧密的大背景下，外籍教师和外籍学生越来越多，无形中大大增加了保密工作难度。[4]

2.2.3 信息化带来极大安全隐患（W3）

涉密信息的多元性和不可控性，使得要求可防可控的保密工作难度升级。高度便捷的即时通信工具微信、QQ、抖音等的普及，为工作生活带来便利的同时，也为窃密泄密提供了“方便”；信息量剧增带来的敏感信息界定不清，更是为保密工作增大了难度。

2.2.4 快速发展带来的内部保密管理供需矛盾增大（W4）

近年来高校科研项目不断增加、科研经费增长迅速、科研人员不断调整。新的发展形势要求保密工作在治理体系和治理能力上与时俱进，为教学科研提供有力支撑。而不断增长的教学科研工作保密需求与高校尚需完善的保密防护体系和急需提高的保密防护能力之间存在不相匹配的供需矛盾。

2.3 外部机遇因素（O）

2.3.1 国防现代化的迫切要求（O1）

国防现代化首先是装备现代化，用科技力量增强综合国力和国防实力，这是我们独立自主地进行和平建设，实现民族复兴的根本要求。作为国家创新体系以及国防科技创新体系的重要力量，高校具有不可替代的作用。

2.3.2 健全的管理体系和关键技术应用（O2）

中央近年来在维护国家安全上作出了一系列决策。2013 年 11 月 12 日成立中央国家安全委员会，2014 年 4 月 15 日，习近平总书记在中央国家安全委员会第一次会议时首次提出总体国家安全观，并明确提出了 11 类主要的国家安全要素。2016 年颁布新的保密资格认定办法并开启第三轮资格认定工作。国家局推动的单机违规外联检测平台、互联网接入口检测平台和网站信息检测平台“三位一体”的监管技术为保密工作提供了强大后盾。

2.3.3“双一流”建设背景下学科大发展的需要（O3）

在“双一流”建设国家战略之下，高校各学科包括保密管理专业必将迎来大发展，无论是在项目数还是在经费支持上都将快速发展、成果辈出。在新兴学科和交叉学科领域，尤其需要保密工作进行支撑和保障，如生物安全领域、地球科学领域、医工结合领域等，这些都为保密工作的发展提供了广阔的空间。

2.4 外部威胁因素（T）

2.4.1 某些国家遏制我高科技企业，阻止科技创新能力的提升（T1）

我国在民族复兴的过程中从来都不是一帆风顺的，某些国家固守零和博弈思维，对我国进行技术垄断和封锁，妄图阻止我国科技创新能力提升。国际关系的不确定性对高校的保密工作带来了严峻挑战。

2.4.1 敌对势力对我国各领域的渗透和窃密猖獗（T2）

近年来，国际敌对势力觊觎我国家秘密，一方面各种网络攻击手段层出不穷，各种黑科技闻所未闻；另一方面，高校科研人员和学生正逐渐成为间谍活动拉拢对象，给高校的保密工作带来巨大的威胁。

3. 高校保密工作 SWOT 矩阵表

通过对影响高校保密管理工作的内外部因素分析，将以上基本因素放入下表中，根据表中不同横纵影响因素交叉组合，有针对性地确定不同保密管理策略方式和相应工作举措。结果如表 1 所示。

表 1　高校保密管理 SWOT 矩阵表

外部因素 内部能力	优势（Strengths）	劣势（Weaknesses）
	（1）人才优势明显（S1） （2）学科优势突出（S2） （3）组织优势显著（S3）	（1）整体工作关注度不高（W1） （2）人员构成复杂（W2） （3）信息化带来极大安全隐患（W3） （4）快速发展带来的保密管理供需矛盾增大（W4）
机遇（Opportunities）	优势 + 机会（增长型策略）	劣势 + 机会（扭转型策略）
（1）国防现代化的迫切要求（O1） （2）健全的管理体系和关键技术应用（O2） （3）“双一流”建设背景下学科大发展的需要（O3）	1）严格保密检查，完善风险评估机制 2）利用高校人才、学科、组织等优势，优化管理模式、提升技术水平，系统性增强保密防护能力	1）完善体制机制，推动保密管理转型升级 2）严格保密检查，完善风险评估机制 3）开展分层分类宣传教育，全面提高保密意识和保密能力 4）建设专业化管理队伍，保障保密管理有效运行
威胁（Threats）	优势 + 风险（多元化策略）	劣势 + 风险（防御型策略）

续表

	优势（Strengths）	劣势（Weaknesses）
（1）某些国家遏制我高科技企业，阻止科技创新能力的提升（T1） （2）敌对势力对我国各领域的渗透和窃密猖獗（T2）	1）严格保密检查，完善风险评估机制 2）加强科技安全工作体系建设 3）开展分层分类宣传教育，全面提高保密意识和保密能力 4）利用高校优势，提升保密防护能力	1）完善体制机制，推动保密管理转型升级 2）严格保密检查，建立风险评估机制 3）加强科技安全工作体系建设 4）开展分层分类宣传教育，全面提高保密意识和保密能力 5）建设专业化管理队伍，保障保密管理有效运行

4. 高校保密工作策略选择

结合 SWOT 分析，高校应综合分析内外部形势，并从自身实际出发选择当前保密管理工作策略，并设定未来阶段性发展目标。

4.1 立足防御型策略，形成体系化基本防控能力

以我校为例，从当前一个时期来看，内部优势无法抵消劣势，优势尚不能充分发挥，劣势还有逐步扩大的趋势；外部机会还无法消除外部风险隐患，国际关系的不确定性有愈演愈烈之势。因此，我校当前内部劣势和外部威胁占据主导地位，应以防御性策略为主，通过完善体制机制、建立风险评估机制、加强科技安全工作、开展全系列宣传教育、建设专业化管理队伍，形成体系化基本防控能力，逐步过渡到多元化策略。

4.1.1 完善体制机制，推动保密管理转型升级

一是完善制度体系，确保依法治密。认真研究保密资格认定标准有关要求，按照全面、规范、可操作的要求，制定各级管理制度，确保依法治密。完善的制度体系应包括基本制度、专项制度和操作规程。基本制度包括加强和改进保密工作的主体文件、责任制文件、归口管理文件等；专项制度即各归口管理部门相关业务文件如人员管理文件、载体管理文件、信息设备管理文件等；操作规程包括将各项制度落实落细的具体规定、流程、表格等。制度体系应做到于法周延，具体流程应做到于事方便，切实将依法治密落到实处。

二是优化组织体系，确保高效运行。坚持“党管保密”，充分发挥保密委领导决策、

调查研究、督促检查、协调保障等职责；聚合归口管理部门，通过定期梳理归口管理中的重难点问题、召开归口管理部门联席会、建立案例通报制度等方式，形成保密工作合力，切实提高保密防控能力和应对处置能力；发挥院级单位领导小组的主体作用，抓实各项保密管理工作；涉密课题组对所承担科研项目的保密工作负直接管理责任。组织体系之间应分工负责、密切配合，确保保密工作体系高效运行。

三是明确责任体系，确保“业务工作谁主管，保密工作谁负责”。明确学校主要负责人对学校保密工作负全面领导责任，分管保密工作的校领导负具体领导责任，分管其他业务工作的校领导负直接领导责任，院级单位主要负责人对本单位保密工作负直接领导责任，学校机关部处、直属单位对本部门业务范围内的保密工作负主要责任，涉密人员对本职岗位的保密工作负直接责任，确保保密责任横向到边、纵向到底。

四是构建现代保密管理体系，推动保密管理转型升级。构建以完备的制度体系为基础，信息化手段为支撑、精准化管理为目标的现代管理体系，推动保密管理由传统的粗放型、被动型、条框型向精细化、主动型、规范化、科学化的现代保密管理转型，提升综合防范能力。

4.1.2 严格保密检查，建立风险评估机制

严格保密检查可以及时发现问题、消除隐患、规范行为、堵塞漏洞，有效的风险评估是在保密检查和业务流程梳理的基础上，分析系统风险、辨识风险点、制定管控措施、持续改进保密工作。

一是建立规范化的保密检查事项和风险评估标准，构建风险评估体系、设计风险评估方案；二是依法依规开展检查评估；三是建立标准化风险管控措施，对不同风险等级进行界定、管控、整改、跟踪，形成有效的闭环管理。

4.1.3 加强科技安全工作体系建设

科技安全是国家安全的重要保障，高校科技安全是国家科技安全的重要构成。因此，要认真落实习近平总书记关于总体国家安全观的重要论述，加强科技安全工作体系建设，明确责任体系，提升防范能力，在复杂严峻的外部形势下，切实保障学校科技安全。

一是要加强教育管理，健全人员安全保障机制。加强承担重点项目师生的分级管理，提升科技安全意识。二是建立科学研究顶层谋划“防火墙”，确保科研情报和数据安全。三是规范设施设备管理和场所安全管理，有效防范安全事故。四是健全交流合作机制，管控科技外事风险。五是压实安全责任，构建学校科技安全责任体系和监管机制，形成长效机制，确保科技安全。

4.1.4 开展分层分类宣传教育，全面提高保密意识和保密能力

学校应在全体师生中开展保密宣传教育，普及保密常识、培育保密文化，提高师生国家安全观念和保密素养。

一是构建“大保密”宣传教育工作格局，各归口管理部门将普通师生纳入宣教体系，在职责范围内将保密宣教融入日常工作，通过学生入学教育、教师入职教育以及“全民国家安全教育日”“保密宣传教育月”等时间节点，充分利用新媒体传播手段，普及保密常识、宣传保密法规、培育保密文化。二是重点抓好领导干部、涉密人员和专兼职保密干部的宣传教育，抓头尾促中间、抓实训促实效。抓头尾，即重点关注领导干部初任、涉密人员上岗和离岗、项目准入和结题等关键环节；抓实训，即重在通过交叉互学、实训平台、网络培训平台、实岗锻炼等方式提升实际培训效果。三是创新保密宣传教育内容形式，将微信、抖音等新媒体融入传统宣教方式，通过拍视频、做动画、每周一答等方式，将文件条文融入丰富多彩的宣传教育形式，全面提高师生保密意识和保密能力。

4.1.5 建设专业化管理队伍，保障保密管理有效运行

专业化管理队伍是保密管理工作有效运行的保障。高校在建立专兼职保密干部队伍基础上，应采取讲座、实务培训、警示教育、实训、表彰、专业培训、网络培训等多种形式，在思想政治素质、专业能力、研究能力等方面进行针对性提升，建设一支忠诚可靠、勇于创新、业务精湛、作风优良的专业化管理队伍，为教学科研提供有效支撑。

4.2 向多元化策略过渡，提高应对外部风险隐患的防控能力

在学校内部防控能力增强之后，在外部依然危机重重时，可向多元化策略转移，继续完善风险评估机制、加强科技安全工作体系建设、开展分层分类宣传教育，同时利用高校优势，提升保密防护能力。

一是发挥人才优势，深入开展研究。深入研究高校保密工作阶段性特点、科研发展规律和保密工作规律，为保密工作提供理论支撑和决策参考。在“双一流”建设大背景下，高校可与保密学院、优势学科开展联合研究，探讨不同学科如何开展个性化保密管理，如化工学科和海洋学科在保密管理上应各有侧重，生物安全信息防护与医工结合的保密防护重点各有不同。将保密管理工作与各学科进行深度融合才能发挥保密管理工作最大效能。二是开拓校际合作，探索保密工作新途径。高校之间具有相似的科研环境和相同的保密工作要求，同时又面临共同的外部环境威胁，因此开展校际合作具有深厚的实践基础。同一地域高校可建立紧密的工作联系，共建专家库，共享研究信息，创立联合检查工作机制，合作开展课题立项等。通过合作实现共赢，提升高校整体保密工作能

力。三是建设信息化系统，提升综合管理能力。学校应建立“涉密信息管理系统”，将散落在人事处、科研院、国际合作与交流处、信息化部门的信息进行汇总管理，提升综合管理能力和隐患预警处置能力。

在多元化策略中，通过完善风险评估机制、加强科技安全工作体系建设、开展分层分类宣传教育、利用高校优势提升保密防护能力，主动作为，有效提升体系化基本防控能力，实现多元化策略向增长型策略转变。

5. 结论

综上，当今世界处于百年未有之大变局，高校保密管理工作面临新形势新任务新要求。如何选择科学有效的保密管理策略需要高校结合自身实际明确定位和要求，通过保密管理水平全面提升，推进国家治理体系和治理能力现代化，为国防科技工业发展做出贡献。

[参考文献]

[1] 王松. 浅析新时代高校保密工作，西部学刊[J]，2020（4）：116-117

[2] 魏建周. 新时代保密工作行与思，保密工作[J]，2018（8）：60

[3] 钱晓辉. 高校保密管理工作的SWOT分析，科学与管理[J]，2013（2）：76-79

[4] 李涛. 高校保密工作的核心：加强对涉密人员的科学规范化管理，改革与开放[J]，2018（18）：147-149

加强高等学校学生保密管理的几点思考

宋广平

（哈尔滨工业大学航天学院复合材料与结构研究所　黑龙江省　150080）

摘　要： 高校拥有大量的知识产权和新技术成果，其中涉及的国家秘密也日益增多，扎实做好高校保密工作对于高校的发展和国家安全具有重要意义。学生作为高校涉密人员的一个重要组成部分，具有流动性大，保密意识不强和对外交流频繁等特点，给高校保密工作带来很大难度。为促进高校学生保密管理工作水平进一步提升，高校应进一步加强党对保密工作的领导，不断完善适合高校特点的保密管理制度体系，多渠道开展保密宣传教育，提升学生进入涉密岗位的准入条件，加强对参与涉密项目的非密学生管理，实现高校保密管理水平的全面提升。

关键词： 高校；保密工作；学生管理；保密管理

0. 引言

近年，世界格局在平稳中显现出动荡不安的态势，多极化日趋明显，国与国之间综合国力的竞争变得更加激烈和复杂。由于我国政治稳定，科技实力、经济实力不断增强，国际地位逐步提高，针对我国的各种窃密活动，尤其是针对科技成果的窃密活动日趋复杂和多样化，窃密与反窃密的斗争长期处于激烈对抗之中[1]。

保密工作事关国家安全和利益，是党和国家高度重视的一项重要工作。高校保密工作是国家保密工作的重要组成部分。随着改革发展和对外交流合作的不断深入和扩大，扎实做好高校保密工作对于高校的发展越来越重要。高校保密工作不仅关系着学校的稳定与发展，关系着师生员工的切身利益和社会的和谐稳定，也关系着国家综合实力的提

作者简介： 宋广平（1973—），男，副研究员，主要研究方向：基层保密管理。E-mail：gpsong555@126.com

基金项目： 哈尔滨工业大学 2020 年度保密管理研究课题。

升，更关系着国家的安全和根本利益。

作为科研和人才培养的基地，高校拥有大量的知识产权和新技术成果，又是开展国际交流与合作的重要窗口。高校参与国防科研的组织形式绝大部分是由教师和研究生组成的科研项目组。科研项目组的组成人员主要为高校教师和博士、硕士研究生，学生占较大比例。参与科研人员的流动性和变化性较大，对外交流频繁，一些涉密人员经常参加对外学术交流、参加国际会议、进修等，给国家秘密的安全带来了诸多隐患，也给保密管理工作带来了很大难度。若不加以严格管理，其在涉密的军工科研项目组中掌握的涉密技术资料往往容易泄露。因此，如何加强高校学生保密管理，提高防范效果，是一个急需解决的课题。

1. 高校学生保密管理现状及存在问题

高校承担着人才培养、科学研究和社会服务等职能，因其职能较多和开放式学术氛围及特殊服务对象，其保密管理存在的问题有其特殊性。

1.1 高校学生年龄小，思维活跃，保密意识淡薄

高等学校学生普遍年龄较小，他们思想活跃，思维敏捷，对新事物、新思维和新技术接收很快，他们喜欢交流，张扬自己，充分享受学术自由，不愿意在思想和学习上受到过多的约束。而对于科技保密管理工作来说，就是要求参与保密工作的所有人员都必须按保密程序开展工作，如计算机的使用、载体的制作和文件的借阅使用都要严格按程序要求进行，过程要完整记录并受控，刻板而严谨。即使是研究生，绝大多数学生也是从来没有工作过，社会经验和阅历都很少，对待保密工作的重要性和严肃性还没有足够的认识和理解。因此没有真正从思想和内心上认识到保密工作的重要性，保密意识都比较淡薄。

1.2 学生入密前保密培训和保密知识学习不足

高校作为我国高新技术研究的重要基地，成果涵盖科学技术各个领域，对推动我国国防建设、经济和社会发展发挥着举足轻重的作用。近年来高校参与国防科研越来越多，绝大部分是由老师和研究生组成科研项目组来参与保密项目的研究。学生渐渐成为项目研究中越来越重要的组成，一些学生可能会掌握涉密项目中一些核心技术，如果学生保密管理不到位，很容易造成涉密的核心技术资料的泄露。由于涉密项目研究的需要，一些学生会进入涉密研究岗位，但现有涉密岗位审批和进入还是相对容易，虽然审批过程很严谨规范，但入密前的保密培训过程还不够严格，保密知识学习和考核还比较简单，

从一些涉密学生的日常保密工作情况看，培训效果、保密知识掌握和保密意识还难以达到保密工作要求。

1.3 忽视非密学生的管理

非密学生在项目研究中，并不会了解项目的核心涉密事项，也不会直接参与包含保密要点的研究工作中，项目负责人会把项目进行任务分解，其中不包含保密内容的工作会分配给非密学生来做，这些工作虽然不会涉及保密事项，但在参与项目过程中，项目组人员之间会经常讨论研究一些问题，这些非密学生也会经常参与项目讨论，这样非密学生有时也会或多或少的了解一些项目中比较敏感的内容，那么如何做好这些学生的保密工作，也是做好科研项目保密工作的一个重要环节。

1.4 入密期间学生的保密管理和监督检查困难

高校参与国防科研的组织形式绝大部分是由教师和研究生组成的项目组。而项目组所涉及的专业领域较多，形成了点多面广、科研场所分散的布局，表现在非涉密办公区和涉密科研场所常同在一座楼或左右相邻，进出人员复杂，管理困难。学生入密后，会按涉密人员守则进行管理，但由于学生分属于不同的项目课题组，很多具体的日常保密管理工作都是在课题组中完成，因此会存在管理分散和管理不到位的情况。另外，一些项目组在承担军工科研任务的同时，往往还承担着民用的非涉密科研项目，这就使得科研场所和参研人员交叉往来，这也给保密管理工作带来了很大难度[2]。

1.5 学生大量流动带来的新挑战

学生在校几年后就会毕业，进入新的工作岗位，也有很多出国进行深造，人才流动是正常现象，但高校学生流动对于保密工作提出了新的挑战。一是一些掌握国家秘密的学生毕业后，会带走一些国家秘密，如何保证这些秘密不会泄露，如何做好一些重点学生的脱密期管理，这是我们要深入思考的问题。二是学生在学习期间因公出国访学、毕业后出国深造人员数量也很多，这些人员中也有不少是涉密人员，对于出国时应当注意的事项、主动申报国（境）外活动情况不是很积极，使得保密管理部门也很难准确掌握具体情况。这些现象的存在，也对高校的保密管理工作提出了更高要求和挑战。

2. 加强高校学生保密管理工作的几点思考

新形势下高校保密工作的对象和领域、内容和范围、形式和手段、环境和条件都发生了深刻变化， 高校保密工作的形势越来越严峻、任务越来越艰巨。因此， 认真贯彻落实保密工作责任制， 切实抓好保密宣传培训与规章制度建设， 进一步提高对学生保密工作的管理水平，建立健全符合高校实际的保密管理长效工作机制。

2.1 加强保密工作的党组织领导

高校保密工作的顺利开展，离不开各级领导的关心和支持，更离不开党的领导。“党管保密”是做好保密工作的前提和根本要求，高校党委肩负保密工作主体责任，要以习近平新时代中国特色社会主义思想为引领，坚定不移地贯彻落实习近平总书记关于加强保密工作的重要讲话精神和重要指示批示精神，坚定不移地落实好中央关于保密工作的决策部署，发挥出党委在保密工作中全面领导的核心作用，确保保密工作在学校党委领导下，调动、整合、统筹好各方资源优势，凝聚起强大工作合力，始终坚持正确的政治方向稳步前行[3]。各级支部要充分发挥战斗堡垒作用，加强保密工作的队伍建设和党员先锋模范作用，切实增强各级保密干部国家安全和利益高于一切的价值观念，增强做好保密工作的责任感、使命感和荣誉感，以高度的政治自觉和强烈的事业心开展保密工作。

学校基层党支部可以开展形式多样、内容丰富的主题党日活动，以保密在我心中、增强保密意识，筑牢思想防线等为主题，组织广大基层党员，尤其是学生党员认真学习国家保密法律法规，提高自身保密意识和网络安全意识，在思想上始终绷紧保密这根弦，在工作中认真细致落实保密制度规定，让党员在日常科研工作中能更好地做好保密工作，起到示范和模范带头作用，营造党员积极学习保密知识，严格遵守保密法规制度和认真履行保密义务良好氛围。通过党的领导和党员的先锋带头作用，使整个基层保密管理工作水平不断得到提高。

2.2 加强保密宣传教育，构建符合高校特点的保密宣传教育体系

高校学生普遍具有年轻化、知识化和自由化的特点。他们思想活跃，接受新事物和新技术快，喜欢享受自由，不喜欢在思想、学习和工作中受到过多的约束。而这与保密工作中要求的严谨性和可控性存在冲突。如何做好高校保密宣传工作，提高学生对保密工作的重要性认识，加强保密意识，让学生在参与保密工作中，能自觉遵守保密规则，严格按保密流程要求工作，是高校重点思考的问题。

高校应该采用多种多样的形式，开展经常性的保密教育。把保密法规宣传教育做为一项基础性工作，常抓不懈，以保密法与党和国家关于加强保密工作的指示精神为基础，结合高校自身的保密规范和工作要求，举办全校范围的保密大讲堂或培训班、进行保密技术与泄密情况现场演示、举办泄密案例巡展、播放保密教育警示片等，有针对性地开展信息化条件下的保密教育，要积极利用互联网、微信和宣传栏等多种媒介，宣传保密

法律法规知识，使互联网媒介成为开展工作的主要载体，更成为保密宣传教育的重要窗口。开展保密知识竞赛、征文和演讲多种形式，不拘一格的开展保密教育，让学生更多参与进来，有效强化学生的保密意识，营造“人人保密、时时保密、处处保密”的良好氛围。

2.3 提高学生进入涉密岗位的准入要求，加强学生保密知识考核

现在高校学生入密都有严格的审批流程。但入密前的保密学习和考核还是相对容易，不能满足学生在日常保密工作的需求。保密工作是一项防范性工作，提高涉密人员的保密意识和防范能力是做好保密工作的根本[4]。入密前必须加强对进入涉密岗位学生的宣传教育，明确其在科技保密工作中的职责，认真学习《中华人民共和国保守国家秘密法》和高校涉密人员管理规定，了解涉密信息设备和存储设备安全保密操作指南，熟悉载体制备、收文、发文和借阅相关保密工作流程，真正让他们上岗前，对保密工作意义、保密知识和保密工作流程有一个全面的了解和掌握，这样学生进入涉密岗位后，可以马上投入工作，减少工作中可能出现的各种问题。

2.4 加强非密学生的保密教育

参与涉密课题研究的非密学生，由于没有进入涉密岗位，不会直接参与项目保密研究部分，但因其是参与课题项目组，在日常讨论交流过程中很有可能会了解一些敏感的信息。因此这些参与保密项目的非密学生也应该纳入日常保密的管理范畴，日常的保密学习培训也应该要求积极参与，增强保密意识，减少由于管理不到位而引起的泄密风险。

2.5 加强在岗涉密学生的保密管理和监督检查

进入涉密岗位后，要加强涉密学生的日常保密管理。经常开展保密教育培训、实施重大事项报告、履行保密职责考核和日常保密工作监督检查等，对涉密人员进行管理。应主动及时掌握涉密人员的变化，建立对涉密人员的定期复审制度，对日常考核不合格的，应建立合理的退出机制，对保密意识不强，保密知识掌握不足，保密工作流程不熟悉的涉密学生，应建立警告机制，对警告两次以上，还不能满足日常保密工作要求的，应要求退出涉密岗位。重新学习后，能够达到入密要求，可重新申请入密。

针对学生流动性大的特点，除了加强对入密学生进岗前保密教育和进入岗位后的保密培训、监督检查和考核外，在办理脱密时，一定要做好脱密检查和保密提醒，让脱密学生清楚知道脱密后还要继续保守好自己掌握的国家秘密，遵守脱密后的相关保密要求，并定期对他们进行回访，委托接收部门对他们履行脱密期管理工作。对出国访学和出国深造的学生，出国前要除做好脱密检查和保密提醒，详细讲解出国时应当

注意的事项，还要建立好联系方式，在学生出国后也能及时掌握他们在国外的基本情况。脱密期结束后，涉密人员资格解除，也仍须遵守国家有关法律法规，承担保守国家秘密的义务。

3. 结论

在高校保密工作中，涉密学生作为涉密人员的重要组成部分，对其管理必须全面覆盖、常抓不懈，严字当头。针对高校学生年轻化、知识化和自由化的特点，保密管理相对困难的问题，应认真谋划，细致分析，突破难点，切实做到思想重视、管理到位、措施落实、保障有力，把准高校学生保密工作发展的时代脉搏。同时对参与涉密项目的非密学生，也要建立相应的保密管理机制，让失泄密可能减少到最小。加强高校学生的科学规范化管理是一项长期重要的工作。

[参考文献]

[1] 党蓉. 高校保密管理存在的问题及对策[J]. 中国高校科技，2014（01-02）：26-28.
[2] 朱荣生，顾香玉. 构建高校保密管理长效机制的思考[J]. 黑龙江教育学院学报，2009（9）：43-44.
[3] 高杨. 抓牢高校党委保密工作主体责任的“牛鼻子”[J]. 保密工作，2019（12）：121-122.
[4] 马伟佳. 新形势下的高校科技保密管理长效机制研究[J]. 办公室业务，2014（10）：72-75.

刍议新时代高校工作秘密管理

薛平军

（华中师范大学学校办、保密办　湖北省武汉市　430079）

摘　要：新时代我国高校的工作秘密管理必须坚持“四为”发展方向，在实现好“人才培养、教学科研、社会服务、文化的传承与创新”等现代大学基本职能的基础上，坚持做到提高政治站位，依法依规处理问题，体现工作的科学性、人文性；坚持保守秘密与信息公开相结合；处理好现代大学制度下“办文、办事、办会”等相关实务性问题。

关键词：“四为”方向；保守秘密；信息公开；办文；办事；办会

0. 引言

新时代我国高校鲜明的中国特色社会主义性质决定了高校的工作秘密管理必须坚持“四为”发展方向，在实现好现代大学基本职能的基础上处理好相关实务性问题。习近平总书记 2016 年 12 月在全国高校思想政治工作会议上曾强调，我国有独特的历史、独特的文化、独特的国情，决定了我国必须走自己的高等教育发展道路，扎实办好中国特色社会主义高校。我国高等教育发展方向要同我国发展的现实目标和未来方向紧密联系在一起，为人民服务，为中国共产党治国理政服务，为巩固和发展中国特色社会主义制度服务，为改革开放和社会主义现代化建设服务。笔者从自身在高校教学与行政岗位多年的工作经历及相关经验教训出发，认为高校的工作秘密管理需要把握好自身鲜明的特性，因为其不仅涵盖高校的日常治理及师生的日常工作、学习与生活等领域，而且跨越了高校基本职能所包含的“人才培养、教学科研、社会服务、文化的传承与创新”等方面，更具体体现为现代大学制度下“办文、办事、办会”等三大方面的若干实务性问题的恰当处理。

作者简介：薛平军（1976—），男，华中师范大学学校办、保密办副主任，博士，副研究员。

1. 新时代高校工作秘密管理具有鲜明的派生性

作为中国特色社会主义高校，我国高校的工作秘密管理大多表现为处理高校在落实党和国家规定的任务过程中所派生出来的实务性工作上的秘密问题。习近平总书记2016年12月在全国高校思想政治工作会议上曾强调，我们的高校是党领导下的高校，是中国特色社会主义高校。办好我们的高校，必须坚持以马克思主义为指导，全面贯彻党的教育方针。要坚持不懈传播马克思主义科学理论，抓好马克思主义理论教育，为学生一生成长奠定科学的思想基础。要坚持不懈培育和弘扬社会主义核心价值观，引导广大师生做社会主义核心价值观的坚定信仰者、积极传播者、模范践行者。要坚持不懈促进高校和谐稳定，培育理性平和的健康心态，加强人文关怀和心理疏导，把高校建设成为安定团结的模范之地。要坚持不懈培育优良校风和学风，使高校发展做到治理有方、管理到位、风清气正。由此可见，高校的根本任务决定了高校的工作管理具有鲜明的政治性、政策性、科学性、人文性、法治性。在实践中，我们可以看到，高校的工作虽然具有很强的自主性，但在坚持党和国家的领导，落实党的教育方针，进而实现立德树人的根本任务这一点上是不容置疑的，因此党和国家的诸多方针政策要通过给高校布置一系列具体的“硬性”或“软性”的工作任务（这些任务在日常工作中体现为围绕“人才培养、教学科研、社会服务、文化的传承与创新”等基本职能所产生的“办文、办事、办会”等三大领域的活动）来体现，由此会派生出一系列高校需要相应处理的工作秘密管理问题。由此，我们可以发现，这些“硬性”或“软性”的工作秘密及其管理同样具有鲜明的政治性、政策性、法治性、科学性、人文性。

高校工作秘密管理的这些派生性决定了我们在日常管理实务中必须坚持做到提高政治站位，依法依规处理问题，体现工作的科学性、人文性。首先是必须提高政治站位。新时代高校工作秘密管理必须坚持以习近平新时代中国特色社会主义思想为指导，增强“四个意识”，坚定“四个自信”，做到“两个维护”，贯彻习近平总书记总体国家安全观要求，维护和促进党和国家及高校整体事业发展，这是其政治性的体现。其次是必须依法依规处理问题。高校工作秘密管理必须遵循党和国家的法律法规，尤其是要遵循《中国共产党章程》《中华人民共和国保守秘密法》《中国共产党廉洁自律准则》《中国共产党纪律处分条例》《工作秘密管理暂行规定》《保密违法违纪行为处分建议办法》等一系列相关法律法规，这是政策性和法治性的体现。再次是必须体现工作的科学性、人文性。新时代高校工作秘密管理必须实现物防、人防和技防的有机统一，尤其是要运用和发挥好大数据、人工智能、物联网等先进技术的优势，同时坚持走群众路线，融合和发挥好人民阵线和思想政治教育的优良传统及优势，取得事半功倍的良好效果。

2. 新时代高校工作秘密管理应坚持保守秘密与信息公开相结合

中国特色社会主义进入了新时代，新的历史方位决定了高等教育新的历史使命，也决定了高校工作秘密的管理应坚持保守秘密与信息公开相结合。习近平总书记在北京大学师生座谈会上指出，党和国家事业发展对高等教育的需要，对科学知识和优秀人才的需要，比以往任何时候都更为迫切。教育兴则国家兴，教育强则国家强。但是，目前我国教育还明显存在发展不平衡不充分的问题。总体上看，我国教育还不能完全满足人民群众对教育的需求和建设社会主义现代化强国的需要。与世界教育强国相比，尽管差距在不断缩小，但大而不强是当前我国教育的现实。建设社会主义现代化强国、实现中华民族伟大复兴中国梦，为新时代我国教育提出了新的使命和要求，迫切需要“对加快推进教育现代化、建设教育强国作出总体部署和战略设计”。教育是国之大计、党之大计。加快教育强国建设必须毫不动摇地坚持党对教育事业的全面领导，“坚持把优先发展教育事业作为推动党和国家各项事业发展的重要先手棋”。从近年来坚持开放合作办学、争创双一流高校的工作实践来看，广大高校在响应党和国家对加快推进教育现代化、建设教育强国作出总体部署和战略设计上，尤其是下优先发展教育事业这个“重要先手棋”上，在“人才培养、教学科研、社会服务、文化的传承与创新”等诸多领域面临着保守秘密与信息公开的难题，同时也存在着一系列经验和教训。过去一段时间内，高校出于发展竞争的需要，在“人才培养、教学科研、社会服务、文化的传承与创新”等方面加大了宣传和信息公开的力度，在一定程度上忽视或弱化了对工作秘密的管理，由此带来的一些负面影响在目前得到验证并对今后的发展产生了一定的消极影响，值得我们反思和警醒。

在当前和今后一个时期，我国高校面临的国际形势及压力将越来越复杂和叠加，可谓“危机与机遇并存”。因此“ 下先手棋”应坚持“有所为有所不为”，化危为机，危中寻机。在这种新常态下，高校工作秘密的管理应坚持保守秘密与信息公开相结合，处理好“做了不说”“又做又说”“说了不做”等不同类型实务的关系，既保守了秘密，又充分照顾到了人民群众尤其是广大师生的知情权等权益。

3. 新时代高校工作秘密管理应处理好“办文、办事、办会”等三大类实务性问题

基于如上论证，笔者认为新时代高校工作秘密的管理应处理好“办文、办事、办会”等三大类实务性问题。

首先是处理好办文类的实务性问题。目前高校的公文除了机要渠道的公文外，还有大量非机要渠道运转的公文。机要渠道的公文，大多直接可以依法依规归入国家秘密类型进行管理，但非机要渠道的公文，则呈现出“不予公开”“依申请公开”“主动公开”等不同文件类型，甚至有少量需要机要渠道处理的公文经非机要渠道进行了运转或少量文件不定性甚至为白头件。从工作实务而言，由于目前工作秘密的界定仍然存在一点的模糊性，笔者认为可以对“不予公开”“依申请公开”类的文件从严管理，建议一般应纳入工作秘密范畴进行管理，对主动公开的文件则可按相关信息公开规定进行处理。同时，“依申请公开”类的文件可以按“业务工作谁主管，工作秘密谁负责”的原则赋予相关部门一定的自由裁量权。

其次是处理好办事类的实务性问题。目前在高校中这类实务性问题一般集中在“‘三重一大’（重大事项决策、重要干部任免、重大项目投资决策、大额资金使用）制度的落实”“涉密科研项目”“各类考试”“各类基础数据库和师生基本信息数据库及档案信息的处理”等方面。对于这类实务性问题处理，关键在于必须认真贯彻相关法律法规，同时在此基础上发挥好高校相关内部治理单元的主体性作用。比如中共中央纪委、教育部、监察部曾在《关于加强高等学校反腐倡廉建设的意见》（教监〔2008〕15 号）中曾明确指出：“二、完善制度深化改革，加强管理和监督（八）健全领导班子科学民主决策机制。坚持民主集中制原则，按照党委领导下的校长负责制的要求，完善并严格执行议事规则和决策程序。坚持和完善重大决策、重要干部任免、重要项目安排、大额度资金使用（以下简称“三重一大”）等重要问题应经党委（常委）会集体决定的制度。对于专业性较强的重要事项，应经过专业委员会咨询论证；对于事关学校改革发展全局的重大问题和涉及教职工切身利益的重要事项，应广泛听取群众意见。”

最后是处理好办会类的实务性问题。新时代高校所处的开放合作办学的国际国内大环境决定了高校不再是过去的“象牙塔”，通过各种各样的办会类实务来实现高校的基本职能、彰显高校办学实力和声誉、争取各种办学资源，已经成为高校发展的必然选择，与此同时也给高校带来了诸多风险与挑战。在这类活动中高校工作秘密的管理一般涉及“涉密会议”“涉意识形态会议”“涉外会议尤其是学术会议”等类型。对这些实务性问题，必须坚持“事前申报审批—事中跟踪监督—事后回访复核”的全生命周期式管理，其中的关键是对相关师生的全员、全方位、全过程的教育与管理。

2021年
获奖论文

保密基础数据驱动保密工作创新发展研究

吕　顺　李喜庆　汤　彦　任　玲　李　军
（四川大学党委办公室　四川省成都市　610064）

摘　要：当前随着国家秘密精准化治理能力的提升，对保密基础数据收集、梳理、分析和运用已成为推动国家秘密精准化管理的基本要求。本文在探析保密基础数据构成的基础上，深入分析了当前高校保密基础数据在实际工作中的作用。结合高校保密工作和实际，对保密基础数据在安全审计和风险评估中的具体作用，按照保密基础数据的架构和流向，提出了以数据流向开展保密日常检查工作和专项检查工作的新思路。本文设计提出的基础数据架构中数据耦合性弱，适用性强，能够满足在信息化时代下精准治密的保密管理要求，可帮助单位及时开展数据清理工作。

关键词：保密基础数据；保密检查；体系建设

0. 引言

2021 年，中央保密委员会主任丁薛祥在全国保密工作会议上强调，要全面推进“十四五”时期全国保密事业发展，突出目标引领，着力推进保密工作体系建设；突出问题导向，着力补齐短板弱项；突出科技创新，着力提高保密科技支撑能力；突出基础工作，着力抓好“三大管理”[1-2]。目前，有部分地区已经开展了针对所属单位的国家秘密、涉密人员、信息设备等保密数据的总体管理，一些省市和地方单位已于 2021 年 5 月开展了针对涉密人员信息、单位产生国家秘密等数据的报送工作，拟针对全国大量复杂的涉密数据开展综合治理，通过保密数据推进国家秘密精准化治理。

作者简介：吕顺（1986—），男，四川大学党政办机要室副主任，主要研究方向：保密管理、保密技术研究。
E-mail：lvshun@scu.edu.cn
基金项目：四川大学社科基金项目（2021DZYJ-32）资助。

在教育领域方面，特别是高等学校要落实国家关于保密工作的新要求，推进保密工作“十四五”规划，就必须加强对保密基础数据的分析运用，实现以保密基础数据推进保密管理的目标。

1. 高校保密基础数据治理面临的难点

目前，国内高校承担着大量的科研任务，经有关方面统计，我国61.8%的国家重点实验室，31.7%的国家工程研究中心，47%的科学院院士，42%的工程院院士，50%以上的国家自然科学奖、技术发明奖和科技进步奖均来自高校，这其中包括一些重要的涉密科学研究。高校在科研、教学、管理等涉及国家秘密方面产生的统计管理数据，是高校保密工作中最直接有效的表现形式，内容涉及涉密人员、涉密载体、保密要害部位部门、涉密信息设备、涉密会议、保密检查等方面，贯穿于保密工作的各层级，能够直观反映单位保密工作的方向和保密工作重点。高校在运用基础保密管理数据的过程中主要存在以下难点。

1.1 保密基础数据的认识不够深入

高校保密基础数据具有复杂多样、分散的特点，一些从事保密工作的管理人员或业务工作者，在工作中只关注于涉密业务和工作本身，对管理工作过程中的保密基础数据重视程度不够。一些高校在对二级单位保密检查工作过程中，经常会出现单位主要负责人或项目负责人对本单位或所负责项目每年生产的国家秘密数量、接触国家秘密的涉密人员数量和涉密信息设备数据等保密基础数据掌握不够具体，导致对本单位的保密工作深入了解不够，保密工作重心抓得不牢；一些单位保密员和信息安全保密管理员，对本单位经常性产生国家秘密的个人和信息设备了解不够清晰，在涉密信息设备审计和风险自评估过程中，容易对这些方面产生忽视，导致审计不准，风险评估不足；在保密宣传教育和思想认识方面，日常单位对保密方面的宣传和教育培训主要集中在保密法律法规和保密技术防范方面，对保密基础数据重要性的宣传教育不够到位，也会导致部分单位和个人对这些数据认识不够，难以将保密基础数据运用于日常管理中。

1.2 保密基础数据的分析运用手段较少

按照国家保密管理的新要求，精准治密已经成为当前单位做好国家秘密管理的一个基本要求。要实现精准治密，就必须加强对基础数据的管理和运用。从人员配备上来说，目前在高校的保密管理工作中，懂技术、运用技术手段分析数据的人员相对较少，单位运用现代化技术手段收集数据、感知数据、分析数据的能力还比较薄弱，对基础数据开展分析和运用推动保密管理工作的能力还不够。从数据采集方面来说，单位保密基础数据大部分来源于管理涉密事项过程中产生的信息，这些信息大部分为涉密数据，有小部分为内部数据，基础数据的涉密属性就决定了这些数据不能像日常其他数据一样随意共享和使用，开展保密基础数据的收集收集工作相比其他数据收集也会更为困难，容易导致单位基础数据缺失，也就难以开展数据有效分析。同时，对一些技术能力薄弱的单位和部门来说，保密基础数据的内部涉密属性也造成了单位对无法引进第三方数据分析公司开展数据分析工作，一定程度上造成了保密基础数据的闲置。

1.3 数据驱动治理国家秘密的能力不够

传统的保密管理主要从涉密人员、涉密信息设备和涉密载体为主要管理对象开展保密工作，大部分高校在保密管理方面依然遵循“人—设备—国家秘密”或“部门—保密要害部位—国家秘密”等单一的保密管理模式，这种管理模式下的保密工作形式单一，凭经验、凭习惯管理的老思路、老办法常常存在。在国家对保密管理要求的新要求下，传统保密管理手段已经显得不够有力，已不能够适应当前国家精准治密的形势。当前在一些新型管理领域，以数据为核心的管理模式逐渐兴起，这种管理方式关注于数据本身，因为数据能够更加客观反映当前管理对象的状态，也能够更精细的对多个层面的数据进行切片，可在多个维度展现工作整体情况。在保密管理工作中，这种以保密基础数据为核心，根据数据特点开展综合分析，推动单位治理国家秘密，将成为一种高效有用的手段。

2. 高校保密基础数据的主要内容及其特点

2.1 高校的保密基础数据主要内容

在高校开展涉密事项管理过程中，产生的保密基础数据主要包括保密组织架构数据，保密检查数据，保密要害部位数据，涉密人员数据，信息系统、设备数据，涉密项目数据，涉密载体和密品数据，涉外交流基本数据，涉密会议数据，涉密协作配套数据，外场实验数据。特别要注意的是，以上组成的保密基础数据不直接等同于国家秘密，它是单位在管理国家秘密过程中产生的数据，每个数据的基本属性如表 1 所示：

表 1　保密基础数据具体内容和属性一览表

基础数据名称	数据属性
保密组织架构数据	高校保密组织架构组成层次、组织人员职务、任职年限、二级单位保密主要人员基本情况、人员变动调整情况
保密检查数据	检查人员、检查性质、检查时间、被检查单位、检查内容、整改落实
保密要害部位数据	建设成立时间、调整情况数据、责任人数据、审查数据、地点方位数据、安防建设数据
涉密人员数据	人员基本情况数据、主要社会关系数据、岗位及岗位变化数据、境外经历数据、接受保密教育数据、证件情况数据、审查审批数据、涉密人员动态变化数据（新增、离岗）、人员奖惩数据
信息系统、设备数据	设备责任人数据、设备定密数据、保存数据、使用数据、标签数据、软件系统数据、硬件信息数据、安全防护数据、设备报废数据、安全策略数据、审计数据、运行维护数据、外联数据
涉密项目数据	涉密项目负责人、参研人员、项目密级、项目密点、立项结题时间、项目金额、项目成果、外场协作、外场实验
涉密载体和密品数据	制作数据、定密数据、接触数据、保存数据、收发数据
涉外交流基本数据	对外交流基本数据（时间、任务性质）、参加人员基本数据、审批数据
涉密会议数据	会议主题数据、参会人员数据、会议文件数据、会议使用涉密信息设备数据、会议保密检查数据
新闻宣传 论文审批数据	宣传报道或论文基本数据、宣传交流使用范围、审批数据
涉密协作配套数据	分包单位基本数据、分包项目内容、分包任务密级、审批数据、日常检查数据
外场实验数据	负责人及参与人员数据、使用载体及密品数据、实验任务基本数据、环境检查按数据

2.2 保密基础数据特点

高校保密基础数据与日常管理中的基础数据有很大不同，要做好保密基础数据的收集、整理、分析和运用，就要首先认识保密基础数据的基本特点，才能针对保密基础数据管理运用有的放矢。总体来说，保密基础数据主要有以下几方面的特点：

一是保密基础数据具有结构复杂多样的特点。任何数据价值的挖掘都依赖于数据本身蕴含的各类各样的信息，本身的数据结构就具有复杂多样性，保密基础数据也不例外。比如针对涉密载体都具有密级、编号等属性，但是对于涉密信息设备和存储介质来说，也具有密级、编号等属性，但二者又属于完全不同的数据类别；另外在涉密信息设备数据这方面，如涉密打印机数据属性中的安全防护和涉密计算机数据属性中的安全防护等信息完全不同，但这二者又同属于涉密信息设备类别。这表明，具有相同类别的数据可能存在不同的属性，具有相同属性的数据也可能属于不同的类别，保密基础数据相比其他更具有复杂多样的特点。

二是保密基础数据具有边界性模糊、耦合性高的特点。一些单位在建设保密基础数据库的过程中，保密基础数据往往是以“分布式”结构的形式组织存储起来的，这就导致了保密基础数据系统边界的模糊化。同时，随着数据处理新技术的发展，以“边界防护”为原则在划定数据安全边界时也变得更加困难。再者，某一类别的保密数据与其他类别保密基础数据的依赖性很强，会造成数据单元耦合性高。如某一单位涉密人员出现调离情况，在数据的其他终端，其信息设备、存储介质等有关数据中的责任人等都会发生变化，这种数据变化，若发生在数据组织架构流向不明的单位，轻则会导致数据传输不通产生变化不及时的情况，重则会导致单位整体数据混乱。

三是保密基础数据具有更高的保密性。保密基础数据本身产生于国家秘密管理过程中的数据，具有高保密性。大部分数据属于单位内部极为敏感的数据，部分数据甚至可以被定为国家秘密。正是这些数据敏感性强，安全保密要求高，数据安全隐患大，因此在数据处理分析和运用过程中，也对保存数据的信息设备和人员提出了更高要求。在信息设备方面，应对数据进行加密存储，并对存储设备终端使用 RAID 磁盘阵列技术加强备份；在人员管理方面，应加强对管理人员的保密教育，并按照涉密信息系统管理人员的要求加强管理。

3. 加强保密基础数据管理运用，提升保密工作管理效能

要打破条块分割，整合内部资源，实现以数据驱动保密管理、以数据推动保密工作发展、以数据驱动精准治密的管理目标，就必须要从单位密工作的现状和实际需求出发，深入研究高校保密基础数据。针对当前国家保密管理部门对精准化治理国家秘密的新要求和新思路，结合保密管理过程中的数据特点，本文提出以下以三点以保密基础数据推动学校保密管理工作的意见。

3.1 构建基础数据流动架构，建设数据管理体系

按照国家关于工作秘密管理的相关文件精神，高校应依托其现有保密工作体系和业务工作流程，展开基础数据梳理，构建保密基础数据流动路线图，从顶层设计上做好保密基础数据框架。在设计构建保密基础数据流动框架的过程中，保密基础数据的整体管理架构要具有数据采集汇总快、变化调整快、分析运用快的“三快”特点，同时要尽可能的解除模块之间的耦合性，确保每一个数据子集中有唯一的关键词；要能够在保证基础数据安全性足够强的情况下还要加强对保密基础数据之间的共享和备份。按照以上的分析思路，本文依托高校保密管理重点，构建以下保密基础数据流动框架图。

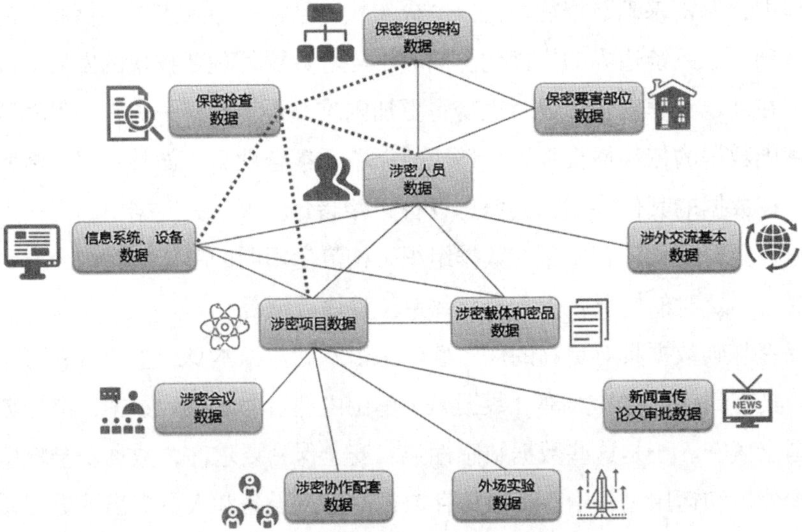

图 1　保密基础数据基本架构图

按照以上保密基础数据架构图，保密基础数据的根节点为保密组织架构数据，这是整个数据起始点，虽然这部分数据在日常使用过程中相对较少，但却是至关重要的一个关键点。在这些基础数据中，涉密人员数据、涉密项目数据、涉密载体和密品数据与其他数据的联络最多，是整个数据架构的重心。在图 1 保密基础数据基本架构图中，按照实际工作，可以形成以业务为中心的保密工作数据链路条，这些数据链路能够有效帮助单位梳理保密工作的具体思路，进一步指导单位开展好保密工作，达到精准化治理国家秘密的目的。

3.2 发挥保密基础数据在安全审计与风险评估中的作用

在保密工作中,安全审计和风险评估作为发现问题和潜在保密安全隐患的两种手段,一直是保密工作的重点和难点[3-4]。加强保密基础数据的运用,能够加强单位保密工作,提升安全审计和风险评估的质量。

在安全审计方面,审计人员面对大量包含信息设备的数据,要找到涉密信息设备在日常工作中的各类违反安全策略的行为,单纯依靠于审计软件相关,并不能真正查找出问题根源。这种问题往往是由两方面决定的,一方面大量的审计信息数据是不完整造成的,涉密人员在面对一些紧急的涉密工作任务,在完成相关登记和审批中,填写的登记审批数据是简写或缩写,有部分甚至是漏写,对审计工作造成一定困难;另一方面的原因是审计软件策略设置不当造成的,市场中的审计软件大部分只能机械执行审计策略内容,无法对涉密信息设备中自身产生的硬件问题、软件适配问题进行智能化审批,审计数据过程中会形成大量误判信息,干扰审计过程。

把保密基础数据运用于审计过程中,能够在信息系统和信息设备的审计过程中,以保密基础数据为基底,补全缺失或遗漏的数据,帮助审计人员更好的定位相关问题,开展问题溯源工作,以涉密载体审计为例,可迅速按照图 1 中设计的数据流向找到制作设备、所属项目、责任人等基本数据;此外,针对审计软件中的误报问题,根据保密基础数据中流动情况和统计规律,可帮助审计人员及时校正有关异常,发挥数据校正作用。

在保密风险评估方面,单位开展保密风险评估面向的对象为信息系统信息设备,针对保密其他方面开展风险评估的活动较少。在开展评估过程中,对单位存在风险点的分析依赖于主观认知情况多,依赖客观数据少,这将导致对单位总体保密的威胁识别和脆弱识别不够,风险点认识不充分,应对风险防范的措施不够。

以保密基础数据为基础开展保密风险评估,对基础数据中的波动情况分析,对波动异常的数据按照数据流向展开梳理,可从源头帮助单位分析认识风险点,在保密基础数据整体架构上,提出更具有针对性的减小保密安全风险的措施。

3.3 构建保密数据分析评价体系,促进保密工作检查,提升保密管理工作效能

保密检查主要是单位保密工作机构依据国家保密法律、法规和相关标准与指南,采取相应的管理和技术手段,对各类涉密人员保密责任制落实和规章制度执行检查的活[5]。这表明保密检查工作的重心在涉密人员方面,与本文中的保密基础数据基本架构中以“涉密人员基本数据”为中心的思路不谋而合,因此在开展保密检查方面,

应充分利用保密基础数据架构流向，通过数据流，开展日常保密检查工作、专项保密检查工作等各类检查。

针对日常保密管理检查工作，在工作实际中，按照数据流程图，可构建以下5条检查路线图，如图2所示。

（1）保密要害部位—保密要害部位—涉密人员

（2）保密要害部位—保密要害部位—信息

（3）保密要害部位—涉密人员—涉密项目

（4）保密要害部位—涉密人员—涉密载体和密品

（5）保密要害部位—涉密人员—对外交流

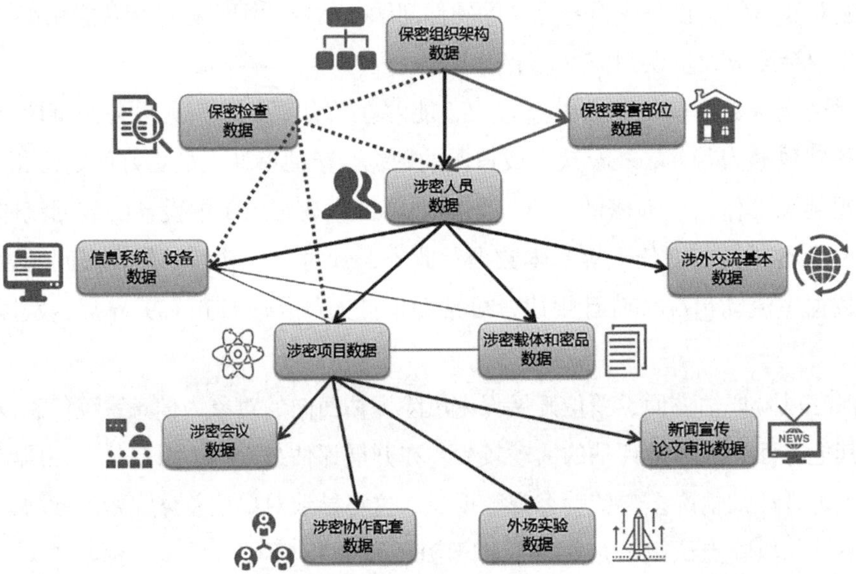

图2　保密日常检查数据链路图

针对专项检查，可构建以信息设备和涉密项目为主的2条专项检查路线图，分别如图3和图4所示。

（1）涉密项目—（涉密会议、涉密协作配套、外场实验、新闻宣传和论文审批）—涉密人员

（2）涉密信息设备—（涉密项目、涉密载体）—涉密人员—保密要害部位

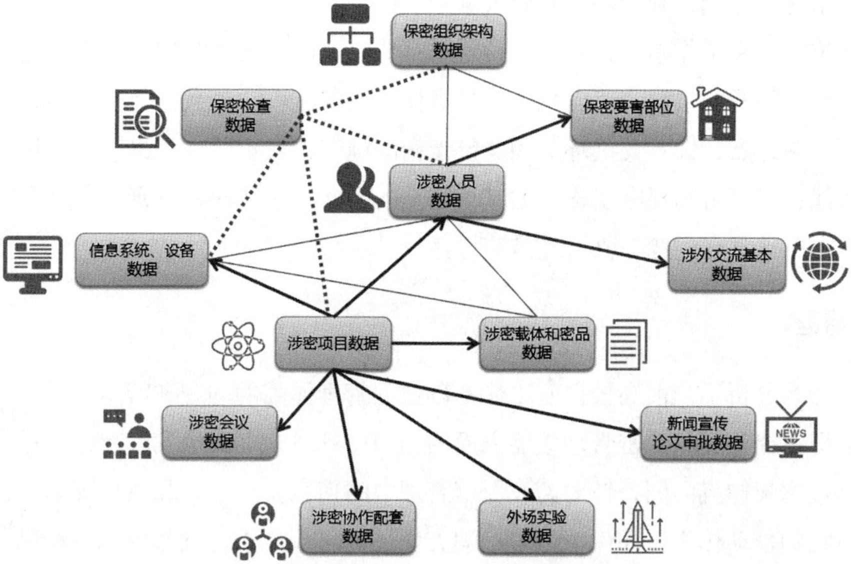

图 3　涉密项目专项保密检查数据链路图

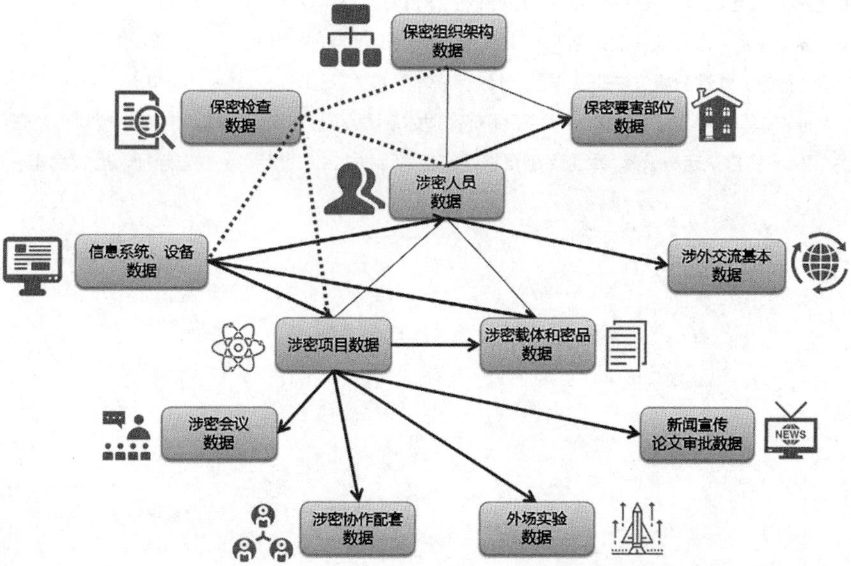

图 4　信息系统、信息设备专项保密检查数据链路图

以保密检查为例，利用保密基础数据开展检查工作，构建检查路线图，可以快速切入查找单位在保密工作中的漏洞。这种检查方式一是能够通过数据流向能够迅速定位问题，找到产生问题的根源，落实具体人员责任；二是能够通过数据架构流向图，找到检查关键环节关键点，针对关键环节和关键点精准施策，实现以查促进，不断提升保密管理工作效能；三是可为保密工作中的其他如设备采购、工作秘密管理、网络保密管理等保密工作中的重难点问题提供管理借鉴思路。

4. 结语

本文深入分析了当前高校保密工作基础数据管理面临的问题和特点，深入研究了保密基础数据在提升高校保密管理效能方面的作用。针对当前高校实际工作，提出了一种保密基础数据架构流向图，针对高校保密管理中的信息安全审计和风险评估，详细说明了基础数据的推动作用，在保密检查管理方面，提出了基于基础数据的一种保密检查方式，可为新形势新要求下的精准治密打好基础，不断推动保密工作向高效化、精细化发展。

[参考文献]

[1] 中央保密委员会全体会议在北京召开[J]. 保密工作，2021(01)：2.

[2] 本刊讯. 全国保密工作会议在北京召开[J]. 保密工作，2021(01)：4-5.

[3] 刘喆. 审计日志关联性分析方法研究概述[J]. 保密科学技术，2013（11）： 34-42.

[4] 刘莹，尤信群. 基于风险管理为核心的军工保密管理体系建设研究[J]. 国防科技工业，2021(06)：38-40.

[5] 国家军工保密资格认定办公室. 军工保密资格认定指导手册[M]. 北京：金城出版社，2017：148-149.

微信保密管理的风险表现、分析及其防范

王远征　林绵优

（中南大学学校办公室　长沙市　410083）

摘　要：近年来，微信从普通社交工具逐渐发展成为机关单位日常办公的重要平台，在方便工作的同时也引发了一些失泄密事件，亟须加强对微信保密管理的研究，切实防范失泄密风险。在保密管理过程中，因微信介入和使用引发的失泄密风险事件表现为有微信聊天泄密、非法传输密件、“朋友圈”泄密、公众平台泄密、其他新功能泄密等，可以将其划分为内容传播中的显性风险、信息获取中的隐性风险、数据分析中的综合风险三种类型，微信保密风险呈现出信息主体的强关系、内容扩散的快速性、扩散主体的多源性以及危害后果的永久性等特点，为加强微信保密管理的风险防范，应当坚持上网不涉密的总要求，把好人员管理的总开关，探索微信监测的新手段，形成保守秘密的好氛围。

关键词：公共管理；微信；保密管理；风险分析

0. 引言

党的十八大以来，习近平总书记高度重视网络安全和信息化工作，曾指出“过不了互联网这一关，就过不了长期执政这一关”，必须加强互联网治理。微信是腾讯公司于2011 年推出的一款通信社交平台，它支持发送语音、视频、图片和文字，同时将实时通信与社交资讯、生活服务相结合，逐渐发展成为综合型社交平台。截至 2021 年 1 月，微信每日活跃用户达 10.9 亿，其中有 3.3 亿用户进行视频通话，7.8 亿用户使用朋友圈，

作者简介：王远征（1993—），男，讲师，主要研究方向：保密管理、高校法治。

3.6亿用户阅读公众号文章，4亿用户使用小程序[1]。海量的用户群体和丰富的使用功能使微信已然形成了某种新型社会网络，从单纯的社交通信工具，发展为集社交、媒体、商业、办公、支付等为一体的生态圈，深刻影响了人们的工作生活，并吸引了越来越多研究者的关注。

近年来，机关单位使用社交平台处理工作的情形越来越普遍，微信以其用户量大、操作方便、功能实用等特点已成为开展日常办公的最重要渠道和平台之一。对于保密工作而言，微信的表现则是一把“双刃剑”，一方面是沟通交流“高速路”，另一方面则变成失泄密事件的“高发地”，因微信办公导致的失泄密事件逐渐增加，失泄密风险显著增大。然而，当前学界对于微信保密管理的研究多集中于实践性的案例分析，对其微信失泄密风险的学理性研究相对较少，因此开展对微信引发失泄密风险表现、分析和防范研究，将有助于深刻认识微信保密管理的机理，进一步防范和化解风险，切实提升新形势下保密管理的能力和水平。

1. 微信保密管理的风险表现

1.1 微信保密管理风险的内涵界定

在中国国家标准化管理委员会发布的《ISO Guide 73：2009风险管理术语》中将“风险”定义为“不确定性对目标的影响”，[2]指客观存在的，在特定情况下、特定期间内，某一事件导致的最终损失的不确定性。保密管理的风险是指在开展日常保密管理中出现的影响国家秘密安全的不确定性，具体表现为失泄密事件发生的可能性。

针对保密风险管理，我国学者主要从保密体系化建设、风险量化评估、特定领域的保密安全风险等方面开展了研究，如刘莹和尤信群（2021）提出要引入风险管理的理念来加强保密的内部管理和体系化建设。龙建强（2020）对开展年度保密管理风险评估提出量化操作方式。罗根连（2018）具体就推进军民融合过程中的安全保密风险进行了阐述。相关研究表明，风险管理理论在保密管理中具有一定的适切性，对于开展保密管理实践具有一定的指导意义。

在本研究中，微信保密管理风险是指在保密管理过程中，因微信介入和使用引发的

[1] 该数据来自微信创始人张小龙2021年1月19日的演讲。

[2] GB/T 23694-2013，风险管理术语［S］。

失泄密风险等非预期后果，其目的在于考察微信对保密管理目标实现的影响。具体而言，需要从理论和实践的角度，归纳总结微信对保密保密管理全过程的具体影响，分析其可能引发的不确定的关键要素并加以防范和化解。

1.2 微信保密管理的风险表现

微信因其功能实用、操作方便等优势已经深度融入机关单位的日常工作中，在信息沟通、文件传输、休闲娱乐等方面产生着重要影响，也隐藏着保密管理的相关风险，具体表现为失泄密事件的发生。风险事件的主要类型如下。

1.2.1 微信聊天涉密

聊天是微信的基础功能，如今许多机关单位习惯用微信进行工作交流和工作布置，在此过程中若不注意微信保密管理，则极易引发失泄密事件。在承办涉密事项时，通过微信进行工作汇报和工作布置时，极有可能涉及重要敏感内容、涉密信息、涉密文件等，若不进行脱密处理，而直接在微信传输，则会导致国家秘密泄露。2019 年 3 月，某局办案人员在外部相关人员再三说服下，将案件中的内部汇报材料通过微信传递给了案件当事人，造成失泄密事件，直接影响了案件的进展，事后相关当事人被依法追究了刑事责任。

1.2.2 文件传输泄密

微信的文件传输功能极大方便了日常办公，可以实现文件在用户之间的快速传递，还可以进行文件的云端备份以及手机电脑互传。文件传输功能的便捷实用可以提高工作效率，但是在开放的网络环境中，文件使用范围的可控性消失，放大了失泄密的风险。如 2020 年 5 月，某单位工作人员从机要通道获取一份国家秘密后，为尽快落实工作，就将文件拍照发至微信群，并迅速传播，造成泄密，相关人员受到党纪政务处分。2020 年 9 月，某单位干部在起草文件时，将密件通过微信传至电脑，殊不知微信客户端已将文件自动备份，事后当事人受到了党纪政务处分。

1.2.3 “朋友圈”泄密

“朋友圈”是在微信好友间分享文字、图片、视频等信息的发布平台，微信创始人张小龙曾指出，“2021 年的一天，有 7.8 亿微信用户使用朋友圈”。“朋友圈”是向不特定微信好友同步分享信息的机制，可以最大程度上收获好友的点赞评论，但也成为信息泄露的渠道。2017 年 9 月，某机关新任干部为了炫耀其身份，将参加会议领取的国家秘密文件首页拍照并发至微信朋友圈，其好友又将图片转发至微博，使得敏感信息在互联网广泛传播，造成泄密。事后，相关当事人受到党纪政务处分。

1.2.4 公众平台泄密

微信公众平台是2012年微信推出的进行内容推送和互动交流的功能。随着政府机关、企事业单位以及个人等纷纷注册使用微信公众号，该平台现已成为公共信息发布和公众阅读的重要通道，在信息传播中的作用日益凸显。在便捷信息传播的同时，微信公众平台也形成了新的失泄密隐患。某涉密单位曾在其微信公众号推送了一篇报道，内容涉及一些敏感信息，发出后该推送内容在互联网广泛传播，造成严重后果。事后，相关当事人受到了严重党纪政务处分。

1.2.5 其他新功能泄密

作为一款“国民级”软件，微信一直在持续更新功能，如近年来陆续上线的“微信支付”“城市服务”“视频号”等诸多功能，在方便用户生活娱乐的同时，也因其信息获取渠道的多样性，放大了保密工作的风险。如“视频号”功能可以用来拍摄日常视频还可以用来直播，涉密人员在使用此功能时若涉及涉密信息，则会造成严重的泄密后果。如“城市服务”需要持续获取用户的位置信息等，也会产生一些隐患。

2. 微信保密管理的风险分析

2.1 微信保密管理风险的类型分析

微信保密管理的风险点主要集中在涉密信息和涉密人员两个方面，涉密信息知悉范围的扩大或不可控，以及涉密人员身份信息、个人信息的泄露成为具体风险事件的表现形式。开展对其微信失泄密风险类型的分析，有助于深化对微信管理的认识，提高管理的实效性。

2.1.1 内容传播中的显性风险

微信保密管理中最突出的问题是涉密事项在微信用户间传递，严重违反了“涉密不上网，上网不涉密”的基本准则，鉴于微信的独特传播结构，其内容传播的主要渠道包括微信私聊、群聊、公众号、朋友圈、视频号等。在内容传播中，失泄密风险显而易见，即涉密信息通过微信传递至特定或不特定微信用户的可能性。此类显性风险转化为失泄密事件的可能性高且易发现，在日常保密管理中最为常见，防范难度大，且危害后果难以及时消除。

2.1.2 信息获取中的隐性风险

微信运行需要调用的权限包括存储、电话、麦克风、位置信息和相机等，用户为了使用某些功能必须授权微信调用以上权限。保密管理干部或者涉密人员的许多事项在一定程度上都是敏感的。例如涉密人员经常出入的地点场所、日常沟通的信息以及部分影像资料等，而微信在其服务内容中经常需要使用或调取这些敏感内容，如果不对手机进行严格管理，将使得敏感信息在不知情的情况下被调用，引发失泄密风险。此类风险隐藏在微信调用的后台，一般用户无法有效发现，属于隐性风险。

2.1.3 数据分析中的综合风险

随着用户数量和功能类型的持续上升，微信已经不再停留于用户主导内容的情形，而是会主动对用户信息数据进行综合分析，精准投放新闻、广告等内容。内容精准投放的背后是海量信息源和数据分析，如用户经常会发现日常谈论的话题会在朋友圈的广告页面出现，经常关注的信息内容也会出现在公众号页面。此类精准投放可以增添用户黏性，但也放大了信息泄露的风险，尤其是对涉密人员而言，信息数据综合分析的结果可能就是敏感的或涉密的。对于用户信息数据的综合分析、AI 算法给微信保密管理带来了综合风险。

2.2 微信保密管理风险的特征分析

2.2.1 信息主体的强关系

微信不同于其他社交软件用户的弱连接，其好友之间往往需要有一定的真实社会关系作支撑，具有很强的“熟人社交”的特征，更像是现实社会中关系在微信上的平移。微信场域中社交环境与现实社会存在着重叠，与用户个人相关联的现实信息会在微信中呈现和反映。微信保密管理中呈现出信息主体的强关联度，使得涉密或敏感信息仅会直接存在于强关系之间传输，失泄密风险的传导路径也反映在真实社会关系网络中。

2.2.2 内容扩散的快速性

随着微信群组和微信公众号影响力的提升，其信息的扩散速度也急速放大。人民日报、新华社、央视新闻等媒体的公众号推送内容阅读量常年“十万加”，个人用户群聊的数量也不断增加，微信的信息流不再是以往单向的“一对一”，逐渐呈现出“一对多”或者“多对多”的情形。微信保密管理中涉及的信息在此种场域下传递，若不进行脱密处理，信息扩散随着渠道的增加，速度更快，影响更大。

2.2.3 扩散主体的多源性

微信虽然是“熟人社交”，但信息的可转发性又在一定程度上打破了“圈子”之间的壁垒，转发后的信息流呈现出多个信息源，熟人之间的“窃窃私语”则变成了不同信息主体之间的“多点开花”，微信传递扩散的不可控性极大增加。微信保密管理的信息主体从单一到多源，从“圈内”私密沟通到“圈外”显山露水，管理的多头化现象十分显著，放大了失泄密风险。

2.2.4 危害后果的永久性

传统的失泄密事件多见诸扩大知悉范围或者涉密资料的丢失等，在控制信息扩散渠道或遏制信息源之后，便可以及时降低或减轻危害后果，但互联网时代下的信息扩散具有永久性，“被遗忘”成为互联网时代最难达成的目标。微信保密管理的危害结果在此种背景下也呈现出永久性，一旦涉密信息经由微信传递则直接泄露，且无法对信息保存或扩散进行有效限制，造成永久性的信息暴露，且极易引发次生危害后果。

3. 微信保密管理的风险防范

3.1 坚持上网不涉密的总要求

微信保密管理的风险虽然具有其新特点，但其依然属于网络保密管理的范畴，主要风险点在于网络攻击、数据窃取和信息扩散等。加强对微信保密管理的风险防范，要坚持“涉密不上网，上网不涉密”的总要求，严格遵守保密法对于网络保密管理的规定，确保涉密信息与互联网络的物理隔离。要深刻认识移动互联网加速发展给保密管理带来的挑战，建立社交媒体使用的管理制度或管理要求，明确管理主体和标准，加强监督监管，有效防范技术风险，在做到“上网不涉密”总要求的前提下，不断提升网络保密管理的治理能力和治理水平。

3.2 把好人员管理的总开关

“管理根本上是做人的工作”，对于加强微信保密管理尤其如此。从当前暴露的一系列微信失泄密案例来看，风险事件形成的主要原因就是保密管理工作人员或涉密人员的保密意识薄弱，保密知识不足，保密技能缺失，不具备做好保密管理工作的基本能力。相关单位在加强微信保密管理风险防范时，应当下大力气抓好人员管理，通过举办各类教育培训提升相关人员的保密意识，特别是要针对包括微信在内的社交媒体使用的规范教育，切实提升人员素质，把好人员管理的总开关，将失泄密风险扼杀在萌芽之中。

3.1.3 探索微信监测的新手段

监督检查是做好保密管理的重要手段，要将微信等社交媒体的使用纳入日常保密监督检查的内容，一是加强对微信使用的管理，积极排查风险隐患，经常性开展保密提醒，加强对于微信涉泄密事件的查处和案例警示教育；二是探索开展对微信公众号推送、群聊信息、朋友圈等内容的敏感词监测，使微信具备一定的失泄密风险预警功能，及时提醒信息传递者，防范涉密信息的扩散。探索微信监测的新手段就是在使用端加强提醒，在运行端加强监测，双向互动，形成对风险点的预警机制，防范和化解失泄密风险。

3.1.4 形成保守秘密的好氛围

良好的保密文化和保密氛围是做好保密管理工作的重要保障，微信作为新兴网络社交媒体，给保密管理带来了新的风险和挑战，但是依然可以遵循保密管理的基本规律，通过加强保密文化的宣传，让互联网形成“人人懂保密，人人会保密”的良好氛围。通过多渠道发力，使广大网络养成“涉密信息我不发，涉密信息我不传”“发现泄密及时报告”的良好媒介素养，让数以亿计的广大网友从“潜在的泄密群体”变为“坚强的保密队伍”，打造出微信保密管理的良好生态。

4. 结论

作为一款用户量突破十亿的“国民级”应用，微信已经成为当前社会交往的重要工具，在生活娱乐和工作办公领域发挥着极大的影响。微信多元化的信息收发通道，一方面成为工作交流的捷径，另一方面也成了信息安全的隐患。加强微信保密管理已经成为做好新形势下保密工作应有之义。

本研究发现，因微信引发的风险事件包括微信聊天泄密、非法传输密件、“朋友圈”泄密、公众平台泄密、其他新功能泄密等，风险划分为内容传播中的显性风险、信息获取中的隐性风险、数据分析中的综合风险三种类型，表现出信息主体的强关系、内容扩散的快速性、扩散主体的多源性以及危害后果的永久性等特点，为加强微信保密管理的风险防范，应当坚持上网不涉密的总要求，把好人员管理的总开关，探索微信监测的新手段，形成保守秘密的好氛围。

[参考文献]

[1] 谢俊，胡歌子. 习近平关于网络空间治理重要论述的研究综述[J]. 重庆邮电大学学报(社会科学版)：2021(04)：1-14.

[2] 刘莹，尤信群. 基于风险管理为核心的军工保密管理体系建设研究[J]. 国防科技工业，2021(06)：38-40.

[3] 龙建强. 保密管理风险评估的量化实践[J]. 保密科学技术，2020(05)：64-66.

[4] 罗根连. 军民融合深度推进过程中的安全保密风险分析及防范[J]. 保密工作，2018(09)：38-41.

[5] 姚斌. 基层保密工作5种常见典型泄密现象[J]. 保密工作，2019(12)：39-41.

[6] 石涛. 谨防微信成泄密“高发地”[J]. 保密工作，2021(04)：44-45.

[7] 陈曦，李鹏薄. 微信朋友圈的安全保密隐患及防范[J]. 保密科学技术，2017(01)：66-70.

[8] 李天龙，李小红. 微信传播特征探析[J]. 现代教育技术，2015，25(03)：95-100.

[9] 席彩云，刘子怡. 浅谈对高校保密干部的特殊性要求[J]. 保密科学技术，2021(02)：59-62.

工作秘密管理现状及建议

卢昕婵　袁冬梅
（苏州大学保密委员会办公室　江苏省苏州市　215006）

摘　要：工作秘密管理是保密管理体系的重要组成部分。在关于工作秘密的讨论中，因其覆盖面广、涉及领域多，理论界鲜有深入的论述，且并没有达成统一的认识；而在实际操作层面上则多以经验出发，各自为政，缺乏统一的标准。本文尝试根据现有的关于工作秘密管理的相关理论，结合实际工作中的调查研究结果，对工作秘密管理进行一些初浅的分析，希望能以此为工作秘密管理理论研究和实践探索提供一点借鉴和参考。

关键词：保密管理；工作秘密；管理途径

0. 引言

关于工作秘密管理的探讨由来已久，但由于对工作秘密本身内涵与外延的界定缺乏明确且统一的指针，使得相关的研究不够深入全面。中共中央保密委员会印发的《工作秘密管理暂行办法》（以下简称《暂行办法》）作为目前工作秘密管理领域最权威的文件，对工作秘密的概念进行了定义，明确了管理流程以及失泄密责任等，但全文原则性的要求较多，具体的管理方式方法提得较少，因而使得执行对象在理解上模棱两可，落实起来形式各异。本文将参考现行的工作秘密管理办法、政府信息公开制度、非密敏感信息管理等国内外相关政策和理论，结合实践经验，对目前工作秘密管理中存在的问题进行探讨，并提出几项初浅的建议。

作者简介：卢昕婵（1982—），女，助理研究员，主要研究方向：高校保密管理。E-mail：xclu@suda.edu.cn
袁冬梅（1982—），女，副研究员，主要研究方向：高等教育管理、保密管理。E-mail：yuandm@suda.edu.cn

1. 现行工作秘密管理现状及存在的问题

1.1 相关法律法规、规章制度繁多

工作秘密涉及的范围和信息量巨大，仅凭《暂行办法》作为具体实务工作的依据显然是不够的，因而需要依据专门领域的法律法规、规章制度等来进行管理和操作。这些法律法规、规章制度种类繁多，包括但不局限于：一、针对专门人员的法律法规我国《公务员法》规定了公务员有“保守国家秘密和工作秘密”的义务，有不得“泄露国家秘密或者工作秘密”的工作纪律。随后出现的很多针对专门人员管理的法律法规，比如《检察官法》《法官法》《公职人员政务处分法》《驻外外交人员法》《海关法》《国务院工作规则》等都规定了公职人员保守工作秘密的法律义务和泄露工作秘密的法律责任[1]，且都特别强调了保守工作秘密是一项职业义务，是公职人员必须遵守的行为准则。二、针对专门领域的规章制度《中国共产党纪律处分条例》规定了党内工作秘密的一般范围，包括“党组织关于干部选拔任用、纪律审查、巡视巡察等尚未公开事项或者其他应当保密的内容”。最高人民法院《关于保守审判工作秘密的规定》规定了审判工作秘密范围，最高人民检察院《关于确定检察机关工作秘密的意见》规定了检察机关工作秘密范围，公安部《公安机关警务工作秘密具体范围的规定》规定了警务工作秘密的 17 种事项。此外，国家税务局、国家统计局、国家药品监督管理局等国家机关也对税务工作秘密、统计工作秘密、药品审评审批信息等都对本系统工作秘密管理作出了相关规定[2]。

上述文件广泛存在于国民社会经济的各个领域，并呈现三大特点：第一专业性强，从本行业或领域管理的视角出发，对本系统工作秘密进行了界定；第二执行机构多，这些文件多是由该领域的最高国家机关制定的，要求该领域下设在省市县乡，甚至街道的各个分支机构贯彻执行。由于执行链长，一旦文件在传达过程中有贻误，实施效果将大打折扣；第三是时效性较差，有些文件颁布实施日期久远，面对不断变化的国情社情，其中对于工作秘密具体事项范围的划定是否依然准确，需要该领域主管部门再次进行确认。

1.2 关于工作秘密和公开信息的界定难以把握

对工作秘密过度保护会妨碍正常的政府信息公开，影响政府形象、机关效能和公共利益；但若因缺乏保密意识和保密能力而导致工作秘密泄露，则可能会影响公共管理的正常运行，严重者会危及“国家安全、公共安全、经济安全和社会稳定”，但其中的度的把握绝非易事。实践中，关于保密和公开的如何界定受多种主客观因素影响。

1.2.1 观念上的争议对工作秘密界定的影响

我国的保密工作深受党的政策的影响，经过几十年的实践，形成了具有中国特色的保密观。“党管保密”的政治优势被视为我国保密工作健康发展的一条重要经验，显示出了政治上的高度睿智与灵活。另一方面，与中国比较强调保密积极作用相比，西方社会对其负面作用的挖掘较深，他们认为保密虽然有必要，但坚持公开是民主社会的固有属性，公开应当优于保密（实际上政府是否这样做事另一回事）[3]。

各国对保密和公开的认知不同也体现在立法模式上的差异。目前世界各国的保密法制大约分成两种，一是信息公开例外模式，即在信息公开法中对保密信息作出排除性规定，其定密决定接受司法审查；二是保密与公开并重模式，即对保密作出专门规定，一般不接受司法审查。目前以美国为代表的西方国家大多采取第一种模式，而只有英国、俄罗斯和中国等少数几个国家有专门的保密法[3]。

随着国际交流的日益频繁，以及民主化法制化进程的不断推进，各种思潮和观念激烈碰撞，学术界对保密和公开的界定标准也争议颇多。在司法案件中，因为涉及工作秘密而不予审理或者驳回申诉的案例屡有发生，引发了理论界人士的热烈讨论。争议集中在对“工作秘密”的划定、管控范围、管控手段等问题上，而这些观念上的争议直接导致了实践工作中对于工作秘密的界定标准不清、依据不明。

1.2.2 行政裁量权对工作秘密界定的影响

由于定密工作的专业性较强，国际上公认的做法是由行政部门，或者专门国家秘密鉴定机构（主要是由该领域的专家和相关机关职能部门的负责人组成）对某一事项是否属于国家秘密或者工作秘密作出认定。这是由于他们对自己所从事的领域最为了解，对于哪些内容的泄露可能会影响到社会的安全稳定以及自身职能的行使最有发言权。行政机构具有判定信息是否予以公开的权利，即所谓的“行政裁量权”。

另一方面，过大的裁量权会使得工作秘密的确定更随意。我国的行政机构是从中央到地方层层划定的，不同层级的定密主体可能会因为观念、学识、经验、能力等的不同，而对相同或者相似的工作事项给予不同的判断结果。而实际工作中，当对某一事项是否公开存在争议时，相关人员往往会从规避行政风险，甚至是免于负担泄密处罚的角度出发，倾向于将该事项确定为工作秘密，从而使得对保密范围的裁量偏宽偏泛。

1.3 信息互相转化对工作秘密管理带来的挑战

工作秘密作为一种信息类型，本身就自带“瞬息万变”的属性。比如：因为时效已过、事件背景改变等等，工作秘密会转变为普通信息；但是很多情况下普通信息也会转变成工作秘密。

情况一：从量变到质变。我国《经济工作中国家秘密及其密级具体范围的规定》将“全国和各省、自治区、直辖市及计划单列市和省会城市工交、商业、粮食、外贸、物资、供销、金融、文教、行政、社会保障、农业、基本建设、地质勘探分系统和国有外经企业、国有境外企业、国有房地产开发企业的年度财务决算汇总资料”确定为秘密级国家秘密事项，这也就意味着，必须将组成这些分系统和相关企业年度财务决算汇总资料的各地级市和各区县产生的相关资料作为危及经济安全的工作秘密事项保护起来，才能使该类国家秘密事项得到有效保护。而类似的规定，在我国现行保密事项范围的规定中可以找到 60 个条款[4]。当个别的数据被汇集到一定的程度时，往往会转变成敏感信息；但统计数据是层层递进的，究竟要在哪一个层级将其作为工作秘密管控起来，并没有明确的规定。

情况二：个别信息引发的信息质变伴随着信息化的发展，各类管理媒介和管理平台被大量应用在机关、单位的日常管理工作中。然而，一旦即时通信平台上出现了敏感信息，整个数据板块都很可能会因此而立刻转变成敏感信息；再比如，原本存储在服务器上的普通数据资料，因情况转变而成为敏感事项，等等。如果管理者未及时发现并采取措施，则很可能会在短时间内造成知悉范围的迅速扩大，甚至酿成舆情。

此外，当灵活多变的信息类型架构在高度信息化和自动化的平台上时，信息的跨界风险若隐若现，使得工作秘密的管控更加难上加难[5]。

1.4 推行工作秘密管理阻力巨大

工作秘密管理虽然已经推行多年，但真正地落实落地依旧阻力重重，除了其自身在界定、归属、管理手段等方面的种种未解之题外，在实务工作的开展过程中，也面对着来自管理对象的诸多异议。

1.4.1 对工作秘密确定准确性的质疑

相对于国家秘密的管理，工作秘密管理由于定密主体宽泛、定密标准模糊、审核程序简单等原因，导致受众对其接受度不高。此外，管理对象对目前存在的定密过宽过泛的倾向也颇有微词，认为有隐瞒信息和权力寻租的嫌疑。

1.4.2 对降低工作效率，增加管理成本的不满

现代化的管理手段是提升工作效率的重要途径，但是成为“工作秘密”之后的文件，却只能在被物理隔离的内网或者以最原始的方式进行口口相传，使工作效率大打折扣。

对于基层单位而言，其间所耗费的人力成本、时间成本、交通成本、纸质文件的制作以及后期的安全管理成本等等无法细数，管理对象对此颇为抵触。

1.4.3 对密点不明，难以进行脱密处理的困惑

工作秘密所涉及的领域和事项纷繁复杂，对于众多需要贯彻落实的工作秘密文件来说，如果能在执行过程中进行脱密处理，就可以以更加高效便捷的方式加以落实，也有利于缓解执行对象的抵触情绪。但是由于上级文件的密点不明，执行对象难以对其进行脱密处理，而如果仅凭自身经验加以主观判断，则容易造成失泄密隐患。这也是实际工作中大家不愿意接手标“内部”“此件不上网”等文件的主要原因之一。

2. 对工作秘密管理的建议

2.1 从概念上理清工作秘密的边界

从信息资产属性来看，工作秘密应该属于“非密敏感信息”。非密敏感信息是指不属于国家秘密，但根据法律法规和政府各部门的政策，需要对其采取安全保护或传播控制措施的信息，包括但不限于工作秘密；公开后会影响公共利益、个人隐私、商业利益、法律程序、审查调查等的信息；个人数据等[6]。从国外的公开资料来看，非密敏感信息多涉及基础设施、国防、出口控制、金融、移民、情报、国际协定、执法、法律、自然和文化资源、专利、隐私、专有商业信息、临时规定、统计工作、税收、交通运输等领域[6]。由此，一国信息资产的分类大致可以概括如下：

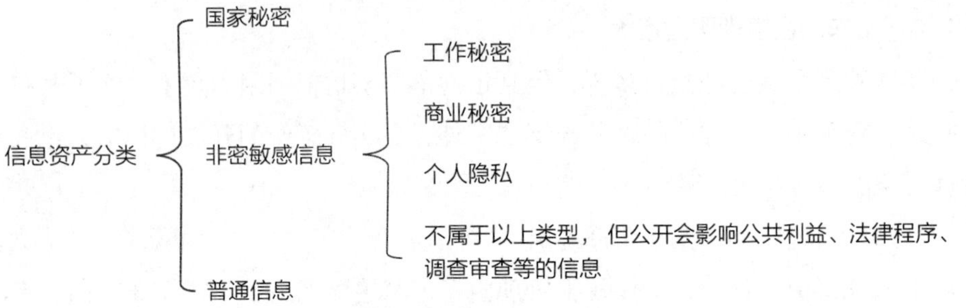

图 1　信息资产分类图

工作秘密是一种非密敏感信息，由机关单位产生；同时，机关单位也会产生涉及商业秘密和个人隐私的信息，此时一般也作为工作秘密加以管控；机关单位产生的信息并不都属于工作秘密，尤其是需要公众监督的信息等。

2.2 在实务中明确工作秘密的认定标准

判断某一事项是否属于工作秘密，除了需要专门领域的从业人员的专业知识与经验以外，还需要有明确的判断依据和标准，笔者在综合相关理论和实践经验的基础上，将认定标准概括为以下几个原则。

2.2.1 程序要件原则

《暂行办法》明确规定，工作秘密的确定必须要有严格的审核程序，换言之，一个缺乏工作秘密确定程序的事项，是不足以认定为工作秘密的。这一原则提醒颁布于《暂行办法》之前的诸多涉及工作秘密管理的规章条例，有必要重新加以审视。

2.2.2 实质要件原则

实质要件是某一事项之所以确定为工作秘密最核心的内容。如果机关、单位产生的信息，公开后会影响国家安全、社会稳定、公共秩序，会使其依法行使职权失去保障，即可以定义为工作秘密；而涉及商业秘密、个人隐私等与第三方利益有关的信息，也可以作为工作秘密予以管控。虽然同属工作秘密，显然泄露后造成的影响是有轻重缓急之分的，因而在管理上也可以采取不同的方式方法。

2.2.3 反向推定原则

反向推定原则就是事先划定好“工作秘密事项范围”（或称“一览表”“细目”等），在实际工作中，凡属“事项范围”内的信息即认定为工作秘密，凡不属于该“事项范围”的信息则应予以排除。这对指导基层管理部门正确界定工作秘密具有最直接而有效的作用。

2.2.4 损益比较原则

所谓“损益比较原则”就是评估某一事项的公开给公共利益带来的是更多的好处还是损害。这一原则往往在不确定事项中运用较多。此外，是否危及第三方的合法权益，也是需要考虑的因素。只有当该事项披露后确实会产生实质性的影响或者该事项公开后的损害大于益处时，才能予以认定。

此外，判断某一事项是否作为工作秘密时，需要对所确认的事项明确地加以书面说明，且不宜援引原则性的和涵盖信息过于宽泛的条款，并需要得到定密责任人或者是主管业务领导的确认；对有争议的事项，可以请第三方监督机构介入。

2.3 在管理中规范行政裁量权的使用

现行工作秘密相关的专门法律法规、规章制度众多，从本质上来说就是行政裁量权的一项具体表现。明确和肯定行政裁量权的积极作用，能使机关单位明确工作秘密的确定与保护既是权利又是义务、既是权力又是职责，对确保机关、单位正当行使职权有着不可或缺的作用。另一方面，行政裁量权是一种自由裁量权，这项权力的滥用将会严重影响机关、单位的公信力和公众的知情权，因此，机关单位应当谨慎地行使这项权力。

一是要严格遵循“谁主管，谁负责”的原则，由中央和国家有关机关制定关于本行业本领域的工作秘密事项范围，下级机关单位遵照执行；地方机关单位确定工作秘密事项清单，并报上级主管部门审核认定。

二是要实施动态监督和把控，机关单位应根据实际情况对工作秘密事项范围内容，包括其知悉范围、保密期限、解密条件等进行适时调整，并及时传达至所属行业、领域的下级机关单位，以确保工作秘密管理的时效性和公信力。

三是要明确保密行政管理部门的指导和监督职责，以工作秘密管理的统一的标准，给出公平公正的评判或修改意见、建议等。保密行政管理部门的监督能更有效地约束机关单位的行政裁量权，使行政裁量权在发挥其积极作用的同时，避免被误用和滥用。

2.4 在保密教育中强调义务和责任

机关单位作为工作秘密的产生主体，基于其尽职履责的需要，要求其所属工作人员予以保密，因而机关单位是保守工作秘密的责任主体，对保守工作秘密负有不可推卸的管理责任。这也是为什么我国关于工作秘密的提法最早出现在《公务员法》中的原因之一。《行政机关公务员处分条例》也明确规定，泄露工作秘密、造成不良后果的，给予警告、记过或者记大过处分，情节较重的，给予降级或者撤职处分，情节严重的，给予开除处分。

由此，保密教育作为工作秘密管理中的重要一环，已经不仅仅是作为对保密意识的宣传和提醒，更需要作为一项机关单位从业人员的职业道德和行为准则融入机关单位的日常管理中去，以实际工作内容为载体，时时刻刻以义务和责任的名义加以强调。唯有如此，工作秘密的管理才能更加客观立体，更加行之有效。

2.5 在具体管理手段上灵活变通

对于工作秘密管控的方式方法，《暂行办法》已经作出了相关规定，在制作、收发、传递、保管、流转、借阅、复制、汇编、归档等重点环节，必须严格按标准操作并落实负责人，确保每一步工作有据可循。另一方面，由于工作秘密种类繁多、层级不同、影响范围不同等原因，在利用信息系统和信息设备处理时，亦可以进行适当地变通。比如实施分层管控：对于上级文件有明确规定的工作秘密事项，必须严格按照规定执行；对于本单位内部产生的事项，或者仅涉及第三方利益的事项，在评估影响范围之后，可以通过控制知悉范围，或使用采取防护措施的专门网络系统进行管理。再比如进行脱密处理：通过隐匿密点或重置文档等方式使其脱密成为普通文件，再进行贯彻落实。但无论何种管控手段，都必须保证所属工作秘密事项的安全可控，切不可为执行落实方便而随意解密或减少应有的保护措施，造成失泄密隐患。

[参考文献]

[1] 任翔，李蕊. 工作秘密管理相关理论与实践问题探究[J]. 大连大学学报，2018(2): 94-98.

[2] 后向东. 我国政府信息公开制度与实践中十大重要观点辨析[J]. 中国法律评论，2018(1): 169-181.

[3] 张群. 西方保密法制札记[M]. 北京: 金城出版社，2017.

[4] 王雷. 基于法律视角的工作秘密事项研究[J]. 江苏科技信息，2014(10): 85-86.

[5] 蔡艺生. 信息公开背景下警务工作秘密管理制度的完善[J]. 中国刑警学院学报，2019(5): 14-20.

[6] 于洁，栗琳. 英国敏感信息管理及对我国的启示[J]. 情报理论与实践，2021(7): 184-190.

我国高校保密体制机制研究

傅丽萍　蒋尧鹏　李　丽
（上海交通大学保密办公室　上海市　200240）

摘　要：随着国家的不断发展，我国高校保密体制机制日益完善，每一个阶段都有其特点，如何在“两个大局”下做好高校的保密管理工作日益重要。本文在日常工作的基础上，通过文献研究，以党的领导，归口管理，完善保密管理制度建设，突出重点，“人防、物防、技防”相结合的保密屏障，以监督检查为重要督促方式，党纪、政务、刑事处罚相统一的泄密责任追究等七个方面总结我国高校保密体制机制的特点，提出未来高校保密工作面临的新问题，从深化保密管理内涵、加强保密管理专业队伍建设、构建管理抓手提出初步解决方案，为今后高校保密工作更好开展起到借鉴意义。

关键词：保密管理；体制机制；特点研究

我国高校保密体制机制的建立与国防科研任务的需要密切相关。这种管理体制是在党和国家保密工作长期实践中形成的，也是在高校快速发展中形成的，有利于保密管理在高校的落地生根。随着我国保密资格认定办法的三轮升级，我国高校保密体制机制也相应完善，第一轮是成立了保密委员会、保密办公室，有相应的人员、经费开展保密工作，第二轮是建立了保密法规制度体系、涉密人员宣传教育体系、保密指导管理体系、保密科技支撑体系、保密检查监督体系和保密服务保障体系等长效机制，第三轮是推进了保密工作与业务工作的融合发展，实现了科研（定密）、人事、宣传、外事、信息化（运维）等职能的归口管理。我国高校保密管理体制逐渐显现出以下特点：

一是党的领导。党的领导主要体现在充分发挥党的政治优势和组织优势，制定和落实保密工作方针政策。高校保密委员会是党领导保密工作的组织形式，代表党委履行议

作者简介：傅丽萍（1989—），女，主要研究方向：高教管理。E-mail：lpfu@sjtu.edu.cn

事与决策、指挥与协调、奖励与处罚、监督与查办职能。校保密委员会由党委主要负责同志挂帅担纲，重点学院、党政、组织、宣传、科研、研究生、外事、财务、信息中心等单位负责同志参与其中，具有规格高强谋划、触角广聚人心的组织优势。保密委员会委员在履职过程中积极谋划推进各自领域的保密工作，同时在年底进行总结。

二是归口管理。保密工作与业务工作相结合，在高校的各业务领域注重敏感内容的审查。纵向上来看，对外开展新闻宣传，结合业务办理流程，由党委宣传部结合新闻发布统一进行审查；教职工上岗、离岗、培训等环节中细分涉密人员上岗、离岗、培训，人力资源处有效进行衔接；研究生涉密学位论文管理，由研究生院进行审查和监督；涉密人员出国（境）交流由国际交流处按照要求进行统一管理；涉密科研项目定密管理由科研院在分解项目时进行明确；信息设备由信息中心进行管理与维护；保密办在上述各个环节中进行监督，及时纠正离岗未办理手续、新闻宣传未审查、涉密信息设备未及时登记等违规行为。横向上来看，学院、课题组距离涉密人员较近，掌握情况较为清楚，能够很好地履行日常服务与监管的职能。

三是完善保密管理制度建设。高校保密管理制度基本立足于实际情况，结合条块业务内容，制定围绕教书育人中的招生考试保密与研究生论文保密、科学研究中的国防科研保密、文化传承中的宣传报道与对外交流保密审查，以及社会服务中党政机要管理与师生保密意识提升基于高校四大功能的管理制度。同时结合保密要求，制定保密管理在高校中的适用范围及原则，明确保密工作组织机构及其职责，明晰高校国家秘密的范围和密级，规定涉密人员管理、保密要害部门部位管理、信息设备和存储设备保密管理、涉密会议管理等内容，制定为确保保密体制机制正常运作的监督与保障规定。

四是突出重点。《国防科技工业涉密人员保密行为十不准》和《国家机关工作人员保密守则》都将涉密人员的言行作为重点管理对象。涉密项目研制目标、路线、过程，关键技术原理、诀窍、参数、成分、工艺，设计图纸、试验记录、制造说明、样品模型，专用软件、设备、装置、设施、实验室，情报来源和科研经费预算等是国家科学技术秘密的保密要点。[1]

根据国家总体要求，高校在定密的基础上建立以涉密人员、涉密项目、涉密信息设备和存储设备、国家秘密载体、对外提供信息等为重点的保密管理体系，并贯穿于高校日常管理服务中。作为高校基层管理单位的院（系）、部、处，将涉密人员出国（境）管理作为重点内容，填写审批表，及时了解情况建立管理清单，并在出行前进行保密教育与提醒，回国后做好承诺。在涉密人员上岗（含岗前培训）、脱密，对外交流、发表论文的保密审查，涉密研究生论文答辩的保密审查手续，涉密信息设备和涉密存储设备、国家秘密载体的销毁审批，涉密科研项目从申报到结题全过程保密管理等日常工作中发挥作用。

五是“人防、物防、技防”相结合的保密屏障。注重涉密人员和全校师生的保密宣传教育。结合高校的运行特点形成了普遍宣传与定期培训相结合的保密宣传教育形式。每年组织开展保密先进评选和表彰，促进保密工作经验交流；对保密干部进行岗前教育；组织教职工年度保密教育培训和新进教职工入职保密教育培训；开展军训学生的保密意识教育培训和国家统一考试考务人员保密培训；积极组织专兼职保密管理干部参加上级部门的各类培训和相关警示教育活动；部分高校以现代多媒体技术，加强保密教育培训的数字化建设，建立保密“两识”案例库、试题库、视频库或者微信公众号，为高校师生提供更加便捷的学习平台。大部分高校涉密科研场所分散在不同位置，在涉密区域统一安装摄像报警装置，建立值班登记制度；对于涉密项目与非涉密项目共用研究场所的情况，做出适当的划分，对非涉密人员进行保密教育。高校结合实际工作需要，购置涉密信息设备、配备红黑隔离电源、刻录光盘等，安装防护软件，筑牢“无形长城”。

六是以监督检查为重要督促方式。高校在保密检查方面形成了校级“飞行”检查、专项检查，基层单位自查、邀请检查等综合检查模式。作为高校基层管理单位的院（系）、部、处配合学校的保密检查，及时对发现的隐患进行整改。部分高校结合保密资格认定办法优化检查清单，建立基本项、重点扣分项、常规检查项（包含物理安全及保密设施、内部场所及保密设施、涉密载体、安全保密产品配备情况、管理以及信息设备和存储设备）清单。创新检查方式，以现场使用“全球学术快报”App 的方式倒查论文发表保密审查情况。高校间以协作组为平台，部分开展校际的邀请检查，将各高校科研保密工作先进经验与创新应用进行结合，提升协同创新效能，最终使高校实现优势互补，形成协同创新发展合力。[2]

七是党纪、政务、刑事处罚相统一的泄密责任追究。《中国共产党纪律处分条例》和保密法都有关于泄密责任追究的规定，我国《刑法》也设置了专门条款。高校结合自身违规违纪处理办法等，对违规处罚权限在职能部门间进行了明确划分，将党纪、政务处分等处罚措施等进行优化、细化，使处罚的实施更具有操作性。上述特点，是我国高校保密管理体制机制的实践经验和初步成效，未来高校保密工作面临以下新问题。

一是跨区域。高校保密应该是“大保密”，随着高校多校区办学模式的发展，因保密管理很多事项不能上网，地理区域的分散，增加了保密管理的难度。

二是新通讯。一方面，高校没有建立统一的涉密网络，这与军工集团、中科院等系统不同，涉密信息的传递主要依靠人员传递。偶尔人员意识淡薄，会使用新通信工具进行传递。另外一方面，2020 年新冠肺炎疫情以来，在线办公、在线教育、在线会议等模式兴起，高校与甲方单位的联络主要通过微信等新通信工具进行，为相关敏感信息上网埋下了隐患。

三是模糊化。随着高校事业的不断发展，我们面临的敏感信息也越来越多，与美国国防部依托一站式军地信息沟通平台“国防创新市场”发布国防科学技术发展战略、国防部最新年度科学技术重点投资领域以及采办项目等信息[3]相似，我国搭建了全军武器装备采购信息网发布相关信息，舰艇、63821 部队、直升机隐身机库等以往敏感字眼都出现在网上，当然相关项目对接均采取线下联系的方式，但是对教师对涉密信息的理解，特别是对涉密信息与敏感信息的界限的模糊化产生了一定的影响。保密工作是一项系统工程，一个单位做好保密，其他配套没有做好，保密也是不可能完成的。同时工作秘密等信息也亟须保护，一些干部或教师对涉密信息、工作秘密、敏感信息之间的界限不熟悉不了解，没有严格执行制度的现象时有发生。

四是大数据。由于人们对电子设备和网络的使用和依赖，个人数据自动化、智能化地生成、存储和处理，再经过网络传递和设备数据同步，最后被大数据管理者所掌握。大数据为实现个人信息的“量变”到国家信息的“质变”，提供了低成本的、可行的技术手段，悄无声息地打破了个人信息与国家信息之间的界限和转变阀门。[4] 十九大报告强调“坚持总体国家安全观”，要“统筹发展和安全……坚决维护国家主权、安全、发展利益”。具体来说，要重新设置“阀门”，紧跟时代发展，建立新型开放共享、信息公开和安全保密的关系。

针对上述几个方面的“困境”，今后重点加强以下几个方面的工作攻坚。

一是深化保密管理内涵。结合新发展，依据事项范围清单，高校尝试探索符合自身保密管理范围，更新清单。同时研究制定工作秘密管理办法，制定工作秘密清单。

二是加强保密管理专业队伍建设。当前保密培训大多是形式上的培训，包括如何管理涉密人员、国家秘密载体、信息设备与存储设备等，对于如何判断保密内容的培训比较少，对于增强保密队伍专业化的培训亟待增强。

三是构建管理抓手。现有的保密管理体制更多地着力于“保”，而少有对国家秘密进行全方位与全过程的跟踪。微信等新通信工具的监督管理尚处于自查的状态，因涉及隐私等原因，全过程跟踪的路径未打通，因此高校可以建立微信等信息发布保密专题培训等，提升师生保密意识。

[参考文献]

[1] 中华人民共和国科技部.《国家科学技术秘密定密管理办法》(国科发创〔2018〕124号).

[2] 韩志兵. 高校科研保密协作组建设的实践与思考[J]，保密科学技术，2017(9)：53-55.

[3] 国务院发展研究中心“军民融合产业发展政策研究”课题组. 美国推进国防科技工业军民融合发展的经验与启示，2019(10).

整体性治理视角下的高校国防科研保密管理研究

许继芳　吴佳卿
（苏州大学科学技术研究部　江苏省苏州市　215000）

摘　要： 高校是我国科研活动的前沿阵地，在国家科技创新体系中高校的地位日益凸显，高校的科研团队承担的国防科研任务也日益增多。加强高校国防科研保密管理工作愈发重要。本文基于整体性治理理论的视角，探索了高校国防科研项目保密管理的现状、问题，提出了四个方面的高校国防科研保密工作一体化建设路径。希望为高校国防科研保密管理工作提供一些参考与借鉴。

关键词： 整体性治理；高等学校；国防科研；一体化建设

0. 引言

习近平总书记在中央政治局第二十六次集体学习时强调，“国家安全工作是党治国理政一项十分重要的工作，也是保障国泰民安一项十分重要的工作。做好新时代国家安全工作，要坚持总体国家安全观，抓住和用好我国发展的重要战略机遇期，把国家安全贯穿到党和国家工作各方面全过程”。党的十九届五中全会指出，要加强国家安全体系和能力建设。高校是知识创新的主体也是技术创新的重要力量。进入新时代，高校在国家科技创新体系中的地位日益凸显。随着大数据时代的到来，互联网技术的不断更新进步，伴随着高校国际化交流的日益频繁，高校面临的保密形势日趋严峻、保密环境日益复杂，保密管理对象更加多样化和泄密渠道更加多元化，给高校国防科研项目的保密管理工作带来了极大挑战。高校需要充分把握新发展阶段的新要求，坚持总体国家安全观，努力做好新时代的高校保密工作，所以高校国防科研的保密工作一体化建设显得尤为迫切。

作者简介： 许继芳（1973—），女，副教授，主要研究方向：科研管理、区域科技创新与管理等。
E-mail：jfxu@suda.edu.cn

1. 高校国防科研项目保密管理的现状

高等学校作为科学技术创新的基础力量，在我国国防科技创新中发挥着基石的作用。自《武器装备科研生产单位保密资格认定办法》《武器装备科研生产单位保密资格标准》实施后，高校遵循“积极防范、突出重点、严格标准、依法管理”的原则，积极推行保密管理体系化建设，全面落实保密归口管理工作，系统防范能力得到明显提升。但随着高校承担国防科技项目的数量增多、规模变大，保密管理工作量和保密责任也越来越重。

但是高校国防科研生产活动具有参与人员复杂、交流频繁、科研场所分散的特点，高校的科研保密工作还存在着防范意识不够强、保密技术相对落后的现状，高校现有科研活动组织方式一般只能达到保密资格审查认定标准中的基本要求，很难完全满足更高层次的要求[1]；同时通过保密资格认定后，各单位往往还存在着保密管理滑坡等问题。因此，高校依然存在失泄密隐患，高校的保密形势仍然严峻繁杂。为了提升主动管理、整体性治理的能力，探索建立面向高校国防科研保密管理的一体化治理机制，已成为高校国防科研保密管理系统急需解决的课题[2]。

2. 高校国防科研保密工作存在的问题

科研保密管理是高校科研保密管理工作的重要任务，目前高校科研保密管理工作主要具有点多面广、人员动态变化大、开放环境、研究生广泛参与、保密要点界定模糊的动态特性[2]。由于科研项目种类众多、内容性质各异且类型复杂，加之保密管理人员专业知识和保密管理经验所限，难以准确把关，易导致“制度设计”与“管理实际”两层皮的现象产生。

不同项目所涉及的保密要点也不尽相同，有的是技术指标、技术应用背景敏感，有的是工艺配方、具体参数敏感，有的则是从方案提出起项目所有内容都涉及国家秘密[3]。因此，高校国防科研保密管理既要严格按照《武器装备科研生产单位保密资格标准》执行，还要根据研究、研制、测试、生产等不同项目类型制定出精细化的科研保密管理流程。

涉密科研项目具有生命周期，在其“项目申请、立项、研发、成果产生、知识产权保护、成果转化、成果鉴定和宣传”等生命周期中，任何一个环节泄密，都会危害整个项目[3]。科研保密管理流程应围绕涉密项目全生命周期，做好涉密科研项目任务分解及密级确定、涉密人员保密审查及保密责任确认、科研团队的保密意识提高和保密知识培训等规范管理与精细化控制工作。目前高校国防科研保密管理主要存在以下方面的问题：

2.1 存在缺乏体系化监管的现象

高校科研保密管理工作与上级主管单位的保密管理工作联动协调机制不强，易造成管理工作的时空延迟[3]。国家保密行政管理部门、国防科技工业管理机构并不清楚高校科研项目实际保密要点，难以形成有效管理。仅通过管理部门的现场保密检查，也很难对高校日常的保密管理工作进行监督与管理，不能及时发现失泄密隐患，从而造成了对国防科技工业保密监督与管理工作很难到位的局面[4]。

2.2 存在定密环节不完备的现象

相当多的单位或定密责任人缺乏准确定密能力，有时是为了图方便、省事，有时是怕出问题、怕承担责任，在确定国家秘密事项或涉密协作配套任务时，并没有真正根据"国家秘密范围细目"来规范进行，导致"低密高定、高密低定、无密定密、有密不定"的现象时有发生[5]。"低密高定、无密定密"的过度保护既增加了保密管理成本，也会影响科技的推广与使用，如：本应作为"商业秘密"的事项被当成"国家秘密"来保护，这既不利于国家秘密的规范化保护，还造成了科技成果不能充分利用。而"高密低定、有密不定"最终会形成影响极其恶劣的、造成严重损失和后果的重大事件，危害国家安全。我国的保密管理法律法规体系中关于"定密"的法律法规尚不完善，目前还未有针对"乱定密、过度定密、不及时解密"进行惩处的公开案例。

2.3 人员管理的复杂性

涉密人员管理一直是保密监督管理的核心内容[6]。因科研项目研究的需要，高校中有相当量的海外留学人员、技术专家、学者、研究生[7]等不同程度地参与到涉密科研项目之中，这使得高校中涉密人员的构成呈现多样性和复杂性，客观上造成保密意识不强、保密能力不足的现状，给高校保密管理带来难题[8]。如：高校在涉密人员身份背景审查时无法实现有效审查，只能是形式审查；高校涉密人员（如涉密研究生）离职后选择自主择业、去往私营企业的情况普遍存在，涉密人员脱密期管理监督机制尚不成熟，尤其脱密期内二次择业更是难于监管。

2.4 信息共享机制不健全

相当多的民口高校未建立涉密科研信息网络，日常均为涉密单机操作，无法实现数据监控与风险预警功能，因此行为管控往往趋于事后。同时高校日常监管过于被动，单位人事部门、科研部门、信息化部门等信息交互不彻底、业务台账间数据无法关联比对等问题[9]，导致日常保密监管无法有效开展，不能准确发现科研保密管理中人员入岗、离岗及信息设备使用的盲点；经常是在发生违规行为或者造成严重后果之后，才发现并进行有效处理。

2.5 信息化加大了保密管理难度

当前，信息化技术已经成为我国经济高质量发展的加速器，“十四五”时期信息化将迈入“互联、融合、创新”的新时期；但信息便捷产生、传输、获取的同时，也带来了一系列安全问题，信息化时代的窃密和泄密行为更具隐蔽性。

网络安全生态圈、密码通报预警和监督检查协作机制尚未建立，这使得计算机信息网络极易遭受黑客入侵；而国产桌面技术、国产 Linux 系统、国产高端服务器、国产工业自动化控制系统等国产化替代才刚刚起步，大量进口的计算机软件硬件都可能留有窃密通道。高校科研人员的网络行为日志都被系统实时保留，如经常检索的技术领域、日常输入法记录等；黑客或国外情报机构根据上述情况可以轻易进行分析并获得重要科研情报，很多与国防科研相关的重要技术信息无意之中就被泄密和窃取。

在对涉密信息的防护上，大多采用了涉密机与非涉密机物理隔离的方法，采用不同授权的移动介质进行涉密机之间、涉密机与非涉密机之间的文件传输，但是由于这种方法使用过程较为繁琐，对使用人员的保密管理业务能力要求较高；部分涉密科研人员为了方便，可能使用“潜水机”进行涉密信息操作，导致泄密[10]。

3. 整体性治理理论概述

整体性治理理论最早由英国学者佩里 · 希克斯提出，并先后撰写了《整体性政府》《圆桌中的治理——整体性政府策略》《迈向整体性政府》等著作[11]。杰夫 · 马尔格提出“整体性治理”主要关注“协调”与“整合”这两个公共管理领域的传统核心问题，并逐一指出这一理论得以快速推行的 6 个方面动因，比如原有的政府结构和政策工具难以应对新的问题、互相联系问题的与日俱增、公民对公共服务提出了更高诉求等等[12]。

国内学者从 2002 年才开始研究整体性治理理论。纵观国内学者关注的整体性治理理论的主要是关注协调和整合。著名学者竺乾威教授提出的：整体性治理思想着眼于政府内部机构、部门的整体运作，倡导管理应逐步从分散走向集中、部分趋向整体、破碎迈向整合[13]。学者胡象明、唐波勇认为整体性治理的运作实现，协调机制、整合机制和信任机制是至关重要的功能要素[14]。

综上可以看出整体性治理是以有效的协调、整合来解决公共事物和以满足公众整体性需求为主导理念的新型治理模式，它是将目标和手段有机协调和整合，以期达到事情的解决和服务供给的内在统一，从而得以提升整体治理效能。所以在整体性治理理论的指导下，围绕协调和整合的核心要义，可以更好地应对新时代高校国防科研项目管理面临的新形势新挑战，建构高校国防科研保密管理的一体化建设。

4. 高校国防科研保密管理一体化建设路径

在总体国家安全观的指导下，科研保密管理也应统筹人、物、环境和管理四大风险因素[3]，形成整体性治理视角下的系统性建设方案，提高保密管理工作的科学性和可靠性，降低风险隐患。

4.1 推动保密归口管理的一体化管理机制

高校应坚持“党委统一领导，分级负责，归口管理”的原则，落实保密管理各环节的保密责任，在实践中不断推进保密归口管理工作的具体落实，推动建立健全单位科研保密管理一体化建设。

第一，坚持“业务工作谁主管，保密工作谁负责”的指导思想，制定“保密工作归口管理办法”，落实职能部门及二级单位的保密归口管理的职责，有效地实现业务工作与保密工作相融合；

第二，明确各二级单位主要负责人为保密工作责任人并签订保密工作承诺书（或责任书），细化保密归口目标责任，完善管理细则；

第三，在各二级单位工作职责和年终综合考核中，列入保密管理责任考核项，形成“归口管理，分级负责，责任到人”的保密责任体系，进而建立横向覆盖各职责部门，纵向覆盖学院、项目组的一体化保密归口管理模式。

4.2 建立全流程一体化定密工作机制

由高校保密管理、科研业务主管部门、项目负责人根据国家制定的相关法律法规对保密范围的要求、项目指南中的具体描述及上级主管部门意见，针对科研项目中需要保护的项目背景（应用信息、敏感人员信息、资金来源等）和科技信息等内容，组织开展“精准定密”工作。

“精准定密”需要明确项目研制过程中每一个子项目的密级及其研制成果的密级，要做到项目密级随任务分解（WBS）而分解，这是“精准定密”的关键，也是“深化定密”操作的难点。在实际操作中，还可以根据项目实现周期，按照项目进度节点、阶段节点进行分阶段定密，以实现科研项目全流程一体化定密工作机制。

4.3 完善国防科研保密管理的一体化协同机制

如何完善国防科研保密一体化协同机制详见表1。

表 1　国防科研保密管理一体化协同机制

Tab. 1 Integrated coordination mechanism of national defense scientific research confidentiality management

项目阶段		工作要点	归口部门
一、项目申报	1.1 申报项目	定密级→人员预审（保密提醒）→确定保密要点。	科技管理部门
	1.2 合同签订（拿到任务书批复）	（1）确定协作配套（签署外包合同、签署保密协议、承诺书、涉密须提供相应证书）。	科技管理部门
		（2）及时调整国家秘密细目（确定涉密事项、知悉范围、保密期限）。	定密责任人、保密办、科技管理部门
		（3）检查申报人员互联网机，杜绝泄密隐患。	信息化部门
二、项目管理	2.1 入岗管理	（1）根据细目中知悉范围，组织人员进密（保密审查－定岗位定级别、承诺书、保密培训－考试）。	人力资源部门
		（2）根据工作需要，授予要害部位进出权限。	要害部位工作人员
		（3）根据工作需要，授予涉密信息设备使用权限。	安全保密管理员
		（4）根据工作需要，配备工作机。	信息化部门
	2.2 项目日常保密管理	（1）人员管理：组织保密教育培训；因私出境护照集中管理；因私出境保密管理。	人力资源部门
		（2）信息设备管理：安全保密员授权用户；用户导入导出、操作均应履行登记审批手续；定期组织涉密信息设备及存储设备审计；定期组织涉密信息设备及存储设备、安全保密产品安全风险评估。	保密“三员”
		（3）要害部位管理：做好进出登记及视频监控检查工作。	保密办
		（4）外出携带涉密载体：对涉密载体、信息设备外出携带进行审批、检查→回单位后查验载体交接单或涉密载体完好程度→载体登记入柜。	科技管理部门
		（5）外出携带涉密信息设备：对涉密信息设备外出携带进行审批、检查→回单位后查验涉密信息设备使用情况。	信息化部门
		（6）涉密会议管理：事前：审批，建立保密工作预案；事中：人员审查及登记，布置会场，会场检查及监督；事后：清点涉密载体及信息设备，登记入柜。	科技管理部门

续表

项目阶段		工作要点	归口部门
二、项目管理	2.2 项目日常保密管理	（7）宣传报道：论文、专利、新闻稿履行保密审查手续。	保密办
		（8）项目节点管理：对输出的载体进行定密，项目进度检查。	科技管理部门
		（9）协作配套监督：分包任务执行情况，保密管理情况，项目与涉密资质匹配情况。	科技管理部门
		（10）做好定期保密监督检查工作。	保密办
三、项目验收	3.1 涉密载体管理	（1）涉密载体移交：清点登记、审批、归档。	科技管理部门
		（2）涉密载体销毁：清点登记、审批、送至定点机构销毁。	科技管理部门
	3.2 涉密信息设备管理	删除用户账户、回收要害部位使用权限。	安全保密员
	3.3 涉密人员离岗	离岗审批、离岗承诺书；脱密期管理。	人力资源部门

4.4 构筑国防科研保密监管的一体化联动机制

对涉密计算机、便携式涉密计算机、涉密移动存储介质加强过程管理。对涉密计算机使用电源滤波插座和电磁干扰设备，统一安装“三合一”系统，从技术上切断涉密计算机违规上互联网的通道；对涉密信息设备输出进行集中管控，配备相应导入导出设备，专人负责管理；通过技术手段，从源头对保密工作管理制度的落实情况进行有效监控。

高校保密管理部门、科研管理部门、信息化部门还应加强联动，根据各自保密归口管理职责，采取定期检查与不定期抽查相结合、自查与保密管理部门抽查相结合的方式，对涉密信息设备、涉密移动存储介质加强过程管理，同时加大对互联网信息的保密检查力度，加强对保密档案整理督察力度，使保密档案各方面记录、材料翔实清晰，确保过程管理闭环，最大限度控制失泄密的发生，构筑出科研保密一体化联动机制。

5. 结论

保密管理工作是一门专业性、应用性很强的管理学科，需要不断地理论与实践探索深化。作为一种管理探索，从整体性治理的视角探索高校国防科研保密管理一体化建设，构建一体化的归口管理机制、一体化的定密工作全流程机制、一体化的协同机制、一体化的联动机制等，可以提升高校科研人员的安全保密意识、保证高校国防科研保密管理工作质量。

[参考文献]

[1] 钟灿涛. 国防科研保密工作的难点及对策[J]. 中国高校科技，2013(9)：20-22.
[2] 崔淑妮. 高等学校科研保密管理体系建设[M]. 北京：清华大学出版社，2019.
[3] 郭锋，王妍. 动态管理强化高校科研保密管理的思考[J]. 科教导刊，2020(3)：129-133.
[4] 潘炜，陈杨林，郭健等. 高校科研保密风险分析与管理对策[J]. 信息安全与通信保密，2012(3)：64-67.
[5] 孙宝云，周志忍. 中美保密机制比较及对政府信息公开的影响研究[J]. 中国行政管理，2013(7)：84-93.
[6] 姜莉. 中美军民融合保密管理的对比分析及其启示[J]. 中国军转民，2018 (10)：67-70.
[7] 刘铁忠，张振华，陈妍等. 国防科研涉密人员保密素质影响因素SEM建模研究[J]. 北京理工大学学报（社会科学版），2010(4)：5-9.
[8] 王伟，杨东晓，罗国良. 高校研究生参加涉密科研活动的保密工作探讨[J]. 学位和研究生教育，2010(1)：29-32.
[9] 庞庆堃. 把握军工科研院所涉密人员新动向，探索涉密人员管理的有效途径[J]. 保密科学技术，2020(7)：70-72.
[10] 尹怀琼，董风华. 大数据时代高校科研泄密新形势及其防范措施[J]. 资源信息与工程，2020(3)：140-144.
[11] 郑容坤. 整体性治理理论的演进及意蕴探析[J]. 行政科学论坛，2018(11)：53-58.
[12] GEOFFMULGA. Joinedup Government： Past，presentandfuture，http：//www.youngfoundation.org.uk.
[13] 竺乾威. 从新公共管理到整体性治理[J]. 中国行政管理，2008(10)：52-58.
[14] 胡象明，唐波勇. 整体性治理:公共管理的新范式[J]. 华中师范大学学报，2010(3)：11-13.

高校保密归口管理工作的利弊分析

张江博　王占奎

（北京科技大学　北京市　100083）

摘　要：军工保密资格认定办法已经发布实施 4 年，部分高校在推进保密归口管理工作中仍面临重重困难，无法顺利推进归口管理工作落地实施。经过与大量高校保密管理部门积极沟通，深入咨询保密归口管理工作推进过程中存在的问题，分析高校保密归口管理工作利弊，本文通过总结部分高校的先进经验，为广大高校提供可行性建议。高校要加强顶层设计，领导高度重视，部门积极沟通，给予条件保障，组织监督检查，开展宣传教育，各部门齐心协力为保密归口管理工作贡献自身力量。

关键词：保密工作；归口管理；利弊分析

0. 引言

军工保密资格认定办法对武器装备科研生产单位提出归口管理的要求，其强调要明确部门责任和机构设置，规范程序，细化标准，坚持“业务工作谁主管，保密工作谁负责”的指导思想，强化归口管理工作，进一步推进保密工作和业务工作相互融合促进发展，使之更加科学规范、合理可行、易于操作。[1]

提出归口管理的目的旨在建立健全的保密工作管理体系，将保密要求融入全校各项业务工作中，确保保密业务开展到哪里，保密要求就延伸到哪里，全面提高高校的保密管理水平。但是长期以来，高校各部门存在保密工作由保密职能部门（以下简称保密办）负责的思维定式，在推进落实保密归口管理过程中遇到层层阻力。

首先，归口部门不清楚新标准中保密办的工作职能，认为保密办应该负责全校的各

作者简介：张江博（1994—），男，助理研究员，主要研究方向：保密管理。E-mail：1370717738@qq.com
王占奎（1962—），男，副研究员，主要研究方向：教育管理。E-mail：wangzhankui@ustb.edu.cn

项保密工作，错误地认为推进保密归口管理工作是将本属于保密办的工作分派给各归口部门，从而减轻保密办自身的工作量。其次，受制于学校人员编制和有限的办公空间，归口管理部门无形中增加了现有人员的工作量，进一步为保密工作压缩了现有的办公空间。最后，承接保密工作的管理人员难以独立承担归口管理业务，害怕因工作失误承担责任，因此事事由保密办允许后才能执行，虽然名义上完成了业务归口，但是主要工作和责任仍然由保密办承担，无法实现真正的归口管理。

面对《武器装备科研生产单位保密资格标准》中高校推进保密归口管理工作的规定，多数归口部门负责人对保密归口管理的意义存在疑惑，下面本文将分析推进保密归口管理工作的利与弊，并针对当前高校存在的常见问题提出可行性建议。

1. 推进高校保密归口管理工作的利

1.1 建立健全完善的保密工作管理体系，全面落实保密工作责任制

当前党政管理岗位接触涉密信息的频率日益增多，只有在全校范围内做到人人学保密、人人会保密、人人懂保密，才能全面做好学校的保密工作。归口管理工作为学校建立健全的保密组织机构体系，是统一部署，层层贯彻，全面落实各项保密工作的必要条件。高校应坚持“党管保密”的原则，建立三级保密工作体系，在旧体系的基础上合理分配保密归口管理部门的职能，将保密工作渗透到全校各个角落。

学校保密委员会根据上级保密部门要求和学校保密工作现状认真研究对策，审批切实可行的实施方案，全面统筹、协调、保障好全校开展各项保密工作。保密委员会成员单位中，包含各归口管理部门，如党务、科研、人事、宣传、外事、信息、档案等。保密委员会统一部署，业务归口部门负责人按照“业务工作谁主管，保密工作谁负责”的原则，组织制定业务工作范围内的保密工作制度，融入相关保密要求，对所分管业务工作范围内的保密工作做好具体研究部署和条件保障工作，使保密工作成为业务工作的重要组成部分，促进业务工作与保密工作融合发展，全面落实保密工作责任制。

1.2 保密业务与归口业务有机融合，推动保密业务工作水平提升

归口管理工作将与各归口部门业务性质相关的保密工作移交至归口部门。经过多年的不断发展与完善，学校各部门内部均有成熟的制度体系和业务流程。保密工作覆盖面广，与学校主要行政部门的业务均有所涉及。以前保密工作相对独立，存在自身的一套业务流程，在办理业务的过程中，不少师生反映保密业务与归口部门业务存在重复、矛盾的现象，让师生多走冤枉路，严重影响办事效率。这是长久以来保密业务与归口部门

业务相互独立、缺乏沟通的结果，只有打破保密部门与归口部门之间的壁垒，将与归口部门相关的保密业务与归口管理部门已有的业务流程相结合，才能促进保密工作转型升级，形成高效便捷的业务体系。

其次，归口管理部门的人员对归口业务更熟悉，经验更丰富，更加知悉业务泄密的风险点。保密办的工作人员无法深入了解学校各相关业务的各项管理要求和具体流程，在遇到突发或意外情况时经常找不到合适的解决办法。保密归口业务，其性质上是具有保密属性的归口部门业务，归口管理人员在以往的工作中积累了丰富的管理经验，能够在遇到突发情况时及时提供科学的解决办法规避泄密风险点并进行妥善处理。

1.3 促进保密部门转变角色，统筹协调全校保密工作

保密归口管理工作，对学校保密工作提出了更高的要求，它提出将保密工作延伸至学校各个部门，由归口部门承担相关的保密业务，更强调了保密办的转型升级，主要职能从办理各项业务转变成开展监督检查和宣传教育。

保密工作涉及范围广，业务流程复杂，伴随着学校科研领域不断发展，与保密相关的业务持续增长。有限的人手受制于繁重的业务，保密办无法实现精准管理，无暇顾及监督检查和宣传教育工作，科研生产活动得不到细致谨慎的监督检查，学校师生无法学习到足够的保密知识，在科研和日常生活中时常因为缺乏保密常识意识犯下错误，过去的管理模式已不适应时代的发展。保密工作需要广泛、深入、持续开展监督检查和宣传教育，这两项工作应当比办理业务工作在保密管理中占据更重要的地位，只有在监督检查中明确各项保密要求，监督落实整改措施，在宣传教育活动中将保密意识和防范技能深入人心，才能避免学校师生犯错，才能保证学校科研工作的有序开展，才能不断提升学校的保密管理水平，为学校长远发展提供稳定保障。因此，每个归口部门分担了业务相关的保密工作，将保密办从繁重的业务中解放出来，将更多精力用于监督检查和宣传教育，从而统筹协调全校各部门共同为保密工作添砖加瓦。

2. 推进高校保密归口管理工作的弊

2.1 归口部门人员匮乏，涉密岗位条件保障不足

当前学校党政管理岗位人员数量有限，每个科室都肩负着庞大的工作量，受制于有限的办公空间，多数部门内部工作人员都是以工位形式划分办公区域，在有限的空间内处理繁重的业务。保密归口管理工作，将与归口部门相关的保密业务移交给归口部门相关负责人员，无法提供符合保密要求的办公环境，同时增加了管理人

的工作量。部分学校在协调推进保密归口工作时考虑增设岗位专职负责相关业务，但是当前部分学校在招聘时人员比例逐渐向科研教师倾斜，党政管理类别争取新设立岗位的难度大，招聘新人存在困难。在归口部门内部分割出相对独立区域，设置保密业务专用的办公及安防设备，将进一步压缩部门有限的办公空间，影响其他同事甚至科室整体的办公环境。

其次，根据确定涉密人员的相关条款，承接保密归口工作的人员应当确定为涉密人员。不同于其他业务，承接保密工作意味着要承担相应的保密管理责任。保密工作是党和国家发展的重要保障，不允许出现任何失误，若出现失误处罚力度大。而初步接触保密工作的人员缺乏相应的保密管理知识，对保密业务流程不熟悉，害怕因工作失误承担责任。部分学校对于管理岗位涉密人员的条件保障不到位，如保密津贴标准极低，相反成为涉密人员后，归口管理人员需要每年完成培训任务，定期开展自查检查，出入境管理也受到约束。相比于有限的津贴和多重限制，归口管理人员对承接保密工作和成为涉密人员存在抵触心理。

2.2 新标准中保密办的角色转变及管理要求

过去的保密管理模式中，保密办事必躬亲，全校所有保密业务均经过保密办的审批，因此保密办掌握着全校大大小小的保密业务，管理比较粗放。新标准的提出，保密办要完成从执行者到管理者角色的转变，管理更加精准细致，如涉密载体的全生命周期管理，涉密载体在制作、传递、销毁等环节中的精准把控等。虽然将保密业务工作移交给了归口管理部门，但是保密办的管理难度并没有降低。由于将保密业务与归口业务融合，部分审批主体不再由保密办承担，因此保密办缺乏对归口业务全流程的知悉程度。同时，如果各部门间缺乏充分的沟通，各个部门在办理保密业务时相互脱节，保密工作体系将无法正常运转。保密办要在原有监督检查科研项目的基础上，将更多精力投入到监督检查各归口部门的保密管理情况和统筹协调各归口部门团结合作上，确保保密管理体系运转正常，没有因为移交了保密业务而得到任何放松。

新标准还要求保密办加大保密宣传教育的力度，在全校扩大宣教覆盖面、丰富宣教形式、更新宣教内容，按照年度培训学时要求组织开展保密宣传教育工作，将宣传教育工作作为保密管理工作的重点，深入普及保密知识和防范技能，预防失泄密事件的发生，并在遇到敌对机构组织渗透策反的过程中采取反制措施。新标准对保密办提出了新的要求，对已经习惯了处理具体业务的保密工作人员提出新的挑战，它强调要细致谋划、认真思考、实施开展保密检查和宣教工作，从工作能力上对保密办工作人员设立了更高的标准。

3. 对推进高校保密归口管理工作的可行性建议

3.1 高度重视，决策部署，落实保密工作责任制

学校保密委员会高屋建瓴，召集保密委员会成员单位召开保密工作专项会议，共商推进归口管理的各项交接工作，让归口部门认清保密归口管理的重要性，确保归口管理工作得到落地实施，稳步推进。建立健全的保密工作体制机制，从保密委员会负责人、分管保密工作负责人、归口管理部门负责人、业务工作人员明确职责分工，层层落实保密工作责任制。

3.2 归口部门建章立制，提供必要人员和硬件保障

3.2.1 建立健全的归口部门保密管理制度

健全的保密规章制度是保密业务遵循的依据，是指导开展各项保密工作的纲领性文件。建立健全完善的保密规章制度是做好保密工作的基础。归口管理部门在承接保密归口业务后，要依据党和国家有关保密工作方针政策和保密法律法规，以及上级有关规定制定的日常保密管理工作规范，结合本校保密业务实际，及时建立保密归口管理制度，视具体情况制定保密专项制度，做到健全、规范、可操作，适应保密工作开展，最终以红头文件形式发布实施。将保密工作与本部门业务有机融合，避免出现业务工作和保密管理两张皮的现象。

归口部门要根据国家和上级保密行政管理部门要求、深入结合国际形势和国家发展变化，及时与保密管理部门和其他业务归口部门沟通，共同修订规章制度，增强制度的约束刚性。在健全的保密规章制度基础上不断完善保密业务流程，建立全校保密工作体系，落实各相关职能部门责任制，规范高校内部运行机制。

3.2.2 归口部门为保密工作提供充足条件保障

由于保密工作细致严谨，需要工作人员将大量精力投入其中，因此归口管理部门的领导应根据不断增长的保密工作任务量和指导手册中的明确规定申请增设人员编制，合理分配工作任务，减少身兼数职的情况。

根据保密业务知悉国家秘密程度和频率，决定是否将该管理人员确定为涉密人员纳入统一管理。对从事保密业务的人员，学校和单位要给予一定的津贴补助和条件保障。归口部门领导要向学校申请符合保密管理要求的办公场所或将已有场所改造使其符合保密管理要求，配备必要的安防设施，为办公人员提供涉密专用的计算机、办公自动化设备等必要硬件。

3.3 保密办加强对归口管理人员的培训教育和监督指导，实行管办分离

3.3.1 部门间积极沟通，稳步推进归口管理工作

保密管理部门全程要对业务归口单位提供必要支持，加强沟通交流，利用丰富的保密工作经验协助建立归口业务部门的保密工作制度和业务流程，定期组织承接归口业务工作的具体人员参加保密知识技能培训，组织开展业务监督指导工作，稳步过渡保密归口业务。归口管理工作推进完成后，要定期组织归口管理部门间沟通交流，探讨解决业务上存在的问题。要为归口管理部门创造与其他兄弟院校归口管理部门互通有无的机会，深入探讨保密归口管理工作重点难点，相互学习借鉴先进的保密管理经验，不断完善本校保密工作不足之处，互帮互助促进共同进步。

3.3.2 加强培训教育，管理人员具备应有素质

部分专兼职保密管理人员是由于单位工作安排才接触保密工作，对保密工作要求理解浅显，保密知识技能水平较低。保密办要针对他们组织开展保密专业知识技能培训，使其适应形势变化、提高专业能力、做好保密管理工作。保密办要定期组织参加上级单位或高校间的保密培训交流活动，认真学习领悟国家及上级保密行政管理部门的新思想新要求，紧跟时代脚步，掌握保密工作动态。根据保密工作内容及业务归口职能组织相关保密工作人员有针对性地参加专题保密培训，重点学习涉密人员管理、涉密信息技术等专业知识技能，强化提升自身水平，练就过硬本领，力争成为一专多能的复合型保密工作人才。

3.3.3 注重监督检查，定期检查归口业务问题

保密管理部门要根据保密管理工作制度为归口管理部门编制保密检查记录表作为保密检查和自查工作中的依据。根据保密检查记录表内容，对全校涉密归口管理部门每半年组织开展一次全校范围的全面检查，每年组织开展 1–2 次专项保密检查，以文字或者表格形式做好检查记录，特别是将检查中发现的问题和整改落实情况形成工作记录。

涉密归口管理部门每季度组织开展一次保密自查工作。由归口部门保密管理人员根据季度自查表内容检查季度内部门各项保密工作管理情况，整理保密工作档案，确保各项保密审查审批手续记录齐全。监督本单位按照校级检查和部门自查下发的整改意见完成整改工作。

保密检查和自查过程中，要将保密管理工作中常见的突出问题及薄弱环节作为监督检查主攻方向，从开展检查、发现问题、提出整改要求、落实整改措施、通过复查、留存档案，形成闭环管理，切实发挥保密检查工作“以查促改、以查促建”的作用，做到

立查立改、限期整改，针对保密工作中存在的违规现象要严格按照奖惩制度对相关单位或人员给予处罚，让检查监督起到警示教育作用，促进保密习惯养成。

4. 结论

保密归口管理工作是一项艰巨复杂的任务，是一项系统全面的工程，需要学校领导高度重视，统筹规划，需要保密管理部门积极协商，需要各归口部门提高认识，健全保密管理制度，融合保密和业务工作，逐级落实保密责任制。各部门协同联动，共同构筑高校保密工作防线，维护好国家秘密安全。

[参考文献]

[1] 国家军工保密资格认定办公室. 军工保密资格认定工作指导手册（2017版）[M]. 北京: 金城出版社，2017: 4.

高校即时通信工具及新媒体应用保密管理工作探讨

任明强　韩　骁

（西安交通大学保密办公室　陕西省西安市　710049）

摘　要：随着信息技术迅猛发展，以微信、QQ 为代表的互联网即时通信工具，以及以微博、微信公众号、抖音、快手等为代表的网络新媒体信息平台已深入渗透到高校工作生活的各个方面，在方便工作生活的同时，也对高校保密管理带来了新的挑战。本文以即时通信工具及新媒体信息平台应用为目标，分析新媒体时代高校保密管理面临的机遇与挑战，提出高校新媒体应用保密管理的工作要求及措施建议。

关键词：即时通信工具；新媒体信息平台；保密管理；高校

0. 引言

据 2021 年 8 月发布的第 48 次《中国互联网络发展状况统计报告》显示，我国网民规模已达 10.11 亿，互联网普及率达 71.6%。其中，网民使用手机上网的比例超过 99%，手机即时通信用户规模超过 10 亿。在如此庞大的网络世界中，微信、微博、自媒体和流媒体等新媒体的出现，使现代通信工具和传输方式出现了多样化趋势。通过新媒体软件和平台进行学术交流和共享成为高校科研工作新常态，然而网络即时通信工具及新媒体应用也使高校失泄密事件呈现出传播速度更快、泄密范围更广、影响更为恶劣的不利局面。

针对当前新媒体应用对保密工作带来的严峻挑战，高校保密管理工作也应与时俱进，不断创新理念和思路，紧跟新时代保密形势，实施更加有效的保护措施，完成新时代保密工作的转型升级。

作者简介：任明强（1972—），男，主要研究方向：保密管理。E-mail：mqren@xjtu.edu.cn

1. 新媒体开创新时代，机遇与挑战并存

1.1 新媒体发展对高校保密宣传教育带来更多的机遇

新媒体是新的保密宣传教育阵地，潜力巨大。当前，新媒体影响力越来越大，生动有效的宣传才能吸引新时代的高校师生，才能在这些年轻学生中产生共鸣。高校保密宣传教育可以充分发挥主流媒体的导向作用，利用新媒体加强保密宣传教育效果，积极推进全媒体建设，以点带面，点面结合，使保密知识、保密技能、保密案例看得见，听得到，记得住，增强保密教育的针对性和实效性。

1.2 新媒体传播对高校保密管理工作带来新的挑战

在当前“人人都是信息源，人人都有麦克风”的新媒体时代，每个人都是公共信息的发布者和传播者，微信等即时通信工具的传播特点使信息资料能够极快地在网络世界大范围传播，这个特点也为高校失泄密提供了多种方式和渠道。近几年，在高校保密工作实践中，新媒体应用因盲目、麻痹、大意而导致的失泄密事件屡见不鲜，其失泄密风险更加难以控制。

首先，以微信、QQ、钉钉、电子邮箱、办公自动化 OA 等为代表的即时通信工具使用，成为高校日常办公的“利器”。然而对高校保密管理工作而言，这一“利器”也是一柄“双刃剑”。近几年，通过微信工作群发送涉密信息或敏感信息、通过电子邮箱传递涉密文件资料、利用办公自动化 OA 系统办理涉密工作业务等失泄密事件屡屡发生，说明互联网通信工具已成为失泄密事件的“高发地”，需要进一步加强保密管理。

其次，以微博、微信公众号、今日头条、抖音、快手、哔哩哔哩等为代表的新媒体信息平台，成为继互联网门户网站之后高校新闻宣传的新平台，已具有庞大的用户基础。但由于部分机关单位，特别是基层工作人员保密意识薄弱、保密常识欠缺，在新媒体信息平台发布敏感信息甚至是涉密信息而造成泄密后果，在“一知半解”和“不知不觉”中导致失泄密事件发生，需要引起高校保密管理工作人员的高度关注。

2. 即时通信工具使用的保密要求

虽然微信、QQ、钉钉、OA 等网络即时通信工具对高校保密管理带来新的复杂挑战，但也无须因噎废食，彻底禁绝微信等通信工具在日常办公中的使用，而要“以不变应万变”，强化保密措施，综合施策，做到在有效防范失泄密风险、确保国家秘密安全的同时，充分利用信息化带来的工作便利。为此，本文作者在参考借鉴保密主管部门有关文件要

求基础上，结合高校保密实际，对高校即时通信工具使用保密管理提出如下工作建议。

2.1 工作原则

高校工作中使用即时通信工具，应严守“上网不涉密、涉密不上网”的保密红线，建立基于即时通信工具的互联网群组要实行“谁建群谁管理、谁管理谁负责、谁发布谁负责”的工作原则。

2.2 禁止行为

高校工作使用即时通信工具时，不得有下述行为：

2.2.1 不得以拍照、复制、输入等形式传播国家秘密文件、敏感工作资料等；

2.2.2 不得传播属于国家秘密的录音、录像、照片等音频、视频资料；

2.2.3 不得引用国家秘密文件的内容，包括文件名称、文号和部分章节、段落等；

2.2.4 不得谈论国家秘密事项，包括正在传达贯彻和执行的涉密事项名称、内容；

2.2.5 不得谈论、传播正在酝酿、起草、讨论还未形成正式文件、未进入定密程序以及信息公开程序的事项内容、名称；

2.2.6 不得以拍照、复制、输入等任何形式传播未公开的内部文件、资料以及音频、视频资料；

2.2.7 不得传播保密要害部门、部位工作环境和涉密信息设备的录像、照片等资料；

2.2.8 不得传播未经有权发布机关公开的重大突发事件及其处置对策、措施内容，包括文本、视频、音频、图像等；

2.2.9 不得传播未经领导或者有权发布机关同意发布的领导工作行程、安排、随行工作视频、图像等。

2.3 明确责任

高校各级党政部门、学院（部）及直属单位应担负起保护国家秘密安全的责任，加强本单位内部互联网群组及工作人员即时通信工具使用行为的监督、检查和管理，明确互联网群组管理责任、管理规则和使用规范，及时发现、制止和消除保密违规行为和失泄密隐患，确保国家秘密和工作秘密安全。

3. 新媒体信息平台的保密要求

当前，以微博、微信公众号、今日头条、抖音、快手、哔哩哔哩等为代表的新媒体信息平台，均可以独立形成一个新闻信息传播平台。在这一环境下，如果发生国家秘密泄露情况，无论泄密主体，还是传播主体，都具有便利且不可控的多种传播渠道。同时，由于新媒体平台“一对多”“多对多”传播方式带来的传播倍增效果，泄密渠道已不局限在特定空间，而极大扩展了领域，且以更加多样形式出现，客观上造成涉密信息传播扩大化和危害管控难度加大的风险后果。在高校保密工作中，对微博、微信公众号等网络新媒体信息平台，应进一步加强保密管理。

3.1 严格执行保密审查制度

高校各单位党政主要负责人为本单位保密工作第一责任人，对本单位主管的新媒体信息平台保密管理承担主体责任。按照“谁主管、谁负责”“谁发布、谁负责”“一事一审”“事前审查”的原则，明确本单位审查程序和责任，指定专人负责信息发布保密审查工作，并建立审核审查记录档案，确保信息内容不涉及国家秘密、工作秘密和内部敏感信息。

3.2 严格控制对中央和省级文件的公布及转发

高校各单位应认真执行中央和省级有关文件发布、阅读、传达和管理等工作规定，未经发文机关批准不得擅自公开发布中央和省级文件（含中央办公厅、国务院办公厅和省委办公厅、省政府办公厅单独或联合印发的文件）全文、摘要或消息稿。如需公开转发上述内容，应当从《人民日报》、新华社等主流媒体的官方网站转载，并注明信息来源。

3.3 严格控制转载文件出处和电报来源

学校和各级单位互联网门户网站及新媒体信息平台，在转载其他党政机关和企事业单位的文件和电报时，应当从文件和电报制发单位的官方门户网站或该机关单位授权的媒体转载，严禁从未经授权的网站转载。转载页面上要准确清晰标注转载来源网站、转载时间和转载链接等要素。

3.4 严格“内部资料”或“工作动态”发布

对不属于国家秘密但不宜公开的文件资料要标注“内部资料”，对工作敏感动态信息要按工作秘密管理，明确发放范围。未经本单位负责人批准，不得擅自扩大知悉范围或发布在新媒体上。发布内部工作信息要严格执行有关规定，充分考虑各种信息之间的关联性，防止由于数据串联、累积、汇聚而泄露国家秘密或内部敏感信息。

3.5 严格互联网电子邮箱等网络传送渠道保密管理

严禁通过互联网电子邮箱、办公自动化（OA）系统、即时通信工具等公开网络传送渠道，报送、接收涉密工作资料及未经保密审查的内部工作资料、敏感工作动态等信息。

3.6 严格规范涉及国防军工领域的宣传报道和信息发布

在学校新闻网、各单位网页新闻、教师个人主页及新媒体信息发布中，不得涉及国防军工方面信息内容。如确需进行宣传报道，应依据宣传报道保密管理规定的工作流程进行审批。

3.7 定期开展保密监督检查

学校各单位要对已发布的网络新媒体信息定期进行保密专项检查，消除失泄密隐患。发现涉密信息应立即采取补救措施，查清信息来源和原因，并及时向本单位负责人或保密工作领导报告。

4. 高校新媒体保密管理工作建议

随着新媒体融合发展，影响力持续增强，已成为高校意识形态的重要阵地。在这一新领域，高校保密管理必须保持高度的政治敏锐性，严把政治方向和内容关口，确保万无一失。

4.1 加强保密教育，提高保密意识

关于微信、微博、公众号等新媒体领域的大量失泄密事件，反映出高校部分人员保密意识淡薄，保密常识欠缺，亟须加强保密教育，提高保密意识。针对这一突出问题，高校保密管理部门应下大力气加强保密宣传培训和教育提醒，努力做到全校领导干部、党政机关工作人员、涉密人员、参研人员、全体师生的全员覆盖，形成人人“懂保密、会保密、善保密”的保密文化氛围，筑牢高校保密工作的思想防线。

近年来，本文作者所在单位西安交通大学积极探索和完善新媒体时代保密宣传教育工作新机制，对学校不同层次、不同对象的受众，坚持开展形式多样的保密宣传教育，努力创建全员保密教育体系。在当前疫情防控复杂形势下，校保密办公室结合全校各单位开启居家办公、网上办公、视频会议等工作实际，针对新媒体保密管理突出问题，向全校发布六条保密工作纪律：

4.1.1 居家办公不“碰”密：严禁将涉密文件、涉密计算机、涉密移动存储介质带回家中。严禁在家中谈论涉密信息，不随意扩大涉密信息知悉范围。

4.1.2 网上办公不“谈”密：严禁在远程办公、移动办公、视频会议中谈论涉密信息及内部敏感信息。

4.1.3 使用手机不“拍”密：严禁使用手机拍摄、存储、传输涉密信息及内部敏感信息。

4.1.4 公共网络不“传”密：严禁通过互联网邮箱、即时通信工具（微信、QQ 等）方式传输明确标注密级的文件资料、明确标注不予公开的文件、包含军工科研项目涉密信息或敏感信息的报告、合同等资料。

4.1.5 文件传达不“泄”密：规范涉密文件收发、传阅、使用、保存、复制和销毁的全过程管理。涉密文件严格按照规定范围阅办，不得将涉密文件、资料带出办公区域，严禁在办公场所以外的地方打印、复印、扫描涉密文件、资料。

4.1.6 信息发布不“涉”密：遵循“谁公开，谁审查”原则，严格做好本单位互联网门户网站、办公自动化 OA 系统、微信公众号、微博等信息发布前的保密审查工作，严禁违规发布涉密信息。

这六条保密工作纪律，通俗易懂且要求明确。自 2020 年初疫情发生后，校保密办先后三次通过微信、邮箱、OA 系统等多种形式，将六条保密工作纪律传达到全校所有党政部门、学院学部及直属单位工作人员和全校师生，尽量扩大保密常识的传播覆盖面，让更多师生了解保密基本知识，提高保密意识，使“涉密不上网、上网不涉密”成为全校师生的基本常识与行为准则。

4.2 完善工作制度，明确保密责任

制度是日常保密管理的重要保障。针对微信、微博等即时通信工具和新媒体平台使用，高校保密管理部门应详细梳理在本单位日常工作中的应用情况，建立日常管理制度和使用规范，向全体人员严明禁止涉及涉密内容的保密要求，明确各级管理责任，做到有法可依、有据可查。

本文作者所在单位西安交通大学明确，全校新媒体建设管理由校党委宣传部承担主管责任。为此，党委宣传部制定出台了《西安交通大学新媒体管理办法》，从工作原则、管理规范、建设规范、运营规范、网络及新媒体直播备案审批、新媒体联盟、奖惩制度等方面，对学校各单位新媒体建设和管理进行了全方位要求。对新媒体信息发布，全校应严格执行“分级分类审核、先审后发”制度，各单位主要负责人是内容审核把关的第一责任人，要严把“政治关、法律关、政策关、保密关、文字关”。针对学校微信、微信公众号等即时通信工具使用及网络新媒体信息发布中，容易出现失泄密隐患，校保密办制定出台了《西安交通大学即时通信工具使用及网络新媒体信息发布保密管理规定》，并组织全校认真学习执行，不断补齐短板，堵塞漏洞，保护国家秘密和工作秘密安全。

4.3 组织清理排查，加强日常管理

严格的保密检查是加强保密管理的重要抓手。高校应针对网络新媒体应用开展周期性保密自查自评工作，将移动互联网使用和各种网络工作群情况纳入重点检查内容，排查风险隐患，做出保密提醒。

本文作者所在单位西安交通大学由党委宣传部牵头，校保密办、网络信息中心等部

门配合，多次在全校组织针对网络新媒体应用的清理排查。对以学校作为法人单位登记注册的新媒体平台，建立了《西安交通大学新媒体排查情况统计表》。截至2020年底，已初步排查全校162个新媒体平台，包括新浪微博、微信公众号、微信订阅号、抖音、快手、今日头条、哔哩哔哩、腾讯视频、企鹅号、百度百家号等诸多新媒体形式，涉及学校45个学院、学部、书院、党政部门和直属单位。以校团委为例，不仅以“西安交通大学团委”名义建立了微信、微博、抖音、哔哩哔哩四种新媒体平台，同时由团委主管的全校各种学生社团也建立了数十个新媒体平台。对这些新媒体平台的建设与管理，西安交通大学均明确主责单位、主管负责人、管理员等责任体系，严格按照工作制度规范新媒体平台的建设和运营，确保不发生失泄密风险。

新时代有新要求。新媒体时代高校保密工作只有与时俱进，不断创新，紧跟信息化条件下高校保密管理的新形势和新任务，实施更加有效的保护措施，才能不断推动高校保密工作再上新台阶，书写新时代高校保密工作的新篇章。

[参考文献]

[1] 石涛. 谨防微信成泄密“高发地”[J]，保密工作.2021（4）：44-45.

[2] 孙战国. 自媒体时代，保密责任你必须清楚[J]，保密工作. 2019（4）：43.

[3] 周末，周权. 新时代下高校保密工作现状分析[J]，科技咨询. 2020（12）：130-132.

[4] 尹怀琼，董风华. 大数据时代高校科研泄密新形势及其防范措施[J]，资源信息与工程. 2020（6）：140-143.

[5] 丁鹏. 当前新闻出版保密管理的几个问题[J]，保密工作. 2020（1）：50-53.

社会认知心理学视角下的泄密行为成因及防范对策研究

郭　敏

（武汉大学保密办　湖北省武汉市　430072）

摘　要：当今时代，国际国内形势风云变幻，窃密与反窃密、颠覆与反颠覆的斗争愈演愈烈，“维基解密”事件、“斯诺登”事件等震惊全球泄密事件的曝光，揭露了保密体系的真正短板并非技术，而是人。人是保密的主体，也是泄密行为的主体，只有解决人的问题，才能从根本上筑牢保密防线，确保国家秘密安全。本文从社会认知心理学视角分析泄密行为产生的内在及外在原因，探讨泄密防范的心理及环境对策，为解决保密中最重要的人的问题提供参考。

关键词：社会认知；泄密行为；成因；防范对策

0. 引　言

保密无小事，泄密在瞬间。《周易》中讲：“君不密则失臣，臣不密则失身。”毛泽东曾说：“必须十分注意保守秘密，九分半不行，九分九也不行，非十分不可。”习近平总书记强调，要充分认识保密工作的极端重要性和现阶段面临的复杂严峻形势，用新理念新举措引领保密工作新发展。保密的根本目的是采取各种措施防范失泄密事件发生，确保党和国家秘密安全。高科技迅猛发展、互联网广泛应用的今天，国家秘密安全面临着更加严峻的风险挑战，泄密风险隐患大量存在，人为导致的泄密事件频繁发生，筑牢保密防线任重道远。《中华人民共和国宪法》明确规定，保守国家秘密是我国公民的一项基本义务。保密的主体是人，泄密的主体也是人，只有解决好人的问题，使之真

作者简介：郭敏（1979—），女，讲师，主要研究方向：保密、社会心理学。E-mail：minguo@whu.edu.cn

正做到“知保密、懂保密、擅保密、能保密、愿保密”，才能从根本上筑牢保密防线、防范泄密事件发生。本文拟从社会认知心理学视角研究泄密行为产生的原因及防范对策，为泄密防范提供新的思路和参考。

1. 社会认知心理学与泄密行为概述

1.1 社会认知心理学相关研究概述

社会认知心理学是研究人们理解、储存、回忆有关自己和他人社会行为信息方式的一门科学。一般包括三个相互联系的层次：对个人的认知，包括对自己和对他人各种心理活动、行为及思想观点、个性品质、意志等的认知；对人与人之间相互关系的认知，如对友谊、冲突、服从等关系的认知；对群体内部或群体之间人们各种关系的认知。在社会认知心理学相关研究中，认知与行为之间交互作用，态度、动机、情感是影响行为的关键因素。

1.1.1 认知与行为相关要素

认知，是现代心理学的一个重要范畴，是人们获得知识或应用知识的过程，即信息加工的过程，是人最基本的心理活动，它包括感觉、知觉、记忆、想象、思维和言语等。认知参与了人类可能做的每一件事情中，而人类认知的重要属性即为社会性。也就是说，认知总是发生在一定的社会情境中。社会认知是指个人对他人或自己的心理与行为的感知与判断的过程。主要是通过认知者的思维活动，进行某种程度上的信息加工、推理、分类与归纳，即涉及人对社会性客体的认知以及人对这种认知与社会行为之间关系的理解和推断，其重点在于人们如何获得并发展各种认知功能以及人们如何通过自我行为的形成与社会构成各种各样的关系[1]。

态度，指个体自身对社会存在所持有的一种具有一定结构和比较稳定的内在心理状态。态度主要由认知成分、情感成分和行为倾向成分组成，这三个成分互相依赖、协调一致[2]，认知成分是基础并受情感与行为倾向成分影响，情感成分是态度的核心，行为倾向成分则是个体在一定社会情境下对态度目标将要采取行动的心理准备。态度与行为之间的关系比较复杂，受社会规范、个人特征等多种因素影响。

动机，是指因某种内在状态促使个体产生某种外显行为活动，并维持已产生的活动朝向某一目标进行的内在历程。动机是引起个体行为活动的直接原因，它揭示了行为活动的内在动因和行为活动的目标方向。人的动机过程为：需要→心理紧张→动机→行动→目标→需要满足→紧张解除→新的需要。社会动机主要有激活、指向、维持与调节功能：激活功能指动机激发个体行为，是行为的启动因素；指向功能指个体行为总是指向一定目标，具有目的性，在达到目标之前，行为不会停止；维持与调节功能指个体行为在达到目标前，动机起维持作用；如果行为受阻，可能进行动机置换，转换目标就是动机的调节作用[3]。

情感，是与人的社会需要满足与否相联系的心理活动。与情绪相比，情感是比较本质的东西，其产生与对事物的深刻认识有关[4]。情感与人的社会性需要及人的意识紧密相连，它是在人类社会发展的过程中产生的，因此具有社会性。个体的特定行为发生在一定的社会环境中，社会性需要亦在不断变化、发展之中，情感也随之不断变化，进而对个体的行为产生影响。

1.1.2 认知与行为的相互关系

认知与行为之间存在交互作用关系。社会认知研究认为，行为是认知的产物，但同时行为也是特定的信息来源，这些信息必然会综合到认知表征中去。从这点上讲，行为也产生了认知。阿尔伯特 · 班杜拉（Albert Bandura）提出“社会认知理论”，该理论属于交互决定论的一种，认为环境是行为出现的原因，而行为也会同时影响环境，个体的个性乃是环境、行为以及认知过程三者发生交互作用的产物。

认知与行为之间的相互作用，受到态度、动机、情感等重要内在因素影响，同时也受社会环境中诸多外在因素影响。对认知与行为的相互关系进行研究，能帮助我们理解、预测和改进行为。本文将认知与行为之间的相互关系用以下简图（图 1）表示：

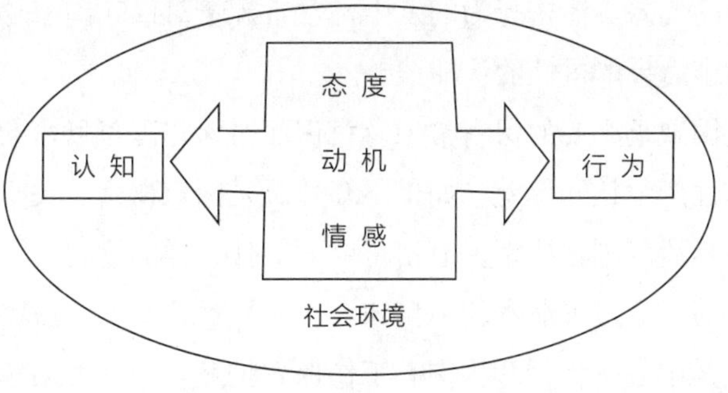

图 1　认知与行为关系简图

1.2 泄密行为概述

《泄密案件查处办法》第四条对泄密行为作了明确规定，“泄露国家秘密”是指违反保密法律、法规和规章使国家秘密被不应知悉者知悉，或者超出了限定的接触范围，而不能证明未被不应知悉者知悉的行为。

泄露国家秘密分为故意泄露国家秘密和过失泄露国家秘密两种情况。故意泄露国家秘密，是指行为人明知自己的行为会造成国家秘密失控，给国家的安全和利益造成损害的结果，却希望或放任这种结果发生。过失泄露国家秘密，是指行为人应当预见到自己的行为会造成泄露国家秘密的后果，却思想麻痹、疏忽大意，不按照有关规定对国家秘密实施有效的管理而泄露国家秘密，或者虽然预见到自己的行为会造成泄露国家秘密的后果，却因过于自信，心存侥幸而泄露国家秘密。

泄露国家秘密主要通过以下方式：（1）口头泄露，如在公开场合或对个人故意或过失地散布、谈论国家秘密；（2）提供或遗失载有秘密内容的载体，如书面形式的文件、资料、图纸等，实物形式的胶片、图像、微机软盘等；（3）使国家秘密超出限定接触范围，如将绝密文件带出规定的范围（如带回家、带到公共场所等），被不应知悉者知悉。

2. 社会认知心理学视角下的泄密行为成因分析

社会认知心理学视角下，泄密行为的发生主要有以下内在和外在原因：

2.1 内在原因

2.1.1 认知偏差

在社会认知过程中，认知主体与认知客体总是在一定社会环境中产生相互影响和相互作用，此动态过程受各种条件限制及影响，不断发生各种变化，因而社会认知往往容易出现这样或那样的偏差。泄密行为的发生，常常源于对保守国家秘密重要性、保密体系、泄密风险及泄密后果严重性的认知偏差。

泄密主体往往因缺乏必要的保密常识及意识而对保守国家秘密的重要性、泄密风险及泄密后果的严重性产生认知偏差。如果不知什么是国家秘密、关于国家秘密有哪些管理规定、哪些行为是泄露国家秘密、泄密将要面临什么样的惩罚，那么即使有保守国家秘密的意愿，也容易导致过失泄密却不自知。

保密工作虽不是中心工作，却为中心工作保驾护航。但在许多单位，保密工作不受领导重视，相关人员也意识淡薄，“说起来很重要，干起来非必要，忙起来可不要”是部分单位对保密工作重要性的认知。一些领导干部及相关工作人员的认知偏差，主要表现为这几方面：一是“保密无知论”，保密观念陈旧，觉得保密工作就是“管管文件、锁好柜子、铁门一关、嘴巴一闭”；二是“保密无关论”，觉得本单位或部门涉密信息少，“无密可保”，事不关己；三是“保密无巧论”，觉得“美国用间谍卫星什么都能看到”，“美国黑客能力强，中央的电脑都能入侵，什么东西拿不到”或者是盲目相信防范硬件，认为“单位有防火墙、有入侵检测、有杀毒软件，啥文件也偷不走”[5]。这些认知偏差使部分保密干部、涉密人员不认同、甚至消极对待保密工作，导致保密工作困难重重、漏洞百出，容易发生泄密事件。

2.1.2 态度失衡

细节决定成败，态度决定一切。对待保密的态度在很大程度上决定着一个人的行为，以及由此行为导致的最终结果。美国社会心理学家费斯廷格（Leon Festinger）曾提出态度的认知失调理论，是指个体认识到自己的态度之间或者态度与行为之间存在着矛盾。一般情况下，个体对于事物的态度以及态度和行为间是相互协调的；当出现不一致时，就会产生认知失调，并会导致心理紧张[6]。一旦缺乏敬畏、态度失衡，则易产生麻痹大意、侥幸心理，进而导致泄密行为发生。

无论何时、何地，保密相关人员都必须坚持正确的保密态度、对保密常怀敬畏之心。“墨菲定律”无处不在，指“有可能出错的事情，就会出错（Anything that can go wrong will go wrong.）”。这种心理学效应的意义在于提醒人们不要盲目乐观、狂妄自大，遇到任何问题不得轻视、不得大意，应尽可能在事前考虑周全，采取多种保险措施，消除安全隐患，降低事故的发生概率[7]。任何事情，都受一些必然因素和偶然因素所影响，偶然因素往往易被忽视、稍有不慎就可能酿成严重后果。明代方孝孺说：“凡善怕者，必身有所正，言有所规，行有所止，偶有逾矩，亦不出大格。”保持严谨、细致、周全的保密态度，杜绝麻痹侥幸、疏忽大意；从泄密案例中学习总结、汲取经验教训，及时调整消除态度失衡、恢复平衡状态，保持高度警惕，规矩常讲、自我常省、言行常对照，坚决不触犯保密底线。

2.1.3 动机扭曲

勒温（Kurt Lewin）研究动机时提出著名的“场论”，人们总是在自己和所处环境的框架之内做出反应。勒温认为，任何一个心理事件，都既取决于相关个体的状态，亦取决于环境，两个因素的相对重要性在不同心理事件中有所差异。勒温的冲突理论包括三种子类型：双趋冲突（个体必须在两个具有吸引力的选项之中做出抉择）、趋避冲突（只包含一个选项，但其既有积极因素吸引着我们，又有消极因素排斥着我们）、双避冲突（个体必须在两个不具有吸引力的选项之中做出抉择）[8]。内心冲突的博弈，导致一些个体的动机扭曲，进而诱发泄密行为。

根据个体行为是发自内心还是受外界刺激，社会性动机可以分为内在动机（个体主动）和外在动机（个体被动）。常见的内在泄密动机有：（1）政治动机。泄密行为的主体和黑客动机不同，从维基解密和斯诺登的情况看，泄密者的政治立场与本国政府某些具体政策发生矛盾是其行动动机。导致尼克松下台的“水门事件”中代号“深喉”的联邦安全局副局长的政治动机不言而喻[9]。（2）个人欲望动机。主要有金钱欲、出国欲、地位欲和显露欲。一些涉密人员为了金钱、为了出国而出卖机密；某些人为了在外国公司中谋取高薪职位而泄密；还有人为了显示其才华横溢、见多识广而违反保密规定。常见的外在泄密动机主要是屈服于各种外界压力而被动泄密，如在境外受胁迫或者受诱骗参加敌对组织、间谍组织，从事危害我国国家安全的活动等。扭曲的世界观、人生观和价值观导致一些人动机扭曲，产生泄密行为。

2.1.4 情感冲动

积极健康的情感对于协调社会有机体、促进人际关系、保持社会和谐稳定有重要的作用。相反，若被消息负面的情感所困扰，无法正确调节自己的情感、无法控制情感冲动，则容易产生泄密行为。常见的情感冲动主要有四种：（1）重义泄密。一个人如果被“为朋友两肋插刀”的江湖义气冲昏头脑，单纯顾及亲友、老乡、熟人的情谊，置国家利益于不顾，就容易说出一些不该说的话，干出一些不该干的事来。（2）讨好泄密。一些意志薄弱者，为异性所动心时，极可能控制不住自己的行为，情不自禁地将国家秘密当作讨人欢心的资料泄露给对方。因此，“美女计”“美男计”是窃密者的常用伎俩和有效手段。（3）酒后失控泄密。古人云“酒后吐真言”。酒喝到一定程度，人的自我支配、自我控制能力降低，给泄密提供了温床。（4）好胜泄密。一些学有所长的知识分子，他们的自尊心很强，不能容忍别人对自己才能和水平的怀疑和奚落。但当好胜的心理冲破了理智的防线时，知识反倒成了泄密的资本[10]。

2.2 外在原因

主要是环境因素影响。任何人类行为总是离不开特定的环境。常言道“近朱者赤，近墨者黑”，环境深刻地影响着一个人的认知及行为方式，环境因素通过使特定的认知变得更为突出，使之作为行为的指导，从而影响认知—行为的关系。一旦某些行为固化下来，就会成为较为稳定的个人特征。

瑞森（James Reason）提出了组织事故的概念，指由于组织活动（人们基于组织决策进行的活动）引起的，其后果影响整个组织的事故。并在20世纪90年代建立了瑞士奶酪模型，该模型指出人的不安全行为是事故的直接原因，同时描述了系统范围内的“隐性条件”（如不良的设计、设备不足、监管不力、人员配备不足、负荷过重或疲劳、时间紧迫、培训不足、不协调的工作氛围、缺乏指导等），由隐性条件和个人行为导致的防御措施缺陷和不足，为事故轨迹的行程提供了“破创时机”，它们打破防御措施并引发了事故[11]。环境方面的问题往往是组织失误的结果，一般体现在方针政策、法规制度、组织结构、监管职责、部门协作、教育培训、管理维护、应急处置以及文化氛围等方面。强化组织体系建设、加大指导和监管力度，有利于调节、管控个体行为，在一定程度上防范泄密事件发生。

3. 社会认知心理学视角下的泄密防范对策探析

3.1 针对泄密行为产生内在原因的防范对策

3.1.1 通过全民普法、“两识”教育，强化公民保密认知

保守国家秘密是每一位公民的责任和义务，防范泄密，首先必须对此领域有正确认知。全面推进依法治国是我国“四个全面”战略布局的重要组成部分，全面普法、深层普法、提高全民法治意识的重要任务迫在眉睫，无论保密干部、涉密人员还是普通公民都不应在保密领域成为“法盲”。作为保障国家安全、维护人民利益的重要法律法规，《中华人民共和国保守国家秘密法》和《中华人民共和国保守国家秘密法实施条例》对国家秘密的范围和密级、保密制度、监督管理和法律责任等都作了明确规定，是每一位公民都应学习的法律法规，也是普法战略的重要一环。

注重加强“两识”教育，普及保密常识，强化保密意识，使公民尤其是保密干部和涉密人员树立坚定的保密信念，时刻绷紧保密弦，不该说的绝对不说、不能做的坚决不做。充分采用喜闻乐见的传播方式，增强保密教育实效，如开辟保密题材专题栏目或制作短剧在电视台和地铁、公交等公共交通工具上播放，建设微信公众号、官方微博等传播平台等。呼吁全社会重视保守国家秘密、注重培养孩子的保密意识，从小抓起、从我做起，建立公民对保密的正确认知，营造良好的全社会保密氛围。

3.1.2 加强沉浸式泄密警示教育，坚持正确保密态度

保密防线牢不牢，保密态度很重要。态度改变对行为具有显著影响，相关人员的保密态度往往决定保密工作水平的高低、影响泄密事件发生的概率。美国社会心理学家海德（Fritz Heider）提出了态度的认知平衡理论，认为客观事物都是相互作用、相互联系的，事物之间相互影响而组成了单元或系统。关键在于单元或系统内各部分是否平衡，不平衡就有压力，有压力就会促使人去寻求态度变化以实现平衡[12]。必须加大泄密警示教

育力度，形成必要的保密压力、压实保密责任，尤其要加强领导干部、保密干部、涉密人员的警示教育，使警示教育抓在经常、融入日常、潜移默化、润物无声。充分利用案例资源，建立涵盖代表性案例的泄密案例库（主要包括泄露国家秘密的案例，其次也可包括泄露机关工作秘密、企业商业秘密的案例）[13]，整合这类案例资源、加强警示教育，可有效克服信息不对称现象，针对性提高各机关、单位的保密防护效能。

与个人关系重大的态度（指根据个人体验形成的、有坚定信念的、对将来有着意义的态度）表现出与行为有较强的联系。从个人的直接体验而不是间接体验产生的认知、对一个人将来有意义的认知，能更好地预测行为。因此，必须注重创新教育的方式方法，大力推行沉浸式教育模式，通过现场直接体验保密技术及窃密全过程，开展保密情景剧表演、集中观看案例警示教育片等多种沉浸式体验教育，增强理论及实践学习的效果，使相关人员现场切身感受触目惊心泄密事件及其难以挽回的严重后果，内心警钟长鸣、保密压力常在，坚持正确的保密态度、养成良好的保密习惯，有效防范泄密事件发生。

3.1.3 注重自我管理、加强心理控制，掌控行为动机、消除情感冲动

保密干部和涉密人员要注重自我管理，提升业务素质和创新能力。通过业务学习、工作实践，全面了解掌握法律、管理、信息技术等方面的专业知识，着力提高政策法规、宣传教育、监督检查、科学技术等业务能力。针对保密工作发展中存在的各类新、老问题，要敢于先试先行、勇于开拓创新。

加强心理控制可帮助个体掌控行为动机、消除情感冲动，做出理性判断、选择合理行为。心理控制是社会认知领域中的一个重要分支。个人的心理控制是自我和自尊的组成部分，是人主观能动性的表现，也是认识世界、改造世界的基本需要。一个人在日常生活中总会碰到许多突发情况或应激事件，产生心理冲突、情感冲动，从心理控制出发的干预措施主要有：行为控制、认知控制、信息控制、决策控制、反省控制等。（1）行为控制，是主动采取某些步骤中止该事件，使它不能发生或减少它的强度，改变它发生的时间或持续时间的控制措施。（2）认知控制，是利用某些认知策略，使个体以不同的思维方式考虑消极事件或把注意力集中在某些重要方面的一种心理控制。（3）信息控制，是当个体获得关于有害事件本身的信息时所产生的一种心理控制，这些信息包括：该事件会产生的感觉，它将在什么时候发生，引发原因、涉及程序及持续多久等。（4）决策控制，是进行决定或做出与即将到来的消极事件有关决定的一种心理控制。它涉及做出该事件本身的决定，涉及从一组多少有点消极的备择方案中挑选一种方案的能力，或涉及对该事件的某些其他方面譬如事件始发时

间或持续时间做出决定的能力。（5）反省控制，是对已发生事件的一种信念，这种信念能恢复或增强个体影响或防止该类似事件再发生的控制感[14]。注重自我管理、加强心理控制，可影响个体改变对消极事件反应的认知和行为，协调动机与情感因素对行为的影响，帮助个体保持理性思维，防止发生不当行为导致泄密。

3.2 针对泄密行为产生外在原因的防范对策

控制泄密的环境因素，应着力强化保密体系建设，不断减少“系统”漏洞；加大指导和监管力度，规范管控严防泄密。

建成科学完善的保密体系，必须从组织、制度、技术等方面整体推进。一是完善组织体系。要结合机构改革实际，以有效发挥保密管理职能作用、确保国家秘密安全为目的，着力强化保密机构队伍建设，配齐配强工作力量，适应保密工作体系调整，保证保密行政管理以及保密技术服务、科技测评、技术监管等职能的履行。二是健全制度体系。坚持整体思维和问题导向相结合，以保密法及其实施条例为主干，对保密法规制度进行总体谋划设计，同时，结合本地区本部门实际，对仍存在制度空白、无据可依的保密管理重点难点问题，积极探索规范管用的举措，并在实践中总结经验、固化于制。三是加强技术体系。做好信息化条件下的保密工作，必须全面发展保密科学技术，持续加强保密技术服务、科技测评和技术监管等方面的整体技术体系，不断推进保密技术服务、测评、监管机构和基础设施建设，充分发挥好保密科技的预警防范、支撑保障作用，切实增强与高科技窃密泄密相抗衡的能力水平[15]。同时加大指导和监管力度，规范管控严防泄密。无论多么完备的保密体系，如果缺乏指导监管、没有规范实施，则体系形同虚设、泄密危机四伏。必须加强人员审查与监督、业务指导与培训、技术服务与监管，违规查处与追责，使各项保密制度落地落实，切实起到规范制约、鞭策震慑的作用，及时发现并制止苗头性、倾向性问题，消除泄密隐患，防患于未然。

4. 结语

本文从社会认知心理学视角分析了泄密行为产生的内在及外在原因，内在原因主要有认知偏差、态度失衡、动机扭曲、情感冲动等，外在原因主要是环境因素影响。针对泄密行为产生内在原因的防范对策，一是通过全民普法、“两识”教育，强化公民保密认知；二是加强沉浸式泄密警示教育，坚持正确保密态度；三是注重自我管理、加强心理控制，掌控行为动机、消除情感冲动。针对泄密行为产生外在原因的防范对策，主要是控制泄密的环境因素，着力强化保密体系建设，不断减少“系统”漏洞；加大指导和监管力度，规范管控严防泄密。通过调节与控制个体的认知、行为及环境因素，消除内在及外在泄密隐患，为泄密防范提供新的思路和参考。

[参考文献]

[1] 张淑华著. 社会认知科学概论[M]. 北京: 光明日报出版社. 2009.

[2] 孙时进, 王金丽主编. 心理学概论[M]. 上海: 复旦大学出版社. 2012.

[3] 雷开春主编; 王晓楠副主编. 社会心理学新编[M]. 上海: 复旦大学出版社. 2016.

[4] 姬建锋, 贾玉霞主编. 心理学[M]. 西安: 陕西人民出版社. 2017.

[5] 吴玮. 大连市保密工作改进方案与对策研究[D]. 大连理工大学, 2015.

[6] 黄希庭主编. 简明心理学辞典[M]. 合肥: 安徽人民出版社. 2004.

[7] 楮墨编著. 墨菲定律[M]. 北京: 九州出版社. 2019.

[8] (美)安德莉亚·博尼尔著. 史上最重要的心理学家和心理学思想 他们如何启示与指导你的生活[M]. 北京: 中国青年出版社. 2019.

[9] 薛福岐. 美国何以成为泄密“重灾区”[J]. 人民论坛, 2017(20): 22-23.

[10] 李正春编著. 办公室工作 案例 方法与技巧 第2版[M]. 广州: 暨南大学出版社. 2016.

[11] (美)保罗·M·萨蒙等著; 孙佳, 李杰译. 人的因素方法与事故分析[M]. 北京: 中国工人出版社. 2018.

[12] 梁宁建主编. 心理学导论[M]. 上海: 上海教育出版社. 2011.

[13] 吕美香, 牛青. 加快泄密案例库的创建步伐[J]. 保密科学技术, 2011(12): 37-42.

[14] 郑全全著. 社会认知心理学[M]. 杭州: 浙江教育出版社. 2008.

[15] 本刊评论员. 深入贯彻党中央决策部署 着力强化保密体系建设[J]. 保密工作, 2019(04): 4-5.

关于加强高校保密检查工作的若干建议

刘连峰　迟殿力　高汉宝

（大连理工大学保密工作办公室　辽宁省大连市　116023）

摘　要：保密检查是涉密单位保密体系化建设的重要环节，是衡量高校保密工作水平的有效手段，是落实保密工作有效运行的基本保障。但在具体运行中，存在教师配合意愿不高、检查周期长、台账不规范等多个难点问题，影响了保密检查的效果与后续整改成效。本文基于保密工作的认知以及经验，从统一思想、丰富手段、壮大队伍等维度，针对现存问题提出加强高校保密检查工作的若干建议，供大家商榷。

关键词：保密检查；高等学校；建议

0. 前言

高校作为理论创新和科学研究的前沿阵地，尤其是在高校参与涉密国防军工科研任务逐年增多的情况下，高校保密工作的重要性日益凸显，各高校的保密体系化建设也日趋完善。保密检查工作对高校各项保密工作可以起到把关定向的作用，保密法规、制度、要求是否得到严格落实，保密体系各环节的运行是否顺畅有效，都可以通过保密检查工作来进行检验。经常性的保密检查工作可以推动高校保密工作不断向更高水平发展。

1. 高校保密检查工作的重要性主要体现

1.1 高校保密检查工作是高校保密体系化建设的重要环节

扎实开展保密检查，及时发现学校保密体系建设的薄弱环节和不足之处，了解各项保密工作制度和保密安全防范设备、设施等软硬件的运行使用情况，广泛听取师生对保

作者简介：刘连峰（1971 —），男，大连理工大学保密工作办公室主任，主要研究方向：系统经济分析与管理、区域科技创新与管理。E-mail：liulf@dlut.edu.cn

密体系建设的建议意见，以便于业务机关不断完善和改进保密制度和保障条件等，从而促进学校保密体系更加完善和适用。

1.2 高校保密检查工作是衡量高校保密工作水平的有效手段

军工保密资格认定工作开展以来，很多高校都通过了不同级别的保密资格认定，成立了独立保密工作机构并配备了专职保密工作人员，极大提高了高校保密工作水平，但是学校各项保密工作落实情况如何，保密工作是否能够扎实有效的开展，必须通过各层级的保密检查来衡量。

1.3 高校保密检查工作是落实高校保密工作有效运行的基本保障

通过对保密工作的检查指导，及时发现和纠正保密工作存在的问题，弥补学校保密工作的疏漏。同时通过检查还可以进一步明确保密责任，落实归口管理，强化师生的保密意识，必要时将检查结果与师生个人利益挂钩，促使学校上下重视保密工作，进而严格落实各项保密制度和要求，确保学校国防科研事业安全稳定运行。

2. 高校保密检查工作的内涵与基本要求

高校保密检查是指保密管理部门或涉密主体在保密管理工作过程中，依据有关保密法律、法规及其他规范性文件，对保密检查对象或自身遵守保密行政法规、履行保密义务和执行保密行政决定等情况进行检查、了解、督促和查处的行为[1]。

高校保密检查的内容包括秘密载体管理情况、涉密项目管理情况、信息设备管理情况、涉密人员管理以及涉密场所管理等；检查类别包括上级主管单位检查、自查、抽查、专项检查以及为撰写年度报告所开展的检查等。

开展高校保密检查需要遵循以下三个基本原则与要求：

2.1 遵循从“严”落实原则

一是严抠标准，国家法律法规要求以及保密资格标准是保密检查实施的主要依据，检查需严格按照标准，梳理关键点、风险点和必查项；二是严格动作，保密检查的一招一式要规范到位，每一项的检查都要打破砂锅问到底，不可一笔带过、草草收场；三是严密有序，保密检查是十分严肃的工作，组织要严密、动作要严谨，所有检查都要井然有序、环环相扣；四是严守纪律，检查人员需严格遵守工作纪律和保密纪律，严禁查阅无关内容，严禁透露无关信息。

2.2 遵循“全”面规范原则

一是内容要全，失泄密隐患往往隐藏在深处，没有深入全面的检查很难发现，要结合受检单位实际，确保检查内容全面覆盖保密标准的所有要求；二是方法要全，要做到查阅资料不缺要件，查看记录不缺要素，查看场所不留死角，查看过程不少环节；三是记录要全，要严格按照保密标准，记录保密检查的时间、人员、对象、存在问题等，做好检查记录。

2.3 遵循务求精“准”原则

一是依据要准，对国家保密法律法规、对保密标准、对保密主管单位要求理解把握要准，做到保密检查有理有据、依法依规；二是方法要准，不同的检查方法往往会得到不同的结果，保密检查时应选取最科学、最高效、最便捷的方法进行，并尽量统一；三是结论要准，要科学分析保密检查结果，比照法律法规和保密标准，必要时咨询主管部门意见，谨慎判断，得出准确结论[2]。

3. 高校保密检查工作常见难点及原因剖析

目前，高校在保密检查工作中还存在一些困难，导致保密检查工作的效率和效益不高，对整个保密体系的运行也有一定的影响，主要表现为：

3.1 保密意识需加强，保密检查配合不积极

在受检教师的意识态度方面，存在部分教师保密意识不强、配合检查不积极的现象。具体表现为准备材料不认真，检查时本人不在现场，让学生与检查组对接，对保密检查持敷衍态度。究其原因，主要有两方面：一方面是客观原因，老师确实较忙，尤其是担负科研任务较多的大牌教授专家，很难抽出时间陪同保密检查；另一方面是主观原因，长期以来，高校教师工作生活在安全稳定的校园环境中，对保密工作的重要性认识不足，普遍保密意识淡薄，认为保密工作不重要，只要自己不泄密就行，对保密检查工作有误解，认为保密检查就是挑毛病，找问题，吹毛求疵，难免产生抵触情绪[3]。

3.2 项目人员设备多，保密检查周期长覆盖小

在检查对象方面，存在涉密项目、涉及人员和相关设备多，导致检查周期长难以全覆盖的难点。随着高校参与军工科研生产任务的增多，各高校的涉密军工项目、涉密人员和涉密信息设备逐年增多，有的高校甚至成倍增长，这就给保密检查带来了较大的压力。[4]每次保密检查，将全校涉密项目组查一遍，就需要较长时间，如果再将项目组的涉密设备和非涉密设备逐一检查将花费更长的时间，所以通常只能采取抽查的方式，对项目、人员和设备难以实现全覆盖，容易漏掉一些存在的问题，给保密管理工作带来一定的隐患。

3.3 涉密内容难辨别，保密检查精度有欠缺

在检查项目技术资料时，难点在于检查内容是否涉密，检查人员难以辨别，不敢轻易下结论。高校承担的军工科研项目涉及的领域多，涵盖航空航天、船舶制造、机械加工、信息技术等，这些领域都有很强的专业性，在对这些项目进行保密检查时，需要具备一定的专业知识，才能有效分辨内容是否涉密，对于各高校配备的专职保密管理人员来说，要想精确判断内容是否涉密有一定难度，所以在组织保密检查时，往往只是从看到的材料是否标密来判断，尤其是检查项目组使用的连接互联网计算机内存储的内容时，无法从专业角度来衡量是否涉密。从而导致保密检查的精确度不高，指导性不强。

3.4 队伍设备需加强，保密检查力量不够

检查人员和技术设备均不足，给高校开展经常性的保密检查工作带来较大困难。目前，高校组织的保密检查主要依靠本校保密管理机构工作人员和计算机安全保密管理员来实施，而各高校配置的专职保密管理人员和计算机管理员较少，完成全校规模保密检查任务力量明显不足。[5]另外，在实施保密检查时，技术设备不足，多数学校仅限于购买的几套检查软件，检查效率很低。客观上讲，检查队伍和检查技术设备的不足已经成为高校保密检查工作质量的主要制约因素。[6]

3.5 标准要求难落地，保密检查对标执行有难度

军工保密资格标准要求更多针对军工企业与科研院所，受客观条件影响，有些标准高校难以达到。近年来，很多高校都取得了军工保密资格，参与到军工科研生产任务中，对教师个人进步、学校建设和国防军工事业发展都起到了积极的推动作用。但是部分军工保密资格标准要求较高且是针对军工企业、相关军工科研院所制定，有些标准与高校的客观情况有冲突，高校在对照标准执行时有一定的难度。所以在开展保密检查时，严格按照军工保密资格标准实施，有些单位和个人受学校软硬件设施的限制很难达标。

3.6 整改落实难到位，保密检查效果打折扣

保密检查后，一些单位和项目组不按要求及时整改，送走检查组就万事大吉的现象普遍存在。保密检查的目的是发现问题，立即整改，从而消除失泄密隐患。对保密检查这项工作来说，检查只是手段，整改才是目的。有些项目组和老师很积极配合保密检查，态度也很好，对检查组提出的整改要求和建议都虚心接受，就是不及时整改，回头看时发现什么也没改还是老样子，检查人员也很无奈。[7]有时确实是老师太忙没有时间整改，有的就是主观不想改，管理人员必须不厌其烦地反复督促，浪费大量时间和精力，保密检查的效果也大打折扣。

3.7 惩处尺度难把握，保密检查作用不明显

当前，高校在保密检查结果的运用上还有欠缺。对保密检查中发现问题的单位和个人的惩处难以落到实处，给受检查单位和个人以保密检查无所谓、只要不出泄密问题就没事的错误认识。从保密管理部门角度来讲，保密管理的尺度难以把握，对单位和个人要求过严，出现点问题就通报批评，处分责任人，又怕打击老师们开展军工科研的积极性，进而影响学校和国家的军工科研发展事业；要求过松，又担心出现失泄密事件。从老师角度讲，有些项目组条件确实有限，很难严格按照保密标准完成相关工作，并不是老师有意违反保密规定，对这些老师进行惩处也确实不太合适。所以保密惩处的警示作用很难发挥，直接影响保密检查作用的发挥。[8]

4. 加强高校保密检查工作的若干建议

针对以上高校保密检查工作常见的难点，结合高校实际情况与一线保密管理经验，对照保密管理基本要求，提出如下关于加强高校保密检查工作的若干建议，供大家交流研究：

4.1 统一全员思想，确保检查效果

一是加强受检人员思想教育，努力营造保密氛围，确保统一思想、提高站位，使其知悉保密自查自检对于保护国家秘密和消除失泄密隐患的必要性与重要意义，提高受检人员对于保密检查的配合意愿，确保受检人员在保密检查过中积极主动配合，提高保密检查实效。[9]

二是加强检查人员思想教育，在单位内部保密检查工组中，保密检查人员要提高工作站位，要有强烈的担当意识、原则意识，时刻铭记自己身上担负的重大责任，做保护国家秘密安全的“保密卫士”，做到有问题不放过，不闭环不结束。

三是加强检查人员技能培训，使检查人员熟悉掌握听汇报、翻档案、问情况、实地看的方法和技巧，学会使用保密检查技术工具检查违规痕迹，善于从大量的档案材料中发现、判定规避检查的现象，理出头绪、发现问题线索，遇到问题如何处置等等。

4.2 升级检查手段，强化检查队伍

一是升级检查手段，工欲善其事必先利其器，为应对当前保密形势以及科研办公通信工具等检查对象的改变，急需丰富并创新保密检查手段。如对于非涉密电脑，应采用实时在线检测，可极大提高保密检查效率；如对于打印机、复印机、扫描仪等办公自动化设备，缺乏有针对性的技术检查工具。[10]

二是强化队伍建设，对于高校科研保密检查，保密检查队伍应涵盖网信中心、保密办、科研院等重要归口管理部门，以确保检查取得成效。此外，为扩大现场检查覆盖面，可探索成立专兼职保密检查队伍，选聘离退休教师、学生干部等，经过培训并签订保密承诺书后方可上岗。为进一步提高保密检查“警示灯”效果，可与兄弟高校、科研院所开展交叉检查活动，他山之石可以攻玉。

4.3 规范项目定密，明确项目密点

涉密科研项目保密管理是高校失泄密隐患较为集中的环节，也是保密检查的重中之重，同时，由于涉密科研项目的专业性与前沿性，保密检查人员难以自行判断检查内容是否涉密，高度依赖项目定密时所明确的密点内容，因此，涉密科研项目定密是否准确、密点确定是否科学合理明晰是涉密科研项目保密检查的基础，也是关系到检查能否顺利进行的关键。[11]

因此，为确保检查效果，保密办需配合国防科研管理部门梳理国防项目管理流程、制定国防项目定密表格，并面向全校涉密科研人员开展定密培训，确保各涉密国防项目定密准确、密点明晰合理，筑牢涉密国防项目保密管理的基础，以便后续的管理与检查工作顺利开展。

4.4 关联保密考核，发挥绩效牵引

保密考核机制是运用专业、可量化、体系化的标准与指标，对各内设单位以及员工的保密工作实绩进行考核并影响年度绩效发放的过程，将保密检查与整改结果纳入保密考核体系，进一步完善科学、严谨、有效的保密工作考核机制，不仅可以推进以考核为推动、激发内生动力、确保国家秘密安全，更可以依赖绩效的牵引作用，促进保密检查的顺利开展。[12]

开展保密检查的目的是发现失泄密隐患、确保国家秘密安全，只有完成隐患整改才算达成目标。为确保隐患整改的顺利进行，建议适当增加保密考核中隐患整改的占比，甚至设为否决项，以此敦促相关学部学院、课题组积极主动开展整改，使保密检查取得更好效果。

4.5 发挥智库作用，推进事业发展

通过保密检查可以发现，当前的保密规范要求与高校科研实际有许多不适应的地方，为了推进保密管理规范更加科学合理，做好参谋助手，建议充分依托高校保密协作组等各类各级平台载体，凝聚高校力量，总结高校自身特色和管理经验，提出合理

工作建议，为有关部门的决策提供参考意见，充分发挥高校智库作用，为保密事业的发展贡献出高校力量。[13]

充分发挥高校科研与智力优势，承接保密领域科研项目、组建专家智库，在保密体系构建、保密学科发展、支持地方保密管理工作开展等方面提供智力支持，依托协作组等各类各级平台载体共同申请、参与各类保密工作研究课题，发挥高校特长，为保密工作整体水平和能力的提高贡献力量的同时，提高保密管理人员事业展位以及相关技能，吸收兄弟单位、军工企业等管理经验，反哺本校保密检查管理。

[参考文献]

[1] 吴同斌，赵伟，郑鑫. 对保密检查工作规律性、实效性的探讨[J]. 保密科学技术，2017(03)：47-50+1.

[2] 董志萍. 如何增强涉密资质单位保密检查工作的针对性和实效性[J]. 保密科学技术，2018(02)：38-40.

[3] 高亚军. 河南：锻造检查“利剑”提升保密管理水平[J]. 保密工作，2020(05)：34-35.

[4] 徐东华. 保密监督检查的管理思想溯源及其启示[J]. 保密科学技术，2018(07)：44-47.

[5] 王发建. 拨开迷雾求真相——谈基层保密检查中的困惑[J]. 保密工作，2018(08)：39-40.

[6] 充分发挥保密监督检查“拳头”和“利剑”作用[J]. 保密工作，2018(10)：18-20.

[7] “保密+绩效”工作机制的探索与思考[J]. 秘书工作，2019(06)：47-48.

[8] 刘艳. 运用现代管理理念推动保密督促检查工作转型升级[J]. 保密工作，2020(05)：10-13.

[9] 王俊锋. 单位内部保密检查工作探析[J]. 保密科学技术，2020(08)：63-66.

[10] 本刊评论员. 有效发挥保密检查和通报的“利剑”作用[J]. 保密工作，2020(08)：4.

[11] 翁加伟. 保密检查要善用“四诊”法[J]. 保密工作，2021(03)：49-50.

[12] 颜丙新. 浅谈军工单位保密检查实效性[J]. 保密科学技术，2021(05)：65-69.

[13] 阎婷婷. 浅谈保密资格单位保密检查存在的问题及改进措施[J]. 办公室业务，2021(09)：90-91.

高校基层保密管理改革与实践研究

张德龙　刘　娜　王　军　胡　涛
（哈尔滨工业大学仪器科学与工程学院　黑龙江省哈尔滨市　150001）

摘　要：高校是国家重大科学研究的重要基地，高校基层科研人员承担着国防等领域重要的科学研究，拥有较多涉及国家安全的科学研究成果，受到国内外敌对势力的特别关注。基层保密管理与国家安全直接相关，涉及安全保密各个方面的环节，完善的基层保密管理保障体系，可以有效减少失泄密事件的发生，保护国家、学校和科研人员的安全，使得保密管理切实为科研服务。通过对高校基层保密管理体系的研究，针对存在的问题，提出和实践了解决方法，把保密和科研结合起来，取得了良好的效果，不但能够解决潜在的失泄密隐患，还能够为国家、为高校、为科研人员带来巨大利益。

关键词：保密管理；高校科研；改革实践；国家安全

0. 前言

高校是国家重大科学研究的重要基地，拥有较多涉及国家安全的科学研究成果，受到国内外敌对势力的特别关注。同时，高校由于对外开放交流，校园也不是封闭式管理，科研工作和管理方式与国防科研院所有较大不同，无法按照国防科研院所的科研保密管理模式进行。国家和学校的严格管理，保密流程的严密要求，高校开放交流等环境的复杂性，使得高校一线科研人员对保密事项产生畏惧心理，畏惧紧张进一步导致保密管理疏忽。更有甚者，为了避免失泄密事件带来的严重后果，不敢承担国家秘密科研任务，不敢进行涉及国家秘密事项的科研谈判，对高校相对产生了巨大的损失。

习近平总书记指出：“当前我国国家安全内涵和外延比历史上任何时候都要丰富，

作者简介：张德龙（1976—），男，助理研究员，主要研究方向：精密仪器、自动检测技术。
E-mail：cloudy@hit.edu.cn

时空领域比历史上任何时候都要宽广，内外因素比历史上任何时候都要复杂。”[1]随着中国的发展、实力的增强，国外不断渗透、策反国内科技和管理人员，采用各种手段对中国科技进行限制、围追、堵截。境外间谍活动无孔不入，间谍行为异常猖獗，高科技手段层出不穷[3]。2020 年 5 月，哈尔滨工业大学被美国列入出口管制“实体清单”，理由就是哈尔滨工业大学的研究成果威胁了美国国家安全利益。

在外界的严酷环境下，国内的安全保密意识也上了新台阶，极大提高了人员安全保密认识，但仍存在各种问题，如部分领导形式重视却落实不到位、有些基层科研人员有热情却保密意识淡薄、一些涉密管理人员流动频繁造成保密工作缺乏延续性，甚至缺乏一些有效的管理模式及规章制度等，都一定程度上制约了保密工作的开展。

高校双一流建设规划中，建设世界一流创新科研平台、世界影响力的创新成果、世界一流学科等均与高科技息息相关，涉及国防等重要领域的科技更与保密管理密不可分，保密管理的成败更在于基层保密管理的成效。良好的基层保密管理，可以有效减少和杜绝基层失泄密事件的发生，保护国家安全。

1. 研究的内容与方法

1.1 研究内容

通过对学校基层保密管理工作进行总结，研究基层保密管理的改革方法和手段，探索保密与科研相结合的方式，使得基层保密管理再上新台阶，让保密管理切实为科研服务，保守国家秘密，保护科研人员，促进科研的良性发展。

在遵守保密管理规章制度的前提下，梳理当前基层管理模式，查找保密管理中产生和存在的问题，研究保密管理的流程节点，优化领导层、管理层、基层科研人员的结合管理模式，探讨保密管理的必要条件和充分条件，探索出提高保密管理有效方法。

1.2 研究方法

通过梳理基层管理模式、管理方法和措施，找出保密管理中产生和存在的问题，并对这些问题产生的原因进行研究，找到切断这些问题根源的方法，探索能有效减少或避免此类问题的管理模式。

把研究成果应用于基层保密实践，在遵守保密制度的基础上，减少涉密科研人员在保密管理上的负担，提高涉密科研人员承担科研保密任务的积极性和主动性，在保守国家秘密的基础上，使得保密能够为科学研究服务，保护科研人员，为涉密项目提供相应的服务和保障，使得科研人员愿意承担涉密项目，又避免失泄密事件发生的可能性。

2. 高校基层保密管理常见问题及对策

2.1 领导责任制落实

基层“党管保密”落实不到位，有的掌管人事和财政的基层领导班子对保密重视不够，不能充分给予保密工作物力、财力、人力的支持保障。保密工作繁杂且不容易出成效，常年辛苦工作下来的最大成效就是“没有失泄密事件发生”[2]。管理人员在保密管理过程中经常得不到支持和保障，或者口头支持无法落实，发现隐患的意见和建议得不到及时纠正和解决。保密管理人员只有责任和义务，没有权利，甚至有问题时不考虑前期的意见和建议，一味批评。有的基层领导班子重视科研、轻视管理，科研保密与科研绩效评价上缺乏有效的衔接，从而导致科研人员对保密管理没有积极性。忽视基层保密管理人员绩效考核与分配，甚至有未出现问题而扣发绩效等现象；也有的轻视研究单位保密管理人员，而侧重研究单位负责人等现象。

要坚持“党管保密”统一领导[2]，统一进行保密工作需要的物力财力人力的支持保障。在保密工作人员配备、资金投入、制度建设上给予充分保障，保密工作才能开展得顺利、开展得流畅[1]。

2.2 涉密人员管理

科研人员承担涉密科研任务，进入涉密岗位，涉密科研项目完成，就办理脱密手续。在一个脱密期结束，即将进入下一个涉密岗位时，随着国内外学术交流，这种模式存在管理隐患。而且对保密工作相当不利，难以从涉密人员思想上和行动上根本解决保密管理的问题，长此下去，恶性循环，保密工作愈加困难。保密工作难以紧密围绕中心工作开展服务，甚至保密工作与科研业务工作不能有机结合[4]。

建立必要稳定的涉密人员队伍，支持从事国防军工科研任务的科研人员，进入国家秘密事项岗位进行管理，鼓励进入涉密岗位人员积极从事国家秘密事项的科学研究。

另外，定期培训、检查，增加涉密人员补贴，提高保密管理人员绩效，使得涉密人员和保密管理人员能安心开展科研和保密管理工作。

2.3 计算机及载体管理

高校在科学研究中使用的计算机数量较大，许多的失泄密事件都与计算机紧密相关，计算机管理是保密管理中的难点。

承担科研项目的科研人员，每人都有多台计算机。除了涉密项目的专用涉密计算机外，还有大量的非涉密计算机，其中包括联网计算机。每一位科研人员都在自己的研究室工作，计算机相对分散，管理难度极高。由于网络环境的复杂性，电子信息可能被恶意篡改和复制，网络风险无处不在[5]，每一个保密环节管理不当，都可能存在隐患。

需要严格按照规章制度进行管理，培训专人进行管理，定期检查计算机和涉密载体，并规范文档材料的管理。

3. 保密管理改革与实践

3.1 保密管理改革

一般保密管理流程对科研人员带来较大压力，由此产生各种问题，见图 1。

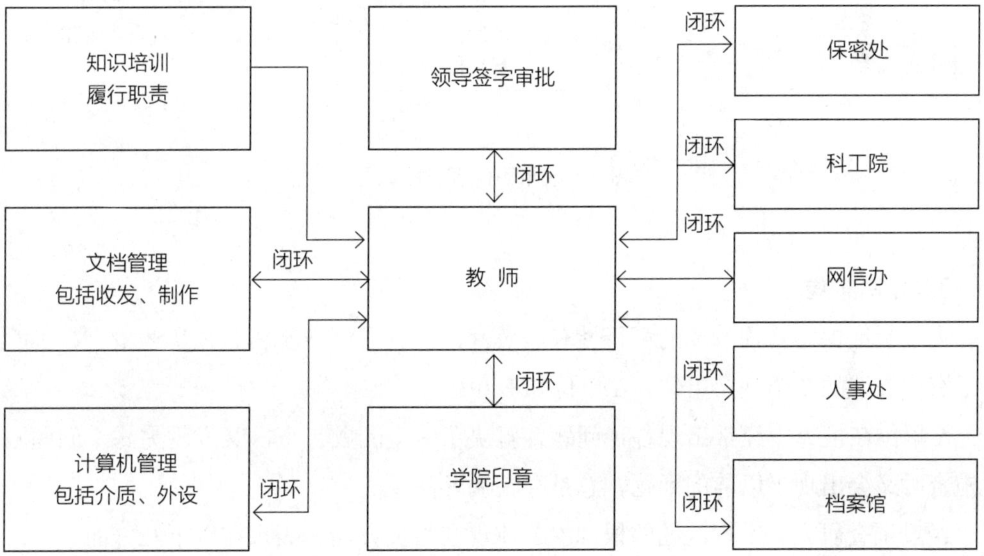

图 1　一般保密管理流程

梳理基层管理模式、管理方法和措施，找出问题；研究保密管理的流程节点，优化管理模式；探索出提高保密管理有效方法。在遵守保密管理规定的基础上，为了有效保守国家秘密，同时调动涉密人员的积极性，重新设计了保密管理流程，极大减轻了科研人员的压力，在减轻科研人员压力的同时，上级的各项保密管理任务下达执行的也非常顺利，见图 2。

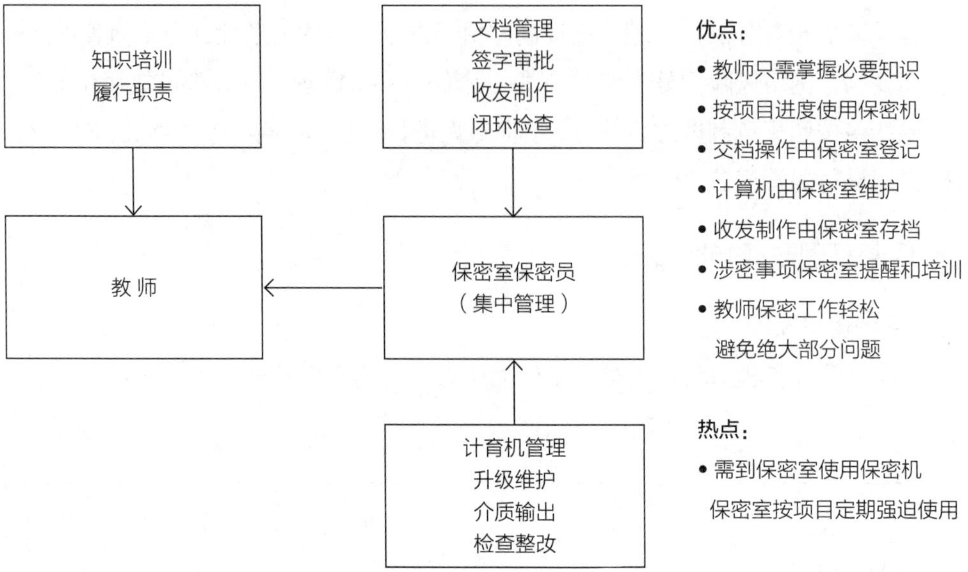

图 2　改革后保密管理流程

3.2 创新实践

为了验证保密管理改革的可行性和有效性，进行了创新实践。在实践中，有目的选择了有代表性的 2 个基层单位，A 单位和 B 单位。

A 单位在检查中经常出现各种问题，解决了一个问题，下次又发现另一个问题，再次检查时又会出现了以前的问题，总是存在循环问题。

经过调查研究，发现问题的根源主要体现在人员方面，表现在以下几方面：

（1）项目负责人同时承担计算机管理员工作，负责涉密计算机以及文档管理等工作，并且科研业务繁重；

（2）兼职保密员在做好科研业务工作的同时，监管保密工作。在面对工作任务、职称评定等压力时，不能在保密管理工作方面投入定量的精力，保密管理不到位，缺乏工作积极性；

（3）由于保密管理的复杂性，牵扯精力过多，科研人员不愿意多承担涉密科研任务。

经过和 A 单位座谈探讨，A 单位同意共同管理，A 单位负责保密要点管理，提供科研保密管理必要的人力、财力、物力支持，由学院负责整个的流程管理。

B 单位比较具有代表性，保密管理比较健全，长期没有涉密项目，涉密人员逐渐脱密。由于不承担涉密科研任务，历次检查也不会发现失泄密的问题。

经过调查研究，A 单位表现的方面，B 单位也不同程度的存在。同样是由于保密管理要求的严格，科研人员心理压力较大；保密管理流程的复杂，科研人员消耗了大量精力。导致对涉密事项产生恐惧心理，集中体现在不愿意主动承担涉密科研任务。

经过研究，确定由学院对 B 单位进行跟踪指导。同时，针对科研人员在实施过程中可能发生的困难，学院准备出预案，使得科研人员能够顺利开展工作。如：在要求 B 单位升级保密室的同时，学院也准备好保密室，以备 B 单位不能按照要求完成；在要求项目负责人在本单位进行保密管理的同时，学院也准备出保密空间，以备随时接管该项目负责人的保密管理工作；在要求基层单位解决项目负责人涉密项目管理必要的人力、物力保障时，学院也和上级领导沟通，随时准备提供人力和物力支持。

3.3 实践结果

在付出大量工作后，实践性工作取得了较大的成果，突出体现在以下几个方面：

（1）涉密人员管理

通过加强管理，要求承担国家军工武器相关的科研人员，在承担国家秘密任务之前，了解进入涉密岗位的必要性，鼓励有意向申报国防项目的科研人员进入涉密岗位。到 2021 年 5 月为止，新增涉密人员 18 人。

（2）保密管理

A 单位 2020 年在上级和学校大检查中，受到了表扬；2021 年 3 月被推荐为学校保密工作先进集体。

B 单位在基层检查中，受到上级领导的重视，预计 2022 年申报保密工作先进集体。

（3）涉密项目管理

直接带来科研经费总量 8100 多万元，预计还会有其他涉密项目进行立项。

A 单位原仅有 1 项涉密项目，总经费 200 万元。到 2021 年 5 月为止，A 单位立项内部项目 2 项，总经费分别为 500 万元、200 万元；立项涉密项目 1 项，总经费 40 万元。

B 单位原没有涉密项目。到 2021 年 5 月为止，B 单位立项涉密项目 4 项，分别为 5000 万元，1000 万元，900 万元，500 万元。

在目标明确下，涉密人员增多，涉密科研任务增多，与保密管理并不矛盾。相反，如果管理得当，保障得力，不但能够解决潜在的失泄密隐患，还能够相辅相成，为国家、为高校、为科研人员带来巨大利益的。

4. 结论

高校基层保密管理涉及科学研究、国际交流、人事档案等各个方面，归根结底都与科学研究相关，是为了相关的科学技术保密，核心是人员管理。保密管理与科学研究的开展是有区别的，科研人员可以自由开展科学研究，涉密人员必须遵守保密规章制度，保密管理是为了在科研人员保障国家安全的基础上，能更好地进行科学研究。在这个角度上，保密管理也是为科学研究服务的。目前的保密管理在客观上要求每一位涉密人员都是保密专家，要求涉密人员身体力行的去做每一件事，对涉密科研人员身体和精神上都产生了极大压力。在日常检查中，经常出现各种问题，容易产生失泄密隐患，导致保密管理事半功倍、效率低下。

在遵守制度的情况下，通过研究探索，减少其中不必要的因素，发挥保密管理的优势，节约科研人员在保密管理上耗费的时间，提高保密管理效率，减少科研人员对保密管理的抵触情绪，保护科研人员身体和精神健康，逐步实现科研人员只需掌握必要知识、按章办事，使得保密管理做到实处、保守秘密、服务科研。

我们必须提高认识、正视问题、借鉴经验，结合自身实际，不断探索新的管理方式，探索出符合保密规定和发展要求的管理模式，扎实有效地做好保密工作[2]。

通过国家一级保密资格认定，对于承担国家秘密科研任务具有极大优势，应当发挥这种优势，积极开拓科研人员发展空间。在保守国家秘密、保障人员安全的前提下，积极主动解决科研人员的困难，鼓励科研人员进入涉密岗位，主动承担国家秘密科研任务。发挥我们的长处，化危机为机遇，为国家承担责任，同时为国家、学校创造更多成果和收益，以主人翁的精神担负起国家和社会的责任。

[参考文献]

[1] 杨青青，张洁，朱方亮，等. 高校科技保密管理工作的现状及对策[J]. 科学管理，2019(11)：86-88.

[2] 于淼. 新形势下高校构建保密组织管理模式探索[J]. 保密工作，2020(8)：109-110.

[3] 吕春雁，郭庆贺，刘文庆. 新形势下共建高校科研保密管理问题研究[J]. 科技风，2020(7)：251.

[4] 汤洋，郭映秋. 浅析科研院所的保密管理工作[J]. 办公室业务，2020(3)：29-30.

[5] 林海军. 计算机信息系统保密技术及防范管理分析[J]. 数字通信世界，2020(4)：140-141.

后 记

本书收录的获奖论文时间为2019—2021年，依据、引用的保密法律法规及制度规定，所涉观点、表述等均具有一定时效性，个别法规已不适用当前保密形势任务要求，为尊重作品完整性，保留论文原貌，未做较多修改。望各位读者谨慎参考。

2023年8月